DR. CAROLINE LEAF

DENKE, LERNE, SEI ERFOLGREICH

Verstehe und nutze deinen Verstand,
um für Schule, Beruf und Leben fit zu sein

Aus dem Amerikanischen von
Gabriele Kohlmann

Grace today
VERLAG

AF721234

Copyright © 2018 by Dr. Caroline Leaf
Die amerikanische Originalausgabe erschien im Verlag Baker Books unter dem Titel *Think, Learn, Succeed.* All rights reserved.

Die Deutsche Nationalbibliothek verzeichnet diese Publikation in der Deutschen Nationalbibliografie; detaillierte bibliografische Daten sind im Internet über https://dnb.de abrufbar.

Umschlaggestaltung: Evelyn Murphy
Umschlagbild: Patti L. Brinks
Corporate Design: spoon design, Olaf Johannson
Korrektorat: Thilo Niepel (textdienstleister.com)
Satz: Grace today Verlag
Druck: CPI Clausen & Bosse, Leck
Printed in Germany

1. Auflage 2023

© 2020 Grace today Verlag, Schotten
Paperback: ISBN 978-3-95933-185-2, Bestellnummer 372185
E-Book: ISBN 978-3-95933-186-9, Bestellnummer 372186

Diese Publikation enthält Links zu Webseiten Dritter. Wir übernehmen für deren Inhalte keine Haftung, da wir uns diese nicht zu eigen machen, sondern lediglich auf deren Stand zum Zeitpunkt der Erstveröffentlichung verweisen.

Nachdruck und Vervielfältigung, auch auszugsweise, nur mit Genehmigung des Verlages.

www.leaf.gracetoday.de
www.gracetoday.de

Dieses Buch ist ***allen*** *Menschen gewidmet,*
denn jeder soll denken, lernen und in der Schule,
im Beruf und im Leben erfolgreich sein!

Hören wir auf zu ***kämpfen*** *und*
fangen wir an zu ***gedeihen*** *– gemeinsam!*

Aus finstrer Nacht, die mich umragt,
durch Dunkelheit mein' Geist ich quäl.
Ich dank, welch Gott es geben mag,
dass unbezwung'n ist meine Seel.

Trotz Pein, die mir das Leben war,
man sah kein Zucken, sah kein Toben.
Des Schicksals Schläg in großer Schar.
Mein Haupt voll Blut, doch stets erhob'n.

Jenseits dies Orts voll Zorn und Tränen,
ragt auf der Alp der Schattenwelt.
Stets finden mich der Welt Hyänen.
Die Furcht an meinem Ich zerschellt.

Egal, wie schmal das Tor, wie groß,
wie viel Bestrafung ich auch zähl.
Ich bin der Meister meines Los'.
Ich bin der Käpt'n meiner Seel.

— William Ernest Henley, »Invictus«

Inhalt

Teil 2: Das Gabenprofil

Teil 3: Der 5-Schritte-Lernprozess
Schalte dein Gehirn an

Teil 4: Die Wissenschaft

Vorwort

Vor etwas mehr als zehn Jahren befand ich mich in einer sehr schwierigen Situation. Ich musste eine ganztägige schriftliche Prüfung in dem neurowissenschaftlichen Graduiertenprogramm ablegen, an dem ich teilnahm. Niemand, den ich kannte, hatte diese Prüfung bestanden, und diejenigen, die sie nicht bestanden hatten, flogen kurzerhand aus dem Programm. Aufgrund einer Reihe früherer Ereignisse lag es für mich auf der Hand, dass man ein Komplott gegen mich geschmiedet hatte, um mich aus dem Programm zu drängen.

Beim Studium dieser riesigen Menge an Informationen lief es nicht gut für mich – ich war sehr frustriert und verlor die Hoffnung. Ich konnte nicht gut schlafen. In diesem Zustand befand ich mich, als ich eines Nachts gegen zwei Uhr durch die Fernsehkanäle schaltete und auf eine Talkshow stieß, in der Dr. Leaf interviewt wurde. Was meine Aufmerksamkeit erregte, war die Eloquenz, mit der sie die Funktionsweise des Gehirns in verständlichen Worten zu erklären vermochte. Ich war Student der Neurowissenschaften und bereits Arzt, und was sie sagte, leuchtete mir ein. Als ich auf ihrer Internetseite erfuhr, dass sie ein Verfahren entwickelt hatte, das Tausenden von Studenten auf der ganzen Welt geholfen hatte, bessere Leistungen in ihrem Studium zu erzielen, keimte in mir Hoffnung auf. Ich wagte zu fragen: Könnte ich das Unüberwindliche überwinden? Als ich begann, den 5-Schritte-Lernprozess und das dazugehörige Werkzeug, den Metakog, anzuwenden, wie sie in ihrem Buch *Schalte dein Gehirn an* erläutert werden, wusste ich nach allem, was ich auf ihrer Internetseite und in ihrem Buch nachlesen konnte, dass die Antwort auf meine Frage ein eindeutiges Ja war!

Mithilfe ihrer Methoden habe ich das Examen bestanden und konnte das Programm mit einem Master in Neurowissenschaften abschließen. Seitdem arbeite ich mit Dr. Leaf zusammen.

Dr. Leaf hat im Laufe der Jahre einige großartige Bücher geschrieben, aber ich muss gestehen, dass dieses aus vielen Gründen mein Lieblingsbuch ist. Erstens war es das Material in diesem Buch, das meine akademische Karriere gerettet hat. Zweitens habe ich Schüler von der Mittelstufe bis zur Oberstufe nach den Prinzipien dieses Buches unterrichtet und konnte beobachten, wie sich ihr Leben sowohl in schulischer als auch in emotionaler Hinsicht veränderte. Drittens haben die Prinzipien in diesem Buch meiner eigenen Familie geholfen. Und zu guter Letzt ist es auch aus zutiefst emotionalen Gründen mein Lieblingsbuch von Caroline Leaf; die Gründe hierfür reichen bis ins Jahr 1976 zurück, als ich etwa zwölf Jahre alt war. Das war das Jahr des Schüleraufstands in Soweto in Südafrika, ein Ereignis, das die ganze Welt schockierte. Ich sah mit Entsetzen die Bilder von Kindern, die ihre toten und verletzten Freunde aus der Schusslinie trugen. Jahre später arbeitete Dr. Caroline Leaf mehr als zwanzig Jahre lang in den Townships, auch in Soweto, und veränderte Hunderte von Schulen und Hunderttausende von Schülern grundlegend durch die in diesem Buch erläuterten Prinzipien, Prozesse und Techniken.

In diesem Buch stellt Dr. Leaf ein Konzept vor, das den Grundstein für langfristige Erfolge in unseren Schulen und Hochschulen, am Arbeitsplatz und in unserem Privatleben legt. Ich empfehle, das Buch in der von ihr vorgegebenen Reihenfolge zu lesen, denn jedes Prinzip und jeder Prozess baut auf dem vorherigen auf. Es gibt keine schnelle Lösung oder Abkürzung. Ich möchte jeden ermutigen, dranzubleiben – ich glaube, die Reise wird sich lohnen, nicht nur für die Leser und Leserinnen, sondern auch für nachfolgende Generationen.

In Unterrichtsräumen, an Arbeitsplätzen und in Unternehmen auf der ganzen Welt vollziehen sich tiefgreifende Veränderungen. Die Zahl der Informationen nimmt exponentiell zu, doch das Informationsmanagement hat damit nicht Schritt gehalten. Die Informationsflut wirkt sich nicht nur negativ auf unsere Effektivität, sondern auch auf unsere mentale Gesundheit aus. Ich glaube, dass dieses Buch eine zeitgemäße Lösung für dieses Problem bietet.

Peter Amua-Quarshie,
MD, MPH, MS, Assistenzprofessor für
medizinische Grundlagenforschung

Prolog

Alle Welt scheint über Achtsamkeit zu sprechen und darüber, Zeit in sich selbst zu investieren. Aber wie bringen wir unseren Verstand wirklich dazu, für uns zu arbeiten? Wie nutzen wir unseren denkenden Geist als Werkzeug, mit dem wir unser Leben gestalten? Wie »investieren« wir in uns selbst und entwickeln eine Lebensweise, die sowohl für die Gesundheit des Gehirns als auch die des Körpers förderlich ist? Wie können wir über das Bewusstwerden von Gefühlen, die Beschwichtigung von Gedanken und die Wahrnehmung von Körperempfindungen im gegenwärtigen Moment hinausgehen und nachhaltige, dauerhafte Veränderungen herbeiführen? Schließlich sind wir der »Käpt'n unserer Seele«!

Dass man sich um sich selbst kümmern will, ist leicht gesagt, aber wie kümmert man sich um den Verstand, der sich um alles andere kümmert? Die Antwort liegt nicht in einer Pille, einer Diät, einer magischen Zahl, einem Instagram-Account mit über einer Million Followern oder irgendeiner Schnellhilfe fürs Gedächtnis. Uns allen stehen beträchtliche Ressourcen zur Verfügung. Unser Verstand ist unglaublich leistungsstark – wir können unsere Gedanken nutzen, um unseren Intellekt insgesamt, unsere kognitive Leistungsfähigkeit sowie unser geistiges und körperliches Wohlbefinden zu verbessern. Wenn wir uns diese natürlichen Ressourcen zunutze machen, gewinnen wir Macht über unsere Gegenwart, können unserer Vergangenheit Tiefe und Bedeutung verleihen und sehen der Zukunft erwartungsvoll entgegen.

Die Art und Weise, wie du deinen Verstand *verstehst und nutzt*, ist ausschlaggebend für deinen persönlichen Erfolg. Wir alle denken, fühlen und entscheiden auf einzigartige Weise; jeder von uns definiert selbst, was sinnerfüllter Erfolg für ihn ist. In diesem Buch geht es darum, dir dabei zu helfen, in all diesen wichtigen Bereichen erfolgreich zu sein und den Wechsel zu einem Leben zu vollziehen, das gut gelebt und mit *bedeutsamen* Resultaten gefüllt ist. In diesem Buch geht es um mentale Selbstfürsorge. Es führt dich über das Prinzip der Achtsamkeit hinaus und hin zu einem Lebensstil der kognitiven Transformation, der sowohl nachhaltig als auch organisch verankert ist – passend zu deinem *perfekten Du.*[1]

Mentale Selbstfürsorge ist untrennbar mit einem sinnerfüllten Leben verbunden, das sich auf natürliche Weise zu Erfolg in Schule, Beruf und in allen anderen Bereichen des Lebens entwickelt. Sie ist der Schlüssel, um die eigene Berufung zu finden: das, was dich dein Leben lang antreibt und morgens aufstehen lässt. Du kannst nur du selbst sein, und die Person, die du bist, ist großartig, interessant und inspirierend.

Tatsächlich bin ich auch nach vielen Jahren der Forschung und Tausenden von Menschen immer noch verblüfft über die Fähigkeit unseres Verstandes,

- effektiv zu lernen,
- Umstände zu verändern,
- die Kreativität zu steigern,
- das Gedächtnis und seine Funktionalität zu verbessern,
- die emotionale Kontrolle zu verstärken, damit Emotionen und Stress zum Nutzen und nicht zum Nachteil sind,
- intellektuelle Zufriedenheit zu erfahren.

Ob du noch in der schulischen Ausbildung bist und einfach lernen willst, wie man lernt, ob du im Berufsleben stehst und dein Gedächtnis und deine Leistung verbessern musst, ob du als Elternteil berufliche und private Verpflichtungen unter einen Hut zu bringen versuchst, oder ob du einfach das Gefühl hast, dass dein Verstand und dein Gedächtnis nicht so funktionieren, wie sie sollten – in jedem Fall brauchst du dieses Buch, weil du ein denkendes, lernendes Wesen bist. Du denkst und lernst ständig, jeden Moment eines jeden Tages. Die Fragen, die wir uns stellen müssen, lauten also: *Was* sollte ich denken und lernen? *Wie* sollte ich denken und lernen?

Denkst und lernst du, um *erfolgreich* zu sein?

In diesem Buch gebe ich dir drei praktische, wissenschaftlich fundierte Werkzeuge zur mentalen Selbstfürsorge an die Hand, die dir helfen, erfolgreiche Denk- und Lerngewohnheiten zu entwickeln und tragfähige, dauerhafte Veränderungen in deinem Leben zu erreichen. Ich habe diese drei Werkzeuge mehr als dreißig Jahre lang erforscht, entwickelt und Hunderttausenden von Menschen auf der ganzen Welt vorgestellt und war über die Ergebnisse erstaunt:

- Der *Mindset Guide* – ein praktischer Leitfaden, der dir einen Einblick in die Fähigkeit deines Geistes gibt, dein Gehirn mithilfe entsprechender Denkweisen zu verändern und kognitive Resilienz zu entwickeln, die für jedweden Erfolg unerlässlich ist.
- Das *Gaben-Profil* – ein Werkzeug, mit dem du deine individuelle Denkweise ermitteln kannst, also deine ganz eigene Art, Informationen zu verarbeiten, damit du genau verstehst, wie du denkst. Wenn du verstehst, wie du denkst, aktiviert das die »Mindset-Energie«, die Kraft, die in den

verschiedenen Denkweisen steckt, und verwandelt sie von einem »Schön zu wissen« zur echten Triebfeder der Veränderung in deinem Leben. Also hör auf zu reden und fang an zu handeln.

- Der 5-Schritte-Lernprozess *Schalte dein Gehirn an* – eine Technik, die das Gedächtnis aufbaut und erfolgreiches Lernen ermöglicht. Sie basiert auf der Art und Weise, wie der Verstand mithilfe des Gehirns Informationen verarbeitet. Das Gehirn ist so konzipiert, dass es sich ständig weiterentwickelt, und die Kraft der Mindsets kann wirklich nur dann nachhaltige, erfolgreiche Veränderungen bewirken, wenn wir auf unsere individuelle Art denken und ein nützliches Gedächtnis aufbauen.

Mindsets – man kann sie insgesamt auch als Gesinnung bezeichnen – bestimmen, wie eine Person ihr Umfeld wahrnimmt, wie sie Dinge angeht und auf neue oder unerwartete Situationen reagiert. Die Kraft, die in jedem Mindset steckt, kann durch das auf die Persönlichkeit zugeschnittene Denken aktiviert werden und mithilfe des 5-Schritte-Lernprozesses zu langfristig aufrechterhaltbaren Veränderungen umgewandelt werden. Diese leistungsstarken Werkzeuge können dir also helfen, dein Gedächtnis, dein Lernen, deine kognitive und intellektuelle Leistung, deine berufliche Leistungsfähigkeit, deine körperliche Verfassung, deine Beziehungen und deine emotionale Gesundheit zu verbessern.

Du wirst dein Leben vom Überlebensmodus in den Erfolgsmodus verlagern!

Danksagung

Als ich meinem Team den Erstentwurf dieses Buches vorlegte und begeistert davon schwärmte, wie sich »durch Mikrotubuli und Tubuline als neurobiologische Quantencomputer anhand meines geodätischen Informationsverarbeitungsmodells (der Theorie, die ich auf der Grundlage meiner Forschungen vor dreißig Jahren entwickelt habe) erklären lässt, dass das Gedächtnis im Wesentlichen als Teil des kognitiven Prozesses zu betrachten ist, bei dem neue Beschreibungssysteme rekonzeptualisiert oder umgestaltet werden«, schauten sie zuerst einander und dann mich höflich an und sagten: »Niemand außer dir und deinen Akademiker-Kollegen wird das lesen.« Und das war sechs Wochen vor dem Abgabetermin des Manuskripts.

Was dann geschah, entwickelte sich zu einer erstaunlichen Erfahrung und führte schließlich zu meiner bislang besten Arbeit – diesem Buch, dem mittlerweile siebzehnten meiner veröffentlichten Werke.

Dominique, die zu meinem Team gehört (und außerdem meine zweitgeborene Tochter ist, eine Pepperdine-Absolventin mit Berufserfahrung in Hollywood), setzte sich zu mir und sagte sehr direkt: »Mama, was willst du eigentlich sagen? Ich bin mit deinen wissenschaftlichen Denk- und Lernmethoden aufgewachsen, und sie funktionieren; sie sind revolutionär. Du bist eine Expertin auf dem Gebiet des Verstandes, aber was du gerade erklärt hast, ist zu komplex.« Und so begann eine tagelange Diskussion mit vielen Notizen, während der Dominique mit einfühlsamer Scharfsichtigkeit das Beste aus mir herausholte – und sechs Wochen später hatte mein Manuskript sich in etwas verwandelt, das sogar meine vier Kinder (und größten und ehrlichsten Kritiker) begeistern konnte!

Und dann übernahm meine älteste Tochter Jessica, eine Masterstudentin der Theologiegeschichte, und ließ beim Lektorat auf effiziente Weise ihre außergewöhnliche Gabe wirken, und das Endergebnis – nun, sogar ich möchte es lesen! Danke, meine Mädels, für eure phänomenale Unterstützung und eure Genialität.

Zu jenem Zeitpunkt war dieses Buch zu einer Familienangelegenheit geworden, denn meine vier Kinder sind mit den Grundlagen und Techniken aufgewachsen, über die in diesem Buch zu lesen ist. Mein Sohn Jeffrey, der an der UCLA Englisch studiert, steuerte einige ausgezeichnete Ideen bei und half beim Titel; meine jüngste Tochter Alexy, die an der UCLA Humanbiologie und Gesellschaftswissenschaften studiert, lieferte Perlen der Weisheit darüber, wie ihre Freunde und Kommilitonen von einem Buch wie diesem am meisten profitieren würden, und mein außergewöhnlicher und bemerkenswerter Ehemann Mac, mein Cheerleader und größter Fan, las jedes Wort mit seinem wunderbaren Scharfsinn, den er aus seiner langjährigen Erfahrung in der Unternehmenswelt mitbringt.

Ich erzähle dies alles aus folgendem Grund: Dieses Buch ist eine Familiensache, und zu dieser Familie gehörst du als Leser/-in dieses Buches nun auch. Wir sind eine Gemeinschaft, die durch ihre Liebe zum Denken, zum Lernen und zum Erfolg in Ausbildung, Beruf und im Leben verbunden ist – und wir helfen uns gegenseitig, diese Ziele zu erreichen.

Beim Verweben von Wissenschaft mit Lebenskonzepten in diesem Buch stütze ich mich auf meine Forschung und meine umfangreichen Erfahrungen in Klinik, Ausbildung und Wirtschaft – und deshalb möchte ich auch meinen Professoren und Mentoren meine Anerkennung aussprechen, insbesondere Prof. Brenda Louw, die meine wissenschaftlichen und forscherischen Fähigkeiten verfeinert hat und seit dreißig Jahren eine Freundin ist. Ich danke auch jedem einzelnen Patienten, Kunden und Menschen, mit dem ich je gearbeitet habe, und jedem, der meine Materialien gelesen, mich auf Konferenzen gesehen oder mir im Fernsehen, auf YouTube und in meinen Podcasts zugesehen und zugehört hat. Euer Feedback ist von unschätzbarem Wert, denn auch ihr seid Teil dieser Familie, und ihr habt mir geholfen zu verstehen, wie ich die Konzepte und Techniken verfeinern kann, die ich in diesem Buch erläutere.

Mein Dank gilt auch dem Verlagsteam von Baker Books, das so wesentlich zur erfolgreichen Verbreitung meiner Bücher in der Welt beiträgt. Chad, Mark, Karen, Patti, Lindsey, Erin, Colette, Dave und dem Rest des Teams: Ich danke euch für euer Fachwissen, eure Professionalität und eure Unterstützung in all den Jahren der Zusammenarbeit, und ich freue mich auf die Zukunft!

Einführung

Bist du erfolgreich oder nur mit Überleben beschäftigt?

Heutzutage haben die meisten Menschen Zugang zu riesigen Informationsmengen, aber nur wenige wissen, wie sie diese Informationen verarbeiten und nutzen können, um in Ausbildung, Beruf und Leben erfolgreich zu sein. Die Kluft zwischen dem »Was« (den Informationen) und dem »Wie« (dem Umgang mit diesen Informationen) wird immer größer. Unsere Fähigkeit, Informationen zu verarbeiten und zu verstehen, wurde durch die technologische Revolution sowohl begünstigt als auch beeinträchtigt. Wir haben die Welt jetzt zwar zum Greifen nah, doch paradoxerweise führen immer mehr von uns ein einsames, fruchtloses Leben. Infolgedessen häufen sich die Probleme in Schulen, Universitäten, Unternehmen, Institutionen und im Privatleben, da wir aus den Augen verlieren, wie viel Einfluss unsere Mindsets darauf haben, wie gut wir denken und lernen. Dies ist im Hinblick auf die mentale Gesundheit ein globales Problem!

Lernschwierigkeiten, mangelnde Sozialisierung, psychische Erkrankungen und Einsamkeit, die weltweit fast schon epidemische Ausmaße angenommen haben und jährlich für mehr Todesfälle verantwortlich sind als Fettleibigkeit,[2] zwingen uns, unsere Denkkompetenz neu zu bewerten. Es gilt, das Konzept der kollektiven Weisheit und den Sinn des Lernens wiederzuentdecken. Das bloße Aneignen bruchstückhafter Informationen, um als Schüler eine

Eins zu bekommen und die Eltern stolz zu machen, oder um als Erwachsener ein hohles Selbstwertgefühl zu erlangen, reicht einfach nicht aus.

Ein kurzer Twitter-Beitrag kann beispielsweise übermäßig viel Zeit in Anspruch nehmen, ohne jedoch zu tiefgründigem Denken zu führen: Es wird keine wirkliche geistige Befriedigung erreicht. Ist uns klar, welcher Schaden dadurch entsteht? Können wir dem entgegenwirken?

Wenn wir Informationen wie Puzzleteile sammeln, ohne das Puzzle zusammenzusetzen, hemmt das unser intellektuelles Wachstum. Dieses Dilemma entsteht, wenn Quantität wichtiger wird als Qualität, und die Folgen sind in der Gesellschaft auf erschreckende Weise offensichtlich. Die Industrieländer sehen sich derzeit mit etwas konfrontiert, von dem behauptet wird, es sei eine ADHS-Epidemie.[3] Man führt Beispiele von Tausenden von Menschen an, die – ob jung oder alt – Schwierigkeiten hätten, sich zu konzentrieren, zu lernen, sich zu erinnern und tiefgründig zu denken. Tausende von Menschen jeden Alters werden fälschlicherweise als biologisch funktionsgestört eingestuft und mit hirnschädigenden Substanzen behandelt.[4] Anstatt zu fragen, was mit unserer Gesellschaft und mit der Art des Denkens nicht stimmt, die erstere begünstigt und fördert, schieben wir die Schuld direkt den Betroffenen zu – oder besser gesagt, ihrem Gehirn – und grenzen sie aus dem gesellschaftlichen Alltag aus.

In der Tat sind wir heute schnell dabei, Probleme als Krankheit oder Störung abzustempeln, anstatt Weisheit walten zu lassen und zu untersuchen, was in unserer Gesellschaft wirklich passiert, angefangen beim großen Ganzen bis hin zu den Details.[5] In einem solchen Klima liegt es nahe, sich vor den Gefahren der Automatisierung und der künstlichen Intelligenz (KI) zu fürchten, die nicht mehr nur die Sorge von Trendbeobachtern des Silicon

Valleys sind – selbst Wissenschaftler der Universität Oxford treffen düstere Vorhersagen.[6] Einer wachsenden Zahl von Forschungsergebnissen zufolge stellen wir jedoch die falschen Fragen. Das Problem besteht nicht so sehr darin, dass die Automatisierung unsere Arbeitsplätze übernimmt (und unseren Verstand ersetzt), sondern vielmehr darin, dass die Automatisierung (wozu auch die Betrachtung von Menschen als biologische Automaten bzw. ihre *Dehumanisierung* gehört) zur Folge hat, dass sich unser Denken verändert – und das offensichtlich nicht immer zum Besseren.[7]

Wie wirkt sich die technologische Revolution auf unsere Fähigkeit zu denken und zu lernen aus? Auf unseren Umgang mit anderen und darauf, wie wir den normalen, menschlichen Alltag bewältigen? Was macht »Arbeit« in der heutigen Zeit eigentlich aus? Funktioniert die Art und Weise, wie wir arbeiten, überhaupt? Was lernen wir? Was ist der Sinn von Bildung? Verändert sich unser Denken?

Die Nutzung digitaler Ausgabegeräte wie Tablets und Laptops kann beispielsweise dazu führen, dass wir uns beim Lesen eher auf konkrete Details konzentrieren, anstatt Informationen abstrakter zu interpretieren.[8] Dies beeinträchtigt das Leseverständnis und die Problemlösungskompetenz.

Nach Aussage des Weltwirtschaftsforums gaben in einer 2013 unter 12.000 Berufstätigen durchgeführten Umfrage der *Harvard Business Review* rund 50 Prozent an, dass sie ihre Arbeit als »sinn- und bedeutungslos« empfänden.[9] Was macht Wissen bedeutsam? Was macht Arbeit zu einer sinnvollen Lebensaufgabe? Warum fragen wir Leute im Allgemeinen, *was* sie tun, aber nicht, *warum* sie es tun? Wie kommen wir von A, dem Wissen, zu B, der Bedeutung? Auch wenn solche Fragen einschüchternd wirken und uns zwingen, die Nadel der Weisheit in einem Heuhaufen von Informationen zu finden, stellen wir diese Fragen, weil wir nun mal Menschen sind.

Der Sinn des Denkens und Lernens, der Zweck von Bildung und Technologie, von Medizin und Philosophie sollte darin bestehen, eine bessere Welt zu schaffen, in der Verbundenheit und Menschlichkeit die grundlegenden Ziele sind. Wie der Journalist Rutger Bregman in seinem TED-Vortrag so wortgewaltig sagte: »Ich glaube an eine Zukunft, in der der Sinn von Bildung nicht darin besteht, Menschen auf einen weiteren nutzlosen Job vorzubereiten, sondern auf ein gut gelebtes Leben.«[10] Das ist *mentale Selbstfürsorge* – ein gut gelebtes, erfolgreiches Leben. Das Streben nach dem »guten Leben« ist etwas, das die Menschen schon seit Jahrtausenden verfolgen. Kannst du ernsthaft von dir behaupten, dass du nicht den Wunsch hast, herauszufinden, was dieses »gute Leben« für dich bedeutet?

Wir müssen erkennen, dass weder die Gesellschaft noch unser Gehirn die einzigen Faktoren sind, die bestimmen, was wir aus unserem Leben machen. Genauso müssen wir begreifen, dass unsere *eigenen* Gedanken unsere Fähigkeit zu denken, zu lernen und über die Grenzen einer beliebigen Gesellschaft hinaus erfolgreich zu sein, behindern können. Hast du schon einmal durch Instagram gescrollt und dich von dem Gefühl lähmen lassen, dass dein Leben irgendwie nicht »mithalten« kann? Hattest du schon mal einen Job, der dich völlig überlastete? Ein durchgeknallter Chef »aus der Hölle« hat dich am laufenden Band sinnlos angebrüllt, aber du hast es ausgehalten, weil du dachtest, ein verantwortungsbewusster Erwachsener müsse einen solchen Job haben und du tätest eben, was von dir erwartet würde? Warst du bei der Vorbereitung auf eine Prüfung schon mal völlig mutlos und konfus, weil du wusstest, dass du durchfallen würdest? Manchmal sind wir selbst unser schlimmster Feind! Hast du das Gefühl, dass jeden Tag etwas anderes auf dich einstürmt, mit dem du fertig werden musst?

Du magst dich fühlen, als hättest du keine Macht über dein Leben oder deine Umstände, aber die hast du! Deine Fähigkeit zu denken, zu fühlen und zu entscheiden ist von Natur aus mit großer Kraft und Resilienz verbunden – dein Verstand ist leistungsfähiger als alle Smartphones der Welt zusammen! Du kannst von bloßem Überleben zum Erfolg wechseln – und alles beginnt in deinem Kopf. Indem du sowohl den Einfluss deines soziokulturellen Umfelds als auch die Auswirkungen deiner eigenen Gedanken erkennst, kannst du deine Vergangenheit neu definieren, deine Gegenwart gedanklich umgestalten und deine Zukunft verwirklichen.

Neurozentrismus und Neuromythen: Inkorrekte Lösungsansätze

Wir müssen aus dem Labor heraus und weg von den sozialen Medien kommen und erkennen, dass wir in dynamischen, komplexen, sich entwickelnden Gesellschaften leben – Gesellschaften, die jeden Einzelnen von uns und das, was wir einbringen, dringend brauchen. Es ist an der Zeit, den Begriff *Lebensart* in unsere Bildungs-, Arbeits- und Alltagswelt einzuführen und eine Vorstellung davon zu bekommen, was er bedeutet. Wir müssen verstehen, dass Denken und Lernen je nach Kontext und Kultur, sowohl innerhalb einer Kultur als auch im Zusammenspiel mit anderen Kulturen, ihren ganz eigenen Charakter haben – das gilt gleichermaßen für die Gemeinschaft als auch für den Einzelnen.

Als Antwort auf diese neuzeitlichen Herausforderungen in Bezug auf das Denken und Lernen hat die Neurowissenschaft in den letzten Jahren große Popularität erlangt. Man könnte fast meinen, das Hinzufügen der Vorsilbe »Neuro« – wie in Neuropädagogik,

Neuroleadership, Neurospiritualität und so weiter – verleihe einer Methode, einem Kurs, Programm oder Buch mehr Schlagkraft und erhöhe damit seine Glaubwürdigkeit. Infolgedessen sind aus diesem neurozentrischen Ansatz mehrere »Neuromythen« entstanden, die die menschliche Kreativität und Vorstellungskraft eher ersticken, als sie zu fördern. Ein Mythos befriedigt den Wunsch nach schnellen, eindeutigen und simplen Erklärungen und hat das Potential, falsche Vorstellungen und fehlerhafte Interpretationen hervorzubringen, die von den Massenmedien genutzt und missbraucht werden, die entscheidenden Einfluss auf die Meinungsbildung und deren Aufrechterhaltung haben.

Die komplexe Natur des Menschseins auf scheinbar einfache neurobiologische Erklärungen zu reduzieren, in dem Versuch, die Bedürfnisse der Gesellschaft als Ganzes zu befriedigen, ist ein solches Beispiel und stellt keine Lösung dar. Diese Art des Denkens führt zu Fehleinschätzungen und damit zu Fehlentwicklungen im Schul- und Bildungswesen.[11] Darüber hinaus sollten wir uns Gedanken darüber machen, wie wir auf individueller, nationaler und internationaler Ebene denken, denn cleveres Marketing und glattzüngige Politiker sind in der Lage, eine unwissende Bevölkerung durch Mythen zu manipulieren und damit das Rückgrat eines jeden demokratischen Regierungssystems zu beschädigen.

Aber was genau sind »Neuromythen«? Es handelt sich dabei um bestimmte Vorstellungen über das Wesen der Hirnforschung, die nicht nur weit verbreitet sind, sondern auch Schaden anrichten. Sie betreffen und prägen unser Verständnis vom Lernen, von Bildung, Arbeit, Wissenschaft und vom Leben. Wissenschaftler haben Pädagogen, Absolventen neurowissenschaftlicher Kurse sowie Menschen aus der Bevölkerung zum Thema Neuromythen befragt, um zu ermitteln, wie sie zu diesen stehen.[12] Ihre Untersuchungen ergaben, dass Neuromythen in der allgemeinen Bevölkerung, bei

Pädagogen und sogar bei Neurowissenschaftlern (eine neurowissenschaftliche Ausbildung führt nicht zwangsläufig zu psychologischen oder pädagogischen Kenntnissen!) bemerkenswert häufig für wahr gehalten werden. Interpretationsfehler, die mehr schaden als nützen, können sich also durchaus einschleichen.[13] Viele Neuromythen vermitteln zum Beispiel fälschlicherweise den Eindruck, ein einzelner Faktor sei für ein bestimmtes Lernergebnis verantwortlich. Solche Ansätze sind aber Ausdruck einer groben Unterschätzung der Komplexität menschlichen Verhaltens, insbesondere der kognitiven und metakognitiven Fähigkeiten bezüglich der Aufmerksamkeit, des Denkens, der Gedächtnisleistung und des Lernens – von ihnen werden alle Abläufe des Lebens bestimmt.[14]

Interessanterweise war der Mythos, dem in dieser Umfrage am häufigsten zugestimmt wurde, der, dass Menschen besser lernen, wenn ihnen Informationen im bevorzugten Lernstil vermittelt werden. In den Kapiteln 17 und 18 erkläre ich ausführlich, warum und inwiefern dies falsch ist, und liefere eine schlüssigere und wissenschaftlich besser fundierte Erklärung dafür, warum wir als Individuen auf unsere eigene, ganz auf uns zugeschnittene Weise denken. Zu diesem Thema lehre und forsche ich seit dreißig Jahren.

Wissenschaftlicher Fortschritt erfolgt bekanntlich durch Versuch und Irrtum. Eine Theorie wird aufgestellt; neu auftretende Phänomene bestätigen, berichtigen oder widerlegen diese Theorie. Leider ist dieser »chaotische« Fortschritt der einzig gangbare Weg in der Wissenschaft, und Hypothesen haben immer das Potential, zu Mythen zu werden, auch wenn sie entkräftet sind. Selbst wenn diese Überzeugungen später durch den sozialen Prozess der Wissenschaft zweifelsfrei widerlegt werden, bleibt trotzdem die Möglichkeit, dass sie weithin geglaubt und weitergegeben werden und sogar von verschiedenen Unternehmen und Institutionen genutzt werden, um eine bestimmte Weltsicht oder Agenda zu fördern.

Mit diesen Neuromythen bin ich schon mein ganzes Arbeits- und Forschungsleben lang konfrontiert. Vor allem gegen zwei Neuromythen habe ich mich in den vergangenen drei Jahrzehnten deutlich ausgesprochen: die Hemisphären-Theorie und die Lernstile-Theorie. Die Neuromythen-Forschung von Kelly Macdonald und Lauren McGrath freut mich daher sehr.[15] Diese beiden Forscherinnen haben nicht nur diese, sondern auch andere weit verbreiteten Mythen als solche identifiziert, darunter der Mozart-Effekt, Legasthenie, der Zehn-Prozent-Mythos und die Wirkung von Zucker auf die Aufmerksamkeit. Sie fanden auch heraus, dass solche »klassischen« Neuromythen sich oft häufen – wenn man an einen Mythos glaubt, ist es somit wahrscheinlicher, dass man auch an andere glaubt. Das habe ich auch bei meinen wissenschaftlichen Untersuchungen an Pädagogen und Angehörigen psychiatrischer Berufe festgestellt. Es war eine Herausforderung, die neuromythischen Denkweisen dieser Personen zu ändern.[16]

Auch über das Gedächtnis gibt es zahlreiche Neuromythen. Das Gedächtnis ist nicht nur das Kernstück des Lernens, sondern auch in allen anderen Bereichen des Lebens unverzichtbar. Es ist zum bevorzugten Gegenstand von Phantasien und falschen Vorstellungen geworden. »Verbessern Sie Ihr Gedächtnis!« »Steigern Sie Ihre Gedächtnisleistung!« »So bekommen Sie schnell ein überdurchschnittliches Gedächtnis!« Dies sind typische Beispiele für eine Vielzahl von Werbesprüchen, mit denen Apps, Bücher, Präparate und Programme angepriesen werden. Das Gedächtnis ist jedoch ein komplexes, noch nicht vollständig verstandenes Gebilde, das intensive Konzentration und tiefes Verstehen erfordert. Die Entwicklung von Langzeiterinnerungen und Gewohnheiten erfordert Zeit und harte Arbeit – es gibt keine schnelle Lösung, wenn es darum geht, ein gutes Gedächtnis aufzubauen.

Leider stützen sich kommerzielle, computerbasierte Gedächtnistrainingsprogramme auf diesen neurozentrischen Ansatz. Solche Programme sollen angeblich Menschen helfen, die unter ADHS, Legasthenie, Sprachstörungen, Lernschwächen, Demenzerkrankungen, psychischen Erkrankungen und vielen anderen Problemen leiden. Von einigen dieser Programme wird sogar behauptet, sie könnten die IQ- oder EQ-Werte verbessern.[17] Man setzt sie weltweit in Bildungseinrichtungen und Kliniken ein, und bei den meisten handelt es sich um digitale Plattformen. Den Teilnehmern werden Aufgaben in Form von Gedächtnistests gestellt, die so gestaltet sind, dass sie eine Herausforderung darstellen.

Die Forschung zeigt jedoch, dass das Kurzzeitgedächtnis und die sensorischen Fähigkeiten, die bei solchen »Denkspielen« entwickelt werden, nicht notwendigerweise tiefgründiges Denken oder sinnvolle kognitive Fähigkeiten fördern, die wiederum eine Verhaltensänderung bewirken, die tatsächlich zum Erfolg führt.[18] Diese Spiele verbessern nicht die Art von Intelligenz, die Menschen hilft, intellektuelle Betrachtungen anzustellen, nachzudenken, Probleme zu lösen oder kluge Entscheidungen zu treffen. Ganz anders verhält es sich beim Aufbau des Gedächtnisses und des Lernvermögens durch tiefgründiges Denken und Verstehen mithilfe von mentalem Training, wie in meinen Techniken in diesem Buch dargelegt: Die Anzahl der *überlebenden* Neuronen erhöht sich, insbesondere dann, wenn die Trainingsziele anspruchsvoll sind.[19] Das Überleben der Neuronen mitsamt ihren vorgelagerten Dendriten (dem eigentlichen Speicherort von Gedächtnisinhalten) bedeutet, dass langfristige, nützliche und sinnvolle Erinnerungen gebildet werden.

Laut einer von der American Psychological Association (APA) veröffentlichten Studie ist das Training des Arbeitsgedächtnisses durch diese Denkspiele kaum eine wirksame Behandlung für

Kinder, die unter Lernstörungen leiden.[20] Auch auf gesunde Erwachsene, die ihre intellektuellen und kognitiven Fähigkeiten verbessern wollen, oder auf Kinder, die in der Schule lediglich besser abschneiden möchten, scheinen Gedächtnisübungen nur eine begrenzte Wirkung zu haben.[21]

Bei vielen Programmen ist das Auswendiglernen wichtiger als das Verstehen – zum Nachteil der Lernenden. Wir sind nicht dazu geschaffen, uns alles und jedes zu merken. Wir sind dafür ausgelegt, uns das zu merken, was wir *brauchen*, um zum Ziel zu kommen. Dies erfordert eine gute Auffassungsgabe und tiefgründiges, fokussiertes Verstehen. Wir müssen lernen, *was* wir lernen sollen und *wie* wir es lernen sollen.

In Kapitel 20 erkläre ich, wie man sinnvolle Erinnerungen aufbaut – Erinnerungen, die nicht nur die Intelligenz steigern, sondern auch die Gesundheit des Gehirns verbessern und die Komplexität des Denkprozesses widerspiegeln.[22] Es gibt eine große Anzahl hilfreicher Techniken zur Verbesserung der Gedächtnisleistung, seien es Mnemotechniken, Reizwiederholungen und dergleichen mehr, aber sie funktionieren nur bei einer bestimmten Art von Erinnerung. Ich konzentriere mich lieber darauf, dir beizubringen, wie du ein Gedächtnis aufbauen kannst, das *nützlich* und relevant ist und das dir hilft, in Schule oder Beruf und im Leben allgemein erfolgreich zu sein und zu wachsen. Sobald du lernst, wie man mit dem Verstand lernt, wirst du, wie schon meine Patienten, eine deutliche Steigerung deiner Problemlösungsfähigkeit feststellen. Du wirst nicht nur sinnvoll vernetzte Gedächtnisinhalte aufbauen, *sondern auch* deine kognitive Flexibilität verbessern.

Es gibt immer mehr Belege dafür, dass unser Gedankenleben einen enormen Einfluss auf unser geistiges, emotionales, kognitives und körperliches Wohlbefinden hat. Unsere Gedanken können uns entweder auf das begrenzen, was wir zu können glauben, oder uns die Freiheit geben, Fähigkeiten zu entwickeln, die weit über unsere eigenen Erwartungen oder die Erwartungen anderer hinausgehen. Wenn wir uns für eine Denkweise entscheiden, die unsere Fähigkeiten erweitert, anstatt sie zu begrenzen, werden wir größere intellektuelle Zufriedenheit, wirksamere Kontrolle über unsere Emotionen sowie bessere geistige und körperliche Gesundheit erfahren.

Doch wie gelingt uns das? Wie können wir die Kraft unserer Gedanken nutzen, um tiefgründig zu denken, effektiv zu lernen und mit den Problemen des schnelllebigen digitalen Zeitalters umzugehen, damit wir ein sinnerfülltes Leben führen können? Wie gelangen wir zu Erfolg? Mehr als drei Jahrzehnte lang habe ich mit Tausenden von Familien, Kindern, Jugendlichen und Erwachsenen gearbeitet, bei denen ADHS, Autismus, Demenzerkrankungen und andere Formen von Lernschwächen und emotionalen Problemen diagnostiziert wurden. Ich habe ihnen beigebracht, wie sie ihre Herausforderungen bewältigen und ihr Denkvermögen verbessern können. Meine beruflichen und persönlichen Erfahrungen sowie die Aussagen von Menschen, die meine Fernsehsendungen[23] gesehen und meine anderen Bücher gelesen haben, zeigen, dass man als Mensch alles erreichen kann, was man sich vornimmt, wenn man beigebracht bekommt, tiefgründig zu denken. Jeder kann lernen, *wie* man lernt.

Ganz gleich, was man dir erzählt hat, die Wahrheit ist: Du *kannst* lernen. Du kannst im Leben erfolgreich sein. Wenn du lernst, wie man lernt, indem du die Kunst der mentalen Selbstfürsorge nicht nur erkundest, sondern auch verstehst und meisterst, kannst du über bloße Achtsamkeit hinausgehen und einen ganzheitlichen Lebensstil entwickeln, der dich befähigt, dein Umfeld, deine Gemeinde, deine Nation und die Welt zu verändern, in der du lebst.

TEIL 1

DER MINDSET-GUIDE
EIN LEITFADEN

KAPITEL 1

Denke und lerne erfolgsorientiert

Mindsets spiegeln gewisse Einstellungen wider. Sie bestehen aus einer Ansammlung von Gedanken mit den dazugehörigen Informationen und Emotionen, die eine bestimmte Wahrnehmung erzeugen. Mindsets prägen, wie du die Welt siehst und mit ihr interagierst. Sie können dich nach vorne katapultieren und es dir ermöglichen, deine Träume zu verwirklichen, oder dich, wenn du nicht aufpasst, in den Rückwärtsgang versetzen. Ein solches Mindset ist daher eine wichtige mentale Ressource und eine Quelle der Kraft. Deine Mindsets legen deine Erwartungen fest, die entweder positiv oder negativ sein können.

In jedem Moment eines jeden Tages reagieren und verändern sich dein Gehirn und dein Körper auf physischer Ebene als Reaktion auf die Gedanken, die dir durch den Kopf gehen – deine Mindsets verleihen deinen Gedanken »Würze« und lassen dein Gehirn und deinen Körper für dich oder gegen dich arbeiten. Und da du deine Mindsets kontrollierst – sie sind keine vorprogrammierte Funktion –, bist tatsächlich du dafür verantwortlich, dein Gehirn und deinen Körper zu deinem Nutzen arbeiten zu lassen. Verständnis darüber zu erlangen, wie sich Mindsets bilden und wie sie das Denken verändern, ist ein gut geeigneter Weg, um die Macht deines Geistes zu erkennen, mit der dieser dein Gehirn verändert. Mindsets zeigen dir, welchen Einfluss deine Wahrnehmungen haben. Sie helfen dir, dein Gedankenleben zu optimieren, indem sie die richtigen Wahrnehmungen erzeugen und deine innere Stärke und Widerstandsfähigkeit zum Vorschein bringen. Korrekte Mindsets sind eine wesentliche Voraussetzung für Erfolg in Schule, Beruf und im Leben.

Dein Gehirn reagiert auf die Entscheidungen, die du tagtäglich triffst – diese wiederum sind von deinen Mindsets beeinflusst. Du wirst nicht durch deine Biologie gesteuert, ganz gleich, wie emotional leer oder chaotisch sich dein Geist zu einem beliebigen Zeitpunkt auch anfühlen mag.[24] Allein der *Gedanke* an etwas kann dein Gehirn durch die erzeugten Energiewellen verändern, und zwar auf struktureller Ebene durch Genexpression sowie auf chemischer Ebene durch Freisetzung von Neurotransmittern. Die Macht des Geistes, das Gehirn zu verändern, ist unglaublich spannend und gibt Hoffnung!

Unsere Gedanken können unseren inneren Frieden, unsere Gesundheit und Vorstellungskraft, die Fitness und Belastbarkeit und noch vieles anderes verbessern.[25] Die Fähigkeit, zu denken, zu fühlen, zu entscheiden und Gedanken zu Mindsets aufzubauen, ist eines der mächtigsten Dinge im Universum, denn diese Kraft ist die Quelle aller menschlichen Kreativität und Phantasie. Wie die Wissenschaftlerin Lynne McTaggart feststellt, ist »ein Gedanke nicht nur ein Ding; ein Gedanke ist ein Ding, das andere Dinge beeinflusst«.[26] Wohin deine Gedanken gehen, dorthin folgt dein Leben.

Sowohl die Forschung als auch der gesunde Menschenverstand zeigen, dass der Glaube an den eigenen Erfolg eine Vorstufe zum eigentlichen Erfolg ist.[27] Umgekehrt ist die Überzeugung, man sei in seinen Fähigkeiten eingeschränkt, an sich schon ein einschränkender Faktor – eine Art Nocebo-Effekt.[28] Wir können uns für ein Mindset *entscheiden*, das unsere Kreativität und Funktionalität im Allgemeinen verbessert, oder wir können uns für eine Einstellung entscheiden, die uns einschränkt und zurückhält.

Die Wahrheit ist, dass wir nicht lernen müssen, über den Tellerrand zu schauen. Wir müssen erkennen, dass dieser »Tellerrand« ein Hirngespinst ist – wir sind so intelligent, wie wir es sein wollen. Dieses Buch soll dir bei der Entdeckung helfen, dass dein Denkvermögen wirklich unbegrenzt ist. Du *kannst* dein Gehirn mithilfe deiner Gedanken gestalten und formen.

Was beim Denken passiert

Stell dir deinen Verstand als Transport von Informationen in Form von Energie durch dein Nervensystem vor. Jeder Gedanke besteht aus Quantenenergie und sendet elektrochemische und elektromagnetische Signale, die durch dein Gehirn und deinen Körper fließen, und zwar größtenteils unterhalb der Bewusstseinsebene, auf der nichtbewussten Ebene (mehr dazu in Kapitel 21). Allein der Gedanke an einen geliebten Menschen zum Beispiel kann positive strukturelle Veränderungen im Nucleus caudatus bewirken, einem Bereich des Gehirns, der eng mit dem Belohnungssystem und der Auslösung von Glücksgefühlen verknüpft ist.[29] Desgleichen werden als Reaktion auf eine gute Einstellung im gesamten Gehirn und Körper gesunde elektromagnetische Signale ausgelöst und Quantenfelder in Schwingung versetzt, was dir die Kraft gibt, deinen Alltag zu bewältigen.[30]

Umgekehrt gilt das Gleiche. Stress, der eigentlich gut für dich ist, kann ungeheur toxisch werden, je nachdem, wie du die jeweilige Situation wahrnimmst. Neulich erzählte mir eine Freundin, dass sie allein schon beim Vorbeifahren an ihrem früheren Arbeitsplatz die gleichen körperlichen Herzschmerzen verspüre, die sie in dem toxischen Arbeitsumfeld täglich erlebt hatte. Als sie noch dort arbeitete, überlegte diese Freundin, aufgrund der Schwere ihrer stressbedingten Symptome einen Herzspezialisten aufzusuchen; die Beschwerden verschwanden jedoch, nachdem sie ihren Job gekündigt hatte. Die Behandlung bestand in diesem Fall nicht in Medikamenten oder gar einem chirurgischen Eingriff, sondern in mentaler Selbstfürsorge und der daraus folgenden Entscheidung, sich eine andere Arbeitsstelle zu suchen!

Forschungen im Bereich der Quantenphysik und der Geist-Körper-Verbindung zeigen, dass die Signale des Geistes, die als nicht-physische Lichtwellen oder Energiepakete zu verstehen sind, 90 bis 99 Prozent dessen ausmachen, wer wir sind. Diese Wellen sind unsere vorherrschende Realität; wir können das nicht greifbare, mächtige geistige Element dessen, was uns als Menschen ausmacht, nicht ignorieren.[31] Wenn Gedanken mit Quantengeschwindigkeit durch unser Gehirn strömen, feuern Neuronen zusammen auf unterschiedliche Weise, je nach den spezifischen Informationen, die verarbeitet werden, und diese Muster neuronaler Aktivität verändern unsere neuronale Struktur (mehr dazu in Kapitel 22). Im Wesentlichen beeinflusst die Art und Weise, wie du denkst, die neuronalen Korrelate in deinem Gehirn und damit auch deine Worte und Handlungen. Diese Worte und Handlungen wiederum beeinflussen das Gehirn, und es entsteht eine Rückkopplungsschleife auf der Grundlage des jeweiligen Mindsets. Diese Rückkopplungsschleife kannst du jederzeit verändern, indem du dich *entscheidest*, deine Denkweise zu ändern. Eine interessante Studie hat beispielsweise gezeigt, dass Menschen besser mit Lampenfieber fertigwerden (z. B. vor einem Gespräch mit dem Chef, vor einer öffentlichen Rede oder vor einer Matheprüfung), wenn sie anstatt des Versuchs, sich zu *beruhigen*, ihre Angst und Nervosität rekonzeptualisieren, indem sie sie als *positive Aufregung* neu begreifen und während dieses Vorgangs tief und langsam atmen (wodurch Cortisol abgebaut wird). Die Entscheidung, von einer Betrachtungsweise zu einer anderen zu wechseln und die Situation nicht mehr als Bedrohung, sondern als Chance wahrzunehmen, lässt einen Menschen ganz anders funktionieren.[32]

In dir steckt enorme Kraft, durch die du dich entfalten kannst, anstatt alles nur mit Mühe zu bewältigen. Wenn Menschen sich bewusst dafür entscheiden, eine Haltung der Dankbarkeit einzunehmen, erhalten sie beispielsweise einen Schub belohnender Neurotransmitter wie Dopamin, wodurch sie sich insgesamt wacher und geistig aufgehellt fühlen. Der Weg zum Erfolg beginnt mit unserem Denken, und unser Gehirn wird entsprechend darauf reagieren.

Wenn du allerdings die 75 bis 100 Billionen Zellen deines Gehirns und deines Körpers mit den toxischen Signalen negativer Gedanken bombardierst, beeinflusst du damit die Quantenaktivität und die Genexpression in deinen Zellen in negativer Weise und *trainierst* sie dadurch, künftig Negativität zu erzeugen. Wenn du so denkst, entwickelst du ein negatives Mindset, das in deinem Geist, deinem Gehirn und deinem Körper verheerenden Schaden anrichten kann. Diese negativen Denkmuster sind jedoch nicht dein Schicksal. Jedes Mindset lässt sich ändern, indem du die Art und Weise veränderst, wie du denkst, fühlst und dich entscheidest. Du kannst dich dafür entscheiden, die Zellen deines Körpers mit Positivität zu bombardieren und dich auf deine natürliche Neigung zur Liebe zu konzentrieren.[33] Wir sind von Natur aus mit einem Hang zum Optimismus ausgestattet.

Solange du atmest, kann dein Gehirn in einem Prozess, der Neurogenese genannt wird, neue Neuronen bilden.[34] Stammzellen überdauern im erwachsenen Gehirn und erzeugen während des gesamten Menschenlebens neue Neuronen; täglich werden Tausende von neuen Zellen gebildet. Diese Tausende neuen Neuronen, die jeden Tag in das Gehirn eingefügt werden, überleben in der Regel nicht. Eine der wirksamsten Methoden jedoch, diese Zellen am Absterben zu hindern (wodurch sich sonst die toxische Belastung des Gehirns und des Körpers erhöhen würde), besteht darin, korrekt zu denken und zu lernen.[35] Genau das werde ich dir in Teil 3 dieses Buches mithilfe des 5-Schritte-Lernprozesses beibringen, den ich schon in meinem Buch *Schalte dein Gehirn an* vorgestellt habe und zwischenzeitlich weiterentwickeln konnte. Verschiedene Signale regen Stammzellen zur Bildung von Neuronen an, die dann an ihren Wirkungsort wandern.[36] Darüber hinaus gibt es in deinem Gehirn Gliazellen, die täglich weitere neue Zellen produzieren.[37] Diese Zellen sind quasi »Haushälter« und ebenfalls an kognitiven Prozessen beteiligt.

Tatsächlich hast du etwa alle zehn Sekunden die Möglichkeit, toxische Mindsets mithilfe deines dir eigenen Denkens zu verändern! Dein Gehirn ist fein auf deinen Verstand abgestimmt; es ist so konzipiert, dass es auf dein bewusstes Denken reagiert (siehe Kapitel 21).

Genau das bedeutet es, den eigenen Sinn zu erneuern, das Denken umzugestalten und alle zerstörerischen Gedanken gefangen zu nehmen. Das bedeutet auch, dass du dein Gehirn durch deine Denkweise neu gestalten *kannst*, indem du dich entscheidest, optimistischer zu sein und gesunde Denkpraktiken anzuwenden, wie die Techniken zur mentalen Selbstfürsorge, die du in diesem Buch kennenlernen wirst. Dieser Prozess der Neubewertung deiner Einstellungen und ihrer Wiederangleichung an deine von Natur aus auf Liebe ausgerichtete Beschaffenheit ist wesentlicher Bestandteil eines gut gelebten Lebens. Es geht für dich darum, willentlich und bewusst darauf zu achten, was du denkst, sagst und tust, und zwar auf eine selbstreflektierte und selbstregulierende Weise. Dabei hängt alles davon ab, woran zu denken du dich *entscheidest*.

Genexpression und achtsames Denken

Dein Denken, Fühlen und Entscheiden hat Auswirkungen auf deine Genexpression. Mit jedem Gedanken, den du hast, schaltest du Gene an oder aus, und jeder dieser Gedanken spiegelt wider, wie du deine Lebenserfahrungen *wahrnimmst* und empfindest.[38] Forschungen zeigen, dass nur etwa 5 Prozent der genetischen Mutationen direkt zu Gesundheitsproblemen führen.[39] Etwa 95 Prozent der Gene werden durch Lebenseinflüsse und Entscheidungen in Bezug auf die Lebensführung beeinflusst.[40] Deine Genaktivität wird größtenteils durch deine Gedanken, Einstellungen und Wahrnehmungen bestimmt, die zusammengenommen dein Mindset bilden.

Wie also lässt sich die eigene Genexpression steuern? Die Erkenntnisse der Epigenetik zeigen uns, dass wir mit unseren Gedanken unsere Biologie steuern.[41] Unsere Wahrnehmung besteht aus unseren Gedanken und bestimmt unsere Mindsets. Unsere Entscheidungen zur Lebensführung lassen sich tatsächlich bis auf die genetische Ebene zurückverfolgen. Was du jeweils denkst, ist von entscheidender Bedeutung, denn deine Gedanken bestimmen die Signale, die deine Gene empfangen. Wenn du deine Gedanken änderst, dann änderst du dadurch auch deine Einstellungen und kannst so deine genetischen Werte beeinflussen und gestalten. Die Forschung zeigt sogar, dass die Denkweise einen Einfluss darauf haben kann, wie man altert![42]

Je mehr du auf deine ganz auf dich zugeschnittene und wirkungsvolle Weise zu denken lernst (von der du in Teil 2 lesen wirst), desto achtsamer, selbstreflektierter und selbstregulierender wirst du in deinem Denken werden; du wirst ein Mindset entwickeln, das jeder Herausforderung gewachsen ist. Je gesünder das Eingangssignal, desto gesünder ist das Ergebnis deiner Genexpression, und desto gesünder und produktiver wirst du sein.

Ich kann gar nicht oft genug betonen, wie sehr es darauf ankommt, zu lernen, die Kraft positiver Mindsets zu aktivieren und sie kontrolliert einzusetzen, um Einfluss auf den Verlauf des eigenen Lebens zu nehmen. Während meiner akademischen Forschung und in meiner klinischen Praxis habe ich immer wieder beobachten können, wie extrem wichtig eine positive mentale Selbstfürsorge ist, um vom reinen Überleben in den Erfolgsmodus zu kommen. Begründen lässt sich das mit der starken Auswirkung, die unser Denken auf das Gedächtnis und die geistige und körperliche Gesundheit hat.

Natürlich ist jeder von uns anders. Wir alle denken unterschiedlich, und unsere individuelle Denkweise hat Einfluss darauf, wie effektiv wir ein nützliches, stabiles Langzeitgedächtnis aufbauen. Und wenn wir verstehen, wie wir als einzigartige Individuen denken und lernen, gibt uns das ein Gefühl der Sinnhaftigkeit, was nach neueren Forschungen tendenziell zu einer gesünderen Lebensweise und damit auch zur Langlebigkeit führt. So können wir durch ein Denken, das unserer genetischen Veranlagung zu Liebe und Optimismus folgt,[43] in Verbindung mit gesunden Ess-, Schlaf- und Bewegungsgewohnheiten,[44] tief verwurzelte Gedächtnisinhalte aufbauen und gleichzeitig das Risiko von psychischen Erkrankungen, Lernschwierigkeiten und degenerativen Krankheiten verringern. Es gibt eindeutige Belege dafür, dass die Kontrolle über das eigene Denken und die Entgiftung des Gedankenlebens vorbeugend gegen Alzheimer wirken.[45] Das ist echte mentale Selbstfürsorge, die zum Erfolg führt. (Mehr über die Entgiftung deines Gedankenlebens erfährst du in meiner App auf drleaf.com.)

Wenn du deine »Gabe«, deine besondere, individuelle Art zu denken, verstehst und den 5-Schritte-Lernprozess *Schalte dein*

Gehirn an richtig anzuwenden weißt, wirst du die Kraft eines positiven Mindsets aktivieren und aufrechterhalten können. So bekommst du direkten Zugriff auf deine Genaktivität, um sie zu deinem Nutzen zu beeinflussen. Wenn du zu verstehen und zu realisieren beginnst, wie viel Macht du in deinem Geist besitzt, wirst du anfangen, deine Gedanken *für* dich anstatt *gegen* dich arbeiten zu lassen.

Genetisch zur Liebe veranlagt

Wir sind dazu veranlagt, positiv und optimistisch zu denken.[46] Dein Körper und dein Gehirn sind ganz auf deine Einzigartigkeit und die Positivität deines Geistes abgestimmt. Du bist im Grunde auf Liebe ausgelegt, und zwar bis hinunter auf die genetische Ebene; je besser deine mentalen Selbstfürsorgegewohnheiten werden, desto positiver werden dein Gehirn und dein Körper reagieren.[47]

Wenn du jedoch ein negatives Mindset hast, das nicht mit deiner auf Liebe ausgerichteten Veranlagung harmoniert, schadest du deinem Gehirn und deinem Körper. Du funktionierst dann nur noch eingeschränkt, und das wirkt sich auf deine geistige und körperliche Gesundheit aus. Glücklicherweise kannst du dieser Negativspirale entkommen, indem du dich entscheidest, deine Einstellung zu ändern. Damit heilst du den Schaden und verbesserst deine Leistungsfähigkeit. Du kannst die Geschichte deiner Vergangenheit neu schreiben![48]

Gesunde, produktive Mindsets sind der Schlüssel zu einer fruchtbaren Lebensweise. Wir alle verfügen über beträchtliche innere Ressourcen, mit denen wir denken, lernen und im Leben erfolgreich sein können, aber oft bleiben diese ungenutzt oder werden falsch eingesetzt. Mit dem Wissen, das du in diesem Buch erwirbst, lernst du, wie du die Kraft deines Geistes als Grundlage für deinen Erfolg nutzen kannst.

Bevor wir jedoch untersuchen, was erfolgreiche, produktive Mindsets ausmacht, müssen wir zunächst verstehen, was es bedeutet, »zur Liebe veranlagt zu sein«. In uns existiert nämlich keine einzige Struktur, weder ein Gewebe noch irgendwelche Zellen, Proteine, Moleküle, Atome oder Quantenwellen, die für toxisches Denken ausgelegt wären; wir sind auf Liebe gepolt und Furcht ist erlernt.[49]

Heißt das, dass alle Arten von Furcht von Haus aus schlecht sind? Nicht unbedingt. Wir lieben zum Beispiel das Leben und fürchten uns vor Dingen, die uns das Leben nehmen können. Deshalb vermeiden wir solche Dinge, wie zum Beispiel vor ein fahrendes Auto zu laufen oder spät nachts durch gefährliche Stadtviertel zu spazieren. Ähnlich verhält es sich mit Trauer, die wir nur deshalb empfinden, weil wir lieben. Liebe ist ein Sammelbegriff für alle Eigenschaften, die wir als Menschen schätzen, wie Dankbarkeit, Freude, Frieden, Geduld, Freundlichkeit, Positivität, Glück und dergleichen mehr. Ich verwende daher den Begriff »Liebes-Mindsets« für alle Arten von Geisteshaltungen, die zu gutem Gelingen in unserem alltäglichen Leben beitragen. Wenn wir einer auf Liebe gegründeten Denkweise folgen, fördern wir damit unsere hirnorganische, körperliche, geistige und spirituelle Gesundheit.[50] Bei der Liebe geht es darum, fruchtbar zu sein – zu gedeihen und nicht nur zu überleben. Ein Leben in Liebe ist »das gute Leben«.

Furcht hingegen ist alles, was Liebe nicht ist. Sie ist das Gegenteil von Liebe, so wie Undankbarkeit das Gegenteil von Dankbarkeit und Grausamkeit das Gegenteil von Freundlichkeit ist. Angst frisst uns auf und lähmt unsere Fähigkeit, das Leben zu leben, das wir leben wollen. Eine angstgeprägte Denkweise konzentriert sich auf das Nichtvorhandensein von Liebe; die Angst vor dem Scheitern erstickt zum Beispiel Kreativität und Vorstellungskraft und beeinträchtigt die Fähigkeit eines Menschen, seine Ziele und Träume zu verfolgen.

Unsere Mindsets geben vor, wie wir mit den Ereignissen und Umständen des Lebens umgehen, die sich oft unserer Kontrolle entziehen. Wir sind darauf ausgelegt, aus einem Mindset der Liebe heraus zu reagieren, was nicht immer bedeutet, dass alles einfach wird, aber es bedeutet, dass wir in den Erfolgsmodus wechseln und eine Situation effektiver bewältigen können.

Unter *Gehirnplastizität* versteht man die neuronalen Veränderungen, die im Gehirn als Folge des Denkens und der gewählten Lebensweise auftreten. Die Plastizität des Gehirns ermöglicht es uns, einfache Fertigkeiten oder Sportarten zu meistern. Dank ihr können wir uns auch darin üben, positiver zu sein, egal, ob es regnet oder die Sonne scheint – sowohl im wörtlichen als auch im übertragenen Sinn. In den 1980er Jahren habe ich einige der ersten Forschungen zur Neuroplastizität durchgeführt und mit meinen Arbeiten gezeigt, wie zielgerichtetes, bewusstes Denken die intellektuellen, kognitiven, emotionalen, sozialen und akademischen Leistungen verändert.[51] In meiner praktischen klinischen Erfahrung hat sich die Wirkungskraft der Neuroplastizität bei den Menschen, mit denen ich gearbeitet habe, immer wieder bewiesen – du kannst dein Gehirn mithilfe deiner Gedanken verändern und dadurch dein Leben verändern.

Wir *können* unser Gehirn so umbilden, dass es sich auf die guten Dinge im Leben konzentriert. Indem wir das tun, treten wir in unser »normales« Leben ein, denn wir sind auf Liebe gepolt. Eine Haltung der Dankbarkeit befähigt uns gewissermaßen, mehr Möglichkeiten zu sehen, mehr Energie zu verspüren und in unserem Leben auf einem höheren Level erfolgreich zu sein.

Ich betone, dass das Gehirn *umgebildet* und nicht trainiert werden muss. Die Auffassung, dass das Gehirn zum Negativen neige und man deshalb gegen die natürliche Tendenz des Gehirns, Missliebiges zu suchen und wahrzunehmen, ankämpfen müsse, ist schlichtweg falsch. Diese Art von negativem Mindset wirkt dem natürlichen Hang unseres Gehirns zum Optimismus entgegen und sorgt für gestörte Denkmuster!

Wie schon gesagt, ist das Gehirn auf das Positive ausgerichtet, was auch als optimistische Tendenz bezeichnet wird, oder wie ich es nenne: die veranlagte Neigung zur Liebe. Gelegentlich mag es dir vorkommen, als sei dein Leben von Negativem beherrscht, aber nimm dir einen Moment Zeit, um deine Gedanken zu analysieren. Worüber denkst du am meisten nach? Wenn du täglich an etwas Bestimmtes denkst, hat sich dein Gehirn innerhalb von etwa zwei Monaten auf dieses Denkmuster eingestellt (mehr über Gedächtnisbildung in Kapitel 21). Du pflanzt diese Gedanken tief in den nichtbewussten Teil deines Verstandes ein und lässt ihnen freie Hand, deine Denkweise zu formen, was wiederum Auswirkungen auf deine zukünftigen Gedanken, Worte und Handlungen hat. Wir verschmelzen mit unserer Lebenswelt; das, woran wir am häufigsten denken, bekommt die meiste Energie zugeführt und dominiert schließlich unser ganzes Denken, sei es zum Guten oder zum Schlechten. In Teil 3 dieses Buches zeige ich dir auf, wie dies geschieht und wie du mit nur sieben Minuten gezieltem, bewusstem Denken pro Tag über dreiundsechzig Tage hinweg dein Denken erneuern kannst!

Wir können uns die Plastizität des Gehirns zunutze machen, indem wir mithilfe unseres Verstandes unser Gehirn umbilden, sodass es normale positive Denkmuster aufbaut. Dies wird als *Automatisierung* bezeichnet und beinhaltet die Rekonzeptualisierung des Langzeitgedächtnisses, also die willentliche, bewusste, achtsame und intellektuelle Neugestaltung unseres Gedankenlebens (und damit auch unserer Gehirnstruktur) über einen gewissen Zeitraum hinweg.

Diese Automatisierung ist gar nicht so schwierig, aber sie erfordert Zeit, Disziplin und Mühe. Würde man dich danach fragen, wärst du sicher in der Lage, deine positiven und negativen Denkgewohnheiten zu benennen und zu sagen, was du liebst und was du fürchtest. Du hast dich bereits darin geübt, bestimmte Mindsets aufzubauen, auch wenn du dir dieser Technik nicht bewusst bist! Die bewusste Steuerung dieses Prozesses kann dein Leben auf eine ganz neue Ebene bringen, die es dir ermöglicht, sowohl auf persönlicher als auch auf beruflicher Ebene erfolgreich zu sein. Du wirst nicht nur lernen, eine positive Einstellung zu entwickeln, sondern auch ein Gefühl von Kompetenz und intellektueller Zufriedenheit erlangen, was dich insgesamt kreativer sein lässt. Mach dir also die Kraft deines Geistes zunutze und fang an, dein Leben zu verändern!

KAPITEL 2

Ein Mindset, das dich zum Denker macht

Heutzutage haben wir Zugang zu einer Vielzahl von leicht verfügbaren Stimuli. Soziale Medien, E-Mail, Textnachrichten, E-Books, Facetime, Skype, Chatrooms oder was auch immer – eine ganze Welt voller Daten ist buchstäblich immer zur Hand. Laut Umfrage der American Psychological Association im Jahr 2017 zur Stressbelastung in Amerika ist der Prozentsatz der Erwachsenen, die soziale Medien nutzen, zwischen 2005 und 2015 von 7 Prozent auf 65 Prozent angestiegen. Bei jungen Erwachsenen im Alter von achtzehn bis neunundzwanzig Jahren stieg die Nutzung im gleichen Zeitraum von 12 Prozent auf 90 Prozent.[52]

Vielleicht bist du derart vernetzt, dass du vergessen hast, wie man Zeit allein mit seinen Gedanken verbringt. Wann hast du das letzte Mal – bildlich gesprochen – die Pose der berühmten Statue eingenommen, die von dem Bildhauer Auguste Rodin geschaffen und mit dem Titel »Der Denker« versehen wurde? Fürchtest du dich davor, mit dir allein zu sein? Kannst du überhaupt mit dir selbst allein sein? Nur du und deine Gedanken?

Der Drang nach ständiger Beschäftigung betrifft nicht nur »die Jugend von heute«. Eine kürzlich durchgeführte Studie ergab, dass das Alleinsein mit den eigenen Gedanken von Menschen *aller* Altersgruppen mehrheitlich als unangenehm empfunden wird.[53] In einer Reihe von elf Studien, die von Timothy Wilson und Kollegen an der Universität von Virginia und Harvard durchgeführt wurden, hatten zahlreiche Teilnehmer *aller* Altersgruppen

(18 bis 77 Jahre) Mühe, auch nur sechs bis fünfzehn Minuten allein zu verbringen und nichts anderes zu tun, als nachzudenken, zu träumen und zu sinnieren. Die Mehrzahl der Teilnehmer empfand es nicht als Genuss, mit den eigenen Gedanken allein zu sein. Einige verpassten sich sogar selbst lieber einen Stromschlag, als man ihnen dies alternativ anbot, solange sie nicht dasitzen und nachdenken mussten! Die Erkenntnisse aus dieser Studie zeigen, dass die meisten Teilnehmer es vorzogen, irgendetwas zu tun, sogar etwas Negatives, anstatt nur wenige Minuten lang ihrer Vorstellungskraft freien Lauf zu lassen.

Tatsächlich ziehen es immer mehr Menschen jeden Alters vor, auf ihren Geräten ziellos durch Instagram, Facebook, Online-Shopping-Apps oder Beliebiges zu scrollen, anstatt einfach nur dazusitzen und nachzudenken. Obwohl wir im wahrsten Sinne des Wortes besser vernetzt sind, fühlen wir uns doch isolierter als je zuvor. Erhebungen haben ergeben, dass mit Zunahme der Zeit, die in den sozialen Medien und mit anderen »Bildschirm«-Aktivitäten verbracht wird, die Zufriedenheit abnimmt, Gefühle der Einsamkeit und Depression zunehmen und das Selbstmordrisiko steigt.[54]

Jean Twenge, die in den letzten drei Jahrzehnten Generationenunterschiede erforscht hat, sagt, dass die Auswirkungen digitaler Medien noch nicht in vollem Umfang erkannt oder verstanden wurden.[55] Betrachtet man die Folgen zunehmender Smartphone-Nutzung, so lässt sich ein Großteil des verursachten Schadens durch die sozialen Medien auf das zurückführen, was im Internet als »FOMO« (Fear Of Missing Out) bezeichnet wird bzw. als Angst, den Spaß zu verpassen, den alle anderen zu haben scheinen.[56] Twenge erkennt die positive Seite der Technologie an, die zu mehr Selbstvertrauen, Aufgeschlossenheit und Ehrgeiz geführt hat, weiß aber auch, dass die technologische Revolution eine dunkle Seite hat: Zynismus, Einsamkeit, Ängstlichkeit und Depressionen nehmen zu und plagen den Verstand des modernen Menschen. Die Zusammenhänge zwischen psychischen Erkrankungen, Einsamkeit, Isolation und der Smartphone-Nutzung sind deutlich genug, um darauf hinzuweisen, dass wir nicht nur unsere Kinder ermahnen sollten, das Telefon wegzulegen, sondern auch uns selbst.

Natürlich ändert sich mit jeder Generation das Verständnis davon, wie man als Individuum in der Gesellschaft lebt – mitunter sogar dramatisch. Die Fähigkeit, über den gesellschaftlichen Wandel nachzudenken, ihn zu verarbeiten und einen ausgewogenen Lebensstil zu pflegen, hat jedoch stets oberste Priorität, wenn es um seine Bewältigung geht, und »Denker«-Momente sind ein wesentlicher Bestandteil unserer mentalen Selbstfürsorge. Das Gehirn braucht »Denker«-Momente, um gesund und funktionsfähig zu bleiben und Demenzerkrankungen vorzubeugen!

Man bedenke, dass das Gehirn neuroplastisch ist – es verändert sich laufend. Wir verbinden uns mit unserer Umwelt durch unsere Entscheidungen, und dazu gehört auch die Entscheidung, wie viel Zeit wir mit unserem Smartphone verbringen. Genügend »Denker«-Zeit ist äußerst wichtig, denn sie bringt unseren Geist ins Gleichgewicht, sodass wir in der Lage sind, unsere Umwelt bewusst wahrzunehmen, anstatt unser Denken einfach von ihr beeinflussen und steuern zu lassen.

Wir brauchen Auszeiten, wenn wir optimal funktionieren wollen. Um die Anforderungen des Lebens zu bewältigen, brauchen unser Geist und unser Gehirn einen inneren »Neustart«, der nur möglich ist, wenn wir mit unseren Gedanken allein sind. Wir müssen im wahrsten Sinne des Wortes alle äußeren Reize ausschalten und unseren Gedanken eine sinnvolle »Ich-Zeit« gönnen.

Entgegen der landläufigen Meinung kommt der Geist nicht zum Stillstand, wenn man nichts tut. Spontane Denkprozesse entstehen – gedankliches Umherschweifen, kreatives Denken,

Tagträume und anderes mehr sind möglich, wenn die Gedanken relativ frei von konzentriertem Denken und äußeren Einflüssen sind. Diese Art von *nach innen gewandtem* Denken spielt eine wirklich wichtige Rolle, weil es den *bewussten* Denkprozess bereichert und das damit verbundene Lernen effektiver macht; dadurch verleiht es unserem Leben einen starken kreativen Aspekt. Das Lernen während solcher »Denker«-Momente kann sich positiv auf den beruflichen oder schulischen Erfolg auswirken und uns allgemein im Leben besser vorankommen lassen. Ohne diesen spontanen Denkmodus wären wir nicht in der Lage, jene Einsichten und inspirierenden Höhenflüge zu erreichen, die unsere Welt verändern. Wie einst Isaac Newton sollten wir alle mehr Zeit damit verbringen, unter Bäumen zu sitzen und einfach nur zu denken!

»Denker«-Momente steigern und erweitern tatsächlich unsere Intelligenz und die Effizienz unseres Denkens. Eine Studie des Georgia Institute of Technology aus dem Jahr 2017 legt nahe, dass das Tagträumen in Meetings oder in der Schule ein Zeichen dafür ist, dass jemand intelligent und kreativ ist.[57] Jemand, der tagträumen kann, ist in der Lage, sich aus Gesprächen oder Abläufen auszuklinken, wenn es angebracht ist, und sich ganz natürlich wieder einzuklinken, ohne wichtige Punkte oder Schritte zu verpassen.[58] Der »zerstreute Professor«, der in seine eigene Welt abtaucht und seine Umgebung zuweilen nicht wahrnimmt, oder der Student oder Arbeitskollege, der für ein paar Momente geistig abwesend ist und tagträumend ins Leere zu starren scheint, entwickelt in Wahrheit den eigenen Verstand weiter und denkt oft sehr intensiv über die vorliegende Angelegenheit nach.

Eine von der University of British Columbia durchgeführte Untersuchung über das Umherschweifen der Gedanken unterstreicht, wie wichtig es ist, dass wir unserem Geist erlauben, einfach nur vor sich hin zu denken.[59] Die Forschungsleiterin Kalina Christoff merkt an, dass die Gedanken hierbei manchmal frei fließen und zu anderen Zeiten immer wieder auf dasselbe Konzept oder dieselbe Idee zurückkommen können, sodass sie sich in einem Grübelprozess festfahren.[60]

Meinen Patienten zu helfen, ihre Gedanken auf selbstreflektierende Weise zu analysieren und aufzuschreiben – und zwar in jenen »Denker«-Momenten, in denen sie ins Grübeln gerieten und Gefahr liefen, darin steckenzubleiben –, zeigte sich als wirksames Mittel, ihre Vorstellungskraft zu fördern. Gemeinsam fanden wir heraus, welche Gedanken frei fließen konnten, und verfolgten, welche Richtung sie mit der Zeit nahmen, wobei wir notierten, welche Gedanken sich festfuhren. Meine Patienten fanden es besonders hilfreich, anschließend zu bewerten, ob diese Gedanken ihnen ein Gefühl des Friedens oder der Unruhe vermittelten, um dann gegebenenfalls nach einer alternativen Denkweise zu suchen und den oder die störenden Gedanken zu rekonzeptualisieren. Ich brachte ihnen bei, die neu entwickelten positiven Gedanken zu üben und sie mit der Zeit zu hilfreichen, nützlichen und fruchtbringenden Erinnerungen zu automatisieren. Ich werde diesen Prozess in Kapitel 20 ausführlicher beschreiben.

Zu verstehen, was uns freies Denken ermöglicht und was genau dazu führt, dass sich etwas in unserem Kopf »festfährt«, ist für die mentale Selbstfürsorge ein unerlässlicher Prozess. Wenn wir unsere Gedanken auf diese Weise analysieren, gewinnen wir Aufschluss darüber, wie wir toxische und störende Gedanken, die unser Weiterkommen blockieren, effektiv einfangen und verändern können.

Den Zustand des »Gedanken schweifen Lassens« können toxische Gedanken, die aus der nichtbewussten Ebene aufsteigen, gewissermaßen an sich reißen, wenn wir sie nicht zügig unter

Kontrolle bringen.[61] Bewusste negative Gedanken wie *Ich kann das nicht* oder *Das ist zu schwer* können unsere »Denker«-Momente ebenfalls vergiften. Dies kann zu Schäden an Körper und Seele führen und die Grundlagen für mentale und hirnorganische Erkrankungen in späteren Jahren schaffen, einschließlich Demenzerkrankungen, die weitgehend vermeidbar sind. Solcherlei Gedanken können unsere Vorstellungskraft buchstäblich lähmen. Sie behindern schulisches, berufliches und persönliches Vorankommen und erzeugen negative Rückkopplungsschleifen. Für unsere Gegenwart und Zukunft ist es daher äußerst wichtig, »Denker«-Momente zu schaffen, die uns befähigen, unsere Gedanken zu steuern und sie zu unserem Nutzen einzusetzen.

Dieses kontrollierte »Gedanken schweifen lassen« bezeichnet man als *aktiven Ruhezustand*.[62] Hierbei werden auf konstruktive und gesunde Weise das Default-Mode-Netzwerk (DMN) sowie das koexistierende Task-Positive-Netzwerk (TPN) im Hirn aktiviert.[63] Diese beiden Netzwerke bilden das Innenleben des Gehirns, wobei das DMN dominiert und besonders aktiv wird, wenn der Geist introspektiv ist und in einem gezielten Ruhe- oder Leerlaufzustand tiefgründig nachdenkt. Das DMN ist ein Primärnetzwerk, in das wir wechseln, wenn wir von der Außenwelt abschalten und uns in einen Zustand konzentrierter Achtsamkeit versetzen. Es steigert seine Aktivität noch weiter, wenn eine Person tagträumt, in sich geht oder ihren Geist auf organisierte, forschende Weise durch die endlosen Myriaden von Gedanken wandern lässt, die tief verborgen im nichtbewussten, spirituellen Teil unserer Identität liegen. Das TPN hingegen unterstützt das aktive Denken, das zum Treffen von Entscheidungen erforderlich ist. Wenn wir also unser Denken fokussieren und das DMN aktivieren, kommen wir an einem bestimmten Punkt in unserem Denkprozess zur aktiven Entscheidungsfindung. Dadurch wird das TPN aktiviert, und wir erleben dies als Handeln.[64] Jüngste Forschungen belegen, wie wichtig die Beschäftigung mit unserem Innenleben unter Nutzung des DMN ist, wenn es darum geht, das Risiko einer Alzheimer-Erkrankung zu verringern.[65] Es ist bekannt, dass das DMN in den pathologischen Prozess der Krankheit involviert ist.

Das Alleinsein mit unseren Gedanken kann auch wertvolle und nutzbringende Einblicke in unser eigenes Verhalten geben[66] und unser Urteilsvermögen und unsere Entscheidungen positiv beeinflussen.[67] Wie Sokrates einst sagte: »Das unerforschte Leben ist nicht lebenswert.« Momente des Nachdenkens geben uns Gelegenheit, unser eigenes Innenleben zu untersuchen und unsere individuelle Vorstellungskraft zu entwickeln.[68]

Untersuchungen der Concordia University und fünfzehn weiterer Universitäten weltweit haben ergeben, dass 94 Prozent der untersuchten Personen auf sechs Kontinenten unter unerwünschten, intrusiven Gedanken, Bildern und/oder Impulsen leiden.[69] Das Forscherteam stellte fest, dass solche Gedanken, Bilder und Impulse, die für Zwangsstörungen symptomatisch sind, tatsächlich *auf der ganzen Welt auftreten*. Diese Studie zeigt zudem, dass nicht die unerwünschten, störenden Gedanken das Problem sind, sondern wie mit ihnen *umgegangen* wird.[70] Der Begriff »Zwangsstörung« (Obsessive-Compulsive Disorder, OCD) steht also im Grunde nur für die Art und Weise, wie eine Person traumatische Erfahrungen durch ihr Denken zu bewältigen versucht, und nicht etwa für eine Krankheit, die zwangsläufig lebenszerstörend ist.[71]

Gedankenmanagement ist der Schlüssel zum Erfolg, und aus diesem Grund ist dies auch das übergeordnete Ziel all meiner Arbeit, Forschung, Bücher und Programme. Es ist wichtig, wie du deine Gedanken wahrnimmst und was du mit ihnen anstellst. Unsere Gedanken zu erfassen und sie logisch zu bewerten, indem wir das Mindset eines Denkers entwickeln, gehört zu den wichtigsten Bestandteilen einer jeden mentalen Selbstfürsorgestrategie. Dadurch lernen wir, uns selbst besser einzuschätzen und zu regulieren. In diesem Zusammenhang sollten wir uns das Gedicht »Leisure« (*dt.* Muße) von William Davies zu Herzen nehmen:

Was nützt dieses Leben voller Sorgen und Launen,
wenn uns fehlt die Zeit zum Stehen und Staunen?
Keine Zeit, um im Schatten der Bäume zu stehen
und wie Schafe und Kühe die Landschaft besehen.
Keine Zeit, um gemütlich durch den Wald zu traben
und zu entdecken, wo Eichhörnchen ihre Nüsse vergraben.
Keine Zeit, zu bestaunen im Strom der Sonne Funkeln
das gleicht dem Leuchten der Sterne im Dunkeln.
Keine Zeit, sich beim Anblick von Schönheit umzudrehen,
und ihren Füßen beim Tanzen zuzusehen.
Keine Zeit für ein Lächeln, das die Augen weitet,
und sich langsam bis hin zum Mund ausbreitet.
Welch armseliges Leben voller Sorgen und Launen,
das uns keine Zeit lässt, zu stehen und staunen.[72]

Tipps zur Aktivierung eines Mindsets, das dich zum Denker macht:

1. Stehlen dir Smartphone und andere Geräte deine »Denker«-Momente? Beobachte dich selbst über einige Tage hinweg und notiere dir, wie viel Zeit du mit der Nutzung digitaler Medien verbringst, und stelle fest, ob sie dich daran hindern, in Ruhe nachzudenken.
2. Im Durchschnitt verbringt der moderne Mensch bis zu acht Stunden am Tag mit der Nutzung digitaler Medien. Die

schlimmsten Auswirkungen solcher Geräte scheinen sich aber abmildern zu lassen, wenn die Geräte weniger als zwei Stunden pro Tag genutzt werden.[73] Finde Möglichkeiten, wie du die Nutzung von digitalen Medien über den Tag hinweg beschränken kannst.

3. Denker-Momente sind keine seltsame Marotte unseres Verstandes, sondern entstehen ganz natürlich und spontan. Nimm dir mindestens sechzehn Minuten am Tag Zeit, um nachzudenken und deinen Gedanken freien Lauf zu lassen. Du kannst diese Zeit über den Tag auf zwei oder drei Intervalle verteilen.
4. Denker-Momente steigern tatsächlich unsere Intelligenz und fördern die Effizienz von Verstand und Gehirn. Falls du keine Lust hast, ein »Denker« zu sein, vergiss nicht, dass diese Momente deine Intelligenz steigern!
5. Denker-Momente beugen Demenzerkrankungen vor, weil sie förderlich für die Gesundheit des Gehirns sind. Wenn dir mal nicht danach ist, ein »Denker« zu sein, erinnere dich daran, dass diese Momente die Gesundheit deines Gehirns stärken und dazu beitragen, Demenz zu verhindern!
6. Denker-Momente lehren dich, dich innerlich selbst zu betrachten. Während du deine Gedanken wandern lässt, denke nach über das, was du denkst und über deine persönlichen Erfahrungen. Du könntest deine Gedanken in einem Tagebuch oder Notizbuch festhalten.
7. Notiere dir während deiner Denker-Momente in selbstreflektierender Weise, welche Gedanken frei fließen und welche sich festfahren. Verfolge, welche Richtung die frei fließenden Gedanken mit der Zeit nehmen. Erfasse und verändere die Gedanken, die sich an einem bestimmten

Punkt festfahren. (Weitere Einzelheiten hierzu findest du in Kapitel 20).

8. Beurteile, ob deine Gedanken dir ein Gefühl der Ruhe geben oder dich beunruhigen. Wenn dich deine Gedanken beunruhigen, dann denke jedes Mal, wenn einer dieser Gedanken auftaucht, anders über die betreffende Sache nach. Mit anderen Worten: Rekonzeptualisiere den belastenden Gedanken.
9. Übe dich täglich darin, diesen neu gestalteten positiven Gedanken weiterzuentwickeln und ihn mit der Zeit zu einer hilfreichen, nützlichen und fruchtbringenden Langzeiterinnerung zu automatisieren. (Weitere Einzelheiten dazu findest du in Kapitel 20 sowie in meiner Detox-App auf drleaf.com oder in deinem App-Store.)

KAPITEL 3

Ein Mindset, durch das du dein Denken bewusst steuerst

Wie viele deiner Aussagen fingen heute mit »Hätte ich …«, »Könnte ich …« oder »Ich sollte …« an? Wie oft hast du heute einen Satz mit »Wenn doch nur …« begonnen? Wie viele Male hast du heute schon ein unangenehmes Gespräch oder eine üble Situation in deinem Kopf erneut durchgespielt und darüber nachgedacht, wie es hätte anders laufen können? Wie oft hast du darüber nachgedacht, was in der Zukunft passieren könnte, und dir über etwas Sorgen gemacht, das nicht deiner Kontrolle unterliegt? Wie viel Zeit verbringst du mit Spekulationen? Laufen dir die Gedanken einfach so durch den Kopf, ohne dass du das Gefühl hast, sie kontrollieren zu können? Bist du ehrlich zu dir selbst, oder läufst du vor deinen Gedanken und Gefühlen davon? Trottest du ohne richtiges Ziel vor Augen durch den Alltag und sagst Dinge, die du eigentlich gar nicht so meinst? Ist dein Denken verzerrt? Hast du ein Problem, das du mit dir herumschleppst, oder eine Krankheit, mit der du kämpfst, zu deiner persönlichen Identität gemacht? Sprichst du über »meine Arthritis«, »meine Multiple Sklerose« oder »mein Herzproblem»? Lässt du manchmal Bemerkungen fallen wie: »Bei mir läuft nie etwas richtig«, »Alles, was ich anpacke, geht schief« oder »Ich vermassle es immer«? Fühlt sich dein Verstand oft benebelt an? Hast du Schwierigkeiten, dir Dinge zu merken? Fällt es dir schwer, etwas zu lernen?

Wenn du auch nur eine dieser Fragen mit Ja beantwortet hast, zeigt das lediglich, dass du ein Mensch bist und in einer Welt voller

Herausforderungen lebst! Wir alle sind im Leben mit Herausforderungen konfrontiert, und wir alle müssen lernen, unser Gedankenleben bewusst zu steuern – einen jeden Moment eines jeden Tages –, um mit allem fertig zu werden und nicht daran zu zerbrechen. Deshalb ist es so wichtig, die schöpferische Kraft unserer Entscheidungsfähigkeit zu verstehen. Die Mind-Body-Forschung weist zunehmend darauf hin, dass die bewusste Steuerung der Gedanken eines der besten, wenn nicht sogar *das* beste Mittel zur Entgiftung von Gehirn und Körper ist. Wenn du lernst, deinen Verstand zu erneuern, kannst du dich von toxischen Gedanken und Emotionen befreien, die deinem Erfolg im Weg stehen.

Schauen wir uns etwas an, das viele erleben, vor allem im Alter: Rückenschmerzen. Dr. John Sarno, Professor für klinische Rehabilitationsmedizin an der New York University und Buchautor, vertritt die Ansicht, dass Rückenschmerzen größtenteils auf psychologische und nicht auf physiologische Probleme zurückzuführen sind.[74] Sarno weist darauf hin, dass unsere Gedanken den Körper heilen oder schädigen können. In letzterem Fall können toxische Gedanken unter bestimmten Umständen zu lähmenden Rückenschmerzen führen.

Die bewusste Steuerung deines Gedankenlebens bedeutet, dass du Gedanken nicht einfach ungezügelt in deinem Kopf herumgaloppieren lässt. Stattdessen lernst du, dich interaktiv mit jedem Gedanken auseinanderzusetzen. Du übernimmst die Kontrolle und lernst, den gegenwärtigen Moment zu genießen. Im Wesentlichen besteht deine Aufgabe darin, einen Gedanken zu analysieren, bevor du dich entscheidest, ihn entweder anzunehmen oder ihn zu verwerfen.

Gedanken zu steuern hört sich gut an, aber wie macht man das? Du fängst an, indem du dir deine mentalen Prozesse »ansiehst«. Und nein, du musst dazu nicht deinen Schädel wie ein Ei aufknacken und nachsehen, was in deinem Gehirn vor sich geht! Es ist aber durchaus möglich, etwas über die eigenen mentalen Prozesse zu erfahren, indem man über seine Gedanken nachdenkt und sich aussucht, worüber man nachdenkt.[75] Dieser Prozess der Selbstreflektion ist nicht nur möglich, er ist sogar unverzichtbar.

Toxische Gedanken können viele Gesichter annehmen. Oberflächlich betrachtet scheinen Gedanken wie *Ich muss gute Arbeit leisten* oder *Ich muss das in den nächsten dreißig Minuten fertigstellen* durchaus in Ordnung zu sein. Wenn man sie jedoch genau betrachtet und die Gefühle analysiert, die von ihnen ausgelöst werden, wird man feststellen, dass diese Gedanken möglicherweise nicht gut für einen sind. Unrealistische Leistungsanforderungen an sich selbst und an andere versetzen Geist und Körper in einen toxischen Stressmodus, der sich negativ auf die Gesundheit des Gehirns und des Körpers auswirkt.[76] Diese Art von Druck kann auch zu planlosem, unkonzentriertem Denken führen, was der Sache sicherlich nicht zuträglich ist!

Wenn du dich nicht darin übst, dein Gedankenleben zu steuern, kann es passieren, dass du immer mehr toxische Gedanken denkst und dadurch noch mehr toxische Emotionen hervorrufst. Solche negativen Denkmuster können deine Fähigkeit, klar zu denken, zu verstehen und zu lernen, beeinträchtigen – sie sind ein Hindernis auf deinem Weg zum Erfolg. Diese Art des Denkens kann auch dazu führen, dass sich andere Beschwerden und Krankheiten entwickeln.

Es ist wichtig, sich daran zu erinnern, dass Gedanken Stimmungen erzeugen und Einfluss auf das körperliche Befinden haben. Wenn du eine angstbesetzte Emotion erlebst, wirst du dich »angeschlagen« fühlen und deine Gedanken werden von deiner Negativität geprägt sein. Deine Gedanken werden verzerrt und du verlierst die Freude am »Jetzt«.

Um dein Gedankenleben unter deine Kontrolle zu bringen, musst du das Quantenprinzip der *Superposition* aktivieren und kontinuierlich davon Gebrauch machen. Es geht dabei um die Fähigkeit, dich auf eingehende Informationen und auf aufkommende Erinnerungen aus dem nichtbewussten Teil deines Verstandes zu konzentrieren. Während du über diese Gedanken nachdenkst, musst du sie so objektiv wie möglich analysieren, bevor du entscheidest, welche du glaubst und welche du verwirfst.[77]

Aber wie sieht diese Superposition aus? Stell dir vor, du sitzt auf einem Surfbrett und eine »geisterhafte Brise« weht durch die Netzwerke deines Verstandes. Währenddessen denkst und fühlst du und entscheidest dich, in welche Richtung du das Surfbrett neigen willst: entweder um die Welle zu reiten oder um dich zurückfallen zu lassen und auf die nächste Welle zu warten. Es ist, als wäre die Zeit für einen Moment stehen geblieben. Diese Brise macht dir einige Erinnerungen bewusst, die in Bezug zu der gegenwärtigen Situation stehen und mit deinen Denkmustern zusammenhängen; sie bereitet dein Gehirn darauf vor, eine neue Erinnerung aufzubauen. Wenn du in dieser Superposition (auf dem Surfbrett), in der sich mehrere Möglichkeiten überlagern, dir selbst Fragen stellst, Antworten gibst und mit dir diskutierst, nimmst du damit in der Tat deine Gedanken »gefangen«. Es ist fast so, als würdest du dich selbst beobachten und dir bewusst machen, was du denkst, fühlst und worauf du dich konzentrierst, und zwar so detailliert, wie es dir im gegenwärtigen Moment möglich ist. Ich nenne dies den multiperspektivischen Vorteil oder kurz MPV (ich habe dies schon ausführlich in meinen anderen Büchern sowie in meinen Online-Programmen und meiner Detox-App auf drleaf.com thematisiert).[78] Wenn du dich bewusst mit den Informationen auseinandersetzt, die auf diese Weise in deinen Verstand gelangen, wirst du in der Lage sein, instinktiv etwa 15 bis 35 Prozent von dem, was du liest, hörst und siehst, auszuwählen, während du die verbleibenden 65 bis 85 Prozent loswirst, die überflüssig sind und sich negativ auf deine Konzentrations- und Gedächtnisleistung auswirken können. Wenn du deinen MPV nutzt, werden sich deine Sinne fein auf die Details des gegenwärtigen Augenblicks einstellen – eine bereichernde Erfahrung, die dir helfen wird, dich zufriedener und gelassener zu fühlen.

Achtsamkeit versetzt dich in die Lage, ein erhöhtes Bewusstsein für den gegenwärtigen Moment zu entwickeln und die Dinge so zu akzeptieren, wie sie sind, ohne zu urteilen oder emotional zu reagieren. Wenn du in die Superposition wechselst und von deinem MPV Gebrauch machst, gehst du *über bloße Achtsamkeit hinaus*. In diesem objektiven Zustand fängst du toxische und chaotische Gedanken ein, rekonzeptualisierst sie und baust stattdessen gesunde, organisierte Gedanken auf. Dieser zweite Schritt ist notwendig, um die Aufmerksamkeit zu stabilisieren und Denkgewohnheiten zu entwickeln, die du in deinem Leben tatsächlich gebrauchen kannst.

Ein Mindset des »bewusst gesteuerten Denkens« hilft dir, deinen Fokus willentlich zu verlagern. So kannst du dein eigenes Verhalten bestimmen, anstatt dich selbst zu blockieren, indem du negative Erfahrungen gedanklich immer wieder ablaufen lässt.

Viele Forschungsarbeiten, darunter auch meine eigenen,[79] zeigen immer wieder eines ganz deutlich: Ohne aufkommende Gedanken einzufangen und eingehende Informationen sorgfältig zu prüfen, ist es schwer, toxische und chaotische Gedanken zu ändern, die einem den inneren Frieden rauben und die Möglichkeit nehmen, zu lernen und ein sinnvoll vernetztes Gedächtnis aufzubauen. Wir Menschen sind dafür geschaffen, uns mit Informationen zu beschäftigen; wir sind dafür ausgelegt, unser Gehirn aufzubauen.

Wenn du laut mit dir sprichst, selbst wenn du dabei nur flüsterst, hilft dir das, deine Gedanken in den Griff zu bekommen. Über etwas laut nachzudenken steigert die Denkfähigkeit, indem es das Corpus callosum (das die beiden Gehirnhälften miteinander verbindet) dazu anregt, auf einem wesentlich höheren Niveau zu funktionieren.[80] Es bietet auch eine zusätzliche auditive Stimulation, wodurch der gegenwärtige Moment besser erfahren wird. Zudem eignet es sich hervorragend dazu, die eigenen Gedanken und die dadurch hervorgerufenen Gefühle zu betrachten, bevor man entscheidet, ob sie als toxisch verworfen oder als nützlich beibehalten werden.

Lass Gedanken niemals unkontrolliert durch deinen Kopf wandern. Wenn Gedanken toxisch sind, können sie deine Fähigkeit, gesunde Erinnerungen aufzubauen, beeinträchtigen und dich krank machen. Wir sollten nie vergessen, dass Gedanken etwas Reales sind – sie wirken sich auf die Funktionalität von Gehirn und Körper und damit auf die Lebensqualität aus. Es hat sich sogar gezeigt, dass toxischer Stress die Größe bestimmter Strukturen im Gehirn verringert![81]

Wie in Kapitel 2 erläutert, können Tagträume und das Umherschweifenlassen der Gedanken gut für dich sein. Diese Momente werden nur dann zum Problem, wenn sie chaotisch und unkontrolliert ablaufen, denn das Chaos hindert dich daran, von deinen Gedanken zu profitieren und sie zu genießen. Wenn du zum Beispiel auf negative Weise über die Vergangenheit nachgrübelst, wenn dich ein bestimmter Aspekt oder Wunsch nicht loslässt oder du hektisch und willkürlich zwischen Gedanken hin- und herspringst, raubt dir das die Freude am gegenwärtigen Moment. Du musst lernen, solche Denker-Momente zu deinem Vorteil, nicht zu deinem Schaden zu nutzen, indem du lernst, deine Gedanken zu kontrollieren.

Wenn du mithilfe deines Geistes bewusst die Herrschaft über dein Gedankenleben übernimmst, wird es nicht lange dauern, bis du den Nutzen daraus spürst. Studien zeigen, dass ein positives Denkmilieu innerhalb von nur vier Tagen zu erheblichen strukturellen Veränderungen in der Hirnrinde führen kann.[82] Häufige, positive und herausfordernde Lernerfahrungen steigern die Intelligenz in relativ kurzer Zeit.[83] Meine eigenen Forschungen zeigen, dass sich das Lernpotential um 35 bis 75 Prozent steigern lässt, wenn man den Menschen erklärt, wie sie der Verbindung zwischen Geist, Gehirn und Körper auf den Grund gehen können und wie man bewusst so denkt, dass Lernen und Gedächtnisbildung gefördert werden.[84] Wenn du dein Gehirn entgiftest, indem du dein Gedankenleben unter deine Kontrolle bringst, wirst du dich nicht nur besser fühlen, sondern auch klüger werden.

Die Erkenntnisse der neurologischen Spitzenforschung aus den letzten Jahrzehnten belegen, dass Intelligenz nicht statisch ist; sie kann durch das, worüber wir nachdenken, gesteigert oder vermindert werden. Du steuerst dein Gehirn durch dein Gedankenleben – du kannst dich gesünder und intelligenter machen. In meiner klinischen Praxis konnten einige Patienten ihren IQ von durchschnittlich auf genial steigern, darunter auch solche, die eine Gehirnverletzung erlitten hatten![85]

Fünf bis sieben Erinnerungen steigen in Abständen von nur wenigen Augenblicken in unser Bewusstsein auf. Wir müssen darauf achten, dass wir uns von diesen Erinnerungen nicht ablenken lassen, sondern sie dazu nutzen, die Gedanken zu verstehen, die durch das äußere Erleben verursacht werden. Im Grunde erziehen wir uns selbst dazu, fokussierter und aufmerksamer durchs Leben zu gehen.

Leonardo da Vinci soll gesagt haben: »Der gewöhnliche Mensch sieht, ohne zu sehen, hört, ohne zu hören, berührt, ohne zu fühlen, isst, ohne zu schmecken, bewegt sich, ohne sich seines Körpers bewusst zu sein, atmet ein, ohne einen Geruch oder einen Duft wahrzunehmen, und redet, ohne zu denken.«[86] Wir müssen lernen, die Freude des gegenwärtigen Moments auszukosten, anstatt im Elend der Vergangenheit zu verharren oder uns auszumalen, dass das Gras in der Zukunft bestimmt viel grüner sein wird. Wenn wir den Entschluss fassen, uns wirklich auf das Hier und Jetzt einzulassen – zu sehen, zu hören, zu fühlen, uns zu bewegen, zu schmecken und die Gegenwart einzuatmen, indem wir alle unsere Sinne benutzen, um die flüchtige Schönheit des Augenblicks aufzusaugen –, stärken wir unser Denken und verbessern dadurch unsere Lernfähigkeit, die uns ein erfolgreich geführtes Leben ermöglicht.

Tipps zur Aktivierung eines Mindsets, durch das du dein Denken bewusst steuerst

1. Lass Gedanken nie ungeprüft durch deinen Kopf wandern. Konzentriere dich auf den gegenwärtigen Augenblick und beobachte deine Gedanken und Gefühle.
2. Analysiere einen Gedanken mithilfe der Superposition, bevor du dich entscheidest, ihn anzunehmen oder zu verwerfen.
3. Stelle dir analytische Fragen, beantworte sie und argumentiere, während du in der Superposition bist und »diese Gedanken einfängst«. (In Kapitel 20 findest du ausführliche Informationen, wie das genau gemacht wird.)
4. Wenn du dich bewusst mit Informationen auseinandersetzt, die in dein Gehirn gelangen, und gezielt über sie nachdenkst, wähle etwa 15 bis 35 Prozent von dem aus, was du liest, hörst und siehst.
5. Rekonzeptualisiere Gedanken, die dich hemmen (gestalte sie neu), indem du für dich entscheidest, welchen Gedanken du

stattdessen lieber hättest. Dann arbeite daran, den toxischen Gedanken zu beseitigen und einen besseren aufzubauen. Hier ist ein Beispiel:
Zunächst solltest du Gedanken, die dich belasten und die nichts weiter bewirken, als dich zu blockieren, bewusst zur Kenntnis nehmen und sie auch klar ausdrücken. Nun stell dir selbst Fragen, anstatt dir einfach nur Befehle zu erteilen – dies ist eine sehr viel effektivere Methode der Rekonzeptualisierung, da sie dir die Möglichkeit zur Erkundung eröffnet und Distanz zu deinen Gedanken schafft, wodurch du einen geschützten Raum für Veränderungen erhältst.
Du kannst auch deine Emotionen auf nicht wertende Weise benennen, um dir selbst etwas Abstand von ihnen zu verschaffen, damit du dich mit ihnen auseinandersetzen kannst. (Siehe Kapitel 21 für weitere Informationen über den dafür erforderlichen Zeitrahmen. Unter www.21daybraindetox.com findest du ein Online-Programm dazu. Meine Detox-App zur Entgiftung deiner Gedanken findest du unter drleaf.com oder in deinem App-Store.)

Kapitel 4

Ein Mindset, das dich auf Worte achten lässt

Keine Diskussion über Gedanken und ihre Auswirkungen auf unsere Gesundheit wäre vollständig, ohne auf Worte, die Frucht unserer Gedanken, einzugehen. Die Worte, die du sprichst, sind elektromagnetische und quantenpysikalische Kräfte, die von den Gedanken in deinem Gehirn gespeist werden, welche du im Laufe der Zeit durch Denken, Fühlen und Entscheiden in deinem Kopf aufgebaut hast.[87] Diese Worte haben Macht und *spiegeln* dein Gedankenleben *wider*; sie beeinflussen die Welt um dich herum und die Umstände deines Lebens. Deine Worte sind daher sehr nützlich, denn sie geben Aufschluss darüber, was dich zurückhält oder was dich vorantreibt.

Die Worte, die du aussprichst, fließen zurück in die physischen Gedanken, die du in deinem Gedächtnis gespeichert hast, und verfestigen die Erinnerung, aus der sie stammen. Wenn du negative Aussagen machst, setzt du negative chemische Stoffe frei. Diese chemischen Stoffe sorgen dafür, dass sich negative Erinnerungen verstärken, vor allem, wenn du zulässt, dass diese Gedanken weiterhin dein Denken dominieren. Das, woran du am meisten denkst, nimmt zu. Wenn du ständig an etwas Negatives denkst und darüber sprichst, kann sich das zu einem negativen Bollwerk verfestigen, das deine Einstellung und dein Leben bestimmt. Jedes Mal, wenn du eine negative Äußerung von dir gibst, setzt du negative Quantenenergie frei und bringst das Gleichgewicht der

Peptide aus dem Lot. Dies wirkt sich auf das Gehirnmilieu aus und versetzt den Körper in toxischen Stress.[88]

Umgekehrt gilt aber auch: Je öfter du etwas Positives sagst, desto positiver wirst du denken! Bitte nimm zur Kenntnis, dass ich über *weit mehr* als nur positives Denken oder positive Affirmationen spreche, denn beim Gestalten deiner Welt geht es nicht nur darum, dich positiv zu äußern. Das Problem mit positiven Affirmationen an sich ist, dass sie ihre Wirkung in der obersten Ebene des bewussten Denkens entfalten, jedoch nicht mit dem übereinstimmen, was im nichtbewussten Teil deines Verstandes gespeichert ist – dem Ort, an dem sich die einschränkenden Überzeugungen in Wahrheit befinden (siehe Teil 4).

Deine Worte müssen von Ehrlichkeit und Wahrhaftigkeit getragen sein – in der Psychologie spricht man von kognitiver Kongruenz. Positive Affirmationen funktionieren nur, wenn du glaubst, was du sagst. Wenn du dich selbst belügst, wirst du *kognitive Dissonanz* erleben, das Gegenteil von *kognitiver Kongruenz*, und dies kann deine geistige und körperliche Gesundheit beeinträchtigen, weil du einen inneren Konflikt auslöst. Deine toxischen Gedanken und Worte mit positiven Affirmationen zu übertünchen, ist nur eine vorübergehende Lösung, ein Art Notbehelf.

Was du nach außen hin tust und sagst, muss widerspiegeln, was du im Inneren denkst und *tatsächlich glaubst*. Die Wurzel (was du wirklich denkst) und die Frucht (was du sagst) müssen übereinstimmen, oder du wirst ein neurochemisches Chaos im Gehirn erzeugen. Ein Mangel an Kongruenz verursacht toxischen Stress und wirkt sich auf die Art und Weise aus, wie Informationen verarbeitet werden und das Gedächtnis aufgebaut wird. Wenn du bewusster darauf achtest, was du sagen willst, was du sagst und was du über das, was du sagst, tatsächlich denkst, stehen dir alle möglichen präfrontalen Ressourcen zur Verfügung, um die Amygdala von toxischen Emotionen zu befreien. Der Grund hierfür ist: Je mehr deine willentliche Achtsamkeit zunimmt, desto stärker wird der rechte ventrolaterale präfrontale Cortex aktiviert, und umso geringer ist die Aktivität in der Amygdala als Reaktion darauf – und das ist eine gute Sache![89]

So kann beispielsweise eine positive Affirmation wie »Ich bin genial und erfolgreich« nach hinten losgehen, wenn du auf der nichtbewussten Ebene *nicht wirklich und zutiefst* daran glaubst. Um dein Denken und die daraus resultierenden Worte effektiv zu rekonzeptualisieren, solltest du stattdessen darüber nachdenken, wie du dich entwickelst, und dich auf deine Fortschritte konzentrieren. Eine wirklichkeitsnähere positive Aussage könnte so lauten: »Ich glaube, dass ich das Potential habe, die Genialität, die in mir steckt, freizusetzen, und ich werde jeden Tag ein bis drei Minuten damit verbringen, bewusst und gezielt darauf hinzuarbeiten.« So verpasst du dem, was du in diesem Moment wirklich und ehrlich fühlst, einen positiven Dreh. Du gestaltest deine Zukunft neu, weil deine Zukunft in *deinen* Händen liegt. Die Liebe und Unterstützung der Menschen, denen wir vertrauen, ist bei diesem Prozess ein wichtiger Aspekt, aber letztendlich musst *du selbst* die Entscheidung treffen, dich zu ändern und weiterzuentwickeln.

Wenn du also deine Welt mit deinen Worten neu gestalten willst, musst du negative Gedanken und Worte ersetzen, indem du dein Mindset in Bezug auf Worte änderst. Wenn du anfängst, positive Worte zu sprechen – Worte, die in ehrlichem Denken wurzeln –, zerstörst du im wahrsten Sinne des Wortes die alte toxische Erinnerung und lässt eine schöne neue Erinnerung wachsen, die die schmerzliche und belastende Erinnerung ersetzt. Natürlich wirst du dich immer noch an das erinnern, was dir in der Vergangenheit widerfahren ist, aber die Erinnerung wurde rekonzeptualisiert – sie beherrscht nicht länger dein Leben. Stattdessen ist sie nun ein bereichernder Teil deines Charakters.

Nicht positive Worte, sondern kongruentes Denken bewirkt die notwendigen Veränderungen im Gehirn. Diese Art des Denkens erfordert Zeit und Mühe, denn du musst dir deiner Worte und der dahinter stehenden Denkweise bewusst werden. Diese Kenntnis befähigt dich, solche Gedanken einzufangen und sie zu ändern. Ein Problem, dessen Existenz du dir nicht einmal eingestehst, kannst du schließlich nicht lösen. Man kann ein Problem auch nicht in einem Nu lösen. Erfolg entsteht aus der Erkenntnis, dass wir unseren Träumen nicht immer gerecht werden. Oft müssen wir die Richtung ändern oder uns eingestehen, dass wir uns auf dem Weg zum gewünschten Ziel weiterentwickeln müssen. Und das braucht Zeit, also gib dir selbst den hierfür nötigen Freiraum und Zeitrahmen.

Tipps zur Aktivierung eines Mindsets, das dich auf Worte achten lässt

1. Werde dir des existierenden Problems bewusst, indem du die Worte, die du sprichst, und die Auswirkungen, die sie auf dich und andere Menschen und Dinge in deinem Leben haben, beobachtest. Achte ganz bewusst darauf.
2. Prüfe deine Worte und vergleiche sie mit den Gedanken, denen sie entspringen. Sind sie übereinstimmend? Wenn nicht, schreibe sowohl deine Worte als auch deine Gedanken auf und beginne, in Zyklen von einundzwanzig Tagen auf Kongruenz hinzuarbeiten. (Siehe Kapitel 20 für weitere Informationen hierzu.)
3. Übe dich darin, in die Superposition zu gehen und dir Zeit zu nehmen, deine Worte zu prüfen und darüber nachzudenken, was an dem, was du sagst, falsch oder richtig ist. Denk darüber

nach, wie du dich *entwickelst*, und konzentriere dich auf deinen Fortschritt.

4. Beginne damit, negative Aussagen durch positive zu ersetzen, und denke dabei an die Art von Veränderung, die du dir für dein Leben wünschst. Du könntest deine Selbstgespräche umgestalten, sodass sie sich eher so anhören: »Ich bin noch in der Entwicklung, und das ist völlig in Ordnung.« Das ist realistisch und weist dir den Weg zu erreichbarem Wachstum. Du könntest dir zum Beispiel auch sagen: »Ich bemühe mich in jedem Moment, bewusster mit meiner Zeit umzugehen.« Mit dieser Aussage erkennst du an, dass du dich entwickelst und dass du bei der Gestaltung einer besseren Zukunft für dich eine Wahl hast.
5. Gefühle in Worte zu fassen, hat eine enorme therapeutische Wirkung auf Geist und Gehirn.

Kapitel 5

Ein Mindset, das dir die Kontrolle über deine Emotionen gibt

Hast du schon einmal kurz vor dem Eintreffen von Gästen einen Haufen Gerümpel in einen Schrank geworfen – nur um dann zu erleben, wie sich die Schranktüren mit lautem Knall öffneten und vor den Augen deiner Gäste alles wieder herauspurzelte? Etwas Vergleichbares kann auch in deinem Gefühlsleben passieren. Wenn du toxische Emotionen verdrängst und verbirgst, kommt irgendwann der Tag, an dem diese vergrabenen Emotionen plötzlich hervorbrechen. Und natürlich wird der Zeitpunkt denkbar ungünstig sein, denn unterdrückte Emotionen sind keine kontrollierten, überlegten Gefühle. Sie sind vulkanischer Natur und lassen sich nicht ewig unter Verschluss halten. Irgendwann, in irgendeiner Form, werden sie sich entladen. Sie sind außerdem vollkommen individuell, denn Emotionen entstehen nicht zufällig, sondern werden von dir entwickelt. Du gestaltest die Tektonik deines emotionalen Erlebens.

Wenn du deine Emotionen auf gesunde Weise zum Ausdruck bringst, lässt du den freien Fluss von Neuropeptiden und Energie zu, der es allen Körpersystemen ermöglicht, als gesundes Ganzes zu funktionieren. Wenn du deine Emotionen jedoch unterdrückst und verleugnest, ganz gleich, um welche es sich handelt, blockierst du das Netzwerk, auf dessen Bahnen sich Quantenenergie und Botenstoffe bewegen, und unterbrichst dadurch den Fluss guter chemischer Stoffe, die deine Körperprozesse und dein Verhalten steuern. Du wirkst damit deinem individuell gestalteten, auf Liebe gepolten Modus entgegen. Wenn du dies über Jahre hinweg tust, wirst du praktisch zum Experten darin, nicht mehr zu fühlen, was du fühlst. Und das wiederum verursacht enorme Konflikte in deinem Geist und Schäden in deinem Gehirn.[90]

Bedauerlicherweise sind viele von uns Experten darin geworden, ihre Emotionen zu verbergen – oder halten sich zumindest für solche. Tatsächlich aber verursachen wir ein neurochemisches Chaos in unserem Gehirn. Anzeichen für unterdrückte Gefühle und den daraus entstehenden Konflikt sind Reizbarkeit, Unbeherrschtheit, Überreaktionen, Angst, Frustration, Furcht, Impulsivität, Kontrollsucht, Perfektionismus und Selbstzweifel.

Emotionen sind zudem sehr schnell. Es dauert etwa hundert Millisekunden, bis der nichtbewusste Teil unseres Verstandes eine emotionale Reaktion zeigt, und etwa sechshundert Millisekunden, bis der bewusste Teil diese Reaktion registriert. Bis du dich entschieden hast, dass es besser ist, nicht wütend oder traurig zu sein, hat dein Gesicht diese Emotion schon etwa fünfhundert Millisekunden lang ausgedrückt. Es ist also zu spät, das emotionale Signal wurde bereits losgeschickt! Es ist gerade so, als hättest du bei einer Textnachricht auf »Senden« gedrückt, bevor du dich noch einmal über Inhalt und Empfänger vergewissert hast. (Mehr zu diesen Zahlen erfährst du in Kapitel 21.)

Wir müssen uns darüber im Klaren sein, dass die Strategie des »Verdrängens« mit Vorsicht anzuwenden ist, weil sie nicht das bewirkt, was wir uns für gewöhnlich erhoffen – nämlich den Schmerz verschwinden zu lassen, eine Beruhigung herbeizuführen, Gesprächssituationen zu entschärfen oder einen Streit zu beenden. Meistens schalten wir aus Schock oder Gewohnheit ab, oder weil wir uns einfach nicht anders zu helfen wissen. Dabei ist es eigentlich eine gute Idee, einfach zu sagen, dass man wütend, frustriert, traurig, ängstlich, überrascht, aufgeregt, glücklich, entspannt oder was auch immer ist. Wenn wir unsere Emotionen benennen, wird das, was wir denken, für andere klarer – und auch für uns selbst, weil wir uns meist geerdeter und souveräner fühlen, wenn wir unsere Gefühle erst einmal in Worte gefasst haben. Das hilft uns, mit der Verarbeitung zu beginnen. Gleichzeitig geben wir anderen die Möglichkeit, darauf zu reagieren und sich einzufühlen. Obendrein hindert es uns an vorschnellen Annahmen, wir wüssten, was andere denken, denn das tun wir nicht. Die Emotionsexpertin Lisa Feldman Barrett sagte in ihrem TED-Vortrag: »Emotionen sind nicht das, wofür wir sie halten. Sie werden nicht universell ausgedrückt und wahrgenommen. Sie sind keine fest im Gehirn verankerten Reaktionen, die unkontrollierbar sind.«[91] Sie erklärt, dass wir nicht mit vorverdrahteten Emotionsschaltkreisen geboren werden; wir haben einen Hang zum Positiven (ich habe dieses Konzept der »natürlichen Neigung zur Liebe« bereits weiter vorn erläutert), aber durch unsere Entscheidungen (die sie als »Vermutungen« bezeichnet) entwickeln wir unsere eigenen Emotionen. Mehr noch, aus ihren Forschungsergebnissen der letzten fünfundzwanzig Jahre geht hervor, dass die Milliarden von Gehirnzellen in die Richtung reagieren, in die man sie sendet: Du steuerst den Aufbau deiner Emotionen selbst. Das bedeutet auch, dass dein denkender Geist, nicht dein Gehirn, die Kontrolle hat und dass du mit deinem Verstand, nicht mit deinem Gehirn, Prognosen über deine emotionalen Reaktionen und die anderer triffst. Dein Gehirn reagiert hierauf lediglich. Diese Prognosen über die Emotionen anderer, und manchmal sogar über deine eigenen, werden nicht zu 100 Prozent richtig sein. Nach den Gesetzen der Quantenphysik, die mit Vorhersagen und Wahrscheinlichkeiten arbeitet, besteht eine 30- bis 50-prozentige Chance, dass du dich irrst.

Die Einsicht, dass du als Reaktion auf eine bestimmte Situation deine von *dir selbst* geschaffenen Emotionen zum Ausdruck bringst, ist daher ein wichtiger Schritt zur Entgiftung von Verstand und Gehirn. Wenn du einfach weiter versuchst, deine Gefühle zu verbergen, versperrst du dir damit den Weg zu einem erfolgreichen Leben.[92] Solltest du dir deine Emotionen aber doch eingestehen und damit Ängste auslösen oder deine Stressreaktion beschleunigen, dann ändere deine Wahrnehmung und baue neue Emotionen auf, die sich vorteilig auswirken und die alten, nachteilig wirkenden Emotionen ersetzen. Lerne, die negative Energie in positive, entschlossene Energie umzuwandeln – forme und gestalte sie. Durch Übung über Zyklen von einundzwanzig Tagen hinweg (siehe Kapitel 20 und 22) kannst du neue emotionale Reaktionsmuster erlernen.

Genauso dürfen wir nicht länger davon überzeugt sein, wir könnten die Emotionen anderer Menschen deuten. Das führt zu vielen Problemen und kann schmerzhaft sein, denn die Emotionen, die wir bei anderen zu erkennen meinen, entspringen unserer eigenen kreativen emotionalen Wahrnehmung. Wir können zwar erkennen, ob die Emotionen unseres Gegenübers toxisch sind oder auf Liebe fußen, jedoch können wir nicht die genauen Details herauslesen. Wir können Emotionen nicht einfach auf den Gesichtsausdruck oder die Körperhaltung eines Menschen reduzieren; beides sind nur Teile des Gesamtbildes.

Das Wissen, dass wir die Kontrolle über unsere Gefühle haben, bringt Verantwortung mit sich. Es bedeutet, dass du selbst dafür verantwortlich bist, wenn du dich unangemessen verhältst oder gefühlsmäßig ausrastest. Du bist nicht irgendwelchen fest programmierten Emotionsschaltkreisen ausgeliefert, wovon Verfechter neurozentrischer Ansätze dich gefährlicherweise zu überzeugen versuchen. Das bedeutet nicht, dass du für deine Emotionen Vorwürfe verdienst; es bedeutet lediglich, dass du verantwortlich dafür bist, so mit ihnen umzugehen, dass sie sich nicht in die Zukunft fortsetzen und nachteilige Auswirkungen haben. Du bist der einzige Mensch, der diese Emotionen ändern kann. Aus meiner klinischen Erfahrung heraus kann ich sagen, dass meine Patienten schnell Fortschritte machten, sobald sie dieses Konzept verinnerlicht hatten. Dies gilt auch für mein eigenes Leben. Diese Art von emotionaler Verantwortung führt zu großer Freiheit.

Tipps zur Aktivierung eines Mindsets, das dir die Kontrolle über deine Emotionen gibt

1. Der erste unerlässliche Schritt zur Kontrolle über die eigenen Emotionen ist die Erkenntnis, dass man *tatsächlich* Kontrolle über seine Emotionen hat! Du baust sie in deinem Gehirn auf, indem du eine kreative Entscheidung mit deinem Verstand triffst. Sie sind nicht universell oder vorprogrammiert; sie sind individuell geprägt. Emotionen ereignen sich nicht einfach so; sie werden von dir erzeugt.
2. Der zweite wichtige Schritt besteht darin, zu erkennen, dass du nicht für die Ursache der jeweiligen Emotion verantwortlich bist, sondern lediglich dafür, wie du mit ihr umgehst.
3. Es ist wichtig, dass du deinen Geist, dein Gehirn und deinen Körper davor schützt, toxische Emotionen beizubehalten. Gestalte toxische Emotionen so um, dass sie dir in ihrer neuen Form nützlich sind.
4. Erkenne die Anzeichen verdrängter Emotionen und gestehe sie dir ein. Dies ist der erste Schritt, um deinen Geist und dein Gehirn von toxischen Emotionen zu befreien. (Siehe meine Detox-App zur Entgiftung deiner Gedanken auf drleaf.com oder in deinem App-Store.)
5. Du musst dein Herz nicht auf der Zunge tragen oder alles preisgeben. Aber du musst ehrlich zu dir selbst sein.

Herauszufinden, was man fühlt und wie man mit diesen Gefühlen umgeht, ist ein Entwicklungsprozess.

6. Es ist wichtig, dass du deine Gefühle in einem sicheren, wertschätzenden und urteilsfreien Umfeld angemessen zum Ausdruck bringst. Ich schlage vor, dass du eine Liste mit Personen erstellst, die du in »vertrauenswürdig«, »nur bedingt vertrauenswürdig« und »gar nicht vertrauenswürdig« aufteilst. Die erste Gruppe besteht aus Menschen, von denen du weißt, dass du bei ihnen gut aufgehoben bist (nahestehende Angehörige, ein wirklich enger Freund, ein Berater oder Therapeut). Die zweite Gruppe sind Leute, mit denen du dich bis zu einem gewissen Grad austauschen kannst, aber nicht über alles. Die dritte Gruppe sind Menschen, denen du auf keinen Fall etwas anvertrauen willst, weil du weißt, dass das mit Sicherheit nach hinten losgeht.
7. Verleugne deine Gefühle nicht. Gestehe sie dir ein, stelle dich ihnen, befasse dich mit ihnen und bringe sie so bald wie möglich – aber ganz wichtig: *erst, wenn du bereit bist* – auf positive Art und Weise zur Sprache. Denk daran, dass Emotionen ein vulkanartiges Eigenleben haben und irgendwann zum Ausbruch kommen, sehr oft genau dann, wenn du es am wenigsten erwartest oder willst.
8. Nur du selbst kannst deine Emotionen ergründen, aber die Unterstützung durch andere kann dir den Mut geben, dich deinen Gefühlen zu stellen und sie dir einzugestehen.
9. Und schließlich: Denke nicht, du wüsstest, was jemand anderes fühlt, denn damit würdest du zu 30 bis 50 Prozent falsch liegen und dir durch solche Mutmaßungen selbst ein erhebliches emotionales Trauma zufügen.

Kapitel 6

Ein Mindset, das dich versöhnlich sein lässt

Uns wird oft gesagt, dass wir erlittenes Unrecht »vergeben und vergessen« sollten, und tatsächlich steckt hinter diesem Spruch wissenschaftliche Wahrheit (und intuitiv nachvollziehbare Logik). Die Forschung zeigt, dass die Einzelheiten einer erlittenen Verfehlung eher vergessen werden, wenn diese Verfehlung vergeben wurde.[93]

Ein Mindset zu entwickeln, das sich versöhnlich zeigen kann, ist eine bewusste Entscheidung. Es ist ein Akt des freien Willens, der enorme gesundheitliche Vorteile mit sich bringt. Vergebung befähigt dich, toxische Gedanken, die voller Ärger, Groll, Bitterkeit, Scham, Trauer, Bedauern, Schuld und Hass sind, loszulassen. Dies löst dich von der Quelle des Problems los und bringt die negative Energie des toxischen Denkens zum Erliegen.

Die Emotionen, die mit den toxischen Gedanken verbunden sind, können deinen Verstand auf unangenehme Weise wie in einem Schraubstock festhalten. Solange diese ungesunden, toxischen Gedanken deinen Verstand beherrschen, wirst du nicht in der Lage sein, deine Erinnerungen zu rekonzeptualisieren, sprich, neue, gesunde Gedanken zu entwickeln.

Wissenschaftliche Untersuchungen zeigen, dass Vergebung und Liebe gut für die Gesundheit von Geist, Gehirn und Körper sind! Fortlaufende Auswertungen einer Studie zum Thema Vergebung, durchgeführt von Forschern der Universität von Wisconsin, zeigen, dass Menschen, welche die Fähigkeit entwickeln, Vergebung zu zeigen, ihre Emotionen besser kontrollieren können, deutlich seltener wütend, verärgert und verletzt sind und eine wesentlich bessere Gesundheit haben.[94] Es ist einfacher, in eine sinnerfüllte Zukunft zu gehen, wenn man wirklich vergeben hat.

Vergebung verändert das Gehirn. Forschungen zeigen, dass sich durch Verzeihen der anteriore Sulcus temporalis superior (aSTS) im Gehirn vergrößert.[95] Je größer die graue Substanz in diesem Bereich der Hirnrinde ist, desto wahrscheinlicher ist es, dass wir denjenigen verzeihen, die unabsichtlich einen schweren Fehler begangen haben. Je mehr man verzeiht, desto stärker wird die Bereitschaft dazu – das Gehirn verändert sich, um einem Mindset, das versöhnlich ist, gerecht zu werden! Das bedeutet im Klartext: Je mehr man vergibt, desto leichter fällt es einem.

Vergebung ist ausgesprochen gut für deine Gesundheit. Groll wirkt sich beispielsweise auf das Herz-Kreislauf-System und das Nervensystem aus. In einer Studie der Mayo-Klinik zeigte sich, dass Menschen, die einen persönlichen Groll hegten, einen erhöhten Blutdruck und eine höhere Herzfrequenz aufwiesen sowie stärkere Muskelanspannung. Zudem hatten sie das Gefühl, weniger Kontrolle über ihr Leben zu haben.[96] In dieser Studie gaben die Teilnehmer an, dass sie sich positiver und entspannter und allgemein wohler fühlten, wenn sie sich vorstellten, der Person zu vergeben, die sie verletzt hatte. Andere Studien konnten belegen, dass Vergebung positive Auswirkungen auf unsere psychische Gesundheit hat, die sich wiederum auf unsere körperliche Gesundheit auswirkt.[97]

Du denkst jetzt vielleicht: *Caroline, du weißt doch gar nicht, was mir widerfahren ist.* Stimmt, das weiß ich nicht, aber ich weiß, dass sich das Festhalten an deinem Schmerz negativ auf deine Gesundheit auswirken und deine Fähigkeit blockieren kann, im Leben voranzukommen. Es gibt nicht nur den einen Weg, wie man lernt, zu vergeben. Als Mensch, der viele schmerzhafte Situationen erlebt hat, weiß ich, dass Gnade und Barmherzigkeit nicht immer leicht fallen. Es ist jedoch nicht wichtig, wie du vergibst, sondern dass du es überhaupt tust – zu deinem eigenen Wohl und zum Wohl der Menschen um dich herum. Ein Gespräch mit einem Freund, einem Therapeuten oder einem (geistlichen oder sonstigen) Berater kann während dieses Prozesses hilfreich sein, damit du deine Gefühle sortieren und einordnen kannst.

Vergebung bedeutet nicht, das Verhalten eines Menschen zu verharmlosen oder zu beschönigen. Ihrem Wesen nach beinhaltet Vergebung die Anerkennung eines Fehlverhaltens *und* gleichzeitig die Entscheidung, Gnade und Barmherzigkeit zu zeigen. Vergebung bedeutet keineswegs, dass man das Geschehene vergisst, gutheißt oder entschuldigt. Vergebung gesteht den Schmerz ein, rekonzeptualisiert ihn und lässt die schwere Last der Bitterkeit und des Grolls los.

Tipps, wie du ein Mindset aktivierst, das dich versöhnlich sein lässt

1. Vergebung bedeutet nicht, den Schmerz oder das Unrecht zu leugnen; sie ist vielmehr die *Entscheidung*, die Person, die dich verletzt hat, loszulassen.
2. Du kannst Vergebung in deinem Körper spüren. Denk an Zeiten in deinem Leben, in denen du jemandem vergeben hast, und daran, wie du dich dabei gefühlt hast.
3. Vergebung ist kein Zeichen von Schwäche, sondern von großem Mut und von Liebe. Führe dir vor Augen, wie wirksam Vergebung negatives Denken und negative Situationen entschärfen kann. Denk an die Auswirkungen auf die Menschen, mit denen du in Beziehung stehst.

4. Nutze alle in diesem Abschnitt erläuterten Mindsets und lass dir von ihnen dabei helfen, denjenigen Menschen zu vergeben, die dich verletzt haben.
5. Hör auf, wütend zu sein, und vergib, sonst wird diese Wut zu deinem Wesen – denn das, woran du am meisten denkst, wird am stärksten wachsen.
6. Gestehe dir das Problem und den damit verbundenen Schmerz und Ärger ein. Du musst ehrlich zu dir selbst sein, wenn du jemandem aufrichtig verzeihen willst.
7. Mach dir klar, dass Heilung Zeit braucht.
8. Rekonzeptualisiere die Erinnerung, nimm sie neu wahr. Finde einen neuen Weg, wie du die Person(en), die dich verletzt hat/haben, wahrnehmen kannst. Bedenke die Zusammenhänge. Was war zu dem Zeitpunkt, als diese Person dich verletzt hat, in ihrem Leben los? Warum hat sie möglicherweise so und nicht anders gehandelt? Wie lautet ihre Geschichte? Wie lautet deine Geschichte? Wo steht jeder von euch im eigenen Leben?

Kapitel 7

Ein Mindset, das dich glücklich sein lässt

Wenn man durch Instagram scrollt, kann man leicht den Eindruck gewinnen, Glück bedeute, eine Menge Geld, viele schöne Dinge, einen hohen Status oder haufenweise Privilegien zu haben. Die beliebteste Lehrveranstaltung in Yale befasst sich mit dem Thema »Glück«. Doch Glück ist als Konzept wesentlich umfassender und vielschichtiger, als unsere kapitalistische Gesellschaft uns glauben machen will. Glück hat mehr mit einem Gefühl der inneren Zufriedenheit zu tun als mit äußerem Konsum. Es ist die Freude, das »sinnvolle, gute Leben« zu führen, und dreht sich um die Fähigkeit, sich auf das Positive zu konzentrieren, sich mit anderen zusammenzufinden und sinnvolle Beziehungen in einer Gemeinschaft zu führen. Glück bedeutet zu wissen, wo man hingehört, und sich dessen bewusst zu sein, warum man lebt, unabhängig von den Lebensumständen.

Ich kann nicht oft genug betonen, wie wichtig der Zusammenhang zwischen Glück und Gemeinschaft ist. Die Berkeley-Neurowissenschaftlerin Emiliana Simon-Thomas hat herausgefunden, dass Menschen umso glücklicher sind, je stärker ihre sozialen Beziehungen sind.[98] Unser Körper reagiert positiv, wenn wir aktiver Teil einer Gemeinschaft werden. Zum Beispiel leuchtet (bei bildgebenden Verfahren) das mesolimbische Dopaminsystem auf, wenn wir anderen etwas geben. Es handelt sich dabei um ein System, das auch mit Sucht (einem verzehrenden Verlangen) in Verbindung gebracht wird. Der Effekt des Gebens ist, dass es uns ein tiefes Gefühl der Freude vermittelt.[99] Entsprechend unserer genetischen Veranlagung zur Liebe sind wir im Grunde dafür geschaffen, andere zu lieben und ihnen Gutes zu tun.

Wir müssen außerdem bedenken, dass Freude dem Erfolg vorausgeht.[100] Härter zu arbeiten und ein unternehmerisches, akademisches oder persönliches Ziel zu erreichen, macht nicht automatisch glücklicher. In einer Meta-Analyse von 225 akademischen Studien fanden die Forscher Sonja Lyubomirsky, Laura King und Ed Diener einen starken kausalen Zusammenhang zwischen Glück und Zufriedenheit und Erfolgsergebnissen im unternehmerischen und privaten Bereich.[101] Die Zufriedenheit, die sich aus echter Freude ergibt, spielt eine entscheidende Rolle für den Erfolg.

Jedes Mal, wenn du einen Erfolg erzielst, ändert dein Gehirn, was du als Erfolg empfindest, und zwar mit jeder Erfahrung, Augenblick für Augenblick, jeden Tag aufs Neue. Tatsächlich lernst und wächst du ständig. Glück, Zufriedenheit und Erfolg sind keine statischen Wegpunkte in einem linearen Leben; sie sind so dynamisch und kraftvoll, wie dein Denken sie macht. Du bestimmst das Niveau deines Glücksbarometers weitgehend selbst.

Und Glück bedeutet auch nicht, ein Leben zu führen, das immer reibungslos und unkompliziert verläuft, falls es ein solches Leben überhaupt gibt. Der Harvard-Professor Shawn Achor weist darauf hin, dass eine Steigerung des Zufriedenheitsniveaus inmitten einer Herausforderung, beispielsweise bei der Suche nach einer guten Investition in einer schlechten Wirtschaftslage, zu einem erheblichen Anstieg der Erfolgsquote führt.[102] Herausforderungen bringen tatsächlich das Beste in uns hervor. Die Bewältigung einer Herausforderung bringt ein Gefühl der Freude über das Erreichte mit sich und schafft dank der neuen Fähigkeiten, die man durch diese Herausforderung erworben hat, die besten Voraussetzungen für die nächste Herausforderung.[103]

Das Gehirn arbeitet wesentlich besser, wenn wir inmitten einer Herausforderung *beschließen*, uns freudig zu fühlen. In meiner Forschung, meiner klinischen Erfahrung und in meinem persönlichen Leben habe ich immer wieder festgestellt, dass die Begeisterung steigt, wenn wir eine positive Haltung einnehmen und vor einer einschüchternden Aufgabe nicht zurückweichen. Tatsächlich gehört es zu den großartigsten Gefühlen im Leben, etwas zu verstehen oder eine Aktion nach einem geistigen und vielleicht sogar körperlichen Kampf erfolgreich abzuschließen. Wenn wir uns der Herausforderung stellen, führt dies zu einem Erfolgserlebnis und trägt zu unserem Glücksgefühl bei. Ich frage mich immer: *Will ich dieser toxischen Situation Energie zuführen, indem ich mich aufrege und nicht davon ablasse, oder will ich meine ganze geistige Energie auf einen positiven Ausgang lenken, sodass mein Glücksbarometer oben bleibt?* Ein hohes Zufriedenheitsniveau hält dich leistungsfähig und bringt dich voran.

Wir sind nicht automatisch entweder glücklich oder unglücklich. Unser Glücksempfinden hängt nicht von unseren Umständen ab. Wie Shawn Achor feststellt, ist es ein kultureller Mythos, dass Glück nicht beeinflussbar sei.[104] Ein positives, auf Liebe gegründetes Mindset, das mit der Fähigkeit einhergeht, eine stressige Situation nutzbringend zu bewältigen, liegt *vollständig* in unserer Hand. Es ist unsere Einstellung, mit der wir den Stand unseres Glücksbarometers verändern. Letztendlich sind wir, wie das Gedicht am Anfang dieses Buches erklärt, der »Käpt'n unserer Seele«.

Glück zu empfinden mag manchen Menschen leichter fallen als anderen, aber Glück ist für jeden von uns erreichbar, wenn wir daran arbeiten, unser auf Liebe gepoltes, ganz persönliches Mindset zu entwickeln (siehe Teil 2). An dieser Einstellung zu arbeiten ist weniger schwierig, als du vielleicht denkst. Allein der simple Akt, jeden Tag, einundzwanzig Tage am Stück, drei Dinge aufzuschreiben, für die du dankbar bist, steigert deinen Optimismus erheblich. Dieser Effekt hält sechs Monate lang an und sogar noch länger, wenn du dies dreiundsechzig Tage lang tust (drei Zyklen von einundzwanzig Tagen)!

Lachen und vergnügtes Spielen sind wunderbare Mittel, um toxischen Stress abzubauen und die Lebensfreude zu steigern. Tatsächlich werden alle in diesem Teil vorgestellten Mindsets dein Glücksbarometer steigen lassen. Wenn wir spielen und Spaß haben, erweitern wir nebenbei unsere emotionale Ausdrucksfähigkeit. Tatsächlich wird Lachen oft als »inneres Jogging« bezeichnet, weil es den Fluss von Peptiden und Quantenenergie in unserem Gehirn und Körper direkt ansteigen lässt.[105]

Viele Studien zeigen, warum Lachen zu Recht als »die beste Medizin« bezeichnet wird. Es setzt unmittelbar eine Flut von Wohlfühlbotenstoffen frei, die das Immunsystem stärken.[106] Lachen senkt auch den Stresshormonpegel. Ein richtig gutes Lachen aus dem Bauch heraus kann beispielsweise den Cortisolspiegel um 39 Prozent und den Adrenalinspiegel um 70 Prozent sinken lassen und »Wohlfühlhormone« – Endorphine –, um 29 Prozent ansteigen lassen. Es kann sogar die Wachstumshormone um 87 Prozent in die Höhe schnellen lassen![107] Andere Forschungen zeigen, dass Lachen das Immunsystem stärken kann, indem es den Gamma-Interferon-Spiegel erhöht, der vor Atemwegsinfektionen schützt.[108] Einige Studien legen sogar nahe, dass Lachen die Flexibilität des Denkens erhöht und die körperliche und geistige Gesundheit ebenso wirksam fördert wie aerobes Training. Einer Studie zufolge kommt einhundert- bis zweihundertmaliges Lachen pro Tag zehn Minuten Rudern oder Joggen gleich! Kurzum, wir sollten das Leben nicht zu schwer nehmen!

Robert Provine zufolge ist »Lachen das archetypische soziale Signal des Menschen und dreht sich ganz um Beziehungen«.[109]

Provines Untersuchungen ergaben, dass Menschen dreißigmal häufiger lachen, wenn sie mit anderen Menschen zusammen sind, als wenn sie für sich allein sind. Dies zeigt, wie sehr unsere Leben miteinander verwoben sind.

Tipps zur Aktivierung eines Mindset, das dich glücklich sein lässt

1. Entscheide dich, glücklich zu sein, dich einer Herausforderung zu stellen und den Prozess, bei dem du dein Verständnis und deine Fähigkeiten entwickelst, zu genießen. Wenn du scheiterst, steh wieder auf, auch wenn du dich nicht danach fühlst! Die Entscheidung, dich zu freuen, unabhängig davon, wie du dich anfangs fühlst, wird die Energiequelle sein, die dich am Laufen hält.
2. Stell dir dein persönliches Glücksbarometer vor – kontrolliere es so oft wie nötig. Wenn der Pegel sinkt, halte inne, atme durch und frage dich, was der Grund dafür ist. Nutze die verschiedenen Mindsets, um der Ursache auf die Spur zu kommen, und entscheide dich im Anschluss, deine Haltung zu ändern.
3. Nutze deine Energie proaktiv: Du hast die Wahl, entweder zu jammern und in deinem Elend zu versinken oder deine Energie in etwas Konstruktives zu stecken. Das kann so etwas Einfaches sein wie jemandem ein Lächeln zu schenken oder mit dem Hund spazieren zu gehen.
4. Gestatte dir nicht, zu denken: *Ich werde so glücklich sein, wenn das hier vorbei ist.* Habe Freude an dem Prozess, und zwar von Anfang bis Ende, mit allem, was dazwischen liegt! Sag dir, dass es in Ordnung ist, auf dem Weg zu friedlicher Akzeptanz ganz unterschiedliche Gefühle zu erleben. Du musst dir kein Clownsgesicht aufmalen und dich verstellen. Du musst einfach

nur du selbst sein und erkennen, dass Glück und Freude zu empfinden Teil unseres zur Liebe veranlagten Wesens ist.

5. Beschließe zu glauben, dass Glück für dich möglich ist, weil du für Liebe geschaffen bist. Und denk daran, dass jeder seine eigene Version von Glück und Freude hat – es gibt keine Standardeinstellung, die für alle gleichermaßen gilt.
6. Bemühe dich um sinnvolle und tiefgehende Beziehungen zu anderen. Engagiere dich in deiner Stadt oder Gemeinde. Sei sozial!
7. Schau dir lustige Videoclips an oder eine Komödie, lies in einem Witzebuch, spiele mit Familie und Freunden Brettspiele oder heitert euch gegenseitig mit lustigen Geräuschen auf. Das hilft, eine positive Einstellung zu entwickeln und beizubehalten.[110] Baue Spaß in deine Alltagsroutinen und allgemein in dein Leben ein. Spielend Spaß zu haben, ist das kostengünstigste, einfachste und effektivste Mittel zur Steigerung des persönlichen Glücksempfindens. Es verjüngt Geist, Körper und Seele und bringt positive Emotionen zum Fließen.

Kapitel 8

Ein Mindset, das dich mit Zeit richtig umgehen lässt

Positive Veränderungen und langfristiger Erfolg sollten unser lebenslanges Ziel sein. Wir müssen uns damit befassen, wie wir von Natur aus denken und wie wir unser Denken nutzen können, um den dauerhaften und sinnerfüllten Erfolg zu erreichen, für den wir geschaffen sind. In unserer heutigen schnelllebigen Kultur vergisst man das leicht.

Wir alle wissen, dass Veränderungen Zeit brauchen und dass es auf dem Weg zum Erfolg Herausforderungen gibt, aber nur wenige von uns sind bereit, auch wirklich durchzuhalten. Vielen ist nicht ganz klar, wie viel Zeit es tatsächlich braucht, um ein Verhalten zu ändern. Deshalb konzentriere ich mich in diesem Buch auf wissenschaftlich fundiertes Wissen über den Gedächtnisaufbau (siehe Kapitel 21) und nicht auf irgendwelche tollen Schnellhilfeprogramme, die sofortige Ergebnisse versprechen. Bleibender Erfolg erfordert wirklich harte Arbeit.

Wir müssen uns merken, dass Erinnerungen Gedanken sind. Alles, was wir tun, ist zunächst ein Gedanke, den wir in unser Gehirn einfügen. Alles, was wir sagen und tun, beruht auf den Erinnerungen, die wir durch unser Denken in unserem Gehirn aufgebaut haben. Die Bildung von Gedächtnisinhalten braucht Zeit (einundzwanzig Tage, um eine Langzeiterinnerung aufzubauen und weitere zweiundvierzig Tage, um diese Erinnerung zu einer Denkgewohnheit zu machen).

Erstrebenswertes geschieht nicht im Handumdrehen. Wir können Träume in Realität verwandeln, aber zuerst müssen wir begreifen, dass eine Veränderung mehr Zeit erfordert als ein Twitter-Post mit seiner durchschnittlichen Lebensdauer von einer Sekunde. Das Technologiezeitalter hat den Wunsch mit sich gebracht, alles sofort verfügbar zu haben, einschließlich solcher Dinge wie Veränderung und Erfolg. Doch es gibt keinen schnellen Weg zum Erfolg. Es ist ungesund, wenn man versucht, Dinge schnell zu erreichen, und dann aufgibt, wenn sie nicht in der Geschwindigkeit eintreten, an die man sich inzwischen gewöhnt hat. Es kann dir Qual bereiten und dein Gehirn und deinen Körper in toxischen Stress versetzen, sodass du in einem toxischen Kreislauf stecken bleibst. Aber du kannst dem jederzeit ein Ende setzen, wenn du willst.

Indem du dein Gehirn durch deine Entscheidungen aktivierst, gibst du ihm die Möglichkeit, ein leistungsfähiges und sinnvoll vernetztes Gedächtnis aufzubauen. So wie man seinen Körper trainiert, um einen Marathon zu laufen oder eine neue Übung im Fitnessstudio zu meistern, so braucht auch das Gehirn Zeit, um sich zu entwickeln und Erfolge zu erzielen. Und dieses Gehirntraining führt man mit dem Verstand durch – man kann es als Kardiotraining für den Kopf betrachten! Wir akzeptieren bereitwillig, dass es Zeit braucht, Fertigkeiten und Wissen in einer Sportart zu entwickeln, aber wenn es um den Verstand geht, scheint sich diese Weisheit oft aus unserer Denklogik zu verabschieden. Eine solche Denkweise führt zu einem endlosen Kreislauf: Erst wird gepaukt und der Kopf mit Informationen vollgestopft, sei es für eine Prüfung oder für eine berufliche Angelegenheit, und am Tag darauf ist das meiste wieder vergessen.

Forschungen zur Neuroplastizität, darunter auch meine eigenen, zeigen, dass die Entwicklung neuer Gewohnheiten Zyklen von mindestens dreiundsechzig Tagen und nicht nur einundzwanzig Tagen erfordert (siehe Kapitel 20). Die meisten Menschen geben innerhalb der ersten paar Tage auf.[111] In meiner klinischen Praxis gab ich allen meinen Patienten als Erstes eine täglich auszuführende 7- bis 16-minütige Gedankendetox-Übung auf, die mit mindestens einer täglichen 45- bis 60-minütigen Übung zum Aufbau des Gedächtnisses kombiniert war (wer wollte, konnte diese Zeitspanne ausweiten). Innerhalb von nur drei Wochen kam es zu einer Veränderung des Gedächtnisses und zu beobachtbaren Veränderungen in der schulischen, beruflichen, sozialen, emotionalen, kognitiven und intellektuellen Leistung. Echte, langfristige Veränderungen, die zu einem veränderten Leben führen, entstehen, wenn man mindestens drei Zyklen von einundzwanzig Tagen, also dreiundsechzig Tage lang durchhält, da es etwa zwei Monate dauert, bis sich neue Zellen bilden.[112] Ich habe dies in fünfundzwanzig Jahren klinischer Praxis und Forschung immer wieder erlebt. Es gibt keine Abkürzung, wenn es um die Veränderung von Geist und Gehirn geht.

Tipps zur Aktivierung eines Mindsets, das dich mit Zeit richtig umgehen lässt

1. Lass dich angesichts der Zeit, die es braucht, eine Fähigkeit zu erlangen, eine Einstellung zu ändern, Emotionen unter Kontrolle zu bringen oder Vergebungsbereitschaft zu entwickeln, nicht entmutigen und vom Durchhalten abschrecken.
2. Sabotiere dich nicht selbst, indem du dich davor fürchtest, was andere Menschen von dir denken oder was sie über das, was du tust, sagen werden, während du den zeitraubenden Prozess der Veränderung durchläufst. Nimm keine toxische Energie von anderen Menschen auf.

3. Betrachte Fehlschläge als gewonnene Erkenntnisse, auch wenn du dadurch nur erfahren hast, was du nicht tun solltest! Bezeichne niemals etwas als völligen Misserfolg. Alles dient als Lernmoment zur Entwicklung deines Charakters.
4. Mit jeder neuen Erfahrung kommen auch neue Ziele. Es ist gut, Ziel und Vision zu haben, aber sei bereit, beides anzupassen, zu ändern oder gegebenenfalls sogar eine 180-Grad-Wende zu vollziehen. Flexibilität ermöglicht dir eine effektive Nutzung deiner Zeit und steigert deine Fortschritte auf dem Weg zum Erfolg.
5. Lerne den Unterschied zwischen Ablenkungen und Flexibilität kennen. Flexibilität bringt dich voran; Ablenkungen halten deinen Fortschritt auf.
6. Nimm dir Zeit, dein Selbstvertrauen zu entwickeln. Wenn du kein Vertrauen in deine Fähigkeiten hast, wird deine Leistung leiden, ganz gleich, wie geschickt und talentiert du bist. Vielleicht musst du deine Reise zum Erfolg mit einem 63-Tage-Plan beginnen, bei dem du zunächst lernst, an dich selbst zu glauben. Mehr darüber erfährst du in meinen Büchern *Schalte dein Gehirn an* und *Beseitige dein mentales Chaos.*
7. Beschließe, dich nicht von der Zeit beherrschen zu lassen. Du bestimmst über die Zeit. Lerne, soweit wie möglich (wir alle haben Fristen und feste Termine!) dem natürlichen Zeitablauf zu folgen, wenn du eine Aufgabe erledigst.
8. Behalte die Tatsache im Sinn, dass es mindestens dreiundsechzig Tage dauert, um eine dauerhafte Veränderung in deinem Gehirn zu erreichen. In den Kapiteln 20 und 22 erfährst du mehr darüber. Wende das dort Erläuterte täglich an.
9. Wenn die Dinge länger dauern als geplant, passe dich an – gerate nicht in Panik. Wenn du in Panik gerätst, könntest du am Ende das, was du gerade erreicht hast, wieder zunichtemachen!

Kapitel 9

Ein Mindset, das dich Möglichkeiten sehen lässt

Siehst du in Situationen verschiedene Möglichkeiten? Oder nimmst du die Dinge nur so wahr, wie sie sich dir präsentieren? Lässt du dich aus dem Konzept bringen, wenn deine Pläne nicht aufgehen? Inwiefern? Kannst du problemlos von einer Möglichkeit zur nächsten umschwenken?

Professor Achor zeigt auf, dass die natürliche Neigung des Gehirns zum Optimismus ein wichtiger Faktor für Erfolgsorientiertheit in Schule, Beruf und im Leben allgemein ist. Die Bereiche in unserem Gehirn, die für diesen Hang zum Optimismus verantwortlich sind, verleihen uns die Fähigkeit, mehr als nur eine Möglichkeit wahrzunehmen und zu verfolgen – wir müssen nicht erstarren, wenn die Dinge mal nicht so laufen wie erwartet, denn es gibt immer andere Optionen.[113] Wir leben in einer Welt der Wahrscheinlichkeiten und haben die kreative Kraft in unserem Kopf, Konzepte für all diese verschiedenen Möglichkeiten zu entwerfen.

Wer die Dinge mit Unternehmergeist betrachtet, sieht in jeder Situation mehrere Möglichkeiten; eine solche Person besitzt ein Mindset, das alle möglichen Wahrscheinlichkeiten und Potentiale erkennt. Diese Art des Denkens ist von Natur aus hoffnungsvoll – du bleibst einfach dran, bis du Erfolg hast. Du schätzt den Weg zum Ziel *ebenso* wie das Ziel selbst. Und die gute Nachricht ist, dass dies Teil der auf Liebe gepolten Veranlagung deines Gehirns und deines Körpers ist – und von dir lediglich freigesetzt werden muss! Schau dir zum Beispiel Thomas Edison an. Er brauchte etwa tausend Versuche, bevor er bei der Erfindung der Glühbirne schließlich Erfolg hatte. Auf die Frage nach seinen »Misserfolgen« erklärte Edison: »Ich habe eine Menge Resultate erzielt! Ich kenne nun mehrere tausend Dinge, die nicht funktionieren.«[114] Edison ließ sein Potential nicht von vorgefassten Vorstellungen über Erfolg eingrenzen. Er hatte ein Ziel, und er machte weiter, bis er es erreicht hatte, ungeachtet der Anzahl der Versuche auf dem Weg dorthin. Er betrachtete seine Versuche nicht als Misserfolge, sondern als *Resultate.* Er hatte *wertvolle Erkenntnisse gewonnen* – für ihn war es ein Lernprozess. Edison erkannte, dass das Wissen darüber, was nicht funktionierte, ebenso wertvoll war wie das, was funktionierte. Das ist brillant und zugleich der Schlüssel: Versuche sind keine Misserfolge; Versuche sind Resultate und wertvolle gewonnene Erkenntnisse. Das ist etwas, an dem ich mit meinen Patienten häufig gearbeitet habe und das große Auswirkungen auf ihre Fortschritte hatte.

Wenn du dich *dafür entscheidest*, ein Mindset zu entwickeln, das es dir erlaubt, Möglichkeiten zu erkennen, wird der auf Liebe gepolte Bereich deines Gehirns aktiviert und reagiert entsprechend, sodass du deine Versuche nicht als Misserfolge, sondern als Möglichkeiten siehst. Diese Entscheidung ist ein wichtiger Erfolgsfaktor. Ich habe dies bei meinen Patienten und Studenten in Südafrika, wo ich fast dreißig Jahre lang gearbeitet habe, immer wieder festgestellt. Wenn sie sich dafür entschieden, eine möglichkeitsorientierte Haltung einzunehmen, waren sie in der Lage, trotz verzweifelter Umstände durchzuhalten und ihre Ziele zu erreichen. Ihre Lebensumstände hinderten sie nicht daran, erfolgreich zu sein; vielmehr beflügelte die Situation, in der sie sich befanden, ihren Wunsch nach Veränderung. Sie lernten, wie man lernt, und nichts konnte sie aufhalten. Ihre Entschlossenheit wirkte sich auch auf mein eigenes Leben aus und inspirierte mich dazu, nicht darin nachzulassen, diese Botschaft in die ganze Welt zu tragen. Professor Achor erging es ähnlich: Während seines kurzen Aufenthalts in Südafrika sagte er beim Besuch einiger derselben Schulen, dass er noch nie eine solche Entschlossenheit und einen derartigen Eifer gesehen habe, während dieser wenigen Gelegenheiten etwas zu lernen – die Kinder, mit denen er in benachteiligten Gebieten arbeitete, waren zielstrebiger, diszipliniert und sehr viel dankbarer, lernen zu dürfen, als die privilegierten Harvard-Studenten, die er beruflich unterrichtete (von denen ein Viertel deprimiert ist und mit der eigenen Work-Life-Balance nicht zurechtkommt)![115]

Wir können unsere Umstände nicht als Ausrede für fehlenden Erfolg im Leben benutzen. Es ist sicherlich für keinen neu, dass wir alle Probleme haben, mit denen wir fertig werden müssen, und dass sich jeder von uns Herausforderungen gegenübersieht. Es gibt immer etwas, woran wir arbeiten. Die Fähigkeit, inmitten von Schwierigkeiten Möglichkeiten zu sehen, ist jedoch ein entscheidender Faktor. Sie verändert dein Denken und befähigt dich, dein Rennen weiter zu laufen. Dieses Mindset ist unerlässlich, wenn du weiterkommen willst – auch wenn du das Ende des Weges (noch) nicht sehen kannst.

Tipps zur Aktivierung eines Mindsets, das dich Möglichkeiten sehen lässt

1. Sag dir täglich, dass Versuche keine Misserfolge sind; Versuche sind Resultate und wertvolles gewonnenes Wissen.
2. Übe dich bewusst und gezielt darin, in jeder Situation Möglichkeiten zu sehen, und schreibe sie auf. Je öfter du das tust, desto häufiger wirst du sie in deinem Leben anwenden.
3. *Entscheide* dich dafür, ein Mindset zu entwickeln, das dich Möglichkeiten wahrnehmen lässt, sodass der zur Liebe

veranlagte Bereich deines Gehirns aktiviert werden kann, um entsprechend zu reagieren.

4. Verwandle Versuche in Möglichkeiten. Weigere dich, sie als Misserfolge zu betrachten. Diese Entscheidung ist ein wichtiger Faktor für deinen Erfolg.
5. Bremse dich sofort, wenn du dich dabei ertappst, wie du denkst und sagst, es gebe keinen Ausweg oder du seist ein Versager. Ersetze solche Gedanken durch Aussagen wie: »Ich kann kein Versager sein, weil ich auf Erfolg gepolt bin.«
6. Mach es zu einem Spiel, herauszufinden, wie viele Möglichkeiten du dir für eine bestimmte Situation vorstellen kannst.
7. Trainiere dich darauf, eine Möglichkeit als Chance zu sehen und nicht als Bedrohung, vor der man zurückschreckt.
8. Denke stets daran: Wir leben in einer Welt der Wahrscheinlichkeiten und haben die schöpferische Kraft in unserem Kopf, Konzepte für all diese Möglichkeiten zu entwerfen.

Kapitel 10

Ein Mindset, das dich Dankbarkeit empfinden lässt

Wie schon mehrfach gesagt, haben wir es selbst in der Hand, ob wir in Schule, Beruf und im Leben vorankommen, und unser Maß an Dankbarkeit entscheidet, *wie* erfolgreich wir dabei sind. Natürlich wissen wir alle, wie großartig wir uns fühlen, wenn wir eine Haltung der Dankbarkeit annehmen. Dann aber auch noch zu sehen, dass wissenschaftliche Studien untermauern, was wir instinktiv wissen, ist ein hilfreicher Wink, der uns motiviert, unsere gesamte Denkweise zu ändern.

Eine kürzlich durchgeführte Studie untersuchte die Auswirkungen von Dankbarkeit auf das Verhalten und analysierte die geistig ausgelöste Reaktion im Gehirn.[116] Die Forscher fanden heraus, dass Probanden, die an einer Übung teilgenommen hatten, bei der sie Dankesschreiben verfassten, noch bis zu drei Monate danach sowohl positive Veränderungen in ihrem Verhalten zeigten als auch größere Aktivität im vorderen Gehirnareal (medialer präfrontaler Cortex) aufwiesen.[117] Diese Studie zeigt, wenn wir uns in Dankbarkeit üben (siehe dazu auch das Mindset von Kapitel 8), beleben wir damit die auf Liebe gepolten Strukturen unseres Gehirns, wodurch ein sich selbsterhaltender Kreislauf der Positivität in unserem Geist aktiviert wird.[118]

Wir sollten freilich sehr vorsichtig sein und in Studien des Gehirns mithilfe von bildgebenden Verfahren nicht zu viel hineininterpretieren – nur weil auf einem schicken Gerät etwas aufleuchtet, heißt das noch lange nicht, dass solche Reaktionen auf unsere Umwelt von unserem Gehirn hervorgerufen werden.[119] Es sind unsere Entscheidungen, die bestimmen, wie wir auf die Umwelt reagieren, und das Gehirn spiegelt dies in seiner Reaktion wider: Der Geist verändert das Gehirn.

Wenn wir uns dafür *entscheiden*, dankbar zu sein, machen wir uns unsere natürlichen Anlagen zunutze. Forschungen über die Auswirkungen von Dankbarkeit auf unsere Biologie zeigen, dass Dankbarkeit unsere Lebenserwartung erhöht, unsere Vorstellungskraft steigert und unsere Problemlösefähigkeit verbessert. Außerdem trägt sie zu unserer allgemeinen Gesundheit bei.[120]

Eine Haltung der Dankbarkeit führt zu dem Empfinden, dass das Leben lebenswert ist. Dies wirkt sich in einer positiven Rückkopplungsschleife günstig auf die psychische Gesundheit aus und führt zu mehr Resilienz, also zu der Fähigkeit, sich schneller wieder zu erholen. Ich habe zudem festgestellt, dass Patienten mit einer ausgeprägten Dankbarkeitsmentalität stärker motiviert waren, Dinge zu tun, die ihrem Leben einen Sinn gaben. Dies steht in krassem Gegensatz zu der negativen Rückkopplungsschleife, die durch mangelnde Dankbarkeit ausgelöst wird: Man wird weinerlich, fühlt sich als Opfer, gibt immer jemandem die Schuld und wird neidisch, eifersüchtig und missgünstig gegenüber dem Erfolg anderer. Eine in Japan durchgeführte Studie ergab, dass diejenigen, die ein lebenswertes, sinnvolles Leben – *Ikigai* – führten, länger und gesünder lebten.[121]

Wenn du jetzt dankbar bist für das Gute, mit dem du gesegnet bist, wird es dir leichter fallen, künftige Segnungen zu erkennen, denn dein Geist wird mit der Zeit immer besser darin, ein positives und dankbares Mindset zu entwickeln. Je mehr Gutes du in deinem Leben in den *gegenwärtigen* Momenten siehst, desto glücklicher und erfolgreicher wirst du wahrscheinlich in der Zukunft sein. Wie Willie Nelson einmal sagte: »Als ich dankbar wurde für das Gute, mit dem ich gesegnet war, hat sich mein ganzes Leben verändert.«[122]

Tipps zur Aktivierung eines Mindsets, das dich Dankbarkeit empfinden lässt

1. Dankbarkeit beginnt damit, sich bewusst zu machen, ob man eine Haltung der Dankbarkeit hat. Beobachte also bewusst und kritisch dein Denken, um festzustellen, ob eine dankbare Haltung eine Rolle darin spielt.
2. Womit verbringst du mehr Zeit – damit, deine Segnungen aufzuzählen, oder damit, dich auf das zu konzentrieren, was dir in deinem Leben fehlt?
3. Bist du dankbar? Verbringe die kommende Woche damit, zu analysieren, wie dankbar du bist. Führe auf irgendeine Weise sieben Tage lang Buch über alle Situationen, in denen du dankbar bist oder über etwas jammerst. Zähle am Ende der sieben Tage die jeweiligen Situationen zusammen und vergleiche die Ergebnisse – du wirst vielleicht geschockt sein über das, was dabei herauskommt!
4. Ertappst du dich z. B. nach einem Urlaub dabei, dass du eher sagst: »Zu dumm, dass wir es nicht geschafft, alles anzuschauen und alles mitzumachen« anstatt »Schön, dass wir es geschafft haben, vieles anzuschauen und eine Menge zu unternehmen«?
5. Denk darüber nach, was du sagen willst, bevor du es sagst, und wenn du bereits begonnen hast, etwas Negatives zu denken, pass auf, wie du dich äußerst, und fange diese Gedanken ein, ändere sie und sage etwas Positives, damit du gar nicht erst anfängst, dich zu beschweren und deinem Gehirn und deinen Beziehungen zu schaden!

Kapitel 11

Ein Mindset, das dich gemeinschaftsorientiert sein lässt

Menschen sind gesellige Wesen. Unabhängig davon, wie gern wir Zeit allein verbringen, braucht doch jeder von uns die Gemeinschaft. Tatsächlich steht der positive Umgang mit Menschen innerhalb unseres sozialen Unterstützungsnetzwerks mit einer Reihe von wünschenswerten körperlichen und mentalen Auswirkungen in Zusammenhang. Die Einbindung in eine Gemeinschaft wird mit psychischer Gesundheit und kognitiver Belastbarkeit, der Verringerung chronischer Schmerzen, einer Senkung des Blutdrucks und besserer kardiovaskulärer Gesundheit in Verbindung gebracht.[123]

Isolation hingegen kann sich negativ auf unser Wohlbefinden auswirken. Tragischerweise zeigen Studien, die an Säuglingen in Fürsorgeeinrichtungen durchgeführt wurden, dass ein Mangel an menschlicher Berührung oder Körperkontakt für Neugeborene und Kleinstkinder tödlich sein kann.[124] Tatsächlich erhöht Einsamkeit das Risiko vorzeitiger Sterblichkeit in allen Altersgruppen; das macht sie zu einer wachsenden Gefahr für die öffentliche Gesundheit.[125] Eine aktuelle Studie zeigt sogar, dass mehr Menschen durch soziale Isolation und Einsamkeit umkommen als durch Fettleibigkeit.[126] Die beteiligten Forscher, die 148 separate Studien mit insgesamt rund 300.000 Teilnehmern auswerteten, fanden heraus, dass stärkere soziale Bindungen das Risiko eines frühen Todes um 50 Prozent verringerten, während Einsamkeit den gegenteiligen Effekt hatte. Kein Wunder, dass soziale Isolation als eine Art

Bestrafung oder Folter eingesetzt wird![127] Wir sollten die Gefahr der Isolation ernst nehmen – viele Nationen auf der ganzen Welt gehen inzwischen von einer »Einsamkeitsepidemie« aus.[128] Es ist dringend notwendig, dass Wissenschaftler zusammenarbeiten, um das Thema Gemeinschaft in den Fokus zu rücken und zu einer Priorität für die öffentliche Gesundheit zu machen.[129] Dies ist zu einem wichtigen Anliegen in meiner Arbeit geworden, über das ich viel spreche: Wir sind ein Team. Um Mutter Teresa zu zitieren: »Ich kann Dinge tun, die du nicht tun kannst, du kannst Dinge tun, die ich nicht tun kann; zusammen können wir Großes erreichen «.[130]

Je weiter wir uns von menschlichen Beziehungen entfernen, desto größer ist die Gefahr, dass wir uns der Fantasiewelt als Ersatz für die Realität zuwenden, anstatt unsere Vorstellungskraft als Werkzeug für ein erfolgreiches und befriedigendes Leben zu nutzen. Wir alle phantasieren bis zu einem gewissen Grad darüber, wie die Dinge sein könnten oder sollten, was uns oftmals ermutigt, unsere Träume zu verfolgen. Unsere Fantasie sollte jedoch nicht vom wirklichen Leben abgekoppelt werden, denn sonst können unsere Fantasien für uns wichtiger werden als die Realität. Dies führt oft zu einer langfristigen sozialen Isolation, die unsere Gesundheit dramatisch beeinträchtigen und unsere Lebenserwartung verkürzen kann.

Wie können wir diese Einsamkeitsepidemie bekämpfen? Dr. Julianne Holt-Lunstad, leitende Forscherin der eben erwähnten Studie über soziale Isolation und Langlebigkeit, plädiert dafür, mehr Geld für Gemeinschaftseinrichtungen wie Erholungszentren und Gemeinschaftsgärten auszugeben, die als Begegnungsstätten ebenso wichtig sind für das seelische und körperliche Wohlbefinden wie eine ausgewogene Ernährung und sportliche Betätigung.[131] Sie weist auch darauf hin, dass sich der Einzelne nicht nur in finanzieller, sondern auch in sozialer Hinsicht auf den

Ruhestand vorbereiten sollte, da Isolation für Rentner besonders schädlich sein kann.[132]

Wir alle können aktiv ein gemeinschaftsorientiertes Mindset anstreben. Zu diesem Zweck habe ich eine gemeinnützige Organisation mit dem Namen *Whole Mind Project* gegründet, die lehrt, wie Geist und Körper gesunden und gesund bleiben können. Der Schwerpunkt liegt hierbei auf Gemeinschaftsgärten, gemeinsamen Mahlzeiten und einer auf Liebe basierenden Therapie, vor allem in Kirchen, Einrichtungen und benachteiligten Wohngebieten.[133] Durch diese Gärten und gemeinsamen Mahlzeiten und das gegenseitige wertungsfreie Zuhören lernen die Menschen nicht nur, wie sie sich auf eine Weise ernähren, die sie und ihre Gemeinschaft mit allem gut versorgt, sondern auch, wie sie auf eine Weise denken können, die ihr Leben und ihre Welt verändert. Wir konzentrieren uns auf die Entwicklung der spirituellen, mentalen und körperlichen Gesundheit des Einzelnen in der Gemeinschaft.

Zu unseren Programmen gehört auch die »Gesunde-Seele-Bank« (Whole Mind bench), ein Ort, an dem Individuen in einer liebevollen, nicht wertenden und friedvollen Umgebung über die Probleme sprechen können, mit denen sie konfrontiert sind. Die Gesunde-Seele-Bank basiert auf meiner Forschung und klinischen Praxis sowie auf dem in Simbabwe entstandenen Programm der Freundschaftsbank (ein Ort, an den Angehörige der Gemeinschaft kommen und ihre Probleme besprechen können).[134] Dieses Programm konzentriert sich auf die Hintergründe und Zusammenhänge der Probleme des Einzelnen und beinhaltet gemeinschaftsbasierte Heilungstechniken, deren Schwerpunkt auf Liebe und Empathie liegt.

Es liegt in der Natur der Sache, dass wir Einsamkeit nicht allein beheben können. Wir müssen alle Altersgruppen und alle Bereiche der Gesellschaft erreichen, um die soziale Isolation zu bekämpfen und die mentale und körperliche Gesundheit zu verbessern. Da Schulen, Universitäten und Arbeitsplätze Orte sind, an denen der Einzelne einen Großteil seines Lebens verbringt, ist es wichtig, soziale Kontakte in diesen Bereichen zu fördern. Wir müssen ein ganzheitliches Gemeinschaftsdenken entwickeln, wenn wir im Leben erfolgreich sein wollen und wenn wir anderen helfen möchten, ebenfalls erfolgreich zu sein.

Tipps zur Aktivierung eines Mindsets, das dich gemeinschaftsorientiert sein lässt

1. Überleg dir, was du tun könntest, um aus dem Haus zu kommen und die Gemeinschaft in deiner Umgebung zu fördern. Vielleicht gründest du einen Buchclub oder veranstaltest ein gemeinsames Abendessen und lädst jedes Mal jemanden Neues ein. Lerne deine Nachbarn kennen und lade sie zu einem Spaziergang oder auf einen Kaffee ein, oder schließe dich einer örtlichen Gruppe oder einer Kirchengemeinde an. Die Möglichkeiten sind endlos!
2. Du musst nicht die ganze Welt retten; du musst einfach mit einem bestimmten Ziel vor Augen beginnen. Und dieser Anfang kann so etwas Einfaches sein, wie deine vier Wände zu verlassen und die Menschen in deiner Nachbarschaft, im Supermarkt, im Fitnessstudio oder in der Kirche bewusst wahrzunehmen. Wenn du auf einer persönlichen Ebene erfüllt bist, wirst du auch andere Menschen innerlich berühren, und das wird sich auf die ganze Welt auswirken. Du bist wichtig, und was du denkst, ist wichtig für deine Gemeinschaft und das höhere Ziel.
3. Schließe dich dem *Whole Mind Project* an: Lege einen Garten an, steuere eine Bank bei oder veranstalte eine Dinnerparty!

Auf unserer Website findest du weitere Möglichkeiten, wie du dich an dem, was wir tun, beteiligen kannst.

4. Engagiere dich ehrenamtlich! Der Dienst am Nächsten ist eine wunderbare Möglichkeit, Teil einer sinnvollen Gemeinschaft zu werden und dabei sowohl deine eigene als auch die Gesundheit deiner Gemeinschaft zu verbessern.

Kapitel 12

Ein Mindset, das dich hilfsbereit sein lässt

Ein wesentlicher Bestandteil des gemeinschaftsorientierten Mindsets, wie im vorigen Kapitel beschrieben, ist das Wissen um die heilsame Kraft des Miteinanders und die Bereitschaft, anderen zu helfen, anstatt nur sich selbst. Ein hohes Maß an sozialer Unterstützung prognostiziert Langlebigkeit mindestens so zuverlässig wie gesunde Ernährung und regelmäßige Bewegung, während ein geringes Maß an sozialer Unterstützung so schädlich ist wie Bluthochdruck.[135] Für Menschen, die mit Schwierigkeiten in ihrem Leben konfrontiert sind (im Grunde also *jeder*), kann Isolation tödlich sein. Soziale Unterstützung ist von entscheidender Bedeutung, wenn wir lernen wollen, mit unseren Gefühlen umzugehen und die Unwägbarkeiten des Lebens zu meistern.

Unterstützende Beziehungen ermöglichen es uns, schwierige Zeiten zu überstehen.[136] Eine aktuelle Studie hat ergeben, dass soziale Unterstützung der wichtigste Faktor für Zufriedenheit in Zeiten hoher Stressbelastung ist.[137] Stress kann sich vorteilig oder nachteilig auswirken, je nachdem, wie wir die Situation wahrnehmen. Soziale Unterstützung hilft uns, mit unseren Herausforderungen besser umzugehen, weil wir erkennen, dass wir diese Herausforderungen nicht allein bewältigen müssen: Wir *sehen* unsere Schwierigkeiten in einem anderen Licht. Tatsächlich war in dieser Studie die Korrelation zwischen positiver sozialer Unterstützung und Zufriedenheit fast doppelt so hoch wie der Zusammenhang zwischen Tabakkonsum und Krebs.[138] Dies ist ein interessanter Vergleich, denn der ursächliche Zusammenhang zwischen Rauchen und Krebs ist weitgehend unbestritten; der ursächliche Zusammenhang zwischen Unterstützung und Zufriedenheit ist jedoch fast doppelt so hoch, findet aber weit weniger Beachtung! Tatsächlich zeigen Forschungsergebnisse, dass wir, wenn wir andere unterstützen, unsere eigene Heilung im Schnitt um 63 Prozent beschleunigen.[139] Wir sind dafür geschaffen, uns gegenseitig zu unterstützen!

In einem Lernumfeld ist Unterstützung von entscheidender Bedeutung. Eine Studie aus dem Jahr 2011 hat ergeben, dass die Lernatmosphäre von Schülern umso positiver wurde, je mehr Hilfestellung sie *gaben*, anstatt nur welche zu *empfangen*.[140] Doch wie oft helfen Lernende anderen, wenn sie mit der eigenen Arbeit überlastet sind? Höchstwahrscheinlich nicht oft genug. Diejenigen jedoch, die es tun, sind am zufriedensten, wodurch sich auch ihre schulischen Leistungen verbessern. Vergleichbares zeigt sich im Berufsleben: Menschen, die anderen unter die Arme greifen, Kollegen zum Mittagessen einladen, Büroaktivitäten organisieren, dafür sorgen, dass niemand außen vor bleibt, und immer bereit sind, zuzuhören und zu helfen, werden zehnmal häufiger mit wichtigen Aufgaben betraut als Menschen, die sich abschotten. Zudem ist ihre Chance auf eine lukrative Beförderung um 40 Prozent höher.[141]

In meiner klinischen Praxis ergänzte ich jede Behandlung durch eine Nächstenhilfe-Komponente, nach dem Prinzip: »Erhalte eine Stunde, gib eine Stunde.« Hilfsbereitschaft war ein wichtiger Aspekt für die persönliche Genesung der Patienten und ein Mittel zur Steigerung ihrer intellektuellen Leistung. (Dies ist Teil des fünften integralen Schritts im 5-Schritte-Lernprozess *Schalte dein Gehirn an*, den ich in Kapitel 20 erläutere.) Mein Mann Mac und ich haben unsere vier Kinder zu der gleichen Einstellung erzogen.

Als Familie ist es unsere zweite DNA, Helfer und Organisatoren zu sein; wir hören einander immer zu und kümmern uns umeinander und um die Menschen, mit denen wir in Kontakt kommen. Wir haben das Haus stets voll mit Menschen, und das würde ich um nichts in der Welt aufgeben wollen! Wir sind eine sehr glückliche Familie. Selbstverständlich läuft auch bei uns das Leben nicht immer glatt, aber wir gehen mit Problemen auf eine unterstützende und liebevolle Weise um. Das hat sich jedoch nicht einfach so *ergeben*. Mac und ich haben uns bewusst dafür entschieden, unser Leben auf diese Weise zu leben, und wir arbeiten als Familie täglich hart daran. Aufgrund meiner beruflichen und persönlichen Erfahrung kann ich mit Gewissheit sagen, dass die Anwendung des geistlichen und wissenschaftlichen Prinzips, anderen zu helfen, extrem wirksam und therapeutisch ist und eine wichtige Voraussetzung für Wachstum und Erfolg darstellt.

Tipps zur Aktivierung eines Mindsets, das dich hilfsbereit sein lässt

1. Nutze jede Gelegenheit, die sich dir bietet, Menschen in deinem Freundes- und Bekanntenkreis und in deinem weiteren Umfeld zu unterstützen.
2. Wenn du dich durch Arbeit überlastet oder emotional herausgefordert fühlst oder gerade etwas durchmachst, versuche, einen Moment innezuhalten und jemandem zu helfen – und sei es nur, indem du ihm zuhörst, ihn umarmst oder ihm Mut machst. Schicke jemandem eine E-Mail oder Textnachricht, in der du ihm sagst, dass du an ihn denkst, oder lade jemanden zum Essen ein, anstatt allein zu essen.
3. Wenn du mit einer fremden Person auf engem Raum zusammen bist, zum Beispiel in einem Aufzug, lächle und grüße sie, anstatt auf den Boden oder dein Smartphone zu starren.

4. Entscheide dich, jeden Morgen mit der Frage aufzuwachen: *Wem kann ich heute helfen?*
5. Höre anderen so oft wie möglich auf eine nicht wertende, liebevolle und unterstützende Weise zu. Mach dies zu deinem Modus Operandi und du wirst feststellen, wie sich deine eigene Lage wendet. Also: Schau der Person in die Augen, *höre* ihr einfach ruhig *zu*, und wenn sie ausgesprochen hat, frage sie: »Wie kann ich dir helfen? Was brauchst du?«
6. Gehe immer zuerst vom Besten aus. Erzeuge diese positive Energie, die ein Klima der Freundlichkeit schafft. Ziehe keine voreiligen Schlüsse und gehe nicht vom Schlimmsten aus, was eine Situation oder eine Person betrifft.
7. Wenn du dir nicht sicher bist, was eine andere Person über dich denkt oder was sie mit ihren Äußerungen gemeint hat, nimm immer das Beste an. Das wird dir helfen, dich ruhig und stabil zu fühlen.
8. Gehe nicht davon aus, du wüsstest, was die andere Person denkt, oder dass du ihre Gefühle an ihrem Gesichtsausdruck ablesen kannst. Frag immer zuerst nach. Auf diese Weise vermittelst du einer Person das Gefühl, dass sie dir wichtig ist und dass du dich um sie sorgst. Wir alle brauchen das, also gib 100 Prozent und du wirst sehen, es kommt zurück.
9. Wir alle sind sehr beschäftigt, deshalb müssen wir uns bewusst Zeit für die Menschen nehmen, die wir lieben, denn Beziehungen brauchen Zeit und Planung, und man kann es nicht allen recht machen. Setze also Prioritäten und entwickle Strategien, aber sei zu allen immer freundlich.

Kapitel 13

Ein Mindset, das dich gesunden Stress schätzen lässt

Ist das Glas halb voll oder halb leer? Wie alles im Leben kann die Art und Weise, wie wir stressige Situationen betrachten, Einfluss darauf haben, wie wir mit diesen Situationen umgehen. *Aber Stress bleibt doch Stress, oder?* Ja und nein. Das Leben kann ausgesprochen stressig sein, doch ob sich eine schwierige Situation vorteilig oder nachteilig auswirkt, hängt davon ab, wie du Stress gegenüber eingestellt bist.[142]

Wenn du dich einer schwierigen Situation mit einer »Das Glas ist halbvoll«-Haltung stellst, weiten sich die Blutgefäße um dein Herz herum. Die erhöhte Durchblutung führt dazu, dass mehr Sauerstoff in dein Gehirn fließt, was wiederum deine kognitive Leistungsfähigkeit steigert und dir zu klarerem Denken verhilft – also deine Fähigkeit stärkt, dich einer Herausforderung nicht nur zu stellen, sondern sie auch zu bewältigen.[143] Diese erhöhte Durchblutung bringt auch das sympathische und das parasympathische Nervensystem ins Gleichgewicht, wodurch eine Reihe neurophysiologischer und genetischer Prozesse in Gang gesetzt werden, die sich für dich nützlich auswirken und das intellektuelle Wachstum befeuern.[144] Im Hippocampus deines Gehirns wird ein genetischer Schalter umgelegt, der deinen Körper stärkt und dich somit befähigt, eine schwierige Situation zu meistern.[145] Viele neurophysiologische Reaktionen werden aktiviert, die es dir ermöglichen, inmitten von Widrigkeiten stark zu bleiben.[146] Wenn du jedoch das Glas als halb leer ansiehst, wird das Gegenteil eintreten, und der Stress wird sich nachteilig auswirken.

Ich kann gar nicht genug betonen, wie wichtig die eigene Wahrnehmung ist. Bei einer Studie im Jahr 2013 wurden zwei Videos verwendet: eines, in dem Stress als leistungsmindernd dargestellt wurde, und eines, in dem beschrieben wurde, wie Stress das menschliche Gehirn und den Körper positiv beeinflusst.[147] Die Probanden, die letzteres Video sahen, schnitten auf der Stress-Mindset-Skala besser ab – sie sahen Stress als etwas an, das ihre Leistung verbesserte anstatt sie zu beeinträchtigen, was wiederum positive Auswirkungen auf ihre Gesundheit und ihre Zufriedenheit hatte. Anders verhielt es sich bei denjenigen, die das Video gesehen hatten, in dem die schwächende Wirkung von toxischem Stress beschrieben wurde; ihre intellektuelle Leistung und ihr Gefühl von Zufriedenheit litten erheblich. Wenn du dir Sorgen über Stress machst, versetzt das deinen Körper in toxischen Stress, der sich schädlich auf deine geistige und körperliche Gesundheit auswirkt. Wenn du Stress ständig als etwas Negatives empfindest, wird Stress zu einem Hindernis auf deinem Weg zum Erfolg. Eine Änderung der eigenen Einstellung gegenüber Stress ist daher ein unerlässlicher Bestandteil einer gesunden geistigen und körperlichen Selbstfürsorgestrategie.

Wenn Stress aber so gut für uns sein kann, warum scheinen dann alle bei diesem Thema auszuflippen? Warum werden im Supermarkt sogar Malbücher für Erwachsene zum Abbau von Stress verkauft? Tag für Tag werden wir mit Nachrichten über die Gefahren von Stress geradezu bombardiert. Davon zu lesen, wie negativ sich Stress auf die Gesundheit auswirkt, kann uns vor lauter Sorge vor möglichem Stress durchaus in Stress geraten lassen! Ähnlich verhält es sich, wenn wir über die Gefahren von Schlafmangel lesen und darüber, wie schlecht er für uns ist – und dann nicht schlafen können, weil wir uns Sorgen über fehlenden Schlaf machen! Oft wird so stark betont, was schlecht für uns ist und was alles schiefgehen kann, dass wir vergessen, uns auf das zu konzentrieren, was gut für uns ist und was funktionieren kann.

Doch die gute Nachricht ist, dass du selbst *entscheiden* kannst, wie du mit Stress umgehst. Du kannst lernen, dich einer Herausforderung zu stellen und mit ihr umzugehen. Du *kannst* lernen, dich von Stress nicht unterkriegen zu lassen! Du kannst, wie ich zu sagen pflege, »im Wirkungsbereich der Liebe ausflippen«!

Tipps zur Aktivierung eines Mindsets, das dich gesunden Stress schätzen lässt

1. Betrachte Stress als etwas, das deine Leistung verbessert und nicht verringert. Stell dir vor, wie sich die Blutgefäße um dein Herz herum weiten und Blut und Sauerstoff in dein Gehirn pumpen. Stell dir vor, wie Neurotransmitter freigesetzt werden und wie all dies zusammenwirkt, damit du dich konzentrieren und klar denken kannst, um optimal zu reagieren.
2. Sieh die Situation, der du gegenüberstehst, als etwas, das du bewältigen kannst, und nicht als etwas, dem du nicht gewachsen bist; lass den Stress zu deinem Vorteil und nicht gegen dich arbeiten.
3. Jedes Mal, wenn du spürst, dass du in toxischen Stress abzugleiten drohst, sprich mit Freunden oder deiner Familie (auch wenn es nur ein Telefonat ist!), denn das hilft dir, die Dinge wieder besser einzuordnen. Und ruf dir ins Gedächtnis, dass du die Situation meistern kannst.
4. Du könntest aufschreiben, welche Vorteile mit einer gesunden Reaktion auf Stress verbunden sind, und die Notiz bei dir tragen, um sie zu lesen, wenn du dich herausgefordert fühlst.

Denk immer daran: Du hast einen unfassbar leistungsfähigen Verstand!

5. Wenn du vor einer Herausforderung stehst, sage dir, wie gut Stress für dich sein kann. Denke an all die vorstehend genannten positiven Auswirkungen, die guter Stress auf deinen Körper haben kann. Sage dir, dass du klarere Gedanken haben wirst, wenn du dir den Stress zunutze machst.

Kapitel 14

Ein Mindset, das dich Positives erwarten lässt

Erwartungen sind ein fester Bestandteil des täglichen Lebens. Man denke nur an das erhöhte Bewusstsein und die Vorfreude, wenn man zu Feiertagen geliebte Menschen am Bahnhof oder am Flughafen erwartet, oder daran, wie es ist, wenn man sich auf ein Geburtstagsgeschenk, eine Party oder den Erhalt von Prüfungsergebnissen freut. Stell dir die große Zufriedenheit vor, die entsteht, wenn die Erwartungen erfüllt werden, oder die große Enttäuschung, wenn die Dinge nicht so laufen wie erhofft.

Aufgrund der Verbindung zwischen Geist und Körper erzeugt Erwartung reale, neurophysiologische Reaktionen in unserem Körper. Forschungen zeigen, dass die *Erwartung* gesundheitlicher Vorteile, wie zum Beispiel Gewichtsabnahme, als Folge von körperlicher Anstrengung tatsächlich zu gesundheitlichen Vorteilen und einer Reduktion des Körpergewichts führt! In einer US-amerikanischen Studie wurden vierundachtzig Hotelangestellte aus sieben Hotels in zwei Gruppen aufgeteilt.[148] Der einen Gruppe wurde gesagt, dass ihre körperliche Aktivität, die aus der Reinigung von durchschnittlich fünfzehn Zimmern pro Tag bestand und zwanzig bis dreißig Minuten pro Zimmer dauerte, der vom Öffentlichen Gesundheitsdienst empfohlenen Menge an täglicher Bewegung entsprach. Die andere Gruppe, die Kontrollgruppe, betrachtete ihre Arbeit nicht unbedingt als sportliche Betätigung. Nach vier Wochen wurden die beiden Gruppen verglichen, und wie die Ergebnisse zeigten, hatten die Teilnehmer der ersten Gruppe

Gewicht verloren; ihr Körperfettanteil, ihr Verhältnis von Taille zu Hüfte und ihr systolischer Blutdruck waren gesunken. Die Hotelangestellten in der Kontrollgruppe hingegen zeigten keinerlei Verbesserung. Diese Veränderungen traten ein, obwohl das Arbeitspensum der Hotelangestellten, ihre sportliche Betätigung außerhalb der Arbeit und ihre Ernährungsgewohnheiten in beiden Gruppen *genau gleich* waren.[149] Erwartungen können die Auswirkungen einer bestimmten Situation beeinflussen. Wenn du erwartungsvoll bist, kannst du dein Gehirn und deinen Körper positiv verändern und damit die Wahrscheinlichkeit erhöhen, dass das, was du dir erhoffst, auch tatsächlich eintritt.

Wie kannst du deine Erwartungen zu deinem Vorteil nutzen? Die Erwartung, dass sich die Mühe, die du in die Vorbereitung auf eine Prüfung, einen Test oder ein Referat steckst, auszahlen wird, oder die Erwartung, dass du einen guten Tag haben wirst, oder die Erwartung, dass die Dinge in einer Beziehung gut laufen werden, kann dich geistig und körperlich verändern *und* die Wahrscheinlichkeit erhöhen, dass das, was du dir erhoffst, auch eintritt.

Denk an den Placebo-Effekt, ein gut dokumentiertes Phänomen, bei dem sich Patienten besser fühlen, nachdem sie ein Scheinpräparat erhalten haben, bei dem es sich nicht um ein wirkliches Medikament, sondern um eine harmlose Substanz handelt.[150] Die Studie von Jon Levine aus dem Jahr 1978 über solche Placebos war damals revolutionär, denn sie ließ die Schlussfolgerung zu, dass Patienten sich die Schmerzlinderung durch Placebos nicht nur einbilden oder sie lediglich vortäuschen. Seine Forschung zeigte, dass Placebos eine messbare, körperliche Veränderung bewirken, die durch die Freisetzung körpereigener Opioide, der sogenannten Endorphine, im Gehirn vermittelt wird. Placebos können Endorphine, Endocannabinoide (die sich an dieselben Rezeptoren binden wie die psychoaktiven Bestandteile von Cannabis) oder Dopamin aktivieren und gleichzeitig den Gehalt an Prostaglandinen (die die Blutgefäße erweitern und die Schmerzempfindlichkeit erhöhen) senken. Im Prinzip, so die Aussage, »können Placebos die gleichen biochemischen Pfade modulieren, die auch von Drogen moduliert werden«.[151]

Levines Studienergebnisse wurden durch eine Reihe von Untersuchungen mithilfe von Hirnbildgebungsverfahren bestätigt.[152] Allein der Gedanke, eine Behandlung erhalten zu haben, führt zu einer positiven körperlichen Reaktion aufgrund der Erwartung, dass die Behandlung wirken wird.[153] Die Gedanken und Gefühle der Person bewirken aufgrund der Geist-Körper-Verbindung kurzfristige physische Veränderungen im Gehirn oder im Körper – selbst wenn die Person weiß, dass es sich um ein Placebo handelt![154] Bei manchen Menschen kann selbst die *wissentliche* Einnahme von Placebos dazu führen, dass sie sich der Bedeutung der Psyche, zum Beispiel bei der Kontrolle von Schmerzen, bewusster werden und eher geneigt sind zu glauben, dass ihre Gedanken das Potential haben, ihr geistiges und körperliches Wohlbefinden positiv zu beeinflussen.[155] Das Faszinierende an all diesen Studien ist, dass nicht die inerten Substanzen biologische Veränderungen bewirken, sondern der Geist des Menschen der aktive Bestandteil ist![156]

Placebos bestehen aus Worten, Ritualen, Symbolen und Bedeutungsgehalten, und alle diese Elemente tragen aktiv zur Gestaltung des Gehirns bei, indem sie Erwartungen erzeugen.[157] Der Placebo-Effekt ist also ein Erwartungseffekt und hängt mit dem psychosozialen Kontext zusammen, der die Beziehung zwischen einer inerten Substanz und dem Betroffenen in seinem Alltagsleben kennzeichnet.

Der Placebo-Effekt kann aber auch in die entgegengesetzte Richtung wirken. In diesem Fall spricht man vom Nocebo-Effekt

(= negativ).[158] Während *placebo* im Lateinischen »ich werde beglücken« bedeutet, heißt *nocebo* »ich werde schaden«. Tatsächlich kann eine Person nach der Verabreichung eines Placebos schädliche, unangenehme oder unerwünschte Nebenwirkungen erfahren, wenn sie glaubt, dass die Scheinbehandlung oder das Scheinmedikament nicht wirken oder negative Nebenwirkungen hervorrufen wird. Schlimme Erwartungen können zu schlimmen Gegebenheiten führen.

Unsere Erwartungen verändern die Struktur unseres Gehirns. Daher führen erlernte Assoziationen zu realen physiologischen und kognitiven Auswirkungen. Sofern diese Assoziationen positiv sind, bedeutet das beispielsweise mehr Energie,[159] eine verbesserte Immunfunktion und robustere mentale und körperliche Gesundheit. Wenn wir also lernen, gute Dinge zu erwarten, werden diese auch eintreten, zum Beispiel höhere geistige und körperliche Leistungsfähigkeit. Aber auch das Gegenteil ist wahr: Wenn wir glauben, dass etwas Schlechtes passieren wird, dann passiert auch oft etwas Schlechtes! Angst ist real und kann im Gehirn negativ erlernte Assoziationen aufbauen, die unsere zukünftigen Gedanken, Worte und Handlungen beeinflussen können.

Tipps zur Aktivierung eines Mindsets, das dich Positives erwarten lässt

1. Analysiere deine Erwartungen. Wie haben sich deine Erwartungen in Bezug auf ein bestimmtes Ereignis oder einen Umstand auf dich ausgewirkt?
2. Übe dich täglich darin, mindestens sieben Mal pro Tag in die Superposition zu gehen und zu analysieren, ob du einen Placebo- oder einen Nocebo-Effekt in deinem Leben erzeugst. Verfahre so mit den großen wie auch mit den kleinen Dingen. Mache dir das zur Gewohnheit.

3. Frage dich: *Erwarte ich, dass die Dinge gut laufen? Und warum? Erwarte ich, dass die Dinge schlecht laufen? Wieso?*
4. Nimm dir Zeit, um dein Gehirn auf eine positive Erwartungshaltung umzustellen (mehr dazu in den Kapiteln 20 und 22; sieh dir auch Kapitel 8 noch einmal an).
5. Merke dir: Der aktive Bestandteil der Erwartung ist dein Geist! Dies ist von so großer Bedeutung, dass du allein schon dadurch enorm davon profitieren wirst, wenn du dich damit beschäftigst, was dies für dich und dein Leben bedeutet.

Kapitel 15

Ein Mindset, das dich willensstark sein lässt

Gehörst du zu den Menschen, die sich zehn Weckrufe im Drei-Minuten-Takt stellen, nur um morgens überhaupt aus den Federn zu kommen? Wie viel Willenskraft kostet es dich, aus deinem warmen, gemütlichen Bett aufzustehen? Eine Menge, ich weiß! Oft müssen wir uns dazu zwingen, etwas zu tun, wozu wir keine Lust haben. Wir alle besitzen Willenskraft, denn wir alle müssen Dinge tun, auf die wir keine Lust haben. Willenskraft ist jenes Mindset, das uns zum Durchhalten befähigt, auch dann, wenn wir uns nicht danach fühlen.

Wenn wir unsere natürliche Durchhaltefähigkeit nutzen und »eisernen Willen« entwickeln, wie Sportler vor einem Wettkampf, können wir unseren Verstand – also unsere Fähigkeit, zu denken, zu fühlen und zu entscheiden – einsetzen, um unsere Ziele zu erreichen und erfolgreich zu sein. Wenn du zum Beispiel *erwartest*, dass du die Antworten in einer Prüfung wissen wirst, weil du fleißig gelernt hast, ist die Wahrscheinlichkeit größer, dass du fleißig lernst, auch wenn dir nicht danach ist, weil deine Entschlossenheit dich ermutigt, weiterzumachen.[160] Willenskraft ist eng mit Ausdauer verbunden und steht daher in direktem Zusammenhang mit der im vorstehenden Kapitel beschriebenen Erwartungshaltung – diese Art von Mindset geht in Bezug auf Erwartung noch einen Schritt weiter. Zu denken, dein Wissen sei begrenzt, stellt an sich schon einen einschränkenden Faktor dar, der sich auf deine Willenskraft und deine Konzentrations- und Lernfähigkeit auswirkt.[161] Es ist wichtig, dich immer daran zu erinnern, dass deine Willenskraft nur dann begrenzt ist, *wenn du denkst, sie sei begrenzt.*

Willenskraft ist besonders wichtig, wenn wir einen gesunden Lebensstil pflegen wollen. Wir neigen zwar zu der Auffassung, dass wir nur dann abnehmen werden oder unser Gewicht halten können, wenn wir Sport treiben und weniger essen, doch wenn wir nicht die Willenskraft haben, uns auch dann regelmäßig zu bewegen und richtig zu ernähren, wenn uns nicht danach ist, werden wir trotzdem kein gesundes Ess- und Bewegungsverhalten entwickeln. In Wirklichkeit hängt die Gewichtsabnahme mehr mit unserem Geist und unserer Willenskraft zusammen als lediglich damit, was wir essen oder ob wir Yoga oder Fitnesstraining machen.[162]

Wir können unsere Willenskraft nutzen, um unsere *Gedanken* in Bezug auf eine körperliche Aktivität oder mentale Einstellung zu ändern. Diese Entscheidungen wirken sich auf unser Gehirn und unseren Körper aus und geben uns die Energie, eine Aufgabe zu verfolgen, unser Ziel zu erreichen und erfolgreich zu sein.

Tipps zur Aktivierung eines Mindsets, das dich willensstark sein lässt

1. Stell dir vor, wie du den Stecker eines Geräts in die Steckdose steckst, um es in Gang zu setzen. Überlege dir nun, wie du deine Willenskraft aufbauen kannst, um Dinge zu tun, auf die du nicht immer Lust hast. Was sind deine »Steckdosen«? Wie kannst du dich motivieren, eine Aufgabe zu beginnen oder sie abzuschließen? Denk daran, dass dies eine freie Entscheidung ist.
2. Beobachte deine Gedanken und fange dich, wenn du merkst, dass du aufgeben willst. Denk daran, wie leistungsstark dein Verstand ist, und *entscheide* dich, durchzuhalten. Lass nicht zu, dass deine Gefühle dich beherrschen!

3. Rufe dir eine Gelegenheit ins Gedächtnis, bei der du eine Erwartung hattest und die Sache dann unter Einsatz deiner Willenskraft durchgezogen hast. Durchlebe diesen Moment gedanklich noch einmal in allen Einzelheiten. Analysiere, was du in der Situation wann, wo und wie getan hast. Finde zu deinem Muster aus Erwartung und Willenskraft und du wirst sehen, wie sich dein Leben verändert!

Kapitel 16

Ein Mindset, das spirituell orientiert ist

Für viele Menschen ist Spiritualität etwas, das ihrem Leben einen Sinn gibt und ihre Gedanken, Worte und Handlungen prägt. Sie verleiht ihren Träumen Flügel und befähigt sie, alles zu meistern, was das Leben ihnen vorsetzt. Sie ist ihnen eine Quelle des Trostes in schwierigen Zeiten, des Friedens, wenn die Dinge nicht so laufen wie geplant, und der Motivation, wenn sie vor einer Herausforderung stehen.

Tatsächlich kann Spiritualität uns helfen, ein langes und erfolgreiches Leben zu führen. In den »blauen Zonen«, den Regionen der Welt mit den höchsten Konzentrationen von Hundertjährigen, ist Spiritualität eine der Schlüsselkomponenten, die mit Gesundheit und Langlebigkeit in Verbindung gebracht werden.[163] Sie kann ein starkes Gemeinschaftsgefühl fördern und den Menschen das Gefühl geben, dass sie für etwas leben, das größer ist als sie selbst und damit auch größer als ihre Probleme. Wo es ein Ziel gibt, da gibt es auch Hoffnung.

Spiritualität ist keine »Selbsttäuschung«.[164] So kann der regelmäßige Besuch einer Kirche beispielsweise das Immunsystem stärken, den Blutdruck senken und gleichzeitig eine große Quelle geistigen und körperlichen Wohlbefindens sein.[165] Wie alles im Leben können wir Spiritualität auch im negativen Sinne nutzen, aber der Trost und der Frieden, der mit der Zugehörigkeit zu einer geistlichen Gemeinschaft einhergeht, können von unschätzbarem Wert sein.

Ich habe festgestellt, dass die Wissenschaft nicht im Widerspruch zur Spiritualität steht. Für mich persönlich ist sie der Weg zum Verständnis der Existenz und Ewigkeitsnatur der Liebe, von der ich glaube, dass sie Gott ist.[166] Meine Spiritualität ist das Leitprinzip meines Lebens. Sie gibt mir Hoffnung in einer Welt, die oft ohne Hoffnung ist, und ein Gefühl von Wahrhaftigkeit in Beziehungen in einer Welt, in der alles relativ zu sein scheint. Sie motiviert meine Arbeit und ermöglicht es mir, im Leben erfolgreich zu sein. Ich persönlich habe die Bedeutung von Liebe und Gott in der Wissenschaft gefunden, und sie hat mir geholfen zu erkennen, dass Liebe der ultimative Weg ist, um wirklich menschlich zu sein.

Tipps zur Aktivierung eines Mindsets, das spirituell orientiert ist

1. Wenn du dich isoliert und deprimiert fühlst, solltest du eine Kirche oder eine geistliche Einrichtung oder Gruppe aufsuchen. Wenn du nach örtlichen Treffen suchst, wirst du bestimmt wenigstens eine Gruppe von Menschen finden, deren geistliche Ausrichtung dir zusagen könnte. Finde es heraus!
2. Wenn du bereits Teil einer geistlichen Gemeinschaft oder Bewegung bist, versuche, an mehr gemeinschaftsbasierten Aktivitäten teilzunehmen.
3. Informiere dich über verschiedene Gruppierungen und Glaubensrichtungen und erforsche die Hintergründe ihrer Glaubensüberzeugungen. Denk darüber nach, wie sich diese Überzeugungen positiv auf das Handeln von Menschen auswirken können, und wie zufrieden sie das mit ihrem Leben macht.

4. Entscheide dich aber vor allem, in Liebe zu leben. Beschließe, ein Leben der Liebe zu führen, das anderen das Gefühl gibt, geliebt zu sein. Deine Weltanschauung oder Kultur macht dich nicht aus. Es ist die Liebe, die definiert, wer du bist. Stellen wir uns die Frage: Wie sieht Liebe aus?

Was ist der nächste Schritt?

Die zuvor beschriebenen Mindsets unterstreichen die Verbindung zwischen Geist, Gehirn und Körper. Mindsets sind machtvoll und beeinflussen uns; sie können entweder energiespendend oder auslaugend sein; sie können dir auf dem Weg zum Erfolg helfen oder dich behindern.

Jeder von uns hat seine »eigene Note«, seine ganz eigene Art zu denken, zu fühlen und zu entscheiden, und das kommt durch unsere Mindsets zum Ausdruck. Das Wissen um die Verbindung zwischen Geist und Gehirn und die Power, die in einem jeden Mindset steckt, ist von zentraler Bedeutung, um zu verstehen, was ein erfolgreiches Leben ausmacht. Aber gesunde Mindsets kannst du in deinem Leben nur dann wirklich *nutzen*, wenn du deine Identität verstehst. Eine wirksame Methode, deine Identität zu finden, besteht darin, dein *individuelles* Denkmuster oder *deine individualspezifische Denkweise* zu verstehen, und darum geht es im nächsten Teil.

Diese individualspezifische Denkweise, die jeden von uns unverwechselbar denken, fühlen und entscheiden lässt, kennzeichnet unsere Identität. Und Identität spielt eine wichtige Rolle, da sie uns ein Gefühl für den Sinn unseres Lebens gibt. Dieses Gefühl von Sinnhaftigkeit ist von entscheidender Bedeutung, wenn wir im Leben erfolgreich sein wollen, denn es hilft uns, auf tiefgründige, zielführende Weise über uns und unser Wesen nachzudenken. Die Identitätsfindung ist ein fortlaufender, aber notwendiger Prozess und hat daher keine zeitliche Begrenzung. Es ist wichtig, dass wir uns bewusst darum bemühen, unsere Identität zu verstehen und sie zu entwickeln, und zwar aus einer Vielzahl von Gründen. Es hilft uns nicht nur dabei, gesunde Mindsets zu aktivieren und unseren Lebenssinn zu finden, sondern trägt auch zu unserer Gesundheit und Langlebigkeit bei.[167] Untersuchungen zufolge können Menschen, die das Gefühl haben, ihr Leben hätte Sinn und Bedeutung, das Risiko eines vorzeitigen Todes um 15 Prozent senken.[168] Laut derselben Studie gleicht eine positive Einstellung zudem den Cortisolspiegel aus, der für ein gesundes Funktionieren des Gehirns und die Regulierung des Immunsystems wichtig ist.

Viktor Frankl, ein jüdischer Neurologe und Psychiater, der drei Jahre in einem NS-Konzentrationslager verbrachte, sah Sinn und Identität als lebensrettend an. Später entwickelte er auf der Grundlage seiner Erfahrungen eine Form der Psychotherapie.[169] Die Nazis versuchten offenkundig, ihre Opfer zu entmenschlichen, indem sie ihnen ihre Identität und damit ihren Sinn und Zweck nahmen. Selbst die Architektur von Auschwitz und Bergen-Belsen ist von einem tiefen Gefühl der Zwecklosigkeit, Sinnlosigkeit und Hoffnungslosigkeit geprägt. Kälte durchdringt noch immer jeden Winkel eines jeden Raumes – mich fröstelt, wenn ich an den Tag denke, an dem ich das Lager in Polen besuchte. Doch trotz dieser schrecklichen Umgebung und trotz der entmenschlichenden Taktiken der Nazis beobachtete Frankl, dass einige Menschen nicht nur überlebten, sondern in einer zusammenbrechenden Welt an ihrer Identität und ihrem Sinn festhielten. Ihr Gefühl, das eigene Leben habe einen Sinn, half ihnen, eine der schlimmsten Gräueltaten in der Geschichte der Menschheit zu überstehen.

Die Überzeugung, ein sinnvolles Leben zu führen, ist ein mächtiges Instrument. In den späten 1980er Jahren begann ich, meinen Patienten dabei zu helfen, ihre Identität zu verstehen, ihre ganz persönliche Art des Denkens, um ihnen dadurch Sinn und Zweck zu geben – in einer Welt, die ihnen das Gefühl vermittelte, nicht zu genügen, nicht gut genug zu sein. Ihr innerer Konflikt war in Verwirrung übergegangen, sodass sie die Hoffnung verloren. Dieser Hoffnungsverlust entwickelte sich in vielen Fällen zu einer toxischen Denkweise, die häufig zu genau dem Versagen führte, das sie ohnehin erwarteten, weil sie sich für Versager hielten. Als sie zu erkennen begannen, dass ihr Denken absolut einzigartig war und großen Einfluss hatte, motivierte sie das, ihre Denkweise zu ändern, und zu lernen, wie man denkt und lernt. Und das war der Punkt, an dem sie begannen, in Schule, Beruf und im Leben erfolgreich zu sein.

Motiviert durch die Veränderungen, die ich in meiner Praxis beobachten konnte, habe ich auf der Grundlage meiner Forschung und Theorie eine Reihe von Gabenprofilen entwickelt, die es dem Einzelnen ermöglichen, seine individuelle Denkweise mit all ihren Begabungen zu erkunden. Sobald meine Patienten (und inzwischen Tausende von Menschen weltweit, die meine Profile ebenfalls nutzen) ihre ganz persönliche Art zu denken verstanden hatten, war es für sie sehr viel einfacher, die Kraft gesunder Mindsets zu aktivieren.

Und jetzt bist du an der Reihe, *deine* wunderbare Art zu denken – deine ganz auf dich zugeschnittene Denkweise – zu erkunden, damit du Sinn und Zweck deines Lebens (wieder-)entdecken und die Kraft deiner Mindsets freisetzen kannst! Im folgenden Abschnitt habe ich eines der Profile, die ich für meine klinische Praxis entwickelt habe – das Gabenprofil – so angepasst, dass du es selbst ausfüllen und interpretieren kannst. Dieses Profil wird dir helfen, deine Denkweise zu verstehen, damit du die volle Power der in Teil 1 besprochenen Mindsets auf *deine ganz eigene Art und Weise* in deinem Leben nutzen kannst. Es wird dich dazu befähigen, Bedeutung und Aufgabe in deinem Leben zu finden.

TEIL 2

DAS GABENPROFIL

Kapitel 17

Sinn und Zweck des Gabenprofils

Wir alle besitzen für unser Denken einen unverwechselbaren Entwurf. Er bildet das Konzept für eine Denkweise, die von uns selbst *für uns* entwickelt werden muss. Es nennt sich unser »individualspezifisches Denken« und es ist eine Gabe, denn in unserem Denken steckt eine Menge Kraft. Es unterscheidet sich vom Denken jedes anderen Menschen, ist aber komplementär dazu – wir erschaffen buchstäblich maßgeschneiderte Materie aus unserem Geist heraus. Während wir denken, erschaffen wir diese individuellen Realitäten, und zwar so, wie nur wir es können. Wir müssen unser individualspezifisches Denken verstehen und nutzen, um sinnerfüllte Realitäten zu schaffen. Unsere persönliche Denkweise zu verstehen ist sogar eine Voraussetzung, wenn wir uns selbst, unsere Identität, verstehen wollen.

Denken ist ein Prozess und durchläuft einen Zyklus, genau wie die Verdauung. So wie Nahrung verdaut wird und der Nährstoffgehalt von unseren Zellen genutzt wird, damit Leben überhaupt stattfinden kann, müssen Informationen durch das Denken verdaut werden, bevor sie auf eine »nahrhafte« Weise genutzt werden können und das Gedächtnis bilden. Informationen, die durch unsere Sinne aufgenommen werden, verarbeiten wir mithilfe unserer persönlichen Denkmuster. Meine persönliche Art zu denken ist anders als deine – nicht besser, nur anders und gleichermaßen wunderbar. In diesen individuellen Unterschieden liegt die Vollkommenheit.

Während du dein Gabenprofil ausfüllst, wirst du nach und nach deine auf dich zugeschnittene Art des Denkens entdecken. Wenn du dich auf den Weg machst, deine individualspezifische Denkweise zu verstehen und sie zu nutzen, wirst du mit mehr Klarheit und Weisheit denken, gesunde Mindsets aktivieren, stabilere Erinnerungen aufbauen, deine Intelligenz schärfen und weiterentwickeln, deine Kommunikationsfähigkeit verbessern und deinem Leben Sinn und Zweck verleihen.

In diesem Kapitel werde ich dir helfen, deine spezifische Denkweise allmählich zu verstehen. Im folgenden Kapitel werde ich das Gabenprofil erläutern und im letzten Kapitel dieses Teils wirst du Gelegenheit haben, deine Identität und dein Selbstwertgefühl zu verbessern. Außerdem erfährst du, wie du diesen »Nährstoff« – dein maßgeschneidertes Denken – sinnvoll nutzen kannst, indem du gesunde Mindsets aktivierst und dich auf einen nachhaltigen Aufbau deines Gedächtnisses vorbereitest. Es verdient besonderer Betonung, dass unsere Fähigkeit, auf unsere ganz eigene Weise zu denken, zu fühlen und zu entscheiden, ein wahres Geschenk ist, das uns in die Lage versetzt, mit der Kraft, die in dem Wissen um die eigene Bestimmung liegt, den Kurs unseres Lebens – eines sinnvollen »guten« Lebens – festzulegen.

Individualspezifisches Denken und das Gehirn

Unser individualspezifisches Denken besteht in der einzigartigen Weise, wie sich unser aktiver Geist durch das Gehirn bewegt. Obwohl sich das Gehirn des Einzelnen in den Bestandteilen und der Neurophysiologie nicht von allen anderen menschlichen Gehirnen unterscheidet, scheint es doch individuelle Besonderheiten darin zu geben, wie und wann verschiedene Bereiche des Gehirns aktiviert werden. Auch das daraus resultierende Wachstum der Dendriten auf den Neuronen als Reaktion auf diese Aktivität ist sehr vielfältig (mehr dazu in Kapitel 22). Es scheint fast, als sei unser Gehirngewebe auf eine bestimmte Art und Weise angeordnet, die unserer individuellen Fähigkeit entspricht, Informationen zu verarbeiten und zu verdauen.[170] Da die Art und Weise, wie wir denken, lernen und unser Gedächtnis aufbauen, entweder stärkend oder schädigend auf Gehirn und Körper wirkt, tun wir gut daran, zu verstehen, wie unser individualspezifisches Denken funktioniert und wie wir es nutzen können, um die in gesunden Mindsets enthaltene Kraft zu aktivieren.

Wir müssen in Erfahrung bringen, welchen Abläufen unser persönliches Denkschema in unserem Gehirn folgt, um Nutzen daraus ziehen zu können. Nur so können wir auf höchstem Niveau funktionieren und ein erfolgreiches Leben führen. Wenn wir verstehen und lernen, wie wir unser einzigartiges, individuell zugeschnittenes Denken nutzen können, werden wir im Frieden mit uns sein, weil wir die Kraft gesunder Mindsets nutzen, bessere Kommunikatoren werden und unsere persönlichen und beruflichen Beziehungen stärken. Wir werden ein tiefes Gefühl der Klarheit erleben und unsere Bestimmung entdecken; wir werden besser verstehen, warum wir morgens aufstehen und täglichen Aktivitäten nachgehen sollten, die wir als sinnvoll und anregend empfinden und die unserem Leben eine Richtung geben. Unsere individualspezifische Denkweise zu verstehen, ist für ein gelungenes Leben nicht optional, sondern unerlässlich. Es aktiviert die Kraft gesunder Mindsets und sorgt für die Aufrechterhaltung eines stabilen Gedächtnisses.

Kein Mensch ist wie der andere. Studien über Zwillinge zeigen uns zum Beispiel, dass Zwillingspärchen trotz identischer DNA nicht gleich sind, weil sie unterschiedlich *denken*.[171] Ihre individuelle Denkweise, die zu einer unterscheidbaren Art der Gedächtnisbildung und damit des Lernens führt, verändert ihre Genexpression und damit das, was sie sagen und tun.[172] Zwillinge, selbst wenn sie eineiig sind, können höchst unterschiedliche Vorlieben und Abneigungen, Verhaltensweisen und Lebensentscheidungen aufweisen. Sie sind sogar unterschiedlich anfällig für Krankheiten! Ihre Unterschiede können anhand ihrer Epigenetik untersucht werden, zu der auch das individualspezifische Denken gehört.[173] Die Epigenetik zeigt, dass bewusste Veränderungen in unserem Denken und in der Art, wie wir auf die Ereignisse des Lebens reagieren, auch das Verhalten unserer Gene beeinflussen.[174] Wir bestehen nicht nur aus unseren Genen oder unserer Biologie!

Individualspezifisches Denken und Genexpression

Eine Veränderung der geistigen Aktivität kann auch die Art der Ausführung grundlegender genetischer Befehle modifizieren.[175] Dein Denken ist ein derart mächtiges Werkzeug, dass es deine Genexpression verändert und dein Gehirn ständig umstrukturiert.[176] Es ist spannend, ermutigend und herausfordernd zu erkennen, dass *man selbst* die Kontrolle über sein Denken hat. Du übst diese Macht *durch* die Art und Weise aus, wie du denkst, fühlst und dich entscheidest.

Wenn du nicht deine dir eigene Denkweise nutzt, sabotierst du dich im Endeffekt selbst. Deine geistige und körperliche Gesundheit ist in Gefahr, weil sich deine Gedanken darauf auswirken, wie deine Gene exprimiert werden. Es kann zu Frustrationen kommen, sodass du nicht mehr klar denken kannst und deine Richtung verlierst. Dein innerer Frieden kann verloren gehen, und das wiederum wirkt sich auf dein Erfolgsgefühl aus. Deine Fähigkeit, zu kommunizieren, zu lernen und in Schule, Beruf und im Leben allgemein gut zu funktionieren, kann beeinträchtigt werden.

Doch es gibt immer Hoffnung. Glücklicherweise kannst du dein Gehirn und deinen Körper im wahrsten Sinne des Wortes mithilfe deiner Gedanken reparieren, wenn du zu deiner individualspezifischen Denkweise zurückkehrst. Das verdanken wir der neuroplastischen Beschaffenheit des Gehirns.[177] Jede Zelle in deinem Körper enthält deine gesamte DNA.[178] Unser Denken kann tatsächlich Gene anschalten und die Funktionsweise der DNA beeinflussen.[179] Das effektive Funktionieren unserer Gene hängt weitgehend vom effektiven Funktionieren unseres Denkens ab, das in Gang kommt, wenn wir lernen, unsere speziell auf uns zugeschnittene Denkweise zu nutzen.

Anstatt zum Beispiel wie Einstein denken zu wollen, sollten wir erkennen, dass Albert Einstein seine eigene, unverwechselbare Art hatte, über die Welt nachzudenken und mit ihr zu interagieren. Seine Gabe des Denkens ermöglichte es ihm, sein Gedächtnis zu entwickeln und seine Genialität zu entfalten, wodurch er die Welt der Wissenschaft veränderte. Wer weiß, was du erreichen kannst, wenn du auf deine eigene individuelle, hervorragende Art denkst und lernst – wenn du deine Gabe nutzt? Du wärst ein lausiger Einstein, aber du bist ein großartiges Du! Du musst begreifen, dass du wunderbar bist, so wie du bist. Wir müssen das Genie in uns selbst und in jedem anderen erkennen.

Individualspezifisches Denken und Kommunikation

In unserer heutigen Welt scheint es oft so, als wüssten wir nicht, wie wir miteinander reden sollen. Wir alle haben unterschiedliche Meinungen; wir alle denken verschieden; wir alle sprechen und handeln jeweils anders. Tatsächlich kann die Interaktion mit Menschen extrem herausfordernd sein, weil diese einfach anders denken als wir selbst! Wir können missverstehen, was eine andere Person uns mitzuteilen versucht, und umgekehrt. Diese Missverständnisse führen oft zu Streit oder Schlimmerem.

Wenn wir jedoch verstehen, wie wir denken, können wir auch anerkennen und wertschätzen, dass andere anders denken, fühlen und entscheiden. Wir erkennen, dass diese Unterschiede nicht von Natur aus schlecht, sondern vielmehr auf wunderbare Weise gut sind! Wir lernen, uns nicht von Menschen bedroht zu fühlen, die nicht so denken, handeln oder sprechen wie wir. Im Gegenteil, wir sehen darin eine Bereicherung für unsere eigene Genialität - und genau das zeigen uns auch wissenschaftliche Studien im Bereich der Hirnforschung. Wir werden verständnisvoller, was uns befähigt, ein starkes Gemeinschaftsgefühl zu entwickeln und aufrechtzuerhalten. Etwas, das für menschliche Zufriedenheit und Erfolg entscheidend ist, wie wir im ersten Teil des Buches erfahren haben. Als gesellige Wesen funktionieren wir nicht gut, wenn wir nicht kommunizieren können.

Individuell angepasstes Denken und die Fokussierung

Wenn du lernst, deine individuelle Denkweise zu nutzen - deine einzigartige Weise zu denken und zu lernen -, kannst du aus jeder Situation das Beste herausholen, weil du dann weißt, wie du dich selbst dazu bringen kannst, fokussiert, aufmerksam und konzentriert auf die anstehende Aufgabe zu sein. Du wirst in der Lage sein, bessere Entscheidungen zu treffen, weil du lernst, wie du dich in jeder Situation optimal zurechtfindest. Diese Fähigkeit, sich auf eine Aufgabe zu konzentrieren und aufmerksam zu sein, ist ein wichtiger Schlüssel zum schulischen, beruflichen und persönlichen Erfolg.

Tatsächlich wirst du durch gute Kenntnis deiner individuellen Denkweise und dem Wissen darüber, wie du Informationen verarbeitest, besser verstehen können, wie dein Verstand funktioniert. So kannst du die richtigen Mindsets aktivieren und alle deine einzigartigen Fähigkeiten, Talente und Fertigkeiten nutzen. Dies wird dich nicht nur erfolgreich machen, sondern du wirst auch definieren können, wie Erfolg in deinem eigenen Leben aussieht.

Individualspezifisches Denken kontra Neuroreduktionismus

Der Geist ist nicht Teil des Gehirns. Der Geist agiert durch das Substrat des Gehirns, das seinerseits auf den Geist reagiert. Es besteht eine komplexe, vernetzte Beziehung gegenseitiger Abhängigkeit zwischen Gehirn und Geist, die noch nicht vollständig erforscht ist. Das Gehirn ist wie ein komplexer Quantencomputer, der den Geist oder das Innenleben eines Menschen widerspiegelt und zum Ausdruck bringt. Jeden Tag erfahren wir ein Stück mehr über das Wesen des Bewusstseins und wie es die kognitiven Funktionen beeinflusst. Es ist wirklich eine spannende Zeit in der Welt der Wissenschaft!

Diese Auffassung von der Beziehung zwischen Geist und Gehirn unterscheidet sich jedoch stark vom materialistischen Konzept, demzufolge das Gehirn den Geist erzeugt (auch bekannt als Physikalismus).[180] Nach dieser Ansicht ist der Geist lediglich das Ergebnis feuernder Neuronen – sobald diese Neuronen genügend Energie erlangt haben, erzeugen sie als Nebeneffekt einen bewussten Geistesblitz. Diese Sichtweise über die Geist-Gehirn-Verbindung wird als *Neuroreduktionismus* bezeichnet, weil das Gehirn als endgültige Antwort auf alles angesehen wird. Alles wird auf die Bestandteile dieses Organs im Inneren des menschlichen Schädels reduziert.

Nach dieser reduktionistischen Weltsicht besteht der Mensch lediglich aus dem Feuern seiner Neuronen.[181] Freier Wille und individuelles Denken sind für das Gesamtbild irrelevant, da wir demnach auf unsere physischen Funktionen beschränkt sind und durch sie definiert werden. Wie die Psychiaterin und Expertin für psychische Gesundheit Joanna Moncrieff feststellt, sind …

> *… psychische Zustände jedoch Merkmale lebender Menschen innerhalb menschlicher Existenzweisen, die sich in Aktivitäten ausdrücken, die zielgerichtet und interaktiv sind und deren Bedeutung untrennbar mit ihrem sozialen Kontext verbunden ist. Sie sind keine abstrakten, kontextunabhängigen Entitäten wie mathematische Funktionen oder chemische Elemente.*[182]

Wir sind keine biologischen Roboter. Wir sind komplexe, dynamische menschliche Wesen, die in komplexen, dynamischen Gesellschaften leben. Wir formen unsere Umwelt, und unsere Umwelt formt uns. Wir entscheiden, was wir in unseren Kopf lassen; wir entscheiden, wer wir sein oder werden wollen. Wir haben ein tief verwurzeltes Gefühl für unsere Bestimmung, das uns vorantreibt und uns befähigt, unsere Gesellschaft zum Besseren zu verändern.

Deine Amygdala hat dich also *nicht* dazu gezwungen, es zu tun. Moment mal – was tun? Was dich ausmacht, sind nicht deine Gehirnstrukturen. Weder deine Amygdala noch irgendein anderer Teil deines Gehirns können dich dazu bringen, etwas zu sagen oder zu tun. Sie kontrollieren dich nicht; sie sind lediglich Strukturen im Gehirn mit bestimmten neurophysiologischen Funktionen, die *als*

Reaktion auf das, was du über dein inneres Empfinden zum Ausdruck bringst, aktiver werden. Sie werden also durch deine persönliche Wahrnehmung, deine individuelle Denkweise aktiviert.

Schlüssel im Dunkeln

Stell dir vor, du bist nachts auf einem Parkplatz und dir fällt dein Autoschlüssel aus der Hand.[183] Du bemühst dich, ihn zu finden, und bleibst dabei in der Nähe des schwachen Laternenlichts, weil das der einzige Bereich ist, in dem du tatsächlich sehen kannst, was auf dem Boden liegt. Bedeutet die Suche im Schein der Lampe, dass dein Schlüssel nicht genauso gut woanders, irgendwo im Dunkeln liegen könnte? Nein, natürlich nicht. Ähnlich begrenzt ist auch unser Verständnis des Gehirns. Wir schauen oft nur unter dem »Laternenlicht« und denken, ein Gehirnscan könne uns alles über das Menschsein sagen, so als könne er uns verraten, wo der »Schlüssel« zu finden ist. Wir müssen jedoch bedenken, dass die Wissenschaft trotz der jüngsten erstaunlichen Fortschritte in der Hirntechnologie, der Quantenneurobiologie und der neurowissenschaftlichen Forschung immer noch nicht vollständig versteht, wie das Gehirn funktioniert, wie es auf den Geist reagiert und inwiefern wir uns alle voneinander unterscheiden, weshalb in diesem Zusammenhang oft von dem »schwierigen Problem des Bewusstseins« die Rede ist, ein Begriff, der von David Chalmers geprägt wurde.[184]

Wir müssen Vorsicht walten lassen, wenn wir Studien oder Artikel über das Gehirn lesen. Wir sollten uns nicht von der Begeisterung angesichts beeindruckender fMRT-Aufnahmen anstecken lassen, in der Hoffnung, dass sie erklären, warum wir denken, was wir denken, und tun, was wir tun.[185] Tatsächlich hat ein Bericht der Johns Hopkins University gezeigt, dass bei den mehr als vierzigtausend veröffentlichten Studien, die mithilfe von fMRT-Technologie durchgeführt wurden, 70 anstatt der erwarteten 5 Prozent der Befunde falsch-positiv waren.[186] Ein falsch-positiver Befund kann den Anschein erwecken, dass ein Bereich aufleuchtet, obwohl dies nicht der Fall ist, und damit alle Schlussfolgerungen aus dieser Studie in Frage stellen.

Selbst der detaillierteste fMRT-Scan kann nicht mehr zeigen als die physische Grundlage der Wahrnehmung.[187] Wir müssen äußerst vorsichtig damit sein, Hirntechnologie als Werkzeug zu verstehen, das die Einzigartigkeit unseres Denkens darzustellen vermag. Wir bestehen nicht aus feuernden Neuronen auf einem bunten Scan. Die Hirntechnologie demonstriert lediglich die allgemeine Aktivität des Gehirns als Reaktion auf unser Denken. Vor kurzem wurde eine fMRT-Studie über tote Lachse mit dem Ignoble-Preis ausgezeichnet.[188] Die Forscher zeigten toten Fischen Bilder, und diese Aktivität ließ sich auf einem fMRT erfassen. Im Grunde sah es so aus, als dächte der *tote* Lachs über die Bilder nach, die ihm gezeigt worden waren! Diese Studie macht deutlich, wie lächerlich es ist, Gehirnareale und molekulare Prozesse eins zu eins mit der einzigartigen und komplexen Natur des menschlichen Denkens abgleichen zu wollen.[189] Wenn diese Art von Technologie nicht zuverlässig erkennen kann, ob etwas lebendig oder tot ist, sollten wir sie nicht dazu verwenden, hochtrabende Vorhersagen über menschliches Verhalten zu treffen.

Die vier Quadranten des Gehirns und das Denken

Was die neurowissenschaftliche Forschung nach aktuellem Stand jedoch zeigen kann, ist dies: Durch unser Denken, Fühlen und

Entscheiden bewirken wir strukturelle Veränderungen in unserem Gehirn. Wir können mit unserem Geist durch unsere Gedanken Materie erschaffen.

Wenn wir denken, sind sämtliche kognitiven Fähigkeiten beteiligt, nicht nur die Bereiche, die bei einem farbenfrohen Scan aufleuchten. Wenn wir zum Beispiel introspektiv sind und eine sogenannte *exekutive Funktion* ausführen, leuchtet die Frontalregion des Gehirns stärker auf als andere Gehirnbereiche.[190] Das bedeutet jedoch nicht, dass nur dort Aktivität stattfindet, während wir diese Art von exekutiver Fähigkeit anwenden. Ein Scan gibt uns keinen vollumfänglichen Aufschluss darüber, was sich in unserem Inneren abspielt, wenn wir tiefgründig über etwas nachdenken.

Gehirntechnologie zeichnet Aktivitäten des Gehirns auf, die *in Reaktion* auf unseren Geist ablaufen. Sie hilft uns, etwas über das Gehirn zu erfahren, aber sie sagt nichts über unsere innere Person aus – darüber, wer wir im Kern sind. Unsere unnachahmliche, wunderbare Art zu denken lässt sich nicht einfach in einzelne kleine Bereiche aufteilen, die unabhängig voneinander funktionieren. Einen bestimmten Bereich des Gehirns mit seinen molekularen Prozessen einzelnen Gedanken oder einer Denkweise zuordnen zu wollen, ist Neuroreduktionismus in Reinkultur und fällt in den Bereich der Neuromythen, von denen ich bereits gesprochen habe.

Die Quantennatur des Denkens

Im Zuge des wissenschaftlichen Fortschritts erhalten Forscher Einblicke in die kleinsten und kompliziertesten Strukturen des Gehirns, die dessen komplexe Quantennatur verdeutlichen. Mit dieser Quantennatur reagiert es auf unsere individualspezifische

Denkweise, unser angeborenes, nicht greifbares Menschsein, das sich mit einem fMRT unmöglich erfassen lässt. Wie der Berkeley-Professor Henry Stapp, einer der führenden Quantenphysiker des 21. Jahrhunderts, erklärt, können wir die nicht-physische Welt nicht mit denselben Instrumenten messen, die wir zur Messung der physischen Welt verwenden.[191]

Die klassische Physik hat keinen natürlichen Platz für das Bewusstsein oder für eine Erklärung des Geistes. Sie basiert auf einer lokalen und deterministischen Auffassung der Natur, die nur im Bereich der physischen Welt funktioniert, also in den 1 bis 10 Prozent dessen, was für uns sichtbar ist.[192] Aber was ist mit den nicht-physischen 90 bis 99 Prozent dessen, was uns als Menschen ausmacht?[193] Was ist mit der nicht-physischen Welt, die den größten Teil unseres Universums einnimmt? Wenn wir einerseits über den Geist und das Bewusstsein sprechen und andererseits über das Gehirn und die physische Substanz, haben wir es mit zwei völlig unterschiedlichen Entitäten zu tun, die völlig unterschiedliche Konzeptualisierungen und ganz andere physikalische Ansätze erfordern.[194] Der Geist macht eine absolut neue Art der wissenschaftlichen Arbeit erforderlich.

Sir Roger Penrose an der Universität Cambridge, der als einer der größten Mathematiker dieses Jahrhunderts gilt, vertritt die Ansicht, dass Realität einen Quantencharakter hat, weil Gedanken die gleichen Eigenschaften wie Quantenzustände aufweisen.[195] Kurz gesagt: Deine individuelle Art zu Denken ist dein exklusiver Quantenzustand. Wie in einem Symphonieorchester übernimmt jede Struktur in deinem Gehirn eine bestimmte Funktion, um die Musik deiner Gedanken zum Klingen zu bringen.[196] Es gibt eine unendliche Kombination von Möglichkeiten, die einen Klang erzeugen können, der jedes Mal einzigartig ist, wenn er gespielt *und* gehört wird. Tatsächlich verleiht die Erfahrung der vorangegangenen Symphonie der aktuellen Symphonie eine neue Färbung und damit eine neue Ebene der Komplexität und Qualität. So wie ein Orchester beim Warmspielen keine erkennbare Melodie erzeugt, aber dennoch einen geordneten Prozess durchläuft, so verhält es sich auch mit dem Aufwärmzyklus unseres Denkens: Am Ende entsteht ein wunderschönes Ganzes – eine großartige Sinfonie und ein großartiger Gedanke.

Deine ganz eigene, unverwechselbare Art des Denkens kann niemals reproduziert oder wiederholt werden, da die Erfahrungen, die du gemacht hast, nicht wiederholt werden können. Tatsächlich fügt das Wiederaufleben alter Erinnerungen oder Erfahrungen eine neue Erfahrungsebene hinzu, die die bisherige als neu erzählt oder rekonzeptualisiert ausgibt. *Deine* Erfahrung hat *dein* Denken bereits verändert.

Im Grunde ist jeder Gedanke, den du hast, ein komplexes Musikstück, das du mit deinen Entscheidungen geschrieben hast, ein Stück, das sich in deinem Gehirn und in deinem Leben entfaltet. Als Mozart einmal beschrieb, wie er Musikkompositionen schuf, sagte er:

> *Ich weite sie immer mehr aus, stelle sie mir immer deutlicher vor, bis ich die ganze Komposition im Kopf habe, auch wenn sie noch so lang ist. Dann erfasst mein Geist sie wie ein kurzer Blick meines Auges, wie ein schönes Bild oder einen Menschen in der Blüte seiner Jugend. Die Komposition entsteht nicht nach und nach in mir, mit einzelnen, detailliert ausgearbeiteten Teilen, wie sie später einmal sein werden, sondern in ihrer Gesamtheit lässt meine Vorstellungskraft sie mich hören.*[197]

Deine Vorstellungskraft, so wie sie sich in deinem individuellen Denkmodus entfaltet, gibt dir die Möglichkeit, *dich* zu hören, zu sehen und zu erleben, gerade so wie Mozarts Art des Denkens es ihm ermöglichte, sich einige der größten musikalischen Kompositionen der Menschheitsgeschichte vorzustellen und sie zu hören. Niemand kann sich deine Denkweise und deine Erfahrungen aneignen. Deine Vorstellungskraft widersetzt sich den Gesetzen und Erklärungen der klassischen Physik. Sie lässt sich nicht auf die Regeln oder Grenzen der natürlichen Welt beschränken, die für uns alle erlebbar ist. Deine Vorstellungskraft und das, was sie erzeugt, ist *dein* ganz persönliches Erleben.

Penrose verwendet Gödels Theorem, die Unvollständigkeitstheorie des Logikers, um die Quantennatur des Denkens zu beschreiben.[198] Vereinfacht ausgedrückt zeigt dieses Theorem, dass bestimmte Dinge, wie das Verstehen, jenseits der Vorhersagekraft von Gleichungen liegen. Einem Computer kann zum Beispiel das Schachspielen beigebracht werden, aber er versteht das Spiel nicht. Verstehen ist ein komplexer Vorgang, der nicht berechnet oder mechanisiert werden kann; er ist bei jedem von uns einzigartig. Nach einer angemessenen Vorbereitung, z. B. durch Lesen, Nachdenken, Reden oder Zuhören, drücken sich deine einzigartigen Wahrnehmungen durch deine Gedanken, Worte und Handlungen aus. Diese sind nicht messbar oder auf einen Bereich in deinem Gehirn beschränkt, der allen Menschen gemein ist. Wie Dr. Seuss sagte: »Heute bist du du, das ist wahrer als wahr. Es gibt niemanden auf der Welt, der mehr du ist als du.«[199]

Die sieben Module des Denkens

Das Gehirn ist eine komplexe Maschine. Zusätzlich zu den beiden Hemisphären, den vier Lappen und den zahlreichen anderen Gehirnstrukturen gibt es eine weitere theoretisch angenommene

Anordnung von sieben Modulen, die sich von oben nach unten und von links nach rechts durch das Gehirn ziehen. Man vermutet, dass unser individualspezifischer Denkmodus durch das individuelle Zusammenspiel dieser sieben Denkmodule geprägt wird.

Stell dir die sieben Denkmodule als jene Komponenten vor, die für die Verarbeitung eines Gedankens erforderlich sind. Wie unser Verdauungsvorgang oder die Orchesterinstrumente im vorigen Beispiel werden beim Denken alle sieben Module auf eine Weise aktiviert, die nur uns vorbehalten ist. Unsere Einzigartigkeit wird durch die *individuelle* Nutzung *jedes* dieser Module *und* ihr Zusammenspiel bestimmt, das bei jedem von uns anders ist, weil wir uns voneinander unterscheiden und unterschiedliche Wahrnehmungen und Erfahrungen haben.[200] Um erneut die Analogie des Orchester zu bemühen: Jeder Violinist hat seine eigene Art zu spielen und mit seiner Violine umzugehen, so wie auch alle anderen Musiker des Orchesters mit ihren Instrumenten.

Wir müssen alle sieben Denkmodule nutzen, um einen vollständigen Gedanken aufzubauen. Alle Musiker des Orchesters müssen ihren Part spielen; alle Abschnitte des Verdauungssystems müssen funktionieren. Wenn wir die Module nicht richtig einsetzen (was bei falschem Denken passieren kann), wird der Gedanke nicht richtig gebildet. Dies kann zu vernebeltem Denken, mangelnder Klarheit, zu Verwirrung, Gedächtnisschwäche und sogar zu emotionaler Belastung führen – ähnlich wie die Kakophonie, die entsteht, wenn ein Orchester nicht synchron spielt; ähnlich wie die Schmerzen, die wir durch unverdauliche Nahrung erfahren.

Das Verdauen von Informationen

Wie dein Gehirn auf deine Gedanken reagiert, erfolgt nach einer bestimmten Struktur, die man grob als die sieben Module deines Denkens beschreiben kann. In einem individuell aufeinander abgestimmten Zusammenspiel dienen sie dem Aufbau von Langzeiterinnerungen. Um noch einmal auf die zu Beginn dieses Abschnitts verwendete Analogie zurückzukommen, ist jeder Gedanke wie eine Mahlzeit in deinem Verdauungssystem. So wie die verschiedenen Bereiche des Verdauungssystems spezifische Aufgaben und Funktionen erfüllen, die es dir ermöglichen, eine Mahlzeit zu verdauen, so hat auch dein Denken spezifische Bereiche und Funktionen, die es dir ermöglichen, einen Gedanken zu verdauen und eine Erinnerung aufzubauen.

Die sieben Module des Denkens sind wie die verschiedenen Abschnitte des Verdauungssystems – wie Mund, Zunge, Magen, Bauchspeicheldrüse und Dickdarm. Der Mund ist der erste Abschnitt des Verdauungssystems, die Zunge und die Speicheldrüsen sind der nächste Abschnitt, und danach folgen weitere. Ähnlich verhält es sich mit den sieben Modulen des Denkens; sie sind die »Strukturen«, in denen die verschiedenen *Phasen* des Denkens stattfinden. Deine Gedanken entwickeln sich, während sie diese sieben Module durchlaufen. Genauso wie die Nahrung nicht richtig verdaut werden kann, wenn sie nicht alle Stufen der Verdauung durchläuft, müssen auch die Gedanken alle Stufen durchlaufen, um vollständig »verarbeitet« zu werden. Dieser Verdauungsprozess ist für jeden von uns einzigartig, weshalb ich ihn auch gern als unseren *maßgeschneiderten* Denkmodus bezeichne.

Die Wissenschaft der sieben Denkmodule

Die sieben Module des Denkens basieren auf Forschungsergebnissen, die zeigen, in welche allgemeinen Bereiche das Gehirn unterteilt ist und wie diese auf den aktiven Geist reagieren.[201] Der vordere Bereich des Gehirns reagiert auf Denken intrapersoneller Art und der hintere Bereich des Gehirns auf Denken visueller/räumlicher Art, während andere Bereiche des Gehirns auf Denken interpersoneller, linguistischer, kinästhetischer, logisch-mathematischer und musischer Art reagieren.

Im Rahmen meiner Arbeit untersuche ich die Beziehung zwischen den sieben Modulen des Denkens und dem Gesetz der Vielfalt im Gehirn (siehe meine Theorie in Kapitel 22).[202] Keine zwei Menschen haben die gleichen Gedanken über dasselbe Ereignis oder dieselbe Sache. Jeder Mensch hat seine eigenen Wahrnehmungen; jeder Mensch hat die Macht, seine eigene Realität zu schaffen. Die strukturellen Veränderungen, die im Gehirn als Reaktion auf diese individuellen Wahrnehmungen auftreten, fallen folglich bei jedem Menschen anders aus. Jeder von uns entwickelt seine eigenen, einzigartigen Gedanken auf seine ganz persönliche Weise. Dies führt zu einer unendlichen Vielfalt an Gestaltungsmöglichkeiten in jedem der sieben verschiedenen Denkmodule.[203]

Der stärkste Beweis für die Vielfalt im Gehirn ist unser instinktives Ich-Bewusstsein.[204] Wenn du mal an die unzähligen Dinge denkst, die du weißt, über die du nachdenkst und die du tun kannst und die kein anderer Mensch auf der Welt auf genau dieselbe Weise wie du wissen, bedenken und tun kann, dann ist es doch töricht, die Art und Weise, wie du über x oder y denkst, einem bestimmten Bereich im Gehirn zuordnen zu wollen. Wenn Bereiche im Gehirn bei jemandem, der völlig anders ist als du, in ähnlicher Weise aufleuchten, was macht dich dann anders?

Die Messung deiner individualspezifischen Denkweise

Es gibt keine unzweifelhafte Methode, mit der sich exakt messen ließe, wie intensiv du jedes der sieben Denkmodule bei der Verarbeitung von Informationen nutzt. Tatsächlich wissen wir nicht genau, wie sie zusammenarbeiten; dennoch können wir einen gewissen Einblick in unsere Denkweise gewinnen und diesen Einblick zu unserem Vorteil nutzen. Selbst wenn wir versuchen würden, unsere Wahrnehmungen mithilfe von Gehirnscans zu entschlüsseln, wäre das, was wir auf diesen Scans zu sehen bekämen, das Ergebnis eines allgemeinen Denkmusters, das einen Gedanken überhaupt erst ins Bewusstsein gebracht hat. Sie zeigen uns nicht das individuelle Denken einer Person in Echtzeit. Vielmehr zeigen diese Scans den Hauptfokus einer Aufgabe, wie beispielsweise Lesen oder Zeichnen, aber nicht den Denkprozess, der zu dieser Aufgabe führt; das Denken in Echtzeit ist außerordentlich schnell (etwa 1027 Operationen pro Sekunde) und mit der derzeitigen Gehirntechnologie praktisch nicht zu erfassen. Immerhin liegt die Besonderheit des Denkens darin, dass es unendlich ist.

Das Gabenprofil, das ich vor über zwanzig Jahren entwickelt und in den letzten zehn Jahren erweitert habe, ist eine Möglichkeit, Einblick in die geheimnisvolle Welt des Denkens zu gewinnen. Diese Denkmodule sind einfach fantastisch, jedes für sich ein wahres Universum von Gedanken, die laufend ihre Gestalt verändern. Dabei weisen sie Eigenschaften auf, die einen Menschen unverwechselbar machen und seine Erfahrungen in Echtzeit widerspiegeln. Dies ist einer der vielen Gründe dafür, dass die Beschreibungen und Fragen in meinem Gabenprofil weit gefasst und offen sind. Mithilfe des Profils kannst du ein Gefühl für deine eigene, individuelle Denkweise bekommen, anstatt bloß herauszufinden, dass du »diese

Art von Denker« bist oder »Dinge aus jenem Grund tust«. Schubladendenken schränkt uns ein und bewirkt das Gegenteil von Lernen.

Die Auswertung des Profils gibt dir Aufschluss, in welcher Reihenfolge dein Denkzyklus abläuft. Du erfährst, wie du dich durch die metakognitiven Module bewegst, was im Ergebnis deine individualspezifische Art des Denkens ist.

Wir alle denken unterschiedlich – aber das brauche ich dir wohl nicht zu sagen! Entscheidend ist, dass wir lernen, uns selbst zu verstehen und diese Einzigartigkeit bewusst in unser tägliches Leben einzubringen, denn diese Unterschiede wirken sich darauf aus, wie wir unsere Mindsets nutzen und wie wir das, was mit uns geschieht, einordnen und wie wir damit umgehen. Wir müssen verstehen, wer wir sind, denn wir müssen *wir selbst* sein, nicht jemand anderes, wenn wir im Leben vorankommen wollen. Als du selbst bist du großartig, aber als jemand anderes wärst du einfach lausig.

Das Funktionsprinzip der sieben Module

Die sieben Module des Denkens lassen sich folgendermaßen zuordnen: intrapersonell (Introspektion), interpersonell (Interaktion), linguistisch (Sprache und Schrift), logisch/mathematisch (rationales Denken), kinästhetisch (Sinne), musisch (Intuition) und visuell/räumlich (Vorstellungskraft).[205] Es wird angenommen, dass Gehirngewebe in diese sieben Module geclustert ist, die sich von oben nach unten und von links nach rechts durch das Gehirn ziehen. Es handelt sich nicht um statische Abschnitte; die metakognitiven Module gehen fließend ineinander über und arbeiten zusammen – das gilt umso mehr, wenn das Gehirn geschädigt wurde.

Jedes metakognitive Modul hat eine allgemeine, übergeordnete Funktion. Der vordere Bereich im Gehirn wird aktiver, wenn es um Selbstbeobachtung, Entscheidungsfindung, Planung, tiefgreifende Analysen, den Wechsel zwischen Gedanken, die Formulierung von Zielen und das Festhalten an ihnen, die Entwicklung von Strategien und dergleichen geht. Dies wird als das *intrapersonelle* Denkmodul bezeichnet. Gleich dahinter folgt das *interpersonelle* Denkmodul, das mehr Aktivität aufweist, wenn es um soziale Interaktion, Kommunikation, das Übernehmen von Verantwortung und das Eingehen auf die Bedürfnisse anderer geht. Danach folgt das *linguistische* Denkmodul, das mit gesprochener und geschriebener Sprache aktiver wird. Es folgt das *logisch-mathematische* Denkmodul, das im Zusammenhang mit Argumentation, Logik, wissenschaftlichem Denken, Zahlen und Problemlösung aktiver wird. Als Nächstes folgt das *kinästhetische* Denkmodul, das bei körperlicher Aktivität und Körperwahrnehmung aktiver ist. Das *musische* Modul umfasst Instinkt, musikalisches Talent und das Lesen zwischen den Zeilen. Schließlich gibt es noch das *visuelle/räumliche* Denkmodul im hinteren Teil des Gehirns, das aktiver ist, wenn wir uns etwas vorstellen und kognitive Karten in unserem Kopf zeichnen.

Während du Informationen verarbeitest, findet Quantenaktivität statt, die eine spezifische Reaktion auslöst. In ihr spiegelt sich wider, wie du deine sieben Denkmodule nutzt. Was ergibt sich daraus? Du machst von allen sieben Denkarten auf deine eigene, individualspezifische Weise Gebrauch. Es funktioniert wie ein Filter oder wie ein gut eingetretener Pfad. Es fühlt sich »natürlich« an, auf diese Weise zu denken.

Wenn du in deinem maßgeschneiderten Modus denkst, wird dein Gehirn auf Hochtouren gebracht und du funktionierst wie ein feinabgestimmtes Fahrzeug – alle sieben Denkarten sind gut geölt, um »die Sache« durchzudenken. Wenn dies geschieht, strömen allerlei fantastische chemische Stoffe durch dein Gehirn, die ein Feuerwerk des Denkens auf hohem Niveau auslösen und den Gedächtnisaufbau aktivieren!

Meine Theorie, die Geodätische Informationsverarbeitungstheorie (siehe Kapitel 22), befasst sich mit den neurologischen Auswirkungen dieses Denkprozesses, also mit der Verbindung zwischen Geist, Gehirn und Körper. Sie berücksichtigt die Tatsache, dass sich das Gehirn verändern kann (Neuroplastizität). Die dem Gabenprofil zugrunde liegende Geodätische Informationsverarbeitungstheorie beschreibt eine Person nicht nach einem bestimmten Aspekt, beispielsweise ihren sprachlichen oder auditiven Fähigkeiten, sondern bezogen auf ihre Kombination der sieben verschiedenen Denkmodule – das Ganze setzt sich aus den Teilen zusammen.

Ein Beispiel: Individualspezifisches Denken in der Unternehmenswelt

Ich werde oft gebeten, Führungskräften bei der Entwicklung ihrer Denk- und Lernfähigkeiten zu helfen. Eine der interessantesten Erfahrungen, die ich gemacht habe, fand im Unternehmensumfeld inmitten einer Problemlösungsaktivität statt. Es wurde sehr deutlich, dass einige der Personen, mit denen ich zusammenarbeitete, wenig Verständnis für die Unterschiede unter den Kollegen aufbrachten und kaum Nachsicht mit ihnen zeigten. Dieses Unternehmen machte gerade eine Phase großer Belastung durch, und es wurde auch deutlich, dass sich einige der Probleme, mit denen das Unternehmen konfrontiert war, auf die Probleme der Mitarbeiter untereinander zurückführen ließen.

Auf der einen Seite eines großen Konferenztisches saß ein Mann, der über 2 m groß war und aussah, als könnte er Profi-Footballer sein. Er zeigte eine offenkundige Abneigung gegen einen Kollegen, der ihm direkt gegenüber saß und höchstens 1,60 m groß war. Der körperliche Unterschied zwischen den beiden Männern war nicht zu übersehen. Während wir mehrere Problemlösungsübungen durchführten, nahm die Spannung zwischen den beiden Männern immer mehr zu. Schließlich lehnte sich der größere der beiden über den Tisch, wütend über etwas, das der kleinere Mann gesagt hatte. Mir wurde klar, dass es zur Abwendung einer Schlägerei klug wäre, diesen Moment als Beispiel dafür zu nutzen, wie wichtig es ist, zu verstehen, dass wir zwar alle unterschiedlich ticken, aber dennoch alle auf Erfolg gepolt sind.

Ich bat beide Männer, sich ihre Gabenprofile anzusehen, um in Bezug auf das dort Vermerkte ihre unterschiedlichen Denk- und Lernweisen zu erkennen. Es stellte sich – vielleicht nicht ganz überraschend – heraus, dass sie vollkommen gegensätzlich waren. Der eine Mann war im Zustand der Konzentration und Aufmerksamkeit sehr lebhaft; er benutzte seine Vorstellungskraft und vermittelte durch Gestik und praktische Demonstration, was er vor seinem geistigen Auge sah. Sein Gegenüber hingegen setzte auf Argumente und Logik. Der kleinere Mann versuchte ständig, zu überzeugen, aber damit trieb er sein Gegenüber immer mehr zur Weißglut. Nachdem ich ihnen jedoch die unterschiedliche Struktur ihrer Lernmuster aufgezeigt hatte und ihnen erklärte, wie sie einander besser verstehen konnten, ging beiden ein Licht auf. Am Ende der Schulung verließen sie untergehakt den Raum, vertieft in ein Gespräch über ein Problem in ihrer Abteilung!

Diesen beiden Männern zu vermitteln, wie unterschiedlich sie dachten und lernten, half ihnen zu erkennen, dass sie keine Bedrohung für einander darstellten. Dadurch veränderte sich ihre Beziehung grundlegend. Sie waren in der Lage, ihre Kommunikation deutlich zu verbessern, und konnten sogar aus dem, was der andere jeweils zu sagen hatte, wertvolle Weisheiten gewinnen.

Untersuchungen zeigen, dass wir eine schwierige Situation besser analysieren können, wenn wir korrekt, also gemäß unserem individualspezifischen Modus denken. Wir sind dann in der Lage, neues Wissen zu generieren und Fakten schnell einzuordnen, ohne uns von unseren Emotionen überwältigen zu lassen. Stell dir vor, in welch einer Welt wir leben könnten, wenn jeder von uns dies in seinem Leben umsetzen würde!

Kapitel 18

Das Gabenprofil

Du bist nun so weit, dass du in dein eigenes Gabenprofil eintauchen kannst!

Um aus diesem Gabenprofil das Beste herauszuholen, musst du über dein Denken wirklich sorgfältig nachdenken. Aus diesem Grund beschäftigt sich Teil 1 dieses Buches mit verschiedenen *Mindsets*.

Äußerst wichtig ist auch, immer daran zu denken, dass keines der sieben Denkmodule getrennt von den anderen funktioniert; ihre ganze Leistungskraft entfalten sie nur im Zusammenspiel. Wie ein bekanntes Zitat besagt, ist das Ganze größer als die Summe seiner Teile. Für dich besteht die Herausforderung darin, deine Kombination im Gabenprofil zu entdecken und zu erfahren, wie deine Geschichte in der »Summe« aussieht. Wenn du deine Identität mithilfe der sieben Denkmodule noch eingehender ergründen willst, findest du in meinem Buch *The Perfect You* das Unique Qualitative (UQ) Assessment Tool. Dies ist ein weiterer Fragebogen, durch den du lernst, dich mithilfe quantitativer Methoden und offener Fragestellung selbst zu reflektieren. Er wird dir auch helfen, deine einzigartige Identität als eine Art Entwurf zu verstehen, der sich mit der Zeit entwickelt. In diesem Buch jedoch nutze ich diese sieben Denkmodule auf eine Weise, die es dir ermöglicht, dein individuell gestaltetes Denken mithilfe des Gabenprofils zu erkunden und zu verstehen.

Beim Ausfüllen von Profilbögen jeglicher Art müssen wir uns immer vor Augen halten, dass es keine einzige Profilanalyse und keinerlei Tests gibt, mit denen sich die Komplexität des Menschseins erfassen ließe. Das Scheibchen Information, das in irgendeiner Form der Analyse ermittelt wird, ist sehr dünn, verglichen mit der Fülle und Vielschichtigkeit dessen, was jeden Einzelnen von uns wirklich ausmacht. Das Konzept der IQ-Messung hat uns zu der Annahme verleitet, dass wir entweder begabt oder nicht begabt sind, dass wir entweder einen hohen oder einen niedrigen IQ haben, dass wir entweder studieren können oder nicht, dass wir entweder unterdurchschnittlich, durchschnittlich oder brillant sind. Tatsächlich wurde schon vielen Menschen fälschlicherweise eingeredet, dass die Intelligenz zwischen dem fünften und siebten Lebensjahr festgelegt werde und sich daran nichts ändern lasse. Glücklicherweise ist diese düstere Perspektive falsch.

Wir werden oft zu Unrecht in Kategorien wie »lernbehindert«, »ADHS«, »begabt«, »rechtshirnig«, »linkshirnig«, »Streber«, »Schulversager«, »intelligent«, »leistungsschwach« und dergleichen eingeteilt. Diese Definitionen können schnell zu einem Teil unseres Selbstverständnisses werden und unser Selbstwertgefühl bestimmen. Solche Klassifizierungen haben eine einengende und einschränkende Wirkung. Doch unsere individuelle Denkweise besteht aus so viel mehr als dem, was irgendeine Bezeichnung über uns aussagen könnte. Wir sind weder eine Nummer noch eine Kategorie; und wir stehen auch mit niemandem in Konkurrenz.

Dankenswerterweise verändert sich die Welt der Wissenschaft. Die Forschung zeigt, dass Intelligenz bei jedem von uns anders aussieht. Talente sind nicht festgelegt; sie wachsen und entwickeln sich zusammen mit uns, wenn wir sie nutzen. Du bist so intelligent, wie du es sein möchtest! Du hast diese natürliche Kraft schon immer in dir getragen; du musst nur lernen, sie zu nutzen. An welchem Punkt deines Lebens du dich auch befindest, du kannst wachsen und dich zu dem entwickeln, wozu du bestimmt bist.

Verwendung und Auswertung des Gabenprofils

Die folgenden drei Tabellen helfen dir, das Gabenprofil zu verstehen und sinnvoll anzuwenden. Die erste Tabelle enthält die Definitionen der sieben Denkmodule. Im Anschluss an diese Tabelle folgt ein Schaubild, damit du dir die Lage dieser Module im Gehirn vorstellen kannst. Die zweite Tabelle beschreibt die sieben Stufen der Verarbeitung eines Gedankens, also den Denkzyklus. Die dritte Tabelle erläutert die Punktevergabemethode innerhalb des Profils. Den Tabellen folgt jeweils eine *Erklärung*, wie das Profil im Detail auszufüllen und auszuwerten ist. Das eigentliche Gabenprofil findest du ganz zum Schluss.

TABELLE I: DIE SIEBEN DENKMODULE

Denkmodul	Beschreibung
Intrapersonell (Introspektion)	Tiefgründiges Denken, Analysieren, gedankliches Durcharbeiten von Dingen
Interpersonell (Interaktion)	Kommunikation, Konversation und Informationsaustausch
Linguistisch (Sprache und Schrift)	Gesprochene und geschriebene Worte
Logisch/mathematisch (rationales Denken)	Wissenschaftliches und strategisches Argumentieren, Ordnen und Planen
Kinästhetisch (Sinne)	Bewegung, Erfahrungslernen und Körperwahrnehmung
Musisch (Intuition)	Instinkt, Zwischen-den-Zeilen-lesen-Können und musikalisches Talent
Visuell/räumlich (Vorstellungskraft)	Vorstellungskraft, oder das Sehen »vor dem geistigen Auge«

Abbildung 18.1: Die sieben Arten des Denkens

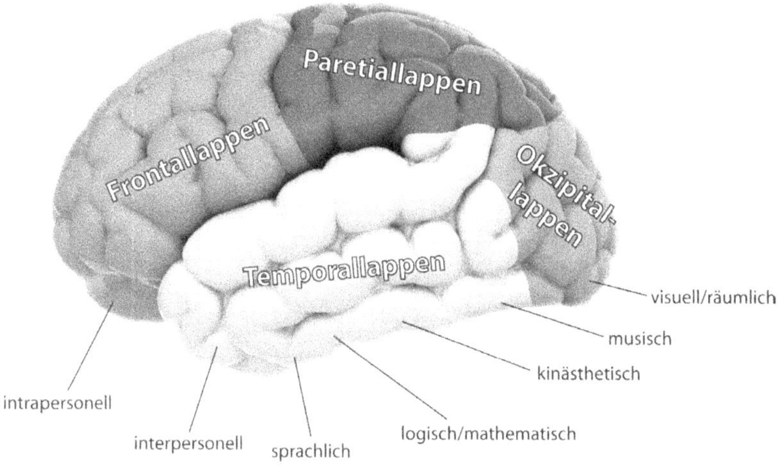

Der Denkzyklus

Wie in den vorangegangenen Abschnitten erläutert, durchläuft jeder unserer Gedanken bei der Verarbeitung von Informationen sieben Stufen. Diese Abfolge wird als *Denkzyklus* bezeichnet. Unsere Individualität zeigt sich darin, dass wir unterschiedliche Denkmodule für die verschiedenen Verarbeitungsstufen dieses Zyklus nutzen. Der Prozess läuft bei jedem von uns anders ab. Zum Beispiel kann eine Person das intrapersonelle Modul für die erste Stufe verwenden, eine andere Person das kinästhetische Modul für die zweite Stufe. Solange wir uns jedoch nicht durch *alle* sieben Stufen bewegt haben – auf unsere eigene Weise –, wird der Gedanke nicht vollständig verarbeitet sein. Mit anderen Worten, wir werden nicht korrekt denken, wenn wir nicht sämtliche Verarbeitungsstufen des Denkzyklus durchlaufen.

Dieser Prozess läuft natürlich ungeheuer schnell ab, sodass du ihn nicht als solchen *wahrnehmen* wirst. Laut dem Anästhesisten und Forscher Dr. Stuart Hameroff haben wir etwa vierzig Mal pro Sekunde bewusste Aktivitätsausbrüche.[206] Diese Ausbrüche erleben wir wie einen Cartoon, dessen Einzelbilder etwa alle zehn Sekunden als bewusstes Ereignis wahrgenommen werden, ähnlich wie beim Anschauen eines Animationsfilms. Schätzungsweise sechs dieser bewussten Ausbrüche finden pro Minute statt, etwa 360 pro Stunde (6 x 60) und 8460 alle vierundzwanzig Stunden (360 x 24). Auf der nichtbewussten Ebene des Verstandes erfolgt intelligentes Denken mit etwa einer Million Operationen pro Sekunde (und die allgemeine Aktivität erfolgt mit etwa 1027 Operationen pro Sekunde).[207]

Sofern Erinnerungen ausreichend Energie haben, dringen etwa fünf bis sieben von ihnen innerhalb von fünf bis zehn Sekunden, manchmal auch schneller, in das Bewusstsein. Dies entspricht ungefähr achttausend Gedanken in vierundzwanzig Stunden.[208] Diese Gedanken werden durch interne Erinnerungen und externe Umweltreize ausgelöst; sie sind Teil unserer Wahrnehmung und liefern uns Kontext.

Insgesamt gehen uns jeden Tag schätzungsweise sechzehn- bis achtzehntausend Gedanken durch den Kopf! Zu diesen Gedanken gehören verarbeitende Gedanken (mit denen wir neue Informationen ins Gedächtnis einfügen) und kontextbezogene (informierende) Gedanken. Nach Angaben der National Science Foundation denken wir fünfzigtausend Gedanken pro Tag.[209] Das könnte durchaus zutreffen, insbesondere in Anbetracht dessen, was wir über die Macht des nichtbewussten Teils unseres Verstandes wissen. Allerdings muss in diesem Bereich noch sehr viel mehr Forschung betrieben werden.[210]

Es besteht also kein Grund zur Sorge, wenn du den Weg eines Gedankens durch alle sieben Module nicht bewusst wahrnimmst. Eher solltest du dir Sorgen machen, wenn du diesen Prozess verfolgen kannst, denn dann ist dein Denken zu langsam! Auch können wir uns nicht alles merken, und das sollen wir auch nicht; wir behalten das im Gedächtnis, worauf wir unsere Aufmerksamkeit richten und was uns im jeweiligen Moment wichtig erscheint.

Auch wenn es interessant ist, über Zahlen zu spekulieren, die verdeutlichen, wie wichtig es ist, darauf zu achten, was man in den Kopf hineinlässt, sollten wir uns nicht zu sehr an solchen Angaben aufhängen oder ihretwegen besorgt sein. Stattdessen sollten wir uns auf die enorme Macht des nichtbewussten Teils unseres Verstandes konzentrieren und in Erfahrung bringen, wie wir diese Macht effektiver nutzen können.[211]

Auch wenn unser Gedankenleben ein »Bewusstseinsstrom« ist, in dem Tausende einzelner Gedanken miteinander verschmelzen, sollten wir nie aus den Augen verlieren, dass wir trotzdem die Kontrolle darüber haben, welche Gedanken wir zulassen. Wir sind in der Lage, die einzelnen Gedankengänge zu bewerten, indem wir unseren Bewusstseinsstrom selbst regulieren. Wenn wir jedoch durch äußere Einflüsse und toxische Reaktionen auf bestimmte Lebensereignisse abgelenkt werden, kann unsere Fähigkeit zur Selbstregulation beeinträchtigt werden, mit negativen Folgen für unsere mentale und körperliche Gesundheit. Indem wir uns darin üben, unsere individuelle Denkweise zu verstehen, wird unsere Selbstregulierungsfunktion, die uns dazu befähigt, unser Denken zu überwachen und zu beobachten, *umtrainiert.*

Was den Denkzyklus anbelangt, wirst du nur die ersten beiden und vielleicht auch noch die letzten zwei Gedankenarten innerhalb der sieben Module gemäß deiner individuellen Reihenfolge bewusst wahrnehmen. Der Prozess vollzieht sich einfach zu schnell und es passiert schlichtweg zu viel, als dass dir alles bewusst werden könnte. Aus diesem Grund bezeichnen sich die meisten Menschen als »visuell« oder »auditiv« Lernende, denn das ist es, was sie *wahrnehmen* – es ist jedoch nicht das, was wirklich passiert. Diese verengte Sichtweise auf das Lernen ist als *Lernstiltheorie* bekannt. Solcherlei Aussagen und Überzeugungen sind falsch und reduktionistisch; man kann beim Lernen und beim Aufbau des Gedächtnisses unmöglich nur ein einziges Denkmodul zum Einsatz bringen.

Nach dieser Theorie über die Lernstile sollte ein Schüler, der sich selbst als visuell lernend einstuft, die Inhalte visuell und nicht auditiv vermittelt bekommen. Die Unterschiede, die wir untereinander feststellen, sind jedoch nie so schwarz-weiß wie »diese Person ist ein visueller Lerner« und »diese Person ist ein auditiver Lerner«.

In einer kürzlich durchgeführten Meta-Analyse wurden die Ergebnisse einer Reihe von Studien ausgewertet, in denen Theorien zu Lernstilen getestet wurden.[212] Die Forscher kamen zu dem Schluss, dass es keine ausreichende Evidenzbasis dafür gibt, eine Einteilung in verschiedene Lernstile in Bildungskontexten zu befürworten. Die weit verbreitete VAK-Lernstiltheorie (visuell, auditiv, kinästhetisch) geht beispielsweise davon aus, dass jeder Schüler eine bevorzugte Lernmodalität hat und dass Lehrkräfte die bevorzugten Lernstile der Schüler ermitteln und Unterrichtspläne erstellen sollten, die auf diese Lernstile ausgerichtet sind. Dies ist jedoch in Anbetracht der Größe der Klassen und der Anforderungen eines Schultags kaum umsetzbar und hat hinsichtlich der Gedächtnisbildung einen nachweislich nur minimalen Nutzen.[213] Außerdem gibt es kaum empirische Belege für eine umfassende Auswertung dieser sogenannten Lernstilpräferenzen. Aufgrund dieses Mangels wirft die Einbeziehung von individuellen

Lernstilen in den Unterricht zur Verbesserung schulischer und studentischer Leistungen angesichts der Allgegenwärtigkeit dieser Theorie Bedenken auf. Ihre Auswirkungen in nahezu allen Bereichen derzeitiger Schul- und Unternehmensumfelder ist ein Problem.[214] Die begrenzte Zeit und die knappen Ressourcen, die der Bildungswelt zur Verfügung stehen, sollten für die Entwicklung und Umsetzung wirklich evidenzbasierter Interventionen und Ansätze eingesetzt werden.[215]

In meiner Laufbahn habe ich Tausende von Lehrkräften in den Vereinigten Staaten, in Südafrika und in anderen Teilen des afrikanischen Kontinents geschult. Eines meiner Hauptziele war es, mit diesem Lernstil-Neuromythos aufzuräumen und Lernende davon zu befreien. Wir sollten nicht mit dem Vorurteil ans Lernen herangehen, dass man beim Lernen entweder »innerhalb von Schubladen« oder »außerhalb von Schubladen« denkt. Wie der »Gangsta-Gardener« Ron Finley sagt, gibt es für die menschliche Vorstellungskraft überhaupt keine Schublade.[216] Dein Geist ist unglaublich leistungsstark und komplex; du bestehst nicht nur aus einer einzigen Komponente. Deine mächtigen und komplexen Gedanken sind eine Kombination aus mindestens sieben Prozessen, die du auf deine ganz eigene Weise nutzt. Deine kognitive Stärke liegt in der Summe *aller* deiner Teile – und niemand auf diesem Planeten denkt auf exakt die gleiche Weise wie du.

TABELLE II: DER DENKZYKLUS

Stufen	Beschreibung	Empfindung
1. Fokussierung Werde dir des Vorgangs der Informationsaufnahme bewusst.	Information kommt über die fünf Sinne herein und aktiviert vorhandene Gedanken in deinem Verstand.	Du bist dir des Sammelns von Informationen gewahr und der Aktivierung von Gedanken, die in dein Bewusstsein aufzusteigen beginnen. Es ist buchstäblich das Eintrittstor, durch das Informationen in deinen Verstand gelangen.
2. Aufmerksamkeit Nimm bewusst wahr, wie du von der Information in Anspruch genommen wirst.	Du stellst Verbindungen zwischen der neuen Information und bereits existierenden Informationen und Erinnerungen her. Diese Verbindungen helfen deinem Verstand, die neue Information zu verstehen. Du beginnst, eine Kurzzeiterinnerung aufzubauen.	Das fühlt sich wie eine bewusste und gewollte Entscheidung an, dich auf die eingehenden Informationen zu konzentrieren.
3/4/5. Analyse Konsolidiere/bestätige/integriere auf einer nichtbewussten Ebene – kein voll bewusster Prozess.	Du verfestigst die Information in den »Bäumen« (neuronalen Netzen) im Cortex deines Gehirns. Du bestätigst diese Information und entscheidest, ob du sie für wahr bzw. korrekt hältst. Du integrierst die Information in die Netzwerke deiner Gedächtnisinhalte.	Diesen Prozess, bestehend aus Denken, Fühlen und Entscheiden, nimmst du möglicherweise nicht bewusst wahr, weil er als blitzschneller Ausbruch geschieht.

6. Anwendung Nimm die neue Information bewusst wahr.	Die eingehende Information und die aufsteigenden Informationen erhalten eine verbindende Bedeutung.	Du erlebst das als ein Gefühl von: »Das ist sinnvoll; ich kann das nutzen bzw. umsetzen.«
7. Abschluss Werde dir bewusst, dass Handeln erforderlich ist.	Du kommst zu einem Schluss, der dich zu einer Handlung führt. Dies führt zu einem neuen Zyklus.	Du erlebst dies als Aktivierung in irgendeiner Form.

Es gibt eine konkrete Reihenfolge, eine wunderbare Anordnung, wie du die verschiedenen Module nutzt, um auf deine dir eigene Art zu denken. Dein Gehirn ist so konzipiert, dass es diese Art des Denkens und Lernens widerspiegelt, und genau das wirst du im Gabenprofil nach und nach entdecken. Wenn du dir dieser Ordnung bewusst wirst und von deinem individuellen Denkmodus Gebrauch machst, wirst du allmählich erkennen, wie du Informationen »durchdenkst«. Das wird dir helfen, dein Denkmuster ganz bewusst einzusetzen und weiterzuentwickeln – sei es in der Schule, im Beruf oder ganz allgemein im Leben.

Ein paar wichtige Punkte zum Gabenprofil

Wenn du an diesem Punkt ein wenig verwirrt bist, kein Problem! Sobald du das Gabenprofil ausfüllst, wird alles einen Sinn ergeben. Mit den Informationen, die ich dir hier gebe, möchte ich dich auf das Profil vorbereiten, das im nächsten Kapitel drankommt. Blättere beim Ausfüllen des Gabenprofils ruhig immer wieder zu den Beschreibungen und Erläuterungen in diesem und im ersten Teil zurück. Das wird dir helfen, folgende wunderbare

Wahrheit zu verstehen: Du besitzt eine einzigartige, ganz auf dich zugeschnittene Art zu denken.

Ich habe ein einfaches Profil mit siebzig Fragen erstellt, also gewissermaßen ein verkürztes Gabenprofil. Es gibt noch ein umfassenderes Gabenprofil, allerdings würde das den Rahmen dieses Buches sprengen. Beide basieren auf dem ursprünglichen Profil (mit über tausend Fragen!), das ich entwickelt und in meiner klinischen Praxis fünfundzwanzig Jahre lang verwendet habe. Ich liebe dieses Gabenprofil aus vielen Gründen, nicht zuletzt, weil es so vielen Menschen geholfen hat, die Kraft und Einzigartigkeit ihres Geistes zu erkennen. Aber das Beste daran ist, dass es *keine falschen Antworten* gibt. Du kannst entweder mit Ja oder mit Nein antworten – beides ist richtig, denn getestet wird nicht dein Wissensstand. Das Profil ist eine Erkundung deines individualspezifischen Denkens – es gibt Aufschluss darüber, wie du denkst, fühlst, entscheidest und lernst. Die von dir erzielten Ergebnisse sind *alle* gut, egal, wie sie ausfallen, denn sie spiegeln lediglich die *Reihenfolge* innerhalb deines Denkzyklus wider und nicht dein Fähigkeitsniveau. Dreißig Prozent sind also genauso gut wie hundert Prozent – sie zeigen lediglich die Reihenfolge, in der du dich durch dein Gehirn bewegst.

Wie du inzwischen weißt, durchläuft dein individualspezifisches Denken *alle* sieben Arten – oder Module – des Denkens. Die höchste Punktzahl zeigt somit, welches Denkmodul du als Erstes zum Einsatz bringst; es bildet im wahrsten Sinne des Wortes das Tor zur Aufnahme von Informationen in deinen Verstand. Die zweithöchste Punktzahl entfällt auf das Modul, mit dem du dich bewusst dafür entscheidest, deinen Verstand auf die eingehende Information einzustellen. Die dritt-, viert- und fünfthöchsten Punktzahlen entfallen auf die Module, die den analytischen Teil der Gedankenverarbeitung einleiten. Die Abfolge von Denken, Fühlen und

Entscheiden geschieht aber so schnell, dass du die Einzelschritte höchstwahrscheinlich gar nicht bewusst wahrnimmst. Die zweitniedrigste Punktzahl bezieht sich darauf, wie du die neue Information anwendest. Du erlebst dies als ein Gefühl von: »Das ist sinnvoll; das kann ich gut gebrauchen bzw. das werde ich umsetzen.« Der niedrigste Wert schließlich zeigt dir, wie du einen Gedankenzyklus abschließt, wenn sich Verständnis herauszubilden beginnt; dieser Schritt kann sich in einer Handlung ausdrücken.

Es ist wirklich wichtig zu verstehen, dass deine Höchstpunktzahl, ganz gleich, worauf sie entfällt, *nicht* als vollständige Beschreibung deiner Persönlichkeit zu verstehen ist. Alle sieben Werte zusammen ergeben ein Gesamtbild, das zeigt, wie du denkst und wie dein Gehirn auf dein Denken reagiert. Beim Denken musst du alle sieben Module nutzen, und je effizienter du sie nutzt, desto besser wirst du in Schule, Beruf und im Leben allgemein funktionieren. Der 5-Schritte-Lernprozess *Schalte dein Gehirn an*, den du in Kapitel 20 kennenlernen wirst, aktiviert dein individualspezifisches Denken zur Erzeugung äußerst stabiler Langzeiterinnerungen. Somit leistet er einen hilfreichen Beitrag zur Entwicklung deines Verstandes.

So füllst du das Gabenprofil aus

Im Folgenden findest du ein paar Hinweise, die du beim Ausfüllen deines Gabenprofils beachten solltest.

- Das Gabenprofil in diesem Abschnitt ist die gekürzte Version eines meiner ursprünglichen Profile. In dieser Kurzform vermittelt es nur einen Überblick, eine erste Betrachtung deines Denkzyklus – es stellt keine umfassende Analyse dar.

- Es handelt sich um einen Fragebogen, der in sieben verschiedene Kategorien unterteilt ist, von denen jede für eines der sieben Module steht, aus der sich deine individuelle Art des Denkens zusammensetzt.
- Es gibt *keine* falschen Antworten. Alle Antworten sind richtig.
- Je schneller du das Profil ausfüllst, desto zutreffender sind deine Antworten. Wenn du bei einem Punkt darüber nachdenkst, ob etwas zu dir passt oder nicht, dann ist es wahrscheinlich nicht der Fall und du solltest Nein ankreuzen.
- Du musst niemanden beeindrucken – hier ist einfach pure Ehrlichkeit gefragt.
- Es geht nicht darum, in allen Bereichen eine hohe Punktzahl zu erreichen; die Ergebnisse dienen dazu, deine Denkreihenfolge – und nicht deinen Wissensstand – zu ermitteln. Daher ist jedes Ergebnis, das du erzielst, hervorragend, weil es dich beschreibt!
- Die höchste Punktzahl ist dem Eintrittspunkt der Information zugeordnet und zeigt, wie du Informationen sammelst; die mittleren fünf Werte zeigen, wie du Kurzzeiterinnerungen aufbaust und Informationen analysierst; der letzte Wert weist darauf hin, wie du den Denkzyklus abschließt. Dieser Prozess beginnt immer wieder von neuem, während du auf spezifische Weise den ganzen Tag lang Wissen in dein Gehirn einfügst.
- Die Punktwerte reichen von hoch bis niedrig und zeigen an, wo dein Denkzyklus beginnt und endet; sie spiegeln deine individuelle Reihenfolge wider und zeigen, welche Säule in deinem Gehirn als Reaktion aktiviert wird.
- Da es auch bei Gemeinsamkeiten Unterschiede gibt, können zwei Menschen ähnliche Stärken haben. Sobald die Fragestellung jedoch konkreter wird, zeigen sich die Unterschiede in den Gemeinsamkeiten beider deutlich.

- Bitte wähle bei der Beantwortung einfach ein Ja oder ein Nein zu jeder Frage aus. Kreuze Ja an, wenn du denkst, dass eine Aussage auf dich zutrifft. Kreuze Nein an, wenn sie nicht zutrifft. Einige Fragen könnten mehrdeutig erscheinen. In einem solchen Fall solltest du deinem Bauchgefühl folgen und je nach deiner ersten Reaktion Ja oder Nein ankreuzen.
- Wenn du mit dem Ausfüllen fertig bist, addiere einfach deine Kreuzchen pro Abschnitt (es gibt sieben Abschnitte, einen für jedes Denkmodul) und rechne sie in einen Prozentsatz um (z. B. 7/10 = 70 Prozent).
- Bringe die Werte in eine Reihenfolge von der höchsten bis zur niedrigsten Punktzahl, um deinen individualspezifischen Denkmodus zu ermitteln.
- Wenn du das Gefühl hast, in verschiedenen Bereichen deines Lebens unterschiedlich zu denken (z. B. wenn du zu Hause bist und nicht im Büro oder in der Schule), dann hast du etwas sehr Interessantes im Kern deines persönlichen Denkens entdeckt. Jeder von uns hat sowohl ein authentisches Selbst als auch ein angepasstes, von Umwelt und Umständen geprägtes Selbst. Wir haben verschiedene Fähigkeiten erlernt und sind darauf ausgelegt, unsere Begabungen an unser jeweiliges Umfeld anzupassen. Deshalb solltest du das Gabenprofil zweimal ausfüllen, einmal aus persönlicher Sicht und einmal aus beruflicher und/oder bildungsbezogener Sicht. Es könnte zum Beispiel sein, dass du beim Ausfüllen des Gabenprofils denkst: *Ich mache das nicht wirklich gern, aber ich musste diese Fähigkeit erlernen* oder *Das ist nicht meine natürliche Begabung, aber ich habe diese Fähigkeit im Laufe der Jahre entwickelt.* Das genaueste Profil ist das persönliche Profil. In den meisten Fällen werden beide fast identisch sein. Wenn sie sich sehr voneinander unterscheiden, bist du vielleicht

auf dem falschen Weg – ein bisschen so, als würde man versuchen, einen Würfel durch ein rundes Loch zu stecken. Darüber solltest du dann mal nachdenken.

- Wenn du bei zwei oder mehr Denkmodulen die gleiche Punktzahl erreichst, musst du die Fragen nur ein zweites Mal ganz bewusst durchgehen und dich gezielt fragen: *Bin ich wirklich so, oder musste ich aufgrund meines Umfelds oder meiner Umstände lernen, so zu denken/zu handeln?* Auf diese Weise wirst du dein wahres Ich herausschälen, und das sollte die Ergebnisse verändern. Vielleicht musst du das ein paar Mal machen, denn manchmal haben wir uns ein Verhalten angewöhnt, weil wir uns anpassen mussten, aber es fühlt sich nicht wie unser wahres Ich an.
- Versuche, beim Ausfüllen des Profils, außerhalb deiner selbst zu stehen und dein eigenes Denken zu beobachten. Tatsächlich bist du von Natur aus dafür geschaffen! Der Frontallappen reagiert und aktiviert sich, wenn du über dein Denken nachdenkst. Ich nenne dies den multiperspektivischen Vorteil (MPV – siehe Kapitel 3). Orientiere dich an folgenden Fragen und nutze dabei deinen MPV:
  - Was tue ich gerne? (Wenn du es nicht magst, wähle es nicht aus!)
  - Was fällt mir leicht?
  - Was spricht mich an?
  - Was fühlt sich angenehm und normal an?
  - Was fühlt sich nach mir an, wenn ich über Dinge nachdenke?
- Beim zweiten Ausfüllen des Profils solltest du folgende Fragen berücksichtigen:
  - Welche Fähigkeiten musste ich entwickeln, um in Schule, Beruf oder im Leben besser zurechtzukommen? (Vielleicht bist du ja beispielsweise von Natur aus nicht sehr gut

organisiert, musstest dich aber dahingehend trainieren, um deinen Job bewältigen zu können).
  - Wie hat sich eine bestimmte Fähigkeit oder Eigenschaft aufgrund meiner schulischen, beruflichen oder persönlichen Anforderungen entwickelt?
  - Was musste ich tun oder habe ich zu tun gelernt in meinem Arbeits-, Schul- oder Lebensumfeld, auch wenn ich es nicht gern tue?

Noch einmal zusammengefasst:

- Es gibt keine falschen Antworten, nur richtige.
- Du versuchst nicht, jemanden zu beeindrucken.
- Es ist pure Ehrlichkeit gefragt.
- Du brauchst nicht bei allem eine hohe Punktzahl zu erreichen – dies ist kein Test und du wirst nicht benotet! Du findest einfach heraus, wie du dich durch deinen Denkzyklus bewegst.

Bei den meisten deiner Denkmodule wirst du wahrscheinlich einen Wert zwischen 40 und 70 Prozent erreichen; bei einigen wenigen wird der Wert zwischen 70 und 80 Prozent liegen und zwei oder drei könnten höher ausfallen. Einige Module liegen vielleicht auch nur bei 15 bis 20 Prozent – das ist kein Problem und auch keine Schwäche und kein Versagen! Denke immer daran, dass das Gabenprofil dir lediglich die Reihenfolge angibt, in der du dich durch deinen Denkzyklus bewegst. Es geht bei den Antworten nicht um richtig oder falsch. Die niedrigste Punktzahl sagt dir, wie du deinen Gedankengang abschließt und in den nächsten Denkzyklus übergehst; die höchste Punktzahl sagt dir, wie du dich konzentrierst, und so weiter (siehe vorstehend Tabelle II).

Wenn du in den meisten Bereichen eine hohe Punktzahl erreichst, hast du entweder dein persönliches und dein bildungsbezogenes/berufliches Profil miteinander vermischt oder du warst nicht ganz ehrlich! Wiederhole in diesem Fall das Profil und nimm dir Zeit, die Fragen bedachtsam zu beantworten.

Nachdem du dein Profil ausgefüllt und ausgewertet hast, kehrst du hierhin zurück und füllst die folgende Tabelle aus (Tabelle III).

TABELLE III: DIE ABFOLGE DEINES DENKZYKLUS

Reihenfolge/Sequenz	Prozentsatz	Denkmodul
Höchster Wert		
Zweithöchster Wert		
Dritthöchster Wert		
Vierthöchster Wert		
Fünfthöchster Wert		
Sechsthöchster Wert		
Siebhöchster Wert		

Nun ist es so weit – du kannst jetzt das Gabenprofil in seiner gekürzten Version ausfüllen!

Das Gabenprofil

Denkmodul 1: Intrapersonell (Introspektion)

1. Fällt es dir leicht, außerhalb deiner selbst zu stehen und dein Gefühlsspektrum zu beobachten? JA/NEIN
2. Stellst du fest, dass du mehrere Ausdrucksmöglichkeiten für deine Gefühle brauchst? JA/NEIN
3. Findest du dein Innenleben faszinierend? JA/NEIN

4. Ertappst du dich häufig dabei, dass du dich auf deine Gedanken konzentrierst, indem du dich von der Außenwelt ab- und der Innenwelt zuwendest? JA/NEIN
5. Kommst du gut mit selbständiger Arbeit zurecht? JA/NEIN
6. Beschäftigst du dich öfter mit tiefsinnigen Fragen? JA/NEIN
7. Verbringst du gerne Zeit in deinem Kopf? JA/NEIN
8. Fällt es dir leicht, Zeit allein zu verbringen? JA/NEIN
9. Hast du das Bedürfnis, beim Verarbeiten von Informationen den Blick wegzuwenden? JA/NEIN
10. Bist du entschlossen, im Leben etwas zu bewirken? JA/NEIN

Auswertung:

1. Zähle die Anzahl deiner JA-Antworten
2. Multipliziere sie mit 10
3. Füge an das Ergebnis ein Prozentzeichen (%) an

Beispiel:

1. Sieben Mal »Ja«
2. 7 x 10 = 70
3. 70 %

Denkmodul 2: Interpersonell (Interaktion)

1. Hast du das Gefühl, zu anderen einen guten Draht zu haben? JA/NEIN
2. Bist du so empfänglich für die Emotionen und Stimmungen anderer, dass du sie bis über die Schmerzgrenze hinaus mitfühlst? JA/NEIN
3. Passiert es dir oft, dass du Menschen und deren Reaktionen beobachtest? JA/NEIN
4. Kannst du dich in die Lage anderer Menschen hineinversetzen? JA/NEIN

5. Kannst du andere motivieren? JA/NEIN
6. Bist du gut im Kontakte knüpfen und darin, andere Menschen miteinander zu verbinden? JA/NEIN
7. Hast du gerne Menschen um dich herum? JA/NEIN
8. Verhandelst du gerne? JA/NEIN
9. Bist du ein Friedensstifter? JA/NEIN
10. Merkst du es, wenn andere dich nicht verstehen, und kannst du das, was du sagst oder erklärst, umformulieren, wenn du offensichtlich nicht verstanden wirst? JA/NEIN

Auswertung:

1. Zähle die Anzahl deiner JA-Antworten
2. Multipliziere sie mit 10
3. Füge an das Ergebnis ein Prozentzeichen (%) an

Denkmodul 3: Linguistisch (Sprache und Schrift)

1. Spielst du gerne mit Worten? JA/NEIN
2. Ziehst du E-Mails oder SMS einem Telefongespräch zumeist vor? JA/NEIN
3. Würdest du dich als geschickt im Umgang mit Sprache als Kommunikationsmittel bezeichnen? JA/NEIN
4. Hast du das Gefühl, wortreich kommunizieren zu müssen? JA/NEIN
5. Ist dir Eloquenz wichtig, wenn du dich verbal bzw. schriftlich ausdrückst oder erklärst? JA/NEIN
6. Liest du viel? JA/NEIN
7. Erzählst du gerne Geschichten? JA/NEIN
8. Bist du der Meinung, dass du ein gutes Allgemeinwissen hast? JA/NEIN
9. Wirkst du auf andere weitschweifig, wenn du Dinge erklärst? JA/NEIN

10. Hast du das Gefühl, dass du beim Sprechen viel Kontext mit Worten vermitteln musst? JA/NEIN

Auswertung:

1. Zähle die Anzahl deiner JA-Antworten
2. Multipliziere sie mit 10
3. Füge an das Ergebnis ein Prozentzeichen (%) an

Denkmodul 4: Logisch/mathematisch (rationales Denken)

1. Passiert es ganz automatisch, dass du über das, was in deinem Leben geschieht, nachdenkst und es einzuordnen versuchst? JA/NEIN
2. Interessiert es dich, wie die Welt funktioniert? JA/NEIN
3. Möchtest du die Grundprinzipien von Dingen verstehen? JA/NEIN
4. Siehst du Ordnung und Sinn im täglichen Leben und in den Dingen? JA/NEIN
5. Hast du ein gutes Zeitmanagement? JA/NEIN
6. Drückst du dich gerne in Zahlen aus? JA/NEIN
7. Siehst du Sinn und Bedeutung in Zahlen? JA/NEIN
8. Interpretierst du gerne Daten bzw. Dinge? JA/NEIN
9. Stellst du gerne Hypothesen auf? JA/NEIN
10. Planst du gerne? JA/NEIN

Auswertung:

1. Zähle die Anzahl deiner JA-Antworten
2. Multipliziere sie mit 10
3. Füge an das Ergebnis ein Prozentzeichen (%) an

Denkmodul 5: Kinästhetisch (Sinne)

1. Musst du etwas erleben, um es zu begreifen? JA/NEIN

2. Musst du etwas fühlen oder anfassen oder in den Händen halten, um es gedanklich verarbeiten zu können? JA/NEIN
3. Magst du es, wenn man dir zeigt, wie du etwas tun sollst, anstatt es dir nur zu erklären? JA/NEIN
4. Teilst du dich anderen gerne gestenreich unter Einsatz von Händen und Körper mit? JA/NEIN
5. Stellst du fest, dass du deine Stimme erhebst oder sich dein Tonfall ändert, wenn andere dich nicht zu verstehen scheinen? JA/NEIN
6. Musst du aufstehen und/oder dich auf irgendeine Weise bewegen, während du Informationen verarbeitest? JA/NEIN
7. Gähnst du häufig, während du dich konzentrierst und intensiv nachdenkst? JA/NEIN
8. Hast du ein gutes Gespür für Timing, wenn es um körperliche Aktivitäten geht? JA/NEIN
9. Fällt es dir leicht, an einer Gruppenaktivität teilzunehmen, die eine koordinierte Abfolge von Bewegungen erfordert, wie z. B. Aerobic und Tanzen? JA/NEIN
10. Hast du Spaß an Bewegung und Sport, auch wenn du vielleicht nicht so gut darin bist? JA/NEIN

Auswertung:

1. Zähle die Anzahl deiner JA-Antworten
2. Multipliziere sie mit 10
3. Füge an das Ergebnis ein Prozentzeichen (%) an

Denkmodul 6: Musisch (Intuition)

1. Reagierst du beim Verarbeiten/Verinnerlichen von Informationen auf deine Intuition und verlässt dich sogar auf sie? JA/NEIN

2. Verweist du in Gesprächen oft auf dein Bauchgefühl? JA/NEIN
3. Kannst du das Verhalten anderer leicht und richtig deuten? JA/NEIN
4. Ist es für dich einfach, zwischen den Zeilen zu lesen? JA/NEIN
5. Fällt es dir leicht, die Auswirkungen toxischen Denkens in deinem Geist und Körper wahrzunehmen? JA/NEIN
6. Stellst du fest, dass du intuitiv Dinge vorhersagen kannst? JA/NEIN
7. Bist du ein guter Menschenkenner? JA/NEIN
8. Spürst du instinktiv, wann etwas richtig oder falsch ist? JA/NEIN
9. Passiert es häufig, dass du erst dann etwas sagst oder tust, wenn es sich richtig anfühlt? JA/NEIN
10. Hast du ein Bedürfnis nach Musik in deiner Lernumgebung? JA/NEIN

Auswertung:

1. Zähle die Anzahl deiner JA-Antworten
2. Multipliziere sie mit 10
3. Füge an das Ergebnis ein Prozentzeichen (%) an

Denkmodul 7: Visuell/räumlich (Vorstellungskraft)

1. Nimmst du Farben, Licht, Tiefe und Formen um dich herum wahr? JA/NEIN
2. Fällt dir Unordnung auf und stört sie dich? JA/NEIN
3. Bemerkst du Dinge, die nicht richtig ausgerichtet sind, z. B. ein Bild, das schief an der Wand hängt? JA/NEIN
4. Fällt dir auf, wie gepflegt oder ungepflegt Menschen sind? JA/NEIN

5. Hast du das Bedürfnis, dich künstlerisch auszudrücken, indem du zeichnest, malst, neue Theorien, Ideen, Projekte entwickelst oder irgendeine andere Form von Kreativität anwendest? JA/NEIN
6. Schwirren dir viele Ideen im Kopf herum? JA/NEIN
7. Siehst du buchstäblich »Filme« in deinem Kopf, während du jemandem beim Reden zuhörst? JA/NEIN
8. Bist du in der Lage, Möbel, Räume oder physische Objekte gedanklich umzustellen? JA/NEIN
9. Kannst du problemlos durch deine Umgebung navigieren, wenn du dich zum Beispiel durch Durchlässe bewegst, ein Auto durch den Verkehr lenkst, ein Fahrzeug einparkst usw.? JA/NEIN
10. Bist du gut darin, Illustrationen, Zeichnungen, Skizzen, Gemälde und Skulpturen herzustellen und magst du es, dich in solchen Kunstformen auszudrücken? JA/NEIN

Auswertung:

1. Zähle die Anzahl deiner JA-Antworten
2. Multipliziere sie mit 10
3. Füge an das Ergebnis ein Prozentzeichen (%) an

Wenn du dein Profil ausgefüllt und deine Werte ermittelt hast, trage sie in vorstehende Tabelle III ein.

Anwendungsbeispiel

In der nachstehenden Tabelle siehst du ein Beispiel dafür, wie du das Gabenprofil in deinem Alltag anwenden kannst.

TABELLE IV: ANWENDUNGSBEISPIEL

Verarbeitungsstufen	Denkmodul	Beschreibe dich
1. Um mich konzentrieren zu können, muss ich (bewusste Ebene):	Höchster Wert: Intrapersonell 90 %	Mindestens 70–80 % der Zeit konzentriere ich mich mithilfe von Introspektion. Ich ertappe mich dabei, dass ich wegschaue, wenn jemand anfängt, mit mir zu sprechen. Indem ich mich »in meinen eigenen Kopf zurückziehe«, kann ich mich fokussieren.
2. Um aufmerksam sein zu können, muss ich (bewusste Ebene):	Zweithöchster Wert: Visuell/räumlich 80 %	Während ich aufmerksam bin, male oder kritzle ich irgendwelche Bilder.
3./4./5. Um analysieren zu können (konsolidieren/bestätigen/integrieren), muss ich (nichtbewusste Ebene):	Dritthöchster Wert: Linguistisch 75 % Vierthöchster Wert: Kinästhetisch 70 % Fünfthöchster Wert: Musisch 60 %	Ich analysiere mit Worten und Intuition, und ich spüre, dass in meinem Kopf etwas passiert.
6. Um etwas anwenden zu können, muss ich:	Sechsthöchster Wert: Interpersonell	Ich beginne, Fragen zu stellen oder Anmerkungen zu machen.
7. Um zum Abschluss zu kommen, muss ich:	Siebthöchster Wert: Logisch/mathematisch	Ich werde auf eine logische, geordnete Art und Weise aktiv.

Fülle die nachstehende Tabelle entsprechend deinem Gabenprofil aus. Du kannst die Tabellen I und II zur Hilfe nehmen. Verwende ruhig deine eigenen Formulierungen.

TABELLE V: DEINE ANWENDUNG

Verarbeitungsstufen	Denkmodul	Beschreibe dich
1. Um mich konzentrieren zu können, muss ich (bewusste Ebene):	Höchster Wert:	
2. Um aufmerksam sein zu können, muss ich (bewusste Ebene):	Zweithöchster Wert:	
3./4./5. Um analysieren zu können (konsolidieren/bestätigen/integrieren), muss ich (nichtbewusste Ebene):	Dritthöchster Wert: Vierthöchster Wert: Fünfthöchster Wert:	
6. Um etwas anwenden zu können, muss ich:	Sechsthöchster Wert:	
7. Um zum Abschluss zu kommen, muss ich:	Siebthöchster Wert:	

So nutzt du dein Profil

Wenn du deine individualspezifische Denkweise verstehst, kannst du ganz *du selbst* sein. Es versetzt dich in die Lage, Strategien zu entwickeln, die deine Fähigkeit maximieren, auf deine ganz eigene Art zu denken, zu lernen und erfolgreich zu sein. So aktivierst du das Kraftpotential der einzelnen Mindsets, damit diese ihre volle Wirkung entfalten.

Wir können herausfinden, was zu tun ist, um unsere Umgebung an unsere Bedürfnisse anzupassen. Wenn du gerne herumzappelst oder dich bewegst, während du dich konzentrierst und aufmerksam bist, kannst du dich auf einen Gymnastikball setzen, anstatt auf einen unbeweglichen Stuhl. Du könntest dir auch einen kleinen Ball für die Sitzfläche besorgen, auf dem du hin und her wippen und den du leicht von einem Ort zum anderen mitnehmen kannst. Du könntest einen Stehschreibtisch mit Stehhilfe verwenden. Interessanterweise sorgt die seitliche Bewegung oder das sanfte Wippen einer Stehhilfe dafür, dass die Informationen leichter in der Reihenfolge in dein Gehirn gelangen, in der sie entsprechend der Vernetzungen in deinem Gehirn genutzt werden. Eine einfache Veränderung kann eine revolutionäre Wirkung haben! Ich selbst habe immer wieder festgestellt, dass solche kleinen Veränderungen im Leben meiner Patienten eine enorme Wirkung entfalteten.

Selbst Bewegung, um beim obigen Beispiel zu bleiben, ist bei jedem Menschen einzigartig. Manche Menschen bewegen sich auf deutlich erkennbare Weise, andere wiederum bewegen sich kaum wahrnehmbar. Manche Menschen, die Bewegung zur Konzentration und Aufmerksamkeit nutzen, bewegen sich zu Beginn eines Denkzyklus, halten dann aber irgendwann inne, während andere Bewegung bei der Analyse nutzen. Wenn du die kinästhetische Stimulation am falschen Punkt deines Denkzyklus einsetzt, kann dich das beim Lernen und Kommunizieren beeinträchtigen, weshalb es äußerst wichtig ist, zu verstehen, wie wir lernen. Wenn wir unseren spezifischen Denkmodus verstehen und wissen, wie unser Gehirn vernetzt ist – wie wir uns also am natürlichsten durch die Welt bewegen –, werden wir schneller lernen, klarer denken, Informationen rascher verarbeiten, mehr erreichen und erfolgreich sein!

Tatsächlich könnten wir jede einzelne »Typ A«-Persönlichkeit auf diesem Planeten nehmen und würden doch feststellen, dass jede von ihnen eine andere Kombination der sieben Denkmodule aufweist. Wir sind mehr als das, was eine Bezeichnung oder ein Persönlichkeitstest über unser Wesen aussagen könnte. Es sind unsere Unterschiede, die uns im Kern zu dem machen, was wir sind. Und gerade in unseren Unterschieden liegt unser individualspezifisches Denken und die daraus resultierende Genialität begründet.

KAPITEL 19

Charakteristika der sieben Module

Wie wirken sich die einzelnen Denkmodule in der Praxis aus? Im Folgenden findest du zu allen sieben Modulen jeweils einige Merkmale. Du kannst mithilfe dieser Beschreibungen ein Bild davon bekommen, wie dein maßgeschneiderter Denkmodus aussehen wird. Nutze sie außerdem, um dein Gabenprofil zu ergänzen und zu überarbeiten. Einiges mag zutreffen, anderes nicht, da es sich nur um eine Auswahl handelt und nicht um eine allumfassende Beschreibung – die aufgeführten Merkmale helfen dir einfach, dich selbst zu beschreiben.

Intrapersonelles Denkmodul

Das intrapersonelle Denkmodul umfasst tiefgründiges Denken, Entscheidungsfindung, Kombinieren, Fokussieren, Analysieren und Abwägen. Intrapersonelles Denken ist im Grunde die Fähigkeit, außerhalb von sich selbst zu stehen und das eigene Denken zu analysieren. Von dort kommt hauptsächlich unsere Fähigkeit, Entscheidungen zu treffen; es ist der Sitz unseres freien Willens. Wir können eingehende und vorhandene Informationen analysieren und Entscheidungen darüber treffen, was wir denken, sagen und tun wollen.

Dieses Denkmodul ist fundamental für die Introspektion, die Selbsterkenntnis und das Verständnis unserer eigenen Gefühle, Gedanken und Intuition. Durch die Fähigkeit, auf unsere

Selbsterkenntnis zuzugreifen, können wir unser Verhalten steuern, unsere Stärken und Schwächen verstehen, uns Konzepte vorstellen, Aktivitäten planen und Probleme lösen. Dieses Denkmodul umfasst daher auch die Selbstdisziplin.

Intrapersonelles Denken lässt sich so zusammenfassen:

- Du bist introspektiv und dir deines Gefühlsspektrums bewusst.
- Du besitzt die Fähigkeit, deine Gedanken und Gefühle zu kontrollieren und an ihnen zu arbeiten.
- Du verstehst es, Wege zu finden, wie du deine Gedanken ausdrücken kannst.
- Du bist motiviert, dir Ziele zu setzen und sie zu verfolgen.
- Du arbeitest gerne selbständig.
- Du bist interessiert an der Frage nach dem Sinn des Lebens.
- Du kannst fortlaufendes persönliches Lernen selbst in die Hand nehmen und dein kontinuierliches Wachstum steuern.
- Du bist bestrebt, innere Erfahrungen zu verstehen.
- Du bestärkst und ermutigst andere.
- Du bist gerne allein.
- Du hast Spaß an Denkstrategien, Tagebuchschreiben, Entspannung und Methoden zur Selbsteinschätzung.
- Du verstehst deine Grenzen.
- Du analysierst Situationen und bewertest sie.

Interpersonelles Denkmodul

Das interpersonelle Denkmodul beinhaltet soziale Interaktion, Zuhören, Mitteilen, Aufbau von Beziehungen, Liebe geben und empfangen. Interpersonelles Denken gibt uns die Fähigkeit, Menschen zu verstehen und mit ihnen zusammenzuarbeiten.

Dieses Denkmodul umfasst Sensibilität und Empathie gegenüber anderen, insbesondere für ihre Stimmungen, Wünsche, Motivationen, Gefühle und Erfahrungen. Es befähigt uns, angemessen auf andere zu reagieren und die Gefühlslage von Menschen zu deuten – wir können uns in andere hineinversetzen. Außerdem lässt es uns Ungereimtheiten erkennen, wenn wir Schönrednern zuhören, sodass wir wissen, wem wir vertrauen können. Es steht auch in Bezug zu guten Führungs- und Mediationskompetenzen und der Fähigkeit, andere zu motivieren, zu führen, anzuleiten und zu beraten.

Interpersonelles Denken lässt sich so zusammenfassen:

- Du bist eine starke Führungspersönlichkeit.
- Du bist gut im Knüpfen von Kontakten.
- Du kannst verhandeln.
- Du kannst unterrichten.
- Du tauschst gerne mit anderen Menschen Ideen aus.
- Du liebst es zu reden.
- Du organisierst gerne.
- Du vermittelst gerne bei Streitigkeiten und bist gut in der Konfliktlösung.
- Du fungierst gerne als Mentor für andere.
- Du besitzt die Fähigkeit, dich nach außen auf andere Menschen zu fokussieren.
- Du spürst die Stimmungen, Temperamente, Motivationen und Absichten anderer Menschen.
- Du hast die Fähigkeit, andere zu beeinflussen.

- Deine Stärken liegen in der Gruppenarbeit, in Teamprojekten und in kollaborativer Arbeit.
- Du gehst mit Menschen eine Verbindung ein.
- Du baust dauerhafte soziale Beziehungen auf.

Linguistisches Denkmodul

Das linguistische Denkmodul bestimmt, wie du Sprache benutzt, um dich auszudrücken. Hieraus beziehst du auch dein Gespür für die Bedeutung von Wörtern, Klängen, Rhythmen und den unterschiedlichen Gebrauch von Sprache. Dies drückt sich auf verschiedene Weise aus, etwa durch die Fähigkeit, dich zu artikulieren oder in Worten zu denken und diese beim Sprechen bzw. Schreiben effektiv einzusetzen.

Sprache mitsamt ihrer Struktur und ihrem Gebrauch besteht aus folgenden Bereichen:

Semantik: die Bedeutungen oder Konnotationen von Wörtern.

Phonologie: die Laute der Wörter und ihre Beziehungen zueinander.

Syntax: die Regeln für die Reihenfolge, in der Wörter verwendet werden, um verständliche Sätze zu bilden. So muss ein Satz beispielsweise immer ein Verb enthalten.

Pragmatik: wie Sprache verwendet werden kann, um effektiv zu kommunizieren.

Linguistisches Denken lässt sich so zusammenfassen:

- Du bist sehr eloquent, wenn du dich verbal bzw. schriftlich ausdrückst oder erklärst.
- Du argumentierst, überzeugst, unterhältst und instruierst gerne.
- Du schreibst gerne, spielst mit Worten, liest und erzählst Geschichten.
- Du hast ein gutes Allgemeinwissen.
- Du stellst eine Menge Fragen.
- Du nimmst gern an Diskussionen teil bzw. leitest sie gern an.
- Du magst Storyboards, Textverarbeitungsprogramme und Sprachaufzeichnungsgeräte.
- Du liest gerne und brauchst viele Bücher um dich herum.
- Du kannst gut buchstabieren.
- Du lernst Sprachen leicht.
- Du hast ein gutes Gedächtnis für Namen, Daten und Orte.

Logisch-mathematisches Denkmodul

Das logisch-mathematische Denkmodul ist mit wissenschaftlicher Argumentation, Logik und Analyse befasst. Diese Art des Denkens beinhaltet die Fähigkeit, die zugrundeliegenden Prinzipien eines zusammenhängenden Systems zu verstehen, logische und numerische Muster zu erkennen, lange Argumentationsketten präzise zu handhaben und mit Zahlen, Mengen und Rechenoperationen geschickt umzugehen. Dieses Modul umfasst auch die Fähigkeit, logische Probleme und Gleichungen geistig zu berechnen und zu verarbeiten, ähnlich den Aufgabenstellungen, die in standardisierten Multiple-Choice-Tests am häufigsten vorkommen.

Die Bereiche, aus denen Logik und Mathematik bestehen, sind:

Zahlen: die Fähigkeit, Zahlen effektiv zu handhaben und zu verwenden.
Mustererkennung: Die Fähigkeit zur Einordnung, Strukturierung und Herstellung von Zusammenhängen in Bezug auf die Natur, auf Zahlen, Wörter, Geschichten und das Leben allgemein.
Identifikation: das Bestreben, die Bedeutung von Dingen zu erkennen.

Logisches/mathematisches Denken lässt sich so zusammenfassen:

- Du bist intuitiv und diszipliniert in deinem Denken.
- Du berechnest und quantifizierst gerne.
- Du willst die Dinge durchdenken.
- Du willst wissen, was als Nächstes kommt.
- Du liebst es, dich im Reich der imaginären und irrationalen Zahlen zu bewegen.
- Du findest Paradoxien herausfordernd.
- Du liebst es, Theorien darüber aufzustellen, wie die Dinge funktionieren.
- Du magst es, komplexe Abläufe auszuarbeiten und sie vollständig zu verstehen.
- Du brauchst zuerst einen systematischen Beweis für etwas, bevor du es verwendest.
- Du zeigst die Fähigkeit, Probleme zu erkennen und sie im Anschluss zu lösen.

Kinästhetisches Denkmodul

Das kinästhetische Denkmodul umfasst Bewegung, somatisches Empfinden und Fortbewegung. Kinästhetisches Denken hilft dir, Fußball zu spielen, herumzurennen, auf einem Stuhl zu sitzen, ohne herunterzufallen, dich einen Gang entlang zu orientieren und dergleichen mehr. Zu diesem Denkmodul gehört auch die Integration der inneren Körperempfindungen. Definitionsgemäß handelt es sich dabei um eine sehr taktile, energetische und multisensorische Art des Denkens, die die Kontrolle von Körperbewegungen, die Fähigkeit zur Selbstkoordination und zum geschickten Umgang mit Objekten und Dingen um dich herum beinhaltet. Dazu gehört auch das Bedürfnis, Dinge zu berühren, zu fühlen und zu bewegen, um das Gelernte zu erproben oder zu erfahren.

Kinästhetisches Denken lässt sich so zusammenfassen:

- Du verfügst über gute Koordination.
- Du zeigst ein gutes Gefühl für Timing.
- Du gehst Probleme körperlich an.
- Du erkundest deine Umgebung durch Berührung und Bewegung.
- Du tüftelst gern herum und machst gern irgendetwas.
- Du streckst dich oft.
- Du magst Rollenspiele und Schauspiel.
- Du tanzt gerne.
- Du musst dich beim Denken bewegen.
- Du hast Spaß an sportlicher Betätigung.
- Du magst handwerkliche Tätigkeiten und pflegst Hobbys.
- Du zeigst ein gutes Gleichgewichtsgefühl, Geschicklichkeit, Anmut und Präzision bei körperlichen Aufgaben.

- Du entwickelst neue Vorgehensweisen in Bezug auf körperliche Aktivitäten.

Musisches Denkmodul

Das musische Denkmodul mag den Anschein erwecken, es umfasse nur die Fähigkeit, zu singen oder ein Musikinstrument zu spielen, doch überraschenderweise beinhaltet es auch die Fähigkeit, Muster zu erkennen, den Rhythmus zu bestimmen, mit Instinkten umzugehen und, was am wichtigsten ist, *zwischen den Zeilen zu lesen.* Dieses Modul arbeitet sehr intensiv mit dem Teil des Gehirns zusammen, der Insula genannt wird und sich tief im Kern des musischen Denkmoduls befindet. Er hilft dir bei der Entwicklung deines Instinkts und befähigt dich, in verschiedenen Situationen zwischen den Zeilen zu lesen.

Musisches Denken versetzt dich in die Lage, Bedeutungen wahrzunehmen und sie zu verifizieren. Wenn du zum Beispiel eine Freundin fragst: »Geht's dir gut?« und sie sagt: »Ja, mir geht es gut« (aber mit einem Zittern in der Stimme), kannst du dank dieses Moduls erfassen, dass es ihr in Wahrheit gar nicht gut geht. Es handelt sich hierbei um die Fähigkeit, den Tonfall und die Körpersprache von Menschen zu deuten, anstatt nur zu hören, was sie sagen.

In diesem Denkmodul ist Sensibilität für Tonhöhe, Melodie, Rhythmus und Stimmung in Klängen und Bewegungen verankert, ebenso die Fähigkeit, Rhythmus, Tonhöhe und Formen des musikalischen Ausdrucks zu erzeugen. Es ist auch mit Intuition, Bauchgefühl und dem Deuten der Körpersprache verbunden. Die Bandbreite dessen, was diesem Denkmodul zugeschrieben wird, reicht von einfacher Interpretation menschlicher Kommunikation bis hin zu dem, was musikalische Genies wie Mozart ausmacht.

Für einige Arten des Denkens gibt es einen kritischen Zeitraum für die optimale Entwicklung, und das musische Denken ist eines davon. Die Zeit zwischen dem vierten und dem sechsten Lebensjahr ist die optimale Phase für die Ausbildung eines guten Gehörs für Klang und Tonhöhe. Folglich lässt sich die Musikalität in dieser Zeit am besten fördern. Das heißt natürlich nicht, dass man seine Fähigkeiten nicht auch zu einem späteren Zeitpunkt entwickeln kann. Alle Menschen verfügen über die Kapazität, ihr musisches Denken zu entwickeln.

Musik kann dir beim Lernen helfen. Vor allem klassische Musik hat sich in Klassenzimmern und anderen Lernumgebungen als nützlich erwiesen.

Musisches Denken lässt sich so zusammenfassen:

- Du spürst instinktiv, ob etwas richtig ist oder falsch.
- Du tust nichts, wenn es sich nicht richtig »anfühlt«.
- Du kannst nicht immer erklären, warum, aber du weißt, wann jemandem zu trauen ist und wann nicht.
- Du bist sehr sensibel für deine Umgebung und fühlst dich an bestimmten Orten wohl oder unwohl.
- Du bist in der Lage, zwischen den Zeilen dessen zu lesen, was Menschen sagen.
- Du versuchst häufig, die Bedeutung hinter den Dingen zu verstehen.
- Du orientierst dich an Geräuschen
- Du reagierst auf Musik.
- Du komponierst gerne Musik.
- Du spielst ein Instrument.
- Du kannst melodisch singen.
- Du hältst den Takt zur Musik.

- Du nimmst Musik instinktiv aufmerksam wahr.
- Du hörst hin und reagierst auf Umweltgeräusche.
- Du sammelst Songs, Instrumente und Musiknoten.
- Du baust Musikinstrumente.
- Du verwendest das Vokabular und die Notation aus der Musik.
- Du summst oft vor dich hin.
- Du neigst dazu, mit dem Fuß zu wippen bzw. mit dem Finger oder Stift auf den Tisch zu klopfen, während du arbeitest oder zuhörst.
- Du gibst eigene Interpretationen über die Bedeutung von Musikstücken ab.
- Du verfügst über hoch entwickelte Intuition.

Visuelles/räumliches Denkmodul

Das visuelle/räumliche Denkmodul ist für die Fähigkeit zuständig, Farbe, Licht, Form und Tiefe zu sehen. Du kannst deine Augen schließen und deine Vorstellungskraft nutzen, um Dinge zu sehen, die du nicht direkt vor Augen hast; zum Beispiel kannst du dir einen geliebten Menschen vorstellen und ein visuelles Bild aus der nichtbewussten Ebene in dein Bewusstsein rufen. Es gibt dir die Fähigkeit, in Bildern zu denken bzw. Dinge zu visualisieren; es lässt dich mit dem geistigen Auge sehen und kognitive Karten zeichnen; es hilft dir, die visuelle/räumliche Welt korrekt wahrzunehmen und auf erste Eindrücke zu reagieren.

Beim visuellen/räumlichen Denken geht es darum, die äußere, räumliche Welt im Kopf abzubilden und sich mühelos im dreidimensionalen Raum orientieren zu können. Künstler haben ein ausgeprägtes visuelles/räumliches Denken, das in großen

Kunstwerken wie beispielsweise den Meisterwerken von Leonardo da Vinci und Michelangelo Ausdruck findet.

Diese Art des Denkens ist jedoch nicht auf die Künste beschränkt. Sir Isaac Newton und Albert Einstein zum Beispiel drückten ihr hochentwickeltes visuelles/räumliches Denken auf eine eher wissenschaftliche Weise aus.

Dieser Denkmodus ist auch nicht auf die Wahrnehmung der physischen Beschaffenheit von Objekten beschränkt. Wenn diese Art des Denkens in deiner Abfolge weit oben steht, dann baust du dein Gedächtnis durch abstrakte Sprache und Bilder auf.

Sehbehinderte Menschen haben ein sehr gut entwickeltes visuelles/räumliches Denken, weil sie sich auf das verlassen, was sie vor ihrem geistigen Auge sehen.

Visuelles/räumliches Denken lässt sich so zusammenfassen:

- Du starrst beim Zuhören oft ins Leere.
- Du magst praktische Aktivitäten. Das heißt, du lernst durch Betrachten und Durchführen.
- Du erkennst Gesichter, kannst dir aber keine Namen merken.
- Du findest dich gut in Räumen zurecht, zum Beispiel im Straßenverkehr.
- Du denkst in Bildern und kannst dir Details leicht vorstellen.
- Du nimmst sowohl offensichtliche als auch subtile Muster wahr und siehst Dinge auf unterschiedliche Weise oder aus neuen Blickwinkeln. Du bist sowohl im gegenständlichen als auch im abstrakten Design bewandert.

Ein Beispiel für die Denkmodule

Schauen wir uns mal mein eigenes Profil an. Mein höchster Wert liegt beim interpersonellen Modul. Der erste Schritt in der Gedankenabfolge – und das gilt für jeden Menschen – ist die Fokussierung.

Wenn ich also die höchste Punktzahl im interpersonellen, also zwischenmenschlichen Bereich habe, könnte ich mich in einem Unterrichts- oder in einem Konferenzraum am besten konzentrieren, wenn ich mich auf die Interaktion mit der Lehrkraft oder den Menschen um mich herum fokussierte. Ich könnte Informationen besser verarbeiten, wenn ich Fragen stellte, denn das würde den Prozess der Verarbeitung eingehender Informationen in meinem Gehirn in Gang setzen. Wenn ich alleine arbeite, »stelle« ich tatsächlich viele Fragen zu dem Material, das ich höre oder lese, und bombardiere oft meinen Mann, Mac, oder meine Kinder mit einer Million Fakten und Fragen!

Wäre meine höchste Punktzahl hingegen im intrapersonellen Bereich, wäre ich höchstwahrscheinlich sehr frustriert, wenn ich anderen Menschen Fragen stellen müsste, um mich zu fokussieren. Ich würde mich nämlich voll und ganz auf die jeweiligen Informationen konzentrieren, die ich verstehen müsste; Fragen würden sich auf meine persönliche Denkweise störend auswirken. Wenn du die Struktur deines individualspezifischen Denkens ermittelst, kannst du auch die Auslöser identifizieren, durch die du deine Gehirnfunktion auf ein Maximum steigerst.

Bitte denke daran, dass die Höhe deiner Punktzahl in den einzelnen Modulen lediglich angibt, wie stark das jeweilige Merkmal in deinem gesamten Profil ausgeprägt ist und welche Position es in deinem Denkzyklus einnimmt. Wenn du in einem Bereich eine sehr hohe Punktzahl hast, sind diese Eigenschaften höchstwahrscheinlich sehr dominante Aspekte deiner Persönlichkeit. Wenn ich beispielsweise im Fragenabschnitt »Interpersonell« einen Wert von 70 Prozent hätte, bräuchte ich an diesem Punkt meines Gedankenablaufs höchstwahrscheinlich nicht so viel Interaktion wie bei einem Wert im Bereich von 90 Prozent. Wenn dein höchstes Ergebnis im intrapersonellen Bereich lag und du einen Wert um die 90 Prozent erreicht hast, würdest du höchstwahrscheinlich zunächst viel Zeit brauchen, um Informationen intern zu verarbeiten. Läge dein Ergebnis eher bei etwa 70 Prozent, würdest du weniger Zeit benötigen.

Der wichtigste Aspekt daran, den Aufbau der eigenen Begabung zu verstehen, liegt in der *Freiheit*, die man gewinnt. Wenn du verstehst, wie du denkst, wirst du frei von jedem Etikett sein – jedem Etikett, das du dir selbst verpasst hast, jedem Etikett, das die Welt dir verpasst hat, und vor allem jedem Etikett, von dem du *denkst*, die Welt habe es dir verpasst.

Denke bei der Analyse deines Profils daran, dass du nicht in eine Schublade gesteckt werden kannst. Wenn Logisch/mathematisch in der Reihenfolge deiner Gaben ganz unten steht, *ist das nicht schlimm*. Während du an der Entwicklung deines Verstandes arbeitest, indem du alle sieben Module weiter stärkst, verbesserst du deine kognitiven Fähigkeiten auf vielfältige Weise. Ich denke dabei an einen meiner Patienten in meiner klinischen Praxis in Südafrika, der mithilfe seines musischen Denkens Konzentration aufbaute und über sein kinästhetisches Denken seine Aufmerksamkeit aufrechterhielt. Dieser Patient, ein Schüler, fiel in Mathe durch. Er wollte jedoch unbedingt ein Musikinstrument spielen, aber seine Eltern wollten ihm das erst erlauben, wenn er seine Mathenote verbessert hätte. Ich erstellte ein Profil von ihm und zeigte seinen Eltern, dass er seine Noten nur verbessern konnte, wenn er sich besser konzentrieren könnte, was bei ihm durch sein musisches Denken erfolgte. Wir ließen ihn also zunächst mit dem Keyboardspiel beginnen, danach folgte das Schlagzeug, schließlich begann er zu singen und in einer Band mitzumachen. Sein Denkvermögen verbesserte sich in der Folge ganz erheblich; es dauerte nicht lange, bis seine Noten in *allen* Fächern in die Höhe schnellten! Der Punkt ist, dass man nicht gut lernt, wenn man sich nicht konzentrieren und nicht aufmerksam sein kann – im Kopf wird einfach nicht genügend Erlernbares ankommen!

Dein individualspezifisches Denken zu nutzen, kann enorm lohnend für dich sein. Wenn du dich auf deinen persönlichen Denkmodus einlässt, wirst du das Gefühl haben: *Wow! Ich bin eigentlich ziemlich schlau. Ich hab alles kapiert. So schlecht bin ich also gar nicht!* Es geht um die Aha-Momente im Leben – wir alle hatten schon diese Momente der Begeisterung und Zufriedenheit, und wir sollten sie immer wieder haben.

Wenn du dich plötzlich ungemein gut fühlst, weil du etwas verstanden hast, ist das ein Beweis dafür, dass du dein maßgeschneidertes Denken einsetzt; du hast dein Gehirn so genutzt, wie es genutzt werden sollte. Halte diesen Moment fest, nimm dieses Gefühl an, bewahre es, bring es zum Ausdruck und stelle sicher, dass du dieses Gefühl ganz bewusst wahrnimmst. Das bist *du* in *deiner* Bestform.

Tatsächlich funktioniert dein individuelles Denkverhalten ein wenig wie eine Dominosteinreihe. Stell dir eine Reihe mit sieben Dominosteinen vor, die für die sieben Denkmodule stehen. Du stößt den ersten Stein an, dann fällt der nächste in der Reihe, und der nächste, und wieder der nächste und so weiter, in dieser bestimmten Reihenfolge. Die Reihenfolge ändert sich mit zunehmender Erfahrung und Reife nicht, aber die Interaktion zwischen den sieben Modulen, aus denen dein individualspezifisches Denken besteht, wird mit der Entwicklung deines Denkens – mit zunehmender Weisheit – besser.

Ein weiteres Beispiel eines Gabenprofils

Möglicherweise durchläuft dein persönlicher Denkzyklus diese Reihenfolge:

1. Intrapersonell
2. Interpersonell
3. Linguistisch
4. Visuell/räumlich
5. Kinästhetisch
6. Musisch
7. Logisch/mathematisch

Dein Denken wäre mit einem Fluss von elektrischer und chemischer Aktivität durch die verschiedenen Teile des Gehirns in dieser Abfolge verbunden (siehe Abbildung 18.1). Das ergäbe einen kompletten Denkzyklus.

Nehmen wir nun an, wir würden nur die Stufen 1 und 2 ändern, wie im folgenden Beispiel:

1. Interpersonell
2. Intrapersonell
3. Linguistisch
4. Visuell/räumlich
5. Kinästhetisch
6. Musisch
7. Logisch/mathematisch

Dies würde zu einem gänzlich anderen Denkmuster und einer total anderen Wahrnehmung der Welt führen, denn es handelte sich um ein völlig anderes individuelles Denkmuster – eine vollkommen andere Art zu denken.

Im Grunde gibt es eine unendliche Anzahl von Denkmustern, von denen jedes zu einem anderen Denkmuster oder einer anderen Gabe führt. Dein individualspezifisches Denken ist kein statisches Gebilde; die Reihenfolge bleibt zwar immer gleich, aber du bist ein dynamisches, denkendes Wesen. Durch Nutzung deiner individuellen Denkweise entwickelst du dich und wächst du ständig weiter – das heißt, deine Intelligenz liegt *in deinen Händen.* Während du denkst, um zu verstehen, benutzt du deinen ganz eigenen Denkmodus, und das verstärkt die Verzweigungen und die Vernetzungskapazität in deinem Gehirn. Diese Verbindungen in den verknüpften neuronalen Netzen (Gedankencluster) erhöhen die Effizienz des Gehirns. Je häufiger du deinen maßgeschneiderten Denkmodus nutzt, desto mehr Verbindungen stellst du her und desto effizienter wird dein Gehirn.

Wenn du dein persönliches Denkschema kontinuierlich nutzt, kannst du die Leistungsfähigkeit deines Gehirns im Laufe deines Lebens verbessern und erhalten. Das Gehirn verändert sich kontinuierlich und wächst bis ins hohe Alter. Dieser Umstand macht es zu einem äußerst bemerkenswerten und einzigartigen Organ unter den biologischen und mechanischen Strukturen, da es als einziges nicht verschleißt. Es gibt kein Verfallsdatum für dein Potential!

Einzigartige Kombinationen

In meiner eigenen Familie erlebe ich tagtäglich, wie unsere jeweils einzigartigen Kombinationen einen starken Einfluss darauf haben, wie jeder von uns funktioniert. Mein Ehemann Mac und ich haben gemeinsam vier Kinder. Obwohl wir alle viele Werte teilen und viele Gemeinsamkeiten haben, sind es unsere Unterschiede, die unser Leben als Familie spannend machen. Wir haben den Punkt erreicht, an dem wir in der Lage sind, unsere Unterschiede als Stärken zu erkennen; wir kommen damit zurecht, unterschiedlich zu denken, zu reden und zu handeln, und wir vertrauen einander bedingungslos.

Das Gabenkonzept hilft dabei, uns gegenseitig als unterschiedlich und einzigartig zu sehen. Wir verstehen, dass unsere Unterschiede keine gegenseitige Bedrohung darstellen. Die Erkenntnis, dass wir nicht miteinander konkurrieren müssen, ist befreiend. Unsere Unterschiede fördern die Gemeinschaft untereinander, die, wie ich im Abschnitt über die verschiedenen Mindsets erläutert habe, für jeglichen Erfolg von entscheidender Bedeutung ist.

Individuelles Denken und Zielsetzung

Um als Mensch zu wachsen und unser angeborenes Potential zu nutzen, müssen wir uns von dem abwenden, was ich als »Unfähigkeitsfokus« bezeichne: Wir konzentrieren uns auf unsere Schwächen und vergessen unsere Stärken. Wir müssen uns auf das konzentrieren, was wir können, und nicht auf das, was wir nicht zu können meinen. Wenn wir dies tun, werden wir feststellen, dass unser individualspezifisches Denken auf natürliche Weise an Kraft gewinnt. Wir müssen aufhören, uns das Denken eines anderen zu wünschen, und uns stattdessen auf unsere eigene Wahrnehmung der Welt und unser eigenes Verständnis von ihr konzentrieren und beides entwickeln.

Leider ist eine der beunruhigendsten Erscheinungen im heutigen Bildungswesen die überstarke Fokussierung auf Schwächen. Schüler werden oft dazu gebracht, sich auf das zu konzentrieren, was sie nicht können, und erhalten nicht die Freiheit, sich auf ihre Stärken zu konzentrieren. Pädagogen und Eltern nehmen sich, wohl ohne eigenes Verschulden, oft nicht die Zeit, die Stärken ihrer Schüler bzw. Kinder zu entdecken. Vielfach kommt es vor, dass sie einzelnen Schülern nicht einmal zugestehen, überhaupt irgendwelche Stärken zu haben, vor allem, wenn sie nicht im logisch-mathematischen und/oder im sprachlichen Bereich stark sind – beides Disziplinen, die zur sogenannten Schulintelligenz zählen. Und dies gilt nicht etwa nur für den Bildungsbereich, sondern auch für die Arbeitswelt und das Leben allgemein.

Das Gabenprofil lenkt unsere Aufmerksamkeit auf unser individuelles Denken. Anstatt Menschen zu kategorisieren, können wir lernen, ihre Unterschiede zu erkennen und diese zu würdigen. Die Gesellschaft als solche kann sich nur weiterentwickeln, wenn wir verstehen, dass wir nicht alle in eine bestimmte Form passen müssen. Jeder hat seine ganz eigene Funktion.

Kreativ sind wir nämlich *alle*. Vielleicht hat man uns beigebracht, dass nur Menschen mit einer dominanten visuellen/räumlichen oder musischen Denkweise kreativ sind, weshalb wir dazu neigen, Menschen nur dann als »kreativ« zu betrachten, wenn sie im herkömmlichen Sinn künstlerisch oder musikalisch sind. Kreativität drückt sich jedoch über alle sieben Denkmodule aus; wir sind kreativ, wenn wir uns im Rahmen unseres individualspezifischen Denkverhaltens bewegen.

Nur wenige Menschen würden analytisches Denken ohne weiteres mit Kreativität in Verbindung bringen, und doch gibt es viele Beispiele dafür, dass es äußerst kreativ ist. Der große italienische Künstler Leonardo da Vinci zum Beispiel war eindeutig

»kreativ«. Er hinterließ viele Meisterwerke, die von seinen erstaunlichen Talenten zeugen. Doch er verfügte auch über ein ausgeprägtes logisch-mathematisches Denken, das viele Pädagogen nicht ohne weiteres mit dem Begriff der Kreativität in Verbindung bringen würden. Er konstruierte den ersten Hubschrauber und führte die erste anatomische Sektion durch und dokumentierte sie. Albert Einstein ist ein weiteres Beispiel. Er war eindeutig mathematisch und logisch begabt, dennoch war er zweifellos »kreativ«. Er hat vielleicht keine Kunstwerke geschaffen, wie da Vinci es tat, aber er gewährte uns viele erstaunliche Einblicke in das Universum. Seine Fähigkeit, die natürliche Welt zu veranschaulichen, war erstaunlich. Niemand würde Einstein je einen Mangel an Kreativität nachsagen!

Jeder von uns ist ein besonderes Teil dieses wunderbaren, einzigartigen Puzzles, das wir Leben nennen. Um unseren Platz darin zu finden, unsere Bestimmung, müssen wir auf unsere eigene, individuelle Weise denken. Wenn wir allen sieben Arten unseres Denkens gestatten, auf ihre einzigartige Weise zusammenzuwirken, beginnen wir, gemäß unserer Begabung zu funktionieren. Wir bewegen uns dann darauf zu, die Person kennenzulernen, zu sein und anzunehmen, die wir wirklich sind. Wir versuchen dann nicht mehr, jemand zu sein, der wir nicht sind; wir bemühen uns nicht länger, den Erwartungen anderer gerecht zu werden; wir haben nicht mehr das Gefühl, eine Maske aufsetzen oder eine Fassade errichten zu müssen. Wir werden zu jemandem, der folgende Dinge kann:

- Planen
- Strategisch vorgehen
- Sich Dinge vorstellen
- Zuhören

- Begründen
- Leiten
- Nachdenken
- Ziele verfolgen
- Evaluieren
- Intellektualisieren
- Analysieren
- Verwirklichen
- Überlegen
- Gestalten

Und wenn wir all das gut machen (zumindest die meiste Zeit!), können wir großartige:

- Leiter
- Eltern
- Unterstützer
- Freunde
- Ausbilder
- Ehepartner
- Führungskräfte
- Fachleute
- Menschen
- und alles andere werden, was wir sein wollen!

Mit anderen Worten: Wir werden *erfolgreich* sein!

Wie du deine Gabe nutzen und entwickeln kannst

Im Folgenden findest du einige Anregungen, wie du deine verschiedenen Denkmodi nutzen und entwickeln kannst. In diesem Abschnitt liegt der Fokus auf der Entwicklung *aller* sieben Denkmodule, denn du brauchst sie in ihrer Gesamtheit, wenn dein individualspezifisches Denken – die Art und Weise, wie du deine Module einsetzt – richtig funktionieren soll. Denk daran: Wir alle nutzen sämtliche sieben Denkmodule, nur eben jeder anders. Als Menschen wachsen und reifen wir und verändern uns im Laufe unseres Lebens, und das spiegelt sich auch in der Entwicklung dieser sieben Denkmodule wider. Sie entwickeln sich mit unserer Entwicklung weiter. Es ist als Teil deiner Lebensführung also eine gute Strategie, jedes dieser Module weiterzuentwickeln und zu verbessern, unabhängig von der Reihenfolge in deinem Profil – welches, wie du dich erinnerst, nur zeigt, *wie* du die Module nutzt, und nicht, *wie gut* du diese Module meisterst. Du versuchst nicht, eine Schwäche zu beheben; vielmehr erschließt und schärfst du deinen individuellen Denkprozess.

So verbesserst du dein intrapersonelles Denken:

- Entwickle deine Selbstwahrnehmung, indem du auf deine Gedanken hörst und dir diese bewusst machst.
- Analysiere deine Intuition, wenn sie sich als richtig erwiesen hat.
- Schärfe deine Sinne, wodurch dein Bewusstsein gesteigert wird.
- Nimm dir Zeit für dich allein.
- Schreibe deine Träume auf.
- Verknüpfe neue, originäre Ideen mit alten Konzepten.

- Betrachte die Dinge aus verschiedenen Blickwinkeln.
- Reagiere so umfassend wie möglich auf ästhetisch ansprechende Objekte.
- Nimm Probleme in Angriff und finde Lösungen.
- Betrachte eine Situation immer als Herausforderung, auch wenn sie noch so schlimm ist, und finde Wege, sie zu lösen.
- Sei ehrlich zu dir selbst.
- Bemühe dich, anderen aufmerksam zuzuhören und zu verstehen, was sie wirklich sagen wollen.
- Nutze den 5-Schritte-Lernprozess *Schalte dein Gehirn an.*

So verbesserst du dein interpersonelles Denken:

- Beteilige dich an Gruppenarbeit.
- Erzähle Begebenheiten oder Geschichten nach.
- Benutze ein Synonymwörterbuch.
- Übe dich darin, eine Gruppe in deine Präsentation oder Lektion einzubeziehen und dich auf andere einzustellen.
- Lerne, Menschen in schwierigen Situationen eine angenehme Atmosphäre zu vermitteln.
- Verbringe Zeit mit Menschen.
- Hör zu, ohne zu unterbrechen oder dir in Gedanken bereits eine Antwort zurechtzulegen.
- Nimm dir doppelt so viel Zeit zum Zuhören wie zum Sprechen.
- Versetze dich in die Lage anderer und versuche, wie sie zu denken.
- Belege einen Kurs über Präsentationstechniken.
- Spiele »Was wäre, wenn …«-Spiele.
- Nimm dir die Zeit, andere in einem Bereich, in dem du gut bist, zu coachen oder zu betreuen.
- Nutze den 5-Schritte-Lernprozess *Schalte dein Gehirn an.*

So verbesserst du dein linguistisches Denken:

- Lies, lies und lies noch mehr! Dies ist der schnellste und effektivste Weg, sprachliches Denken zu entwickeln. Lies eine Vielzahl von Literatur, von der Zeitung über Romane und Nachrichtenmagazinen bis hin zu Comics. Wähle eine Vielzahl von Themen aus.
- Erweitere deinen Wortschatz, indem du jeden Tag ein neues Wort lernst. Innerhalb eines Jahres wirst du deinen Wortschatz um 365 Wörter erweitert haben. Übe sie, indem du diese Wörter in verschiedenen Zusammenhängen verwendest.
- Wende effektive Lesetechniken an, um deine Konzentration und dein Verständnis zu verbessern.
- Spiele Wissensspiele wie Trivial Pursuit, Scrabble, Cluedo und Quizspiele über Allgemeinwissen.
- Löse Kreuzworträtsel.
- Erlerne eine neue Sprache.
- Nutze den 5-Schritte-Lernprozess *Schalte dein Gehirn an.*

So verbesserst du dein logisch-mathematisches Denken:

- Übe dich im Schätzen.
- Merke dir so oft es geht statistische Daten, egal, ob aus Sport oder anderen Bereichen.
- Werde dir bewusst, wie du im Alltag ganz automatisch mit Zahlen umgehst. Du berechnest zum Beispiel, wie viel Zeit bis zur Mittagspause oder bis zum Feierabend bleibt.
- Verwende Zahlen beim Ordnen, Organisieren und Priorisieren.

- Spiele Kopfrechenspiele. Addiere zum Beispiel als Beifahrer im Auto die Zahlen, die du auf den Nummernschildern anderer Verkehrsteilnehmer siehst.
- Benutze deinen Taschenrechner als Trainingsgerät und nicht als Krücke!
- Zerlege Informationen, die du dir merken willst.
- Spiele effektive Denksportspiele wie beispielsweise Backgammon, Schach oder Bridge.
- Erfinde Geschichten mit Zahlen – lass sie zu dir sprechen.
- Präge dir die Telefonnummern von Familienmitgliedern und Freunden ein.
- Nutze den 5-Schritte-Lernprozess *Schalte dein Gehirn an.*

So verbesserst du dein kinästhetisches Denken:

- Setz dich beim Lernen auf einen Sitzball anstatt auf einen Stuhl.
- Dehne und strecke dich häufig.
- Werde Teil einer Schauspielgruppe; neben formalem Theater sind auch Rollen- und Simulationsspiele geeignet.
- Führe kreative Bewegungs-, Tanz- und Dehnungsübungen durch.
- Führe kleine manuelle Aufgaben aus; du könntest zum Beispiel Grußkarten mit Stempeltechnik herstellen.
- Bastle Dinge.
- Nimm an Schnitzeljagden teil; spiele Geschicklichkeitsspiele wie Twister.
- Lerne, ein Musikinstrument zu spielen oder anzufertigen.
- Mach Töpfern oder Holzschnitzen zu deinem Hobby.
- Nutze den 5-Schritte-Lernprozess *Schalte dein Gehirn an.*

So verbesserst du dein musisches Denken:

- Lass beim Arbeiten klassische Musik im Hintergrund laufen.
- Sorge dafür, dass du immer Musikinstrumente zur Hand hast, und spiele sie regelmäßig.
- Führe Aerobic-Übungen zu Musik durch.
- Steppe einen Rhythmus, während du am Computer sitzt und tippst.
- Singe oder summe während der Arbeit, auch wenn es nur leise ist, um andere nicht zu stören.
- Lies Gedichte.
- Tu so, als wärst du ein Discjockey, während du lernst oder arbeitest.
- Achte auf den Tonfall deiner Stimme, lass sie nicht monoton klingen. Nimm auch den Tonfall der Stimmen anderer Personen bewusst wahr.
- Bemühe dich, die Körpersprache von Menschen zu lesen.
- Höre auf deine Intuition.
- Nutze den 5-Schritte-Lernprozess *Schalte dein Gehirn an.*

So verbesserst du dein visuelles/räumliches Denken:

- Lies Comics und gestalte selbst welche.
- Sieh dir Werbeanzeigen und Plakate ganz genau an.
- Verwende Schautafeln in Büro oder im Unterrichtsraum, die dir beim Denken und Ausdrücken von Ideen helfen.
- Arbeite mit Flussdiagrammen.
- Nutze Merkhilfen wie die Loci-Methode, die Körperroute-Technik oder Zahlen- und Reim-Eselsbrücken.
- Zeichne Bilder oder kritzle etwas, während du nachdenkst.
- Übe dich darin, Farben und Schattierungen zu unterscheiden.

- Besuche einen Kunstkurs.
- Entwickle dein visuelles Gedächtnis mithilfe der da-Vinci-Übung. Dabei starrst du ein komplexes Objekt an, prägst es dir ein, dann schließt du die Augen und versuchst, es dir so detailliert wie möglich vorzustellen.
- Spiele phantasievolle Spiele, die deine Vorstellungskraft anregen.
- Baue komplexe Strukturen mit Lego-Steinen.
- Nimm an einem Robotik-Kurs teil.
- Nutze den 5-Schritte-Lernprozess *Schalte dein Gehirn an.*

Einzigartiger Geist und einzigartiges Gehirn

Mithilfe der Wissenschaft können wir untersuchen, wie der Geist das Gehirn beeinflusst und es verändert. Wenn das Gehirn das physische Substrat ist, durch das der Geist agiert, und wenn es der Ort ist, an dem unsere Gedanken gespeichert werden und von dem aus wir sprechen und handeln, dann ist jedes menschliche Gehirn einzigartig und auf die jeweilige Person individuell abgestimmt. Tatsächlich haben Forscher der Universität Binghamton festgestellt, dass sie verschiedene Menschen anhand ihrer unterschiedlichen Hirnströme identifizieren können![217] Wir haben sogar alle unseren eigenen, einzigartigen Geruchssinn, den sogenannten olfaktorischen Fingerabdruck.[218]

Wie wir die Welt sehen und wahrnehmen, spiegelt sich in der Architektur unseres Gehirns wider.[219] Von der Makroebene der einzelnen Gehirnstrukturen über die Mikroebene der Neuronen bis hin zur subatomaren Ebene und der Quantenebene der Schwingungen sind wir alle unterschiedlich. Das grundlegende Genom ist bei uns allen fast gleich, aber es wird im Gehirn und im Körper und von Mensch zu Mensch unterschiedlich genutzt. Selbst unsere Proteine schwingen auf unterschiedliche Weise.[220]

Unsere individualspezifische Denkweise kommt durch unser individuell gestaltetes Gehirn zum Ausdruck. Genau das hast du mithilfe des Gabenprofils herausgefunden. Faktisch mögen deine Reaktionen auf bestimmte Stimuli wie Filme, bekannte Personen, Speisen und Äußerungen belanglos erscheinen, aber sie sagen viel über dich aus, weil sie davon bestimmt werden, *wie du denkst* – sie beruhen auf deiner ganz persönlichen Gabe. Wenn wir uns *achtsam* auf unsere Fähigkeit zu denken, zu fühlen und zu entscheiden einstellen, die sich in unserem individualspezifischen Denkmodus äußert, und wenn wir beschließen, unserem persönlichen Denkverhalten und den damit verbundenen Gedanken Aufmerksamkeit zu schenken, werden wir verstehen können, wie wir denken. Unser Denken berührt den Kern unseres Wesens! Es durchdringt alle deine Entscheidungen, und es ist eine mächtige Besonderheit, die du dir erschließen und nutzbringend einsetzen solltest!

Im nächsten Teil erfährst du, wie du ein Gedächtnis aufbauen kannst, das nützlich und sinnvoll ist, ein Gedächtnis, mit dem du das nötige Wissen erlangen kannst, um dich im schulischen, im beruflichen und im persönlichen Bereich erfolgreich zu entwickeln. Du wirst *lernen, wie du lernen kannst* – und zwar auf deine individuelle, einzigartige Weise!

TEIL 3

DER 5-SCHRITTE-LERNPROZESS *SCHALTE DEIN GEHIRN AN*

Kapitel 20

Was ist Lernen?

Warum kann ich mich an manche Dinge erinnern, während ich andere vergesse? Gibt es eine Möglichkeit, mein Gedächtnis zu verbessern? Wie lerne ich? Wie kann ich in geschäftlichen Besprechungen, bei der Arbeit und im Leben allgemein *effektiver* sein? Wird mein Gedächtnis mit zunehmendem Alter einfach immer schlechter? Kann ich dies verhindern?

Dies sind nur einige der Fragen, die mir häufig gestellt werden. Denn wer möchte nicht schlauer werden, seine Noten verbessern oder bei der Arbeit mehr Anerkennung erhalten? Die Beantwortung dieser Fragen, so meine Erfahrung der letzten dreißig Jahre, stellt einen äußerst wichtigen Aspekt der mentalen Selbstfürsorge dar, den ich zu Beginn dieses Buches als *über Achtsamkeit hinausgehend* bezeichnet habe.

Achtsamkeit ist die Fähigkeit, die Aufmerksamkeit auf die eigene Selbstwahrnehmung zu lenken und Notiz davon zu nehmen, wie man im jeweiligen Moment denkt oder empfindet. Achtsamkeit ist ein revolutionärer Schritt hin zu einer Veränderung unserer Denkweise und erfreut sich in der westlichen Welt zunehmender Beliebtheit. Jüngste Forschungen haben die vielfältigen Vorteile der Achtsamkeit aufgezeigt, aber auch zur Vorsicht gemahnt, was die Belastbarkeit der Evidenzbasis für die Wirksamkeit von Achtsamkeit als alleinigem Faktor angeht.[221]

Über die Achtsamkeit *hinauszugehen* bedeutet jedoch, dass man den aus der Achtsamkeit erlangten gemütsruhigen, organisierten und einsichtsvollen Zustand in einen hochproduktiven Prozess des Wissenserwerbs umleitet, einen Prozess, der die Informationen, die man erhält, auf wirksame Weise erweitert und kultiviert, und zwar unabhängig davon, wofür man sie benötigt. Wenn du die 5-Schritte-Technik in diesem Teil anwendest, wirst du im wahrsten Sinne des Wortes deinen Geist benutzen, um dein Gehirn zu trainieren, damit es effektive und nützliche Gedächtnis-Netzwerke bildet. Beachte, dass Achtsamkeit der erste Schritt ist; um über Achtsamkeit hinauszugehen, musst du vier weitere Schritte durchlaufen, durch die du dein individualspezifisches Denken nutzbar machst (Teil 2) und die Wirkkraft der Mindsets aktivierst (Teil 1). So bringst du deinen Verstand in Schwung, damit du denken, lernen und erfolgreich sein kannst!

Über Achtsamkeit hinauszugehen erfordert natürlich eine Menge Zeit und beträchtliche Anstrengung; es ermöglicht uns aber auch, ein erfülltes Leben zu führen. Zu lernen, wie man lernt und ein stabiles Langzeitgedächtnis aufbaut, wird dich nicht nur ans beabsichtigte Ziel bringen, sondern auch deine geistige und körperliche Gesundheit verbessern. Ja, tatsächlich – Lernen, also der Aufbau eines effektiven Gedächtnisses, wirkt sich positiv auf die geistige und körperliche Gesundheit aus! Das Fazit lautet: Wir müssen *nützliche* Gedächtnisinhalte aufbauen, wenn wir gut funktionieren und ein gesundes Gehirn haben wollen.

Wie im Abschnitt über die verschiedenen Mindsets zu Beginn dieses Buches dargelegt, hat die technologische Revolution trotz ihrer vielen Vorteile auch Auswirkungen auf unser Denkverhalten. Es scheint fast, als hätten viele Menschen vergessen, wie man tiefgründig und intensiv über Wissen nachdenkt. Es ist dieser »Wenn ich die Informationen googeln kann, warum sollte ich sie dann lernen und mir merken?«-Effekt. Die übermäßige Abhängigkeit von Computern und Suchmaschinen schwächt die Konzentration, das tiefgründige Denken, die Aufmerksamkeit und das Gedächtnis der Menschen. Maria Wimber von der University of Birmingham sowie auch andere Experten haben nachgewiesen, dass das Langzeitgedächtnis nicht richtig aufgebaut wird, wenn Menschen passiv und wiederholt Informationen per Smartphone oder Computer abrufen. Diese Angewohnheit wirkt sich langfristig negativ auf Geist und Gehirn aus und kann sogar Demenzerkrankungen begünstigen.[222] Die zunehmende Abhängigkeit vom Internet verändert unsere Denkprozesse beim Aufbau der für Problemlösungen und Lernen wichtigen Erinnerungen – wir sollten den Speicher in unserem Gehirn erweitern, nicht den auf unserem Smartphone. Forscher haben herausgefunden, dass das »kognitive Offloading«, also die Neigung, sich auf Dinge wie das Internet als Gedächtnisstütze zu verlassen, mit der Zeit an Häufigkeit zunimmt.[223] Unsere Verbindung zum Internet beeinflusst unser Denken so sehr, dass die Menschen zögerlicher werden, sich auf ihr eigenes Wissen zu verlassen oder es zu äußern, wenn sie stattdessen mit einem Mausklick Zugriff aufs Internet haben können.

Somit können digitale Plattformen durchaus das Erlernen, Behalten, Erinnern und Begreifen von Informationen behindern. Wir müssen also tatsächlich lernen, Technologie *richtig* zu nutzen, um unseren Verstand und den Prozess der Gedächtnisbildung nicht zu beeinträchtigen. Dieser Prozess ist entscheidend für eine gesunde Gehirnfunktion und den schulischen, beruflichen und persönlichen Erfolg.[224]

Da wir mit unserer Umgebung verbunden sind, stellt dies ein erhebliches Problem dar, das durch Achtsamkeit allein nicht gelöst werden kann. Wir müssen bei der Achtsamkeit beginnen, aber darüber hinausgehen, um neue sinnvolle gewohnheitsmäßige Erinnerungen zu schaffen, sonst werden wir keine nachhaltige und dauerhafte Veränderung in unserem Leben erreichen.

Die Forschung zeigt, dass mit zunehmender Abhängigkeit von Technologien auch der Intellekt schwächer wird und toxische Abhängigkeiten zunehmen. So ähnelt beispielsweise die Pull-To-Refresh-Aktion auf Smartphones absichtlich der Gestaltung eines Glücksspielautomats.[225] Sie verändert das Belohnungssystem unseres Gehirns (ähnlich wie Drogen oder die moderne Ernährung der westlichen Welt) und erzeugt das Verlangen, die Informationen auf dem Display laufend zu aktualisieren. Selbst bei kurzen Gesprächen von zehn Minuten oder weniger behindert das Vorhandensein von Smartphones die Entwicklung einer gewissen Verbundenheit, von Vertrauen und Empathie. Das wiederum wirkt sich auf unsere Fähigkeit aus, ernsthafte Beziehungen zu knüpfen.[226] Sean Parker, Gründungspräsident und langjähriger Berater von Facebook, ist in der Tat einer von vielen in der Tech-Industrie, die sich derzeit über diese Einflüsse der sozialen Medienplattformen, die sie selbst mitgestaltet haben, besorgt zeigen.[227]

Was ist Lernen?

Wir müssen dafür Sorge tragen, dass Digitaltechnologie-Plattformen unserem Wohl dienen und nicht zu unserem Nachteil wirken. Wir müssen unseren Verstand wieder richtig ins Laufen bringen. Mentale Selbstfürsorge beinhaltet, die Kraft, die den verschiedenen Mindsets innewohnt, zu verstehen und sie richtig zu nutzen, indem wir unser individualspezifisches Denken aktivieren (siehe Teil 2). Das wiederum befähigt uns, unser Gehirn durch Lernen aufzubauen, um ein nützliches Langzeitgedächtnis zu entwickeln. In diesem Abschnitt konzentrieren wir uns auf den Aufbau des Gehirns mithilfe des 5-Schritte-Lernprozesses *Schalte dein*

Gehirn an, eine Technik, die ich vor über dreißig Jahren erforscht und entwickelt habe.

Mit dem Begriff *Lernen* verweise ich in diesem Buch stets auf das Denken und den Aufbau nützlicher Gedächtnisinhalte durch wirkliches Verstehen. Es geht nicht ums Auswendiglernen oder um irgendwelche Gedächtnistricks. Gesundes, produktives Lernen ist gute, altmodische harte Arbeit, die sich auf die erstaunliche Fähigkeit des Denkens und Lernens stützt, die wir als Menschen haben – das Gegenteil von dem, was der falsche Einsatz von Technologie bewirkt.

Wir müssen die Verantwortung für unser Denken und Lernen übernehmen, wenn es uns Gelingen bringen soll. Niemand wird das für uns übernehmen. Wir sollten nicht auf technische Hilfsmittel und Spielereien, auf Tricks oder DIY-Anleitungen hereinfallen, die versprechen, uns über Nacht schlauer und intelligenter zu machen. Nichts wird jemals fleißige, zielgerichtete, bewusste und korrigierende harte Arbeit ersetzen. *Nur geistige Aktivität wird das Gehirn verändern*, wodurch sich auch das ändert, was wir sagen und tun. Diese Veränderung erfordert Fleiß und Disziplin. Die Gefahren unseres heutigen Lebensumfelds haben uns ungeduldig, ein bisschen zu anspruchsvoll und überwiegend unwillig gemacht, Opfer zu bringen und hart zu arbeiten. Und viele Schulen verstärken dies leider noch durch den übermäßigen Einsatz von Technologie, durch Neuromythen und das Abfragen von Lerninhalten mithilfe standardisierter Tests. Der ehrenwerte, bewährte Weg zum Erfolg ist jedoch die Investition von Zeit und Mühe.

Gedanken sind real

Beim Lernen bilden wir Gedanken. Gedanken füllen geistigen Raum aus. Sie sind die neurobiologischen Korrelate der geistigen Aktivität; Gedanke und Aktivität stehen somit in einer Wechselbeziehung. Mithilfe leistungsstarker Technologien konnte nachgewiesen werden, dass diese biophysikalischen Korrelate des Gedächtnisses – unsere Gedanken –, die als Engramme oder Gedächtnisspuren bezeichnet werden, eine reale, stabile physische Form haben und aus Proteinen bestehen.[228] Diese Gedanken verändern sich als Reaktion auf unser Denken ständig; somit haben im Grunde wir die Kontrolle über unsere Fähigkeit, Gedanken aufzubauen, und wir bestimmen durch diesen Vorgang, wie unser Gehirn aussieht und was wir in unserem Kopf wollen – und brauchen.

Die physische Darstellung von Gedanken im Gehirn gleicht Bäumen, in Wirklichkeit handelt es sich aber um eine Ansammlung von Neuronen mit ihren Dendriten. Die Dendriten speichern die Informationen aus unseren Gedanken und verändern sich aufgrund ihrer Plastizität von Moment zu Moment im Laufe der Erfahrungen, die wir im Leben machen. Das ist *Erfahrungslernen.* Diese Gedanken sind notwendig für den Ausdruck des Gedächtnisses und sind die Wurzeln dessen, was wir sagen und tun.[229] (Siehe Kapitel 21 für die aktualisierte Wissenschaft der Gedächtnisbildung.) Wir können nichts sagen oder tun, ohne zuerst einen Gedanken zu bilden, also ist alles, was wir sagen und tun, zuerst ein Gedanke, den wir gebildet haben. In der Tat lernen wir den ganzen Tag über und drücken diese Gedanken den ganzen Tag über aus. Lernen ist Teil des Lebens und der bewussten Wahrnehmung des Lebens. Lernen baut Erinnerungen auf, und Erinnerungen werden dazu genutzt, unsere Denkweise, unsere Weltanschauung und vor allem unsere »Eigenart« auszudrücken.

Das, woran du am meisten denkst, breitet sich in deinem Kopf aus. In dein Gehirn prägt sich das ein, worauf du dich konzentrierst, und wirkt sich darauf aus, was du sagst und tust. Tatsächlich ist das, was man sagt und tut, ein Spiegelbild dessen, was im eigenen Kopf vor sich geht – ein ernüchternder Gedanke! Es ist wichtig, sich immer vor Augen zu halten, dass das, was wir lernen, und die Art und Weise, wie wir es lernen, entweder zum Erfolg oder zum Misserfolg führt. Die Macht des Geistes bringt große Verantwortung mit sich.

Abbildung 20.1: Dendriten in der Nahansicht

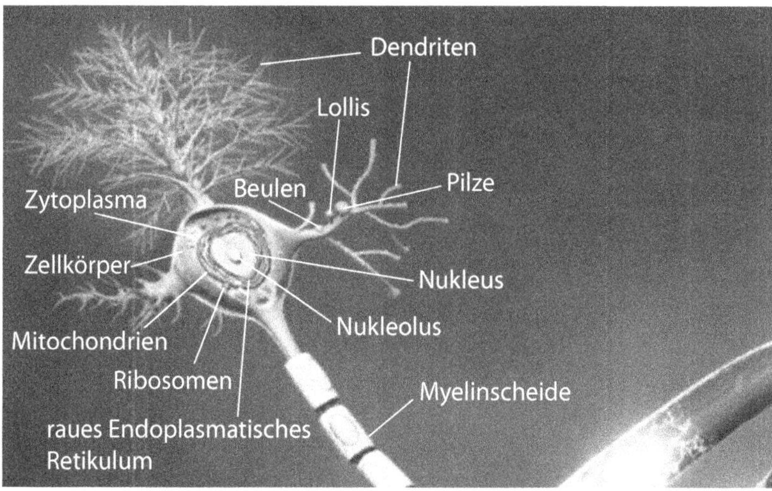

Die Forschung zeigt, dass unser Denkverhalten, also die Art und Weise, wie wir unser individualspezifisches Denken einsetzen, darüber entscheidet, ob wir uns an Informationen erinnern oder sie vergessen. Wie wir denken, entscheidet darüber, ob wir in unserem Gehirn Gesundheit oder Schaden entstehen lassen! Wenn du dich erfolgreich erinnern willst, musst du so denken, dass du deine Dendriten mit einbeziehst, die kleinen Äste im Gehirn, an der Spitze der Neuronen, die wie Tannenbäume aussehen (siehe Abbildung 20.1), und nicht nur die synaptischen Verbindungen zwischen den Nervenzellen (siehe Abbildung 20.2). Wahrscheinlich hast du noch nie im Zusammenhang mit Synapsen und Dendriten über das Gedächtnis oder dein Denken nachgedacht, aber genau das werden wir in diesem Kapitel gemeinsam tun. Warum? Weil eine akkurate Gedankenbildung zu einem gesunden Geist und Gehirn führt, was wiederum Erfolg und Zufriedenheit entstehen lässt. Theorien darüber, wie Dinge funktionieren, beeinflussen unsere geistige Gesundheit, unsere Lebensführung, Ausbildung und Arbeit. Wenn wir unser individualspezifisches Denken, die richtigen Mindsets sowie die in diesem Teil vorgestellte Technik anwenden, werden wir Dendriten mit starker Verzweigung aufbauen, die, wie du mir glauben kannst, gut für uns und unser Gedächtnis sind!

Falsche Vorstellungen aufgrund falscher Theorien über Gedächtnisbildung und Lernen (die bereits erwähnten Neuromythen) haben einen negativen Einfluss darauf, wie du das Thema Lernen wahrnimmst, und das wiederum wirkt sich darauf aus, wie du letztendlich lernst. In Anbetracht der Tatsache, dass das Gedächtnis den Kern deines Bewusstseins und deiner Glaubenssysteme bildet, die dich ausmachen, wird eine korrekte Kenntnis der Funktionsweise des Gedächtnisses dir auch helfen zu verstehen, wie wichtig es ist, *deinem individuellen Modus entsprechend zu denken.* Es wird dich stärken, wenn du – durch die Linse der Wissenschaft – zu sehen beginnst, dass du *die Kontrolle über dein Gedächtnis und dein Leben hast* und dich *jederzeit* ändern und verbessern kannst. Dein Gedächtnis richtig zu verstehen ist ein unverzichtbarer Teil deiner mentalen Selbstfürsorgeroutine.

Der 5-Schritte-Lernprozess *Schalte dein Gehirn an*

Meine anfängliche Forschung konzentrierte sich auf Schädel-Hirn-Traumata (SHT) und auf Menschen mit Lernbehinderungen, Autismus, chronisch-traumatischer Enzephalopathie (CTE) und Zerebralparese sowie auf Menschen, die unter kognitiven, kommunikativen und emotionalen Pathologien und Demenzerkrankungen leiden.[230] Die Techniken, die ich in diesem Abschnitt als 5-Schritte-Lernprozess *Schalte dein Gehirn an* vorstelle, sind identisch mit den Techniken, die ich wissenschaftlich erforscht, entwickelt und lange Jahre in meiner Forschung und klinischen Praxis eingesetzt habe und die schon von Hunderttausenden Menschen auf der ganzen Welt erfolgreich angewandt wurden.[231] Ich habe bei meinen Patienten, die dieses Programm nutzten, positive, schrittweise Veränderungen in Bezug auf die Lernfähigkeit und die kognitive, intellektuelle, emotionale und soziale Funktionsfähigkeit beobachtet. Und du kannst damit das Gleiche erreichen!

Abbildung 20.2

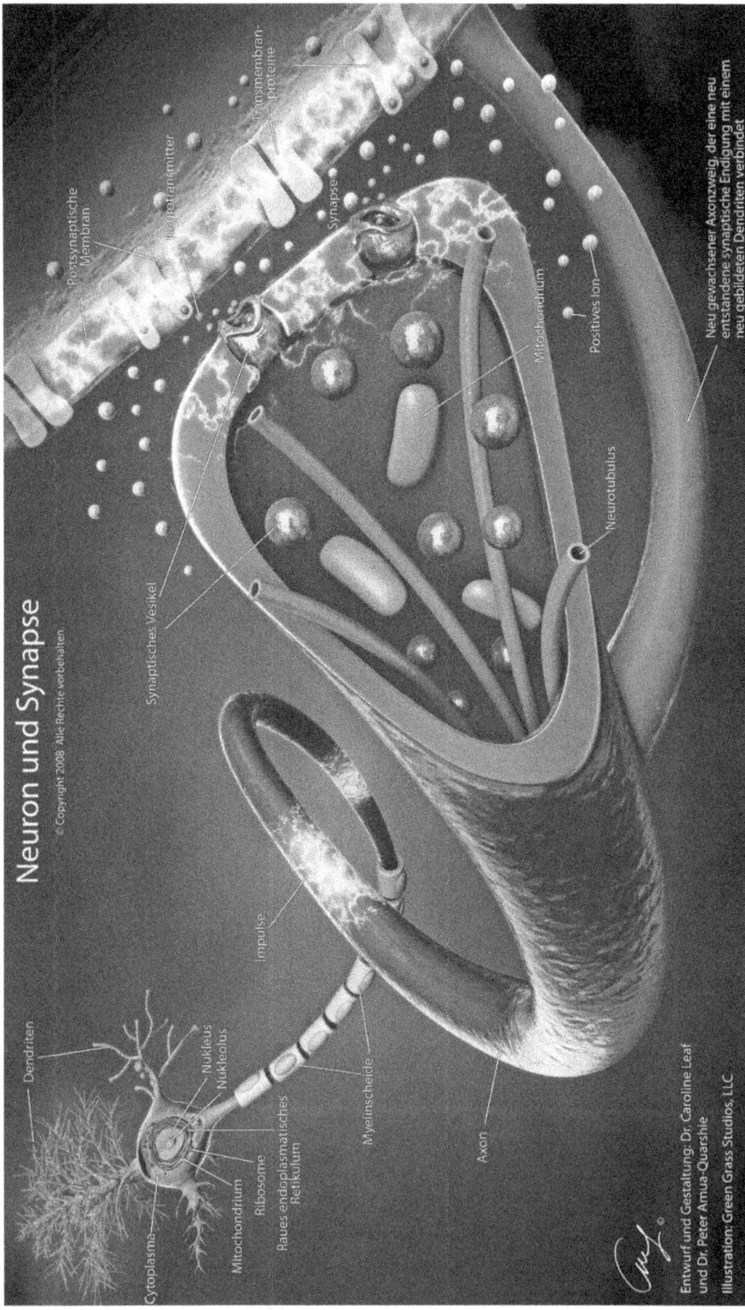

Es ist allgemein nachgewiesen, dass nahezu jeder Aspekt unseres Denkens, Lernens und unserer Intelligenz – unsere Gehirnleistung – durch intensives, gezieltes und bewusstes geistiges Training verbessert werden kann. Der 5-Schritte-Lernprozess *Schalte dein Gehirn an* bietet eine Technik für diese Art der organisierten Steuerung. Denk daran, dass du mit deinem Geist das Gehirn entweder in eine organisierte oder desorganisierte Richtung lenkst – man nennt das gedankengesteuerte Neuroplastizität. Dein Geist kann dein Gedächtnis wieder aufbauen und stärken, selbst wenn dein Gehirn durch die Traumata des Lebens geschädigt sein sollte. Du kannst dein Gehirn unter deine Kontrolle bringen. Du kannst dein Gedächtnis verbessern. Du *kannst* erfolgreich sein.

Der 5-Schritte-Lernprozess *Schalte dein Gehirn an* basiert auf einer Schnittmenge aus Gedächtnisforschung, Neurowissenschaft, Quantenbiologie, kognitiver Neuropsychologie, Sprach- und Kommunikationswissenschaft, Neuropsychologie, Psychoneuroimmunologie, Epigenetik, Quantenphysik und Intelligenzforschung. Er spielt eine entscheidende Rolle beim Gedächtnisaufbau, der, wie bereits erörtert, der Kernpunkt des Lernprozesses ist.

Fünf Schritte, die den Gedächtnisaufbau gelingen lassen

Der 5-Schritte-Lernprozess *Schalte dein Gehirn an* setzt sich aus fünf wichtigen Einzelschritten zusammen, die diesen disziplinierten und kontrollierten Lernprozess, den ich erläutert habe, erleichtern (siehe Abbildung 20.3). Diese fünf Schritte helfen dir, dein Gedächtnis aufzubauen und effektiv zu lernen, indem du deine individuelle Denkweise nutzt, die du im vorangegangenen Teil kennengelernt hast.

Abbildung 20.3: Metakog von Dr. C. Leaf zum 5-Schritte Lernprozesses *Schalte dein Gehirn an*

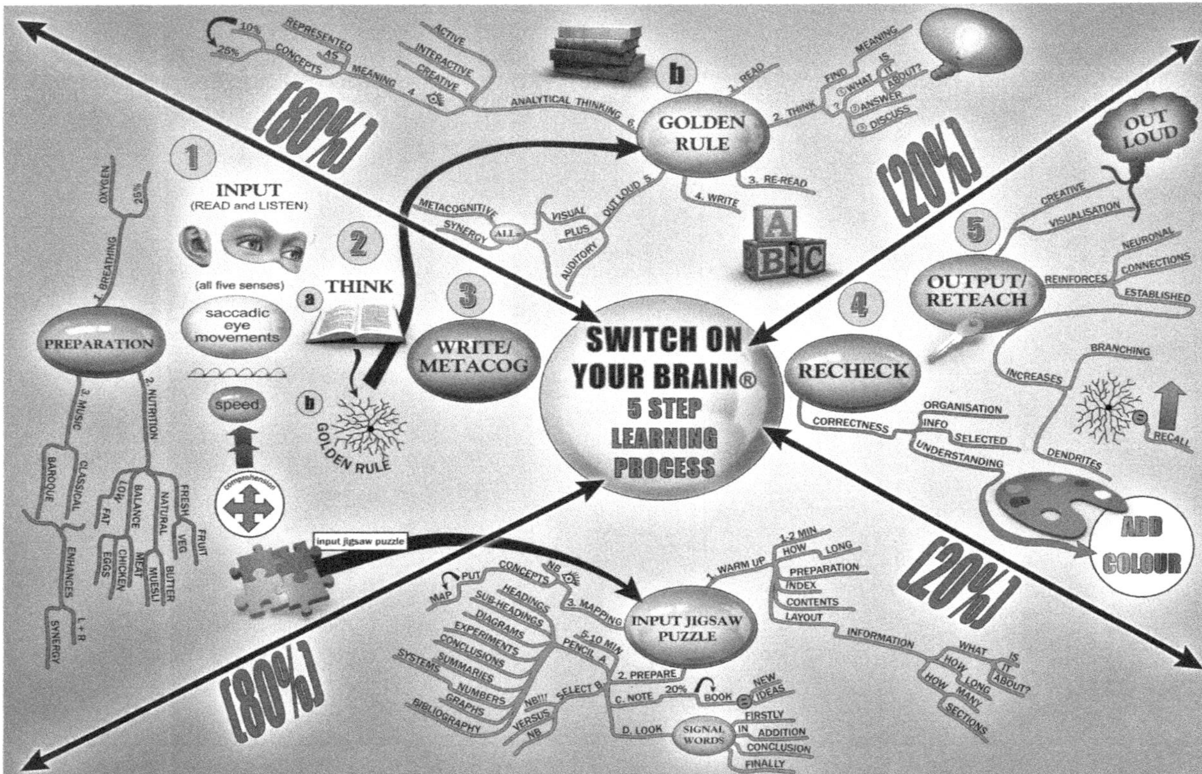

Bitte beachte, dass dieser Prozess nur dann richtig funktionieren kann, wenn alle fünf Schritte korrekt ausgeführt werden. Jeder Schritt soll dich über das Kurzzeitgedächtnis hinaus zum Aufbau eines *effektiven und nützlichen* Langzeitgedächtnisses bringen. Zudem ist jeder Schritt so konzipiert, dass er sich einen bestimmten Gehirnprozess zunutze macht, wobei sich alle Schritte gemeinsam auf das Ziel hinbewegen, das Gedächtnis aufzubauen und das Lernen zu optimieren. Diese fünf Schritte sind:

1. **Input**: lesen, hören, sehen
2. **Reflektieren**: fragen, antworten, erörtern
3. **Aufschreiben**: den Metakog erstellen
4. **Überprüfen**: auf Richtigkeit prüfen
5. **Output**: Weitergabe des Erlernten

Indem du den 5-Schritte-Lernprozess *Schalte dein Gehirn an* anwendest, aktivierst du deinen persönlichen Denkmodus, sodass du nützliche Gedächtnisinhalte schaffen kannst. Beim Lernen liegt der Schwerpunkt auf Qualität und nicht allein auf Quantität, denn Quantität ohne Qualität kann dem Gehirn sogar schaden. Quantität plus Qualität fordert das Gehirn auf eine ganz andere Art und Weise und führt somit auch zu einem anderen Ergebnis – der Art von Ergebnis, die gesunde, effektive Veränderungen bewirkt.

Über *die Achtsamkeit hinauszugehen* fügt dem Leben und Lernen als Erfahrung eine Dimension des qualitativen Verständnisses und der Sinnhaftigkeit hinzu, wie sie durch bewusstes Erleben des Jetzt-Moments (Meditation) und den ständigen Verlass auf digitale Plattformen nicht zu erreichen ist. Man erwirbt nicht nur Wissen, sondern lenkt auch die Aufmerksamkeit auf die eigene Erfahrung des Wissenserwerbs. Das ist produktiv *und* auf sinnhafte Weise intellektuell befriedigend.

Die neuronalen Verbindungen, die ohne Tiefenverarbeitung durch Auswendiglernen, Pauken für Prüfungen oder Meetings und den Verlass auf digitale Plattformen entstehen, lösen sich so schnell auf, wie sie entstanden sind. Der 5-Schritte-Lernprozess *Schalte dein Gehirn an* hingegen hält gute Denkgewohnheiten aufrecht und schafft Wissensspeicher, die sinnvoll genutzt werden können. Er erfordert bewusste, langsame und stetige Arbeit, damit sich neue starke Verbindungen und dendritische Verzweigungen mit vielen dendritischen Dornen bilden – ein Prozess, der in Zyklen von etwa dreiundsechzig Tagen abläuft (siehe Kapitel 8 und 22). Jeder der fünf Schritte ist sorgfältig darauf ausgelegt, im Gehirn ein Höchstmaß an funktioneller Reaktion auf effizienteste Art und Weise zu stimulieren, um hervorragende Erinnerungen zu gewährleisten, die wiederum zu schulischem, beruflichem und persönlichem Erfolg beitragen.

Es ist wichtig zu erwähnen, dass du während der Entwicklung und des Aufbaus von Wissen und Fähigkeiten im nichtbewussten Teil deines Verstandes (siehe Kapitel 22) nicht selten das Gefühl haben wirst, keine Fortschritte zu machen. Genau deshalb musst du mit aller Entschlossenheit weiter dranbleiben, bis der Durchbruch kommt. Wie heißt es so schön? Harte Arbeit zahlt sich aus! Durch Auswendiglernen ohne wirkliches Begreifen kannst du einfach kein stabiles Langzeitgedächtnis aufbauen, das ein wesentlicher Bestandteil des Erfolgs ist. Um es in der Sprache des Gehirns auszudrücken (mehr dazu in Kapitel 21): Abkürzungen zu nehmen, indem man sich auf technische Hilfsmittel verlässt oder den Lernstoff einpaukt, führt lediglich zu Rechenaktivität in den Zellkörpern der Neuronen des Gehirns und somit zum Aufbau flüchtiger Erinnerungen an den synaptischen Verbindungen – keine gute Sache, wenn man dauerhaften Erfolg will. Kontinuierliches Denken hingegen, das über einen Zeitraum von etwa zwei Monaten pro Informationseinheit aufrechterhalten wird, verfestigt die Erinnerung, indem sie ein fest eingefügter Teil der dendritischen Verästelungen wird, die tatsächlich genauso effizient sind wie Billionen der leistungsfähigsten Quantencomputer (siehe Abbildung 20.1).

Wie schon gesagt, kann dein Denken die Struktur deines Gehirns verändern. Diese *gedankengesteuerte* Neuroplastizität konnte ich mithilfe der beobachteten Verhaltensänderungen bei Probanden im Zuge meiner Forschung unter Beweis stellen. Dr. Carol Dweck, Forschungspsychologin an der Stanford University, kam zu vergleichbaren Ergebnissen bei Studenten der Mathematik.[232] Harvard-Forschungen haben gezeigt, dass die geistige Übung, die sich aus tiefem Nachdenken ergibt, bis man etwas verstanden hat, zu tatsächlichen physischen Veränderungen im Gehirn führt – diese Fähigkeit, durch bloßes Denken die physische Struktur und Funktion unserer grauen Substanz zu verändern, ist ein mächtiges Werkzeug! Mentales Training durch gedankliche Visualisierung ist eine derart effektive Methode, dass Wissenschaftler Menschen mithilfe deren Vorstellungskraft beigebracht haben, genauso effektiv Klavier zu spielen wie jemand, der es auf die übliche Weise lernt – also auf einem echten Klavier![233]

Was die Plastizität des Gehirns so spannend macht, ist die Tatsache, dass das Gehirn nicht statisch ist, sondern sich mit jeder neuen Information, die wir erlernen, verändert. Dein Gehirn kann somit durch mentales Training immer besser werden, vorausgesetzt, du bedienst dich dabei deiner persönlichen Gabe und baust dein Gedächtnis korrekt auf. Dieser systematische geistige Prozess des Denkens mit dem Ziel, zu begreifen, wie er im 5-Schritte-Lernprozess *Schalte dein Gehirn an* dargestellt ist, wird dein Lernverhalten für immer verändern und dein Potential zu ungeahnten Horizonten erweitern. Er wird dein Gehirn verändern. Er wird *dich* verändern, und er kann in allen Lebensbereichen zum Einsatz kommen!

Schritt 1: Input

Das Ziel des Inputs ist klar: zu verstehen, was wir hören, lesen und erleben, und die Informationen korrekt ins Gehirn zu schleusen. Informationen gelangen als Quantensignal über unsere Sinne ins Gehirn und werden als elektromagnetisches Signal nahe einem Bereich namens *entorhinaler Cortex* empfangen (siehe Abbildung 20.4). Der entorhinale Cortex ist für die Vorverarbeitung der Eingangssignale (Informationen) zuständig und ein wichtiges Gedächtniszentrum im Gehirn.

So stellst du sicher, dass die Informationen während des Input-Prozesses ordnungsgemäß aufgenommen werden:

1. *Benutze beim Lesen stets eine Orientierungshilfe.* Damit ist ein Instrument gemeint, das den Blick während des Lesens lenkt. Das kann dein Finger, ein Bleistift oder der Mauszeiger sein – aber kein Lineal, kein gefaltetes Blatt Papier und kein Lesezeichen, da diese den Text verdecken. Eine Orientierungshilfe verbessert deine Konzentrationsfähigkeit und dein Leseverständnis um etwa 50 Prozent, da beide Gehirnhälften gleichzeitig genutzt werden. Wenn du nicht mit einer Orientierungshilfe liest, wird deine Konzentrationsspanne kürzer sein. Du wirst dich müde fühlen, obwohl du es gar nicht bist, wenn du nicht beide Gehirnhälften gleichzeitig nutzt, sodass sie im Einklang arbeiten können.

2. *Lies laut ab.* Dies solltest du tun, wo und wann immer es möglich ist, was natürlich von der jeweiligen Situation abhängt. Du musst die Worte, die du liest, sehen *und hören*. Diese auditive Stimulation erhöht die Wahrscheinlichkeit des Verstehens enorm und verringert die Gefahr von Fehlern beim Verstehen der gelesenen Informationen. Außerdem wird dadurch die Selbstregulation gefördert, sodass deine Begabung optimal zum Einsatz kommen kann.

Abbildung 20.4: Im Inneren des Gehirns

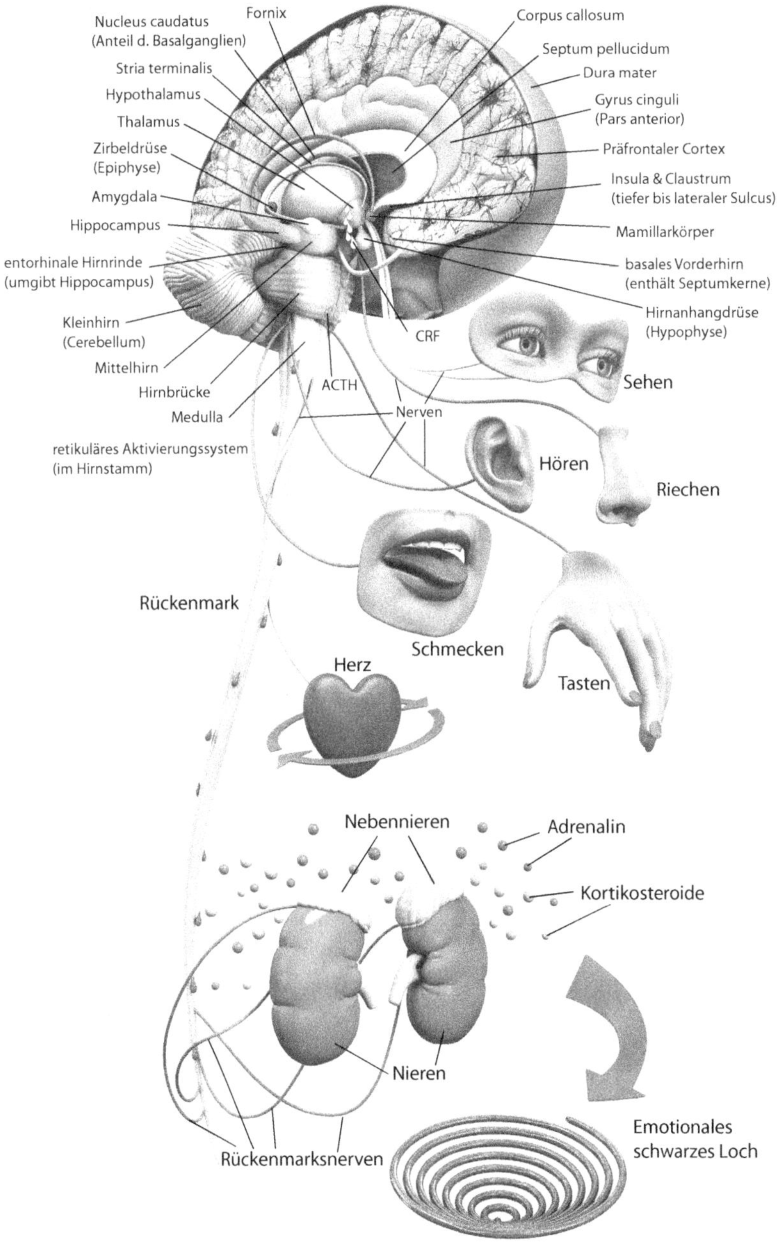

3. *Lies Informationen häppchenweise.* Ein Informationshappen sollte zwischen einem und drei Sätzen lang sein, eine mundgerechte Menge an Informationen. Wir können unser Gedächtnis nicht richtig aufbauen, wenn wir einen langen Textabschnitt auf einmal lesen und dabei versuchen, ihn zu behalten. Diese Art des Lesens führt zwar zu einem gewissen Verständnis, baut aber keine Langzeiterinnerung auf. Leicht verdauliche Mengen an Informationen, mundgerechte Häppchen, führen hingegen zu echtem Begreifen. Wie beim Verzehr von Speisen nimmst du immer nur einen Bissen an Informationen auf einmal zu dir. Du kannst den gesamten Text zunächst schnell durchlesen, dann beginnst du von vorn und liest ihn Stück für Stück noch einmal durch, damit sich die Dendriten bilden können.

4. *Geh mit der richtigen Einstellung an die Lektüre heran* (siehe Teil 1 über die Mindsets). Eine falsche Einstellung wirkt sich negativ auf die quanten- und elektrochemischen Reaktionen im Gehirn aus, was zu Beeinträchtigungen des Leseverständnisses führt und somit den Lernprozess verlangsamt. Setze dich so interaktiv wie möglich mit dem Stoff auseinander. Stell dir vor, dass das, was du gerade liest – egal, ob ein Buch, irgendwelche Anmerkungen oder ein Artikel –, von einer Person geschrieben wurde, die dir etwas sagen will. Frag dich, was diese Person dir mitzuteilen versucht, um die Bedeutung des Gelesenen zu verstehen. Interagiere mit den Aussagen auf der Seite, als würdest du mit der Person kommunizieren, die sie geschrieben hat. Mach es dir zur Gewohnheit, mit dem Gelesenen in Dialog zu treten: Stelle dir Fragen über den Inhalt, gib dir Antworten, indem du das Gelesene in eigene Worte fasst und mit dir selbst darüber diskutierst. Diese Interaktion ermöglicht es den Nervenzellen, das Gen anzuschalten, das starke Langzeiterinnerungen in den dendritischen Verzweigungen entstehen lässt.

5. *Hör aufmerksam zu!* Halte beim Zuhören immer Stift und Papier bereit und entwickle interaktive Gedanken. Und so hört man aufmerksam und konzentriert zu, um gute Gedächtnisinhalte zu schaffen:

- Bring etwas zu Papier – Wörter, Sätze, kleine Zeichnungen. Der Prozess des Schreibens während des Zuhörens ist hier der springende Punkt. Dies ermöglicht eine tiefergehende geistige Aktivität, die verhindert, dass deine Gedanken abschweifen. Das hilft dir auch, deine Gedanken zu ordnen.
- Bring dich so aktiv wie möglich ein. Stell Fragen, entweder laut oder leise, und wiederhole im Stillen Sätze des Redners, um dich gedanklich mit dem Thema auseinanderzusetzen.
- Beherrsche und diszipliniere dein Gedankenleben. Viele Gedanken werden sich aufdrängen, die einfach schon da sind oder die durch die Informationen, die du empfängst, angeregt werden. Nimm sie zur Kenntnis, aber hänge ihnen nicht nach, bevor du nicht alle Informationen hast, die du von der Person, die spricht, brauchst.

Was hierbei im Gehirn passiert

Um dir eine Vorstellung davon zu geben, wie dein Gehirn auf deinen aktiven Geist reagiert, findest du hier eine vereinfachte Erklärung. Die Abbildung 20.4 erleichtert es dir, dieser Analyse zu folgen. (In Kapitel 21 erfährst du mehr über synaptische Verbindungen, Zellkörper, Dendriten und quantenmechanische Prozesse bei der Gedächtnisbildung).

Wenn du Informationen in das Gehirn einspeist, indem du hörst, liest und mit deinen fünf Sinnen erlebst, durchlaufen diese Informationen das Gehirn auf zwei Ebenen: zum einen auf der Quantenebene als Wolke von Teilchen, die sich in Superposition befinden, und zum anderen auf der elektromagnetischen und chemischen Ebene, wobei sie in einer bestimmten Sequenz durch verschiedene Bereiche des Gehirns fließen. Dieser Prozess unterscheidet sich stark von der Quantenaktivität und läuft zudem viel langsamer ab. Der elektromagnetische und chemische Fluss scheint vom entorhinalen Cortex (gleich einem Portal) über den Thalamus (vergleichbar mit einer Außenstelle) zum Cortex (dem äußeren Teil des Gehirns) zu verlaufen, wo Langzeiterinnerungen gespeichert und vorhandene Erinnerungen aktiviert werden. Dein emotionaler Zustand, der sich aus der Aktivierung dieser Erinnerungen ergibt, stimuliert den Hypothalamus, der die Freisetzung von chemischen Stoffen zur Unterstützung der Gedächtnisbildung beschleunigt. Es ist wichtig, während dieses Prozesses ruhig zu bleiben, denn Angst blockiert eine effektive Erinnerungsbildung. Von diesem Punkt aus fließen die Informationen in die Amygdala (eine Art Bibliothek emotionaler Wahrnehmungen), wo weitere Vorbereitungen für die Erinnerungsbildung getroffen werden. Von dort aus fließen sie schließlich in den Hippocampus, die Struktur, in der Kurzzeiterinnerungen aufgebaut und im Verlauf von 21 Tagen in Langzeiterinnerungen umgewandelt und in der äußeren Hirnrinde gespeichert werden. Dieser Fluss elektrischer Aktivität bewegt sich in schleifenartiger Weise zwischen all diesen Strukturen hin und her, während sich die Erinnerung zu bilden beginnt; die Quantenaktivität hingegen findet im gesamten Gehirn statt. Während du liest und zuhörst, passiert eine Menge!

Bei diesem Schritt ist es wichtig, sich daran zu erinnern, dass wir denkende Wesen sind; wir denken den ganzen Tag lang. Das Denken erzeugt Gedanken, und Gedanken belegen physischen, mentalen Raum im Gehirn. Wer richtig denkt, entwickelt Verständnis und baut gute Gedanken auf (die dasselbe sind wie Erinnerungen). Umgekehrt kann toxisches Denken, sei es auf einer emotionalen Ebene oder bedingt durch oberflächliche Denkgewohnheiten, das Gehirn vergiften und die Lernfähigkeit beeinträchtigen.

Schritt 2: Fokussiertes Denken/Reflektieren

Mit diesem Schritt sollst du lernen, wie du richtig denken und dabei deine phänomenale Fähigkeit entwickeln kannst, effektive Langzeiterinnerungen in deinen Dendriten aufzubauen. Als goldene Regel des 5-Schritte-Lernprozesses *Schalte dein Gehirn an* gilt: Denke so, dass du die Informationen, die du dir zu merken versuchst, wirklich verstehst. Auf Verstehen ausgerichtetes Denken umfasst drei Schritte: Fragen, Antworten und Erörtern.

So gehst du beim Schritt des fokussierten Denkens vor:

1. *Lies* einen kurzen Abschnitt – zwischen einem und drei Sätzen – laut und benutze dabei deine Orientierungshilfe (Stift, Mauszeiger oder Finger).
2. Halte inne und *frage* dich, was du gelesen hast.
3. *Beantworte* dir diese Frage, indem du dir ansiehst, was du soeben gelesen hast. Als Nächstes lies dir den Abschnitt laut vor und kreise die wichtigen Begriffe ein. Unterstreiche bzw. markiere die Wörter nicht. Das sind passive Handlungen, die dich nicht dazu anregen, über das Unterstrichene oder Hervorgehobene nachzudenken, es zu analysieren oder zu verstehen. Einkreisen hingegen ist eine aktive Handlung.
4. Als Nächstes gilt es, dich mit diesem Teil der Information *auseinanderzusetzen*, wobei du dir immer noch den Satz oder die Sätze ansiehst, die du gerade gelesen hast. Auseinandersetzen (oder Erörtern) bedeutet in diesem Zusammenhang, dass du dir das Gelesene immer wieder

in deinen eigenen Worten selbst erklärst, bis du es verstanden hast. Wenn du den Sinngehalt nicht verstehst, frag jemanden oder mach dir eine Notiz, um dich später zu informieren.

5. Achte beim Erörtern darauf, wie viel des Inhalts du *eingekreist* hast. Wenn es mehr als 40 Prozent einer Textseite sind, hast du zu viel eingekreist und verstehst den Inhalt vermutlich noch nicht. Geh zurück, lies noch einmal und setz dich nochmals mit dem Gelesenen auseinander, bis du den Umfang der eingekreisten Stellen auf 15 bis 35 Prozent reduzieren kannst. Wenn du mehr als das eingekreist hast, dachtest du wahrscheinlich, du könntest dir mehr merken, wenn du viele Wörter auswählst. Ich kann dir versichern, dass das Gegenteil eintreten wird. Wenn du dich auf zu viele einzelne Wörter konzentrierst, wirst du dich nicht besser, sondern schlechter erinnern. Die wichtigsten Gedanken sind mit 15 bis 35 Prozent der Sätze dargelegt, der restliche Inhalt besteht aus Füllwörtern und Füllsätzen und muss nicht aufgeschrieben werden. Wenn du das Gefühl hast, die Zusammenhänge des gerade gelesenen Abschnitts vollständig verstanden zu haben, bist du bereit, sie in Schritt 3 aufzuschreiben.

Was hierbei im Gehirn passiert

Der Schritt des fokussierten Denkens fordert das Gehirn heraus, einen Gang höher zu schalten und das zu tun, wofür es eigentlich ausgelegt ist: tiefgründiges, kluges Nachdenken! Wenn dein Mindset stimmt (siehe Teil 1), baut sich eine Erwartungshaltung auf, und in dieser Phase werden Substanzen freigesetzt, die tiefgründiges Lernen ermöglichen. So werden zum Beispiel Dopamin und Endorphine ausgeschüttet, während sich dein Verständnis entwickelt. Das hilft dir, effektiv zu lernen, und spornt dich an, weiterzulernen.

Auf zellularer Ebene werden die Dendriten in den Lernprozess einbezogen. Wichtige Erinnerungen beginnen sich zu bilden (siehe die ausführliche Erläuterung in Kapitel 21).

Auf struktureller Ebene ist das gesamte Gehirn beteiligt, wenn du denkst, wobei Wellen zusätzlicher Aktivität in verschiedenen Teilen des Gehirns auftreten. Das Corpus callosum wird aktiviert, wenn du Informationen miteinander verknüpfst. Der Hippocampus wird aktiviert, um die gemerkten Informationen von Kurzzeiterinnerungen in Langzeiterinnerungen umzuwandeln und sie in den Dendriten im Cortex zu speichern. Der Frontallappen reagiert auf deine Entscheidungsfindung und Planung. Die Neuronen reagieren, indem sie Dendriten bilden, um die Informationen zu speichern. Es findet ein Zusammenspiel zwischen der linken und der rechten Gehirnhälfte statt.

Schritt 3: Aufschreiben/Metakog

Beim Schritt »Aufschreiben« geht es darum, die Informationen festzuhalten, die du während des fokussierten Nachdenkens und Analysierens in Schritt 2 ausgewählt hast. Ich empfehle dir, die »gehirngerechte« Schreibmethode zu verwenden, die ich entwickelt habe, der sogenannte Metakog. Diese Art der schriftlichen Dokumentation von Informationen gleicht der dendritischen Verzweigung auf den Neuronen (siehe Abbildung 20.1). Dendriten haben eine baumkronenartige Struktur; sie sehen aus wie Bäume mit stark verzweigtem Astwerk. Ihr Muster und ihre Form werden durch das Muster und die Form des neuronalen Netzwerks aus Gedächtnisinhalten bestimmt, das du aufbaust, während du dir mithilfe von Fragen, Antworten und Erörterungen deinen Weg durch die Informationen bahnst.

Es ist wirklich wichtig, im Rahmen des Frage-Antwort-Erörterungs-Prozesses wichtige Begriffe zu notieren, da dies ein gesundes Dendritenwachstum fördert und dich regelrecht dazu zwingt, über dein Denken nachzudenken. Das Gehirn funktioniert wie ein Quantencomputer, und tiefgründiges Nachdenken durch geistige Aktivität liefert das Signal für diesen Quantencomputer. Beim Nachdenken (Schritt 2 = Fragen/Antworten/Erörtern) erzeugst du Signale in deinem Gehirn; wenn du dann die einzelnen Punkte im gehirngerechten Format des Metakogs festhältst, verstärkst du die Quantensignale und das, was du soeben in den Dendriten angelegt hast. Du nimmst damit direkt Einfluss auf deine Genexpression und lässt dein Gehirn willentlich wachsen!

Es ist interessant, dass du allein durch das Betrachten eines Metakogs (Beispiele findest du im Anhang) dein Gehirn dazu anregst, Informationen vom Detail zum Gesamtbild und vom Gesamtbild ins Detail gehend zu verarbeiten. Dies trägt dazu bei, stabile Gedächtnisinhalte über die linke und rechte Gehirnhälfte hinweg zu festigen. Der Metakog ist das visuelle Hilfsmittel des 5-Schritte-Lernprozesses *Schalte dein Gehirn an*. Er bietet, wie gesagt, eine gehirngerechte Methode des Aufschreibens und gleicht dem Ast- und Blätterwerk eines Baumes. Sein Muster und seine Form werden durch das Muster und die Form des tatsächlichen Netzwerks diktiert, das aufgebaut wird, wenn eine Person denkt. Die Erstellung eines Metakogs ist fast so, als würde man in das Gehirn dieser Person schauen, um einen Einblick in ihre Gedanken zu bekommen – es ist gerade so, als würde man seine Gedanken und sein Gehirn auf Papier übertragen! Der Metakog ist eine großartige Möglichkeit, deine Kreativität und dein Gedächtnis anzuregen. Er ist zudem sehr aufschlussreich, sodass du Dinge sehen wirst, die du vorher nicht gesehen hast; zugleich wirst du auf einer viel tiefergehenden Ebene denken. Der Metakog verwandelt dich in der Tat in einen Menschen mit Sinn und Bedeutung, der das gute Leben lebt!

Jeder Mensch kann denken und lernen, und der 5-Schritte-Lernprozess *Schalte dein Gehirn an* stimuliert als ein auf Neuroplastizität basierendes System die natürliche Anlage des Gehirns zu tiefgründigem Denken, welches zu echtem Verständnis und stabilen, nützlichen Gedächtnisinhalten führt.

Durch diesen Prozess können die Fähigkeiten erworben werden, die man braucht, um ein ideenreicher und lebenslang Lernender zu werden. Dieser Prozess steht in der Gehirn- und Lernforschung an vorderster Stelle, da er den Menschen beibringt, wie sie denken, lernen und Wissen nutzen können.

Wie man einen Metakog erstellt

Wusstest du, dass der nichtbewusste Teil deines Verstandes beim Lesen eines Satzes nicht jedes einzelne Wort auswählt, um eine Erinnerung aufzubauen? Stattdessen versuchst du von Natur aus intuitiv die Bedeutung des Satzinhalts zu erfassen, also die 15 bis 35 Prozent der Begriffe pro Satz, die maßgeblich sind. Diese Begriffe oder wesentlichen Informationen sind das, was du am Ende in deinem Metakog festhältst. Wenn du mehr als diese Anzahl aufschreibst, hast du zu viele Wörter, die du verarbeiten musst, und diese Redundanz beeinträchtigt die Erinnerung an das Wesentliche. Zwischen 15 und 35 Prozent liegt die ideale Menge an Informationen, denn weniger als 15 Prozent führen zu Gedächtnislücken und mehr als 35 Prozent können das Abrufen von Informationen stören.

Ein wichtiger Teil des Lernerfolgs besteht darin, die Regeln zu befolgen und den Metakog immer in der richtigen Reihenfolge zu erstellen. Hier ist die Anleitung für die korrekte Erstellung eines Metakogs:

1. *Schreib den Namen des Themas, an dem du gerade arbeitest, in die Mitte eines vorzugsweise leeren Blattes Papier.* Es kann hierbei um ein Kapitel oder den Abschnitt eines Buches gehen, das du gerade durcharbeitest; vielleicht bereitest du dich auf ein Meeting vor; oder du willst dir einen Artikel merken, den du gerade liest; möglicherweise willst du einen Urlaub planen; oder es geht um einen Blogbeitrag oder Aufsatz, den du verfassen willst.

2. *Achte darauf, beim Eintrag in das Metakog möglichst alle Wörter in Druckschrift zu schreiben.* Verwende keine Schreibschrift. In Druckschrift Geschriebenes kann man sich leichter merken. Verwende für die Hauptkategorien Großbuchstaben, damit sie hervorstechen. Notiere die Details in kleinerer Schrift.

3. *Jedes Stichwort muss in einer eigenen Zeile stehen.* Du bildest also einen Satz im wahrsten Sinne des Wortes auf verzweigten Zeilen, ein Wort pro Zeile. Du musst die aussagelogischen Zusammenhänge zwischen den von dir ausgewählten Begriffen festlegen. Diese Verbindungen müssen sich strukturell im Metakog widerspiegeln, weshalb du nur ein Wort oder einen Begriff pro Zeile haben solltest. Wörter auf verknüpften/verbundenen Zeilen führen zu einer sich ausbreitenden Aktivierung, bei der jeder Begriff den nächsten auf logische und sinnvoll assoziierte Weise auslöst. Genau das passiert auch in deinem Gehirn. Mehr als ein Begriff in einer Zeile stört die korrekte Strukturierung eines Metakogs und verwandelt ihn in eine Art Flussdiagramm oder eine lineare Zusammenfassung. Das ist in Ordnung, wenn du die entsprechenden Inhalte beherrschst, aber nicht, wenn du sie gerade erlernst. Um etwas zu lernen, musst du bauen und gestalten.

Jeder Begriff hat seine eigene elektrische Repräsentation im Gehirn. Wenn du zwei Wörter auf eine Linie setzt, ist es gerade so, als würdest du zwei elektrische Repräsentationen auf einen Dendriten setzen; die beiden würden zu einer einzigen Repräsentation kollabieren und die Hälfte der Bedeutung könnte verloren gehen und/oder durcheinander geraten.

4. *Setze die erste Zwischenüberschrift auf einen Zweig, der strahlenförmig von der Hauptblase in der Mitte ausgeht.*

5. *Notiere die restlichen Informationen in Form von Stichworten – 15 bis 35 Prozent (schreibe keine ganzen Sätze auf!) –, die sich von dieser Zwischenüberschrift aus verzweigen.* Es sollten Zeilen vorhanden sein, die sich von der Zwischenüberschrift aus verzweigen; schreib die Wörter auf diese Zeilen, die den Ästen eines Baumes ähneln. Denke daran, ein Wort pro Zeile zu verwenden, wie unter Punkt 3 beschrieben.

6. *Die Informationen, die von den Zwischenüberschriften ausgehen, sollten sich vom Allgemeinen zum Konkreteren entwickeln.* Das bedeutet, dass du die Zweige von der Hauptkategorie aus nach außen »wachsen« lässt, um die 15 bis 35 Prozent unterzubringen, die du ausgewählt hast.

7. *Diese Begriffe müssen auf die Linie geschrieben werden, nicht neben oder unter die Linie.*

8. *Sobald du alles zu dieser Zwischenüberschrift ausgewählt und aufgeschrieben hast, gehst du zur nächsten Zwischenüberschrift und wiederholst den Vorgang, bis der gesamte Aufgabenabschnitt in den Metakog eingetragen ist.* Du führst damit im Grunde die ersten drei Schritte des 5-Schritte-Lernprozesses *Schalte dein Gehirn an* zusammen aus – also Input, Denken und Aufschreiben für einen Informationsblock, dann Input, Denken, Aufschreiben für den nächsten Informationsblock und so weiter.

9. *Die Äste, die du in deinem Metakog wachsen lässt, entsprechen in ihrer Form gewissermaßen den Ästen, die du in deinem Gehirn an den Dendriten wachsen lässt.* Der Dendritenbaum in deinem Gehirn spiegelt sich als verzweigter Metakog auf dem Papier wider. Ohne dass du dir dessen bewusst wärst, diktiert dein neuronales Netzwerk die Form der Äste auf deinem Metakog. Deshalb nenne ich den Metakog auch gerne unser »Gehirn auf Papier«. Es ist, als hätte dein Gehirn beim Zeichnen des Metakogs bereits das gleiche Muster in Form einer Erinnerung erstellt. Wenn die einzelnen Wörter über das ganze Blatt verteilt wären und nicht auf logisch zusammenhängenden Linien stünden, entspräche das dem, was mit der Speicherung von Informationen in deinem Gehirn passieren würde. Die Informationen wären dann überall verstreut, und du würdest sie nicht abrufen können, wenn du sie bräuchtest.

10. *Beginne deinen Metakog in der oberen rechten Ecke des Kreises und arbeite im Uhrzeigersinn von links nach rechts. Du kannst auch gegen den Uhrzeigersinn arbeiten, wenn das einfacher für dich ist oder wenn du Linkshänder bist.* Da wir meistens von links nach rechts arbeiten, folgt der Metakog im Allgemeinen demselben Schema. Du wirst das Blatt drehen müssen, damit du immer von links nach rechts arbeitest. Dabei wirst du feststellen, dass der Metakog zur Hälfte immer auf dem Kopf steht. Und das ist sogar gut so, denn durch das Drehen der Seite förderst du die Zusammenarbeit der beiden Gehirnhälften. Das Blatt immer wieder zu drehen, hält dich außerdem wach und aufmerksam. Es ist nichts falsch daran, wenn du deinen Metakog lieber liest, ohne ihn zu drehen, aber die Hirnforschung zeigt, dass dieses Überwechseln förderlich für tiefgründiges Denken ist. Möglicherweise fühlt es sich ja sogar natürlicher an, das Blatt zu drehen, weil du ganz instinktiv von links nach rechts arbeitest.

11. *Denk daran, immer die goldene Regel des 5-Schritte-Lernprozesses* Schalte dein Gehirn an *anzuwenden, um zu verstehen, wie und wann du Begriffe auswählst, das heißt: frage, antworte und erörtere.* Hierbei geht es um das Gespräch, das du mit dir selbst führen musst, wie du in Schritt 2 über das fokussierte Denken erfahren hast. Du solltest nicht mehr als 15 bis 35 Prozent der Informationen auf deinem Metakog festhalten. So stellst du sicher, dass du das Wesentliche behältst – du musst über das, was du liest, nachdenken und es verstehen. Es geht nicht darum, Informationen lediglich zusammenzufassen. Du filterst Überflüssiges heraus und behältst nur die relevanten Informationen.

12. *Du kannst beim Überprüfen in Schritt 4 auch gerne Farbmarkierungen verwenden, um die Übersichtlichkeit zu verbessern, aber erst nachdem du alles aufgeschrieben hast, was du für wichtig hältst.* Dein Metakog wird mit Farbe optisch ansprechender, aber unbedingt erforderlich ist diese Kennzeichnung nicht. Wenn du zum ersten Mal einen Metakog erstellst, bleib besser bei einer Farbe, zum Beispiel einem Bleistift, damit du den Gedankenfluss in deinem Gehirn nicht unterbrichst. Außerdem kannst du so Fehler leichter wegradieren, sodass du deinen Metakog nicht noch einmal komplett neu erstellen musst. Füge in der Phase des Überprüfens nur dann Farbe hinzu, wenn es dir bei der Selbstbeobachtung und als Gedächtnisstütze hilft.

13. Dieser Schritt ist optional: *Verwende Bilder, Symbole, Formen und Zeichnungen als Gedächtnisstütze, aber nur, wenn es sich von selbst ergibt.* Du musst dann allerdings nicht jedem Wort ein eigenes Bild zuordnen, sondern eher einer Gruppe von Begriffen. Wie bei der Verwendung von Farben ist es besser, die Bilder während Schritt 4 auf den Metakog zu übertragen. Während du dich darauf konzentrierst, 15 bis 35 Prozent des Inhalts zu verstehen und auszuwählen, fällt dir vielleicht ein Bild ein. Wenn dies der Fall ist,

kannst du es in den Metakog einfügen. Verbringe jedoch nicht auf Kosten der Begriffsauswahl zu viel Zeit damit, ein Meisterwerk zu schaffen. Es ist wichtig, das zu tun, was dir von allein einfällt. In den Schritten »Überprüfen« und »Output« wirst du genügend Zeit haben, Bilder hinzuzufügen (je simpler, desto besser). Bilder sind hilfreich, um das Lernen auf den nichtbewussten Ebenen zu aktivieren; dort ist die Metakognition eine starke treibende Kraft hinter unserem bewussten Denken. Die Verwendung von Bildern und die Frage, ob du sie überhaupt verwendest, hängt jedoch, wie alles andere auch, von deiner Gabe ab – deinem standardmäßigen Denkmodus.

14. *Denk daran, dass du einen Metakog* aufbaust *und somit eine Erinnerung in deine Dendriten einbaust.*

15. *Es gibt verschiedene Apps, mit denen du Metakogs am Computer erstellen kannst, und obwohl ich einige davon benutze, verwende ich sie erst, wenn ich den Inhalt mithilfe eines handgezeichneten Metakogs verinnerlicht habe.*

Was hierbei im Gehirn passiert

Wenn du einen Metakog benutzt, arbeiten Frontal-, Parietal-, Temporal- und Okzipitallappen deines Gehirns zusammen, um die Informationen zu integrieren und anzuwenden. Weitere Neurotransmitter (Serotonin, Dopamin, Noradrenalin und Acetylcholin-Glutamat) werden vom Hirnstamm freigesetzt und wandern durch das limbische System (im Zentrum des Gehirns) hinauf in den Cortex, wo sich die Gedächtnisbäume – die Neuronen – befinden. Der präfrontale Cortex (PFC) – der äußere vordere Teil des Frontallappens – wird jetzt äußerst aktiv; die Informationen in den Neuronen werden von ihm »im Sinn behalten«, indem er den Inhalt des Kurzzeitgedächtnisses überwacht und verändert. Der PFC arbeitet mit anderen Bereichen des Frontallappens und den anderen Lappen des Gehirns zusammen. Dabei werden Entscheidungen getroffen, es wird zwischen den verschiedenen Informationen gewechselt, analysiert und anderes mehr. Die Quanteninformation ist im gesamten Gehirn aktiv. Eine positive Einstellung sorgt dafür, dass Gene für die Proteinsynthese angeschaltet werden und sich gute Erinnerungen bilden können. (Siehe die ausführliche Erläuterung in Kapitel 21 über synaptische Verbindungen, Zellkörper, Dendriten und die Quantenaktivität bei der Gedächtnisbildung über dreiundsechzig Tage hinweg.)

Metakogs zu erstellen kann für jeden funktionieren. Mit ihnen geht man viel weiter als mit der Erstellung von Zusammenfassungen, Notizen oder mit Brainstorming. Sie ermöglichen es dir, 100 Prozent der Informationen, die du für Tests, Prüfungen, Präsentationen und den Einsatz von Fähigkeiten benötigst, zu extrahieren, zu speichern und später abzurufen. Sie zwingen dich im wahrsten Sinne des Wortes dazu, tiefgründig und intensiv in bewusster, selbstreflektierter Weise zu denken.

Wie schon gesagt, wenn man bewusst und gezielt lernt, arbeiten beide Gehirnhälften gleichzeitig und eng aufeinander abgestimmt, wodurch eine ganz andere Verarbeitungstiefe entsteht, die sich in Schule, Beruf und Alltag positiv auswirkt.

Englisch oder auch Deutsch sind nicht die einzigen Sprachen mit linearer Buchstaben- und Wortfolge. Texte, die in geschriebener Form gerade Linien bilden, können von links nach rechts, von rechts nach links oder sogar von oben nach unten verlaufen. Wenn man jedoch von der Mitte nach außen liest, geht man vom großen Ganzen ins Detail, und das ist die Verarbeitungsweise der rechten Gehirnhälfte. Deine Augen lesen auch von den äußeren Verzweigungen nach innen zur Mitte hin und gehen dabei vom Detail zum Gesamtbild. Das ist die Art, wie die linke Gehirnhälfte verarbeitet. Durch die Erstellung eines Metakogs wird das Corpus callosum dazu angeregt, seine natürliche Funktion zu erfüllen, nämlich beide Gehirnhälften zur Zusammenarbeit zu veranlassen und Informationen über beide Hemisphären hinweg zu integrieren. Der Metakog ist im Grunde ein Werkzeug, das den Übergang zu nützlichen und sinnvollen Langzeitgedächtnisinhalten erleichtert.

In vorangegangenen Abschnitten hast du erfahren, dass das Rohmaterial des Bewusstseins aus Neuronen (Nervenzellen mit einem Zellkörper), einem Axon und Dendriten besteht. Wenn du zuhörst, beobachtest, sprichst oder lernst, gelangen all diese Informationen als elektrische und als Quantenaktivität in dein Gehirn. Je stärker du dein Gehirn stimulierst, desto mehr Dendriten und umso mehr brauchbare und sinnvolle Langzeiterinnerungen werden aufgebaut. Wenn du einen Metakog verwendest, förderst du damit das organisierte, vernetzte Wachstum der Dendriten über beide Hirnhälften hinweg. Je dichter und organisierter das Dendritenwachstum in deinem Gehirn ist, desto intelligenter wirst du und umso leichter gehen dir die Dinge von der Hand.

Dabei ist es wichtig zu beachten, dass dein Metakog *ganz anders* aussehen wird als die Metakogs anderer Leute, weil jeder eine andere Gabe hat – die eigene maßgeschneiderte Art des Denkens. Dein Metakog mag ordentlich sein. Der einer anderen Person ist vielleicht etwas chaotisch. Deiner mag ganz bunt sein. Der von jemand anderem enthält vielleicht keine Farben. Du verwendest vielleicht viele Wörter. Der Metakog einer anderen Person enthält möglicherweise weniger Wörter.

Häufig wird fälschlicherweise angenommen, man müsse visuell ausgerichtet sein, um einen Metakog zu erstellen und ihn als Lernhilfe zu nutzen, aber das ist nicht der Fall. Du wirst einen

Metakog entsprechend deiner individualspezifischen Denkweise erstellen, sodass dein Metakog im Grunde genommen auf dich zugeschnitten ist. Ein Metakog ist für *jeden* nützlich, weil er ein Werkzeug ist, das deinem Verstand die Möglichkeit gibt, auf optimalem Niveau zu arbeiten.

Schritt 4: Überprüfen/Wiederaufgreifen

Die Überprüfung ist der vierte und somit nächste wichtige Schritt im 5-Schritte-Lernprozess *Schalte dein Gehirn an*, der zum Aufbau von nützlichen Langzeiterinnerungen in den Dendriten beiträgt.

Es handelt sich um einen sehr einfachen, aber äußerst wirkungsvollen Vorgang. Du musst nichts weiter tun, als deinen Metakog bewusst und mit Bedacht durchzugehen, um zu sehen, ob er Sinn ergibt und ob er alle erforderlichen Informationen enthält. Es versteht sich von selbst, dass du aus etwas, das für dich keinen Sinn ergibt, nichts lernen kannst. Beim Vorgang des Überprüfens wird die Vollständigkeit und Richtigkeit des Metakog-Inhalts beurteilt.

Das ist beim Schritt des Überprüfens zu tun:

1. Vergewissere dich, dass du den von dir erstellten Metakog verstehst.
2. Überzeuge dich davon, dass du mit den von dir ausgewählten Informationen in Konzeptform zufrieden bist.
3. Überprüfe, ob du zu viele oder zu wenige Informationen hast.
4. Frage dich, ob der Metakog Sinn ergibt, und wenn nicht, bearbeiten ihn, bis alles passt.
5. Prüfe, ob du die Informationen in einer logisch verknüpften Weise organisiert hast.
6. Sieh nach, ob es Querverbindungen zwischen den Informationen gibt.

7. Überlege, ob du dir die Begriffe durch (weitere) Bilder, Symbole oder Hinzufügen von Farben besser merken könntest oder ob sich vielleicht sogar einige Wörter oder Bilder streichen ließen.

An diesem Punkt des 5-Schritte-Lernprozesses *Schalte dein Gehirn an* wirst du die Informationen bereits so effektiv abgespeichert haben, dass du sie später überall und jederzeit abrufen und mindestens 60 bis 90 Prozent, wenn nicht gar 100 Prozent der Informationen behalten kannst – vorausgesetzt, du hast den Prozess richtig befolgt. Um dich weiter zu steigern, musst du zum letzten der fünf Schritte übergehen.

Was hierbei im Gehirn passiert

Durch die Phase der Überprüfung kannst du dir dein Werk besser einprägen und die Erinnerungen an das Erlernte vertiefen und festigen. Es dürfte sich schnell zeigen, ob du das, woran du dich zu erinnern versuchst, wirklich verstanden hast. Wenn du diesen Schritt richtig ausführst, wirst du außerdem neue Einblicke in die Inhalte gewinnen und Dinge sehen, die du vorher nicht gesehen hast.

An diesem Punkt hast du das, woran du gerade arbeitest, bereits viermal durchgearbeitet und bist im Begriff, es ein fünftes Mal durchzuarbeiten, wahrscheinlich ohne dir bewusst zu sein, wie oft du den Stoff bereits wiederholt hast. Diese Wiederholung ist großartig, weil sie die Quantenaktivität über das gesamte Gehirn hinweg aktiviert. (Siehe die ausführliche Erläuterung in Kapitel 21 über synaptische Verbindungen, Zellkörper, Dendriten und die Quantenaktivität bei der Gedächtnisbildung.)

Schritt 5: Output/Weitergabe

Output/Weitergabe ist der letzte Schritt im 5-Schritte-Lernprozess *Schalte dein Gehirn an*. In diesem Schritt musst du »Lehrer« spielen und alle Informationen, die in deinem Metakog enthalten sind, der Reihe nach jemand anderem beibringen.

Bring es deinem Hund, deiner Katze oder wem auch immer bei, der bereit ist, dir zuzuhören, oder auch nicht! Du kannst dir sogar selbst vor dem Spiegel die Inhalte vortragen.

Erkläre laut, was du gerade lernst. Wenn du alle deine Sinne einsetzt, wird dein Gehirn intensiver arbeiten, und dein Gedächtnis wird sich folglich effektiver nutzen lassen. Sobald du meinst, alle Metakog-Inhalte zufriedenstellend vermittelt zu haben, ist es wichtig, dass du dich zum Abschluss auf irgendeine Weise selbst testest. Du kannst dir Fragen ausdenken, von denen du denkst, dass sie dir dein Chef oder dein Lehrer bzw. Dozent stellen würde. Stell dir Fragen, die dazu geeignet sind, die Information sinnvoll auf die Fertigkeit anzuwenden, die du gerade entwickelst.

Die mentale Übung, die in dieser Output-Phase stattfindet, stärkt die vorhandenen neuen Dendriten und vergrößert die Dornen an der Außenseite der Dendriten, was eine gute Sache ist.

So führst du den Schritt »Output/Weitergabe« aus:

1. Da dies der Schritt ist, bei dem du das Erlernte erneut durchgehst, solltest du deinen Metakog so platzieren, dass du ihn gut im Auge hast.
2. Bring den Inhalt jemandem bei – egal, ob deinem Haustier oder dir selbst vor dem Spiegel. Wenn du kein anderes Lebewesen und auch keinen Spiegel in Reichweite hast, doziere einfach deinem Bleistift!
3. Gib die Inhalte so weiter, wie du sie gerne erklärt bekommen hättest, oder so, als müsstest du sie einem

Fremdsprachler erklären. Dies beinhaltet, dass du das von dir Erlernte sorgfältig und detailliert auf verschiedene Weisen erklärst und durch zusätzliche Beispiele vertiefst.

4. Beim Schritt »Output/Weitergabe« stellst du dir das, was du gerade lernst, vor und führst es dir vor Augen, als sähest du einen Film darüber. Male dir in deinem Kopf ein Bild von den Informationen auf deinem Metakog. Oder anders gesagt: Lass die Informationen auf deinem Metakog lebendig werden. Nutze deine Vorstellungskraft – Untersuchungen haben gezeigt, dass die Vorstellungskraft zu großen physischen Veränderungen im Gedächtnis führt.
5. Fahre mit der Schulung fort, bis du schwierige Fragen beantworten kannst, ohne auf den Metakog zu schauen.
6. Im Normalfall wirst du den Metakog mindestens dreimal durcharbeiten müssen, bevor du sicher und mit vollem Durchblick unterrichten kannst, womöglich besser als dein Lehrer, Dozent oder Chef.
   An diesem Punkt bist du im Grunde bereit für deine Aufgabe, worin auch immer diese besteht: einen Test schreiben, eine Prüfung bestehen, eine Präsentation durchführen, ein Meeting leiten oder ein Problem lösen – und zwar unabhängig davon, ob du den Metakog vor Augen hast oder nicht.
7. Falls du bei einem dieser Durchgänge feststellst, dass in deinem Metakog etwas nicht klar ist, dann ist das der richtige Zeitpunkt, um deine Notizen oder deinen Text noch einmal durchzusehen und die Stelle zu korrigieren.
8. Suche nach Trigger-Begriffen, nach ganzen Sätzen oder nach Bildern, die dir größere Informationsblöcke wieder ins Gedächtnis rufen.
9. Dieser Schritt sollte zwei bis drei Tage vor einem Test, einer Prüfung oder einer Präsentation durchgeführt

werden. Davor solltest du die Schritte 2 bis 4 täglich oder wöchentlich durchführen, indem du Informationsabschnitte durcharbeitest und deine Metakogs erstellst.

Was hierbei im Gehirn passiert

Der Schritt »Output/Weitergabe« sorgt neben anderem dafür, dass neue Verbindungen entstehen. In diesem Schritt werden die neu geschaffenen Erinnerungen konsolidiert, bestätigt und mit anderen Erinnerungen zusammengeführt. So werden neue Verbindungen geschaffen, die dazu führen, dass die Informationen auf vielfältige Weise angewendet werden können.

Je intensiver du denkst, desto mehr Dendriten wachsen und umso größer ist die Anzahl der Verbindungen, die zwischen den Dendriten über die dendritischen Dornen entstehen. Nützliches Wissen entsteht nicht nur daraus, dass man Informationen speichert, sondern erfordert auch die Fähigkeit, sie mit anderen Informationen zu verknüpfen und zusammenzuführen und sie in verschiedener Kombination anzuwenden.

Mit dem 5-Schritte-Lernprozess *Schalte dein Gehirn an* wird dies erreicht, da jeder Schritt darauf abzielt, starke, vernetzte und nützliche Erinnerungen aufzubauen. Die langsame, stetige Ausführung aller fünf Schritte stellt sicher, dass die Konsolidierung in den neuronalen Netzwerken und insbesondere in den Dendriten mit hoher Genauigkeit stattfindet. Das gesamte Gehirn ist gefordert, als integriertes Ganzes zu arbeiten und eine gute Kommunikation innerhalb des in den Dendriten gebildeten spezifischen Gedächtnisinhalts sowie zwischen den neuronalen Schaltkreisen herzustellen. Dies erhöht die Flexibilität des Denkens.

Der zeitliche Ablauf des 5-Schritte-Lernprozesses

Tatsächlich läuft das Denken während dieses Prozesses in drei Stufen ab. Der Input-Schritt erfolgt bei Stufe eins: Gedanken werden angeregt, die nur flüchtig sind und sehr schnell wieder verschwinden, und zwar innerhalb von vierundzwanzig bis achtundvierzig Stunden oder auch früher, wenn sie nicht auf irgendeine Weise festgehalten werden.[234] Stufe zwei ist daher der Übergang zu bewussterem Denken mit dem Ziel, diese Gedanken festzuhalten; dies ist der Schritt des fokussierten Denkens/Reflektierens. Während der Phase des Fragens/Antwortens/Erörterns fängst du die Erinnerung ein und »fütterst« sie buchstäblich. Damit die Erinnerung weiter zunimmt, musst du alle fünf Schritte des Prozesses am Stück in einer Sitzung (etwa 45–60 Minuten) durchlaufen, damit die Begriffe wirklich verankert und zu einer nützlichen und sinnvollen Langzeiterinnerung aufgebaut werden. Zur Erinnerung: In Schritt 3 werden die ausgewählten Begriffe in einen Metakog geschrieben, in Schritt 4 wird das Konzept auf Genauigkeit und Informationsgehalt überprüft und in Schritt 5 erklärst du beim Weitergeben, was du gerade gelernt hast. Meistens werden die Schritte 1 und 3 zusammen durchgeführt. Die Schritte 4 und 5 werden während der abschließenden Vorbereitung auf eine Prüfung, Präsentation oder dergleichen durchgeführt.

Die dritte Stufe des Denkprozesses beinhaltet die konsequente, bewusste und zielgerichtete Umsetzung der fünf Schritte, und zwar täglich für mindestens drei aufeinanderfolgende Wochen. Während einer solchen fünfundvierzig- bis sechzigminütigen Sitzung wirst du die fünf Schritte mehrmals, im wahrsten Sinne des Wortes in einer Schleife durchlaufen und dabei dein Verständnis Schicht für Schicht aufbauen. Anschließend wiederholst du diesen einundzwanzigtägigen Zyklus so oft wie nötig, um die

Informationen zu automatisieren, damit sie jederzeit verfügbar sind. Forschungen zeigen, dass mindestens zwei weitere Zyklen von jeweils einundzwanzig Tagen erforderlich sind. Plane also mindestens weitere zweiundvierzig Tage (oder insgesamt dreiundsechzig Tage) ein, wenn du dich auf eine Prüfung vorbereiten oder ein neues Konzept verinnerlichen willst.

Anwendungsmöglichkeiten des 5-Schritte-Lernprozesses

Wie sieht dieser Prozess für dich aus, wenn du Schüler oder Student bist und dich auf eine Prüfung vorbereitest? Du beginnst jeden Tag mit dem Lernen, sobald du im Unterricht neue Informationen erhältst. Der 5-Schritte-Prozess wird also zu einer Methode, mit der du dir das, was du an diesem Tag gelernt hast, dauerhaft aneignest – du setzt sie sowohl im Unterricht als Notizentechnik als auch zu Hause bei den Hausaufgaben ein. Das bedeutet, dass du kontinuierlich Metakogs aufbaust. Wenn dann Tests oder Prüfungen anstehen, musst du lediglich noch die neuen Informationen hinzufügen und gemäß Schritt 4 alles noch einmal überprüfen! So habe ich es meinen Patienten beigebracht, wenn es bei ihnen z. B. darum ging, nach einer Hirnverletzung das Gehirn aufzubauen, eine Lernschwierigkeit oder ein emotionales Problem zu bewältigen oder einfach nur die schulische Leistung zu verbessern. Es erwies sich als äußerst wirkungsvolles Instrument in meiner Praxis; meine Untersuchungen zeigten eine Verbesserung der schulischen, kognitiven, sozialen, emotionalen und geistigen Funktionen um bis zu 75 Prozent. In einigen Fällen konnte ich sogar eine fast 200-prozentige Verbesserung feststellen. Das Verfahren ist dermaßen wirkungsvoll, dass meine Patienten angesichts der Ergebnisse jedes Mal angenehm überrascht waren.

Hunderttausende auf der ganzen Welt wenden diese Techniken inzwischen an. Der Effekt wirkt sich langfristig auf das gesamte Leben aus, denn das Gehirn wird durch die Disziplin der fünf Schritte regelrecht umtrainiert, sodass man beginnt, sie als Denkmethode auf alles anzuwenden. Das verändert die Intelligenz und lässt in allen Bereichen Weisheit spürbar werden.

Wie schon erwähnt, habe ich auch Tausende von Lehrkräften darin geschult, den 5-Schritte-Lernprozess *Schalte dein Gehirn an* als Methode zur Vermittlung von Wissen an Schüler zu nutzen und damit tiefgründiges Denken und Lernen anzuregen – die Unterrichtsinhalte werden also gemäß dem System des 5-Schritte-Prozesses gelehrt. Einige Schulen übertrugen sogar ihren gesamten Unterrichtsstoff in Metakogs. Ich organisierte dann ihre Lehrpläne in Drei-Wochen-Zyklen, um aus der Art, wie sich das Gedächtnis aufbaut, optimalen Nutzen zu ziehen.

Wenn du die Schule oder die Universität bereits hinter dir gelassen hast und im Berufsleben stehst, fragst du dich vielleicht, ob der 5-Schritte-Lernprozess *Schalte dein Gehirn an* überhaupt einen Nutzen für dich hat. Das hat er ganz sicher. Nie waren die Möglichkeiten für das, was du erreichen kannst, grenzenloser als heute, vor allem, wenn du das richtige Werkzeug hast. Dies gilt sowohl in der Schule als auch in der Wirtschaft, da Wissensmanagement, wie eingangs erwähnt, zu einer fundamentalen Herausforderung geworden ist, wenn es darum geht, den so dringend benötigten Wert und Sinn im Arbeitsleben zu schaffen. Der ausgeprägte Wettbewerb in der Arbeitswelt des 21. Jahrhunderts verlangt von den Unternehmen eine immer effizientere Verarbeitung von Informationen. Der 5-Schritte-Lernprozess *Schalte dein Gehirn an* erfüllt diese Anforderung und ermöglicht es Unternehmen und ihren Teams, die Gehirnleistung auf ein immer höheres Niveau zu bringen. Auf Unternehmensebene gibt es viele Anwendungsmöglichkeiten. Ich habe schon CEOs großer Unternehmen erlebt, die die fünf Schritte dazu nutzen, Metakogs für die endlose Flut von Dokumenten zu erstellen, die sie lesen und verstehen müssen, um sie in einer Vorstandssitzung präsentieren oder diskutieren zu können. Metakogs eignen sich hervorragend als Präsentations- und Diskussionsinstrument in einem Meeting. Ein Metakog ist insbesondere dann ein leistungsfähiges Instrument, wenn man versucht, etwas zu verstehen oder auszuarbeiten und die Informationen zu verinnerlichen, denn durch die fünf Schritte muss man wirklich gründlich nachdenken, um die 15 bis 35 Prozent zu finden, die aufzuschreiben sind. Kein Vergleich zum oberflächlichen Denken, das stattfindet, wenn man jedes Wort aufschreibt.

Die fünf Schritte, mit dem Metakog als drittem Schritt, sind auch ein großartiges Hilfsmittel für Notizen in Besprechungen und Vorlesungen. Eine gute Möglichkeit, die eigene Effizienz bei der Anwendung dieses Verfahrens zu üben, ist die Erstellung eines Metakogs, während man sich die Nachrichten anschaut oder einem Videovortrag folgt.

Er eignet sich auch hervorragend als Zeitmanagement- und Terminplanungswerkzeug in Verbindung mit einem Programm wie Google Calendar – tatsächlich mache ich auf diese Weise meine Monatsplanung fürs ganze Jahr, und erst danach gehen wir als Unternehmen zu Google Calendar über. Mein Unternehmen und viele andere Unternehmen, Organisationen und Schulen, die ich geschult habe, verwenden den 5-Schritte-Lernprozess *Schalte dein Gehirn an* für Brainstorming, Lösungsfindung und Problembehebung, Entwicklung von Vorschlägen, Rationalisierung von Abläufen, für Schulungen, Strategie- und Projektmanagement sowie organisatorische Aufgaben. Die Einsatzmöglichkeiten sind schier unendlich, denn das System trainiert dich, akkurat und tiefgründig zu denken und ein nützliches und sinnvolles Langzeitgedächtnis aufzubauen, das dich dauerhaft in den Erfolgsmodus versetzt.

Wenn du wissen willst, wie sich Gedächtnisinhalte im Einzelnen entwickeln, und etwas über den neuesten Stand der Wissenschaft und meiner eigenen Forschungen erfahren willst, gehe zu den Kapiteln 21 und 22. Mich begeistern diese Kapitel! Tatsächlich liebe ich das ganze Buch und hoffe, dass die Techniken und Informationen in diesem Buch dir genauso helfen wie sie mir, meiner Familie und Hunderttausenden Menschen weltweit geholfen haben!

Der 5-Schritte-Lernprozess in der Zusammenfassung

Der 5-Schritte-Lernprozess *Schalte dein Gehirn an* baut das Gedächtnis effektiv und auf integrative Weise auf; er unterstützt das Einfügen von Erinnerungen in die Dendriten, wodurch sichergestellt ist, dass die Informationen im Gedächtnis bleiben; und er sorgt dafür, dass Konsolidierung, Vernetzung und Anwendung von Wissen stattfinden. Jeder Schritt ist sorgfältig darauf ausgelegt, den Quantenfluss sowie den chemischen und elektrischen Fluss durch das Gehirn so effizient wie möglich zu stimulieren, um sinnvolles und erfolgreiches Lernen zu gewährleisten. Der durch diesen Prozess angeregte geistige Prozess »vom Denken zum Verstehen« wird die Art und Weise, wie du lernst, für immer verändern und dein Potential in ungeahnte Dimensionen erweitern.

Als *Grundschüler oder Gymnasiast* werden dir die fünf Schritte helfen, richtig zu denken und zu lernen.

Als *Student* werden dir die fünf Schritte helfen, alle Informationen zu verstehen und zu behalten, die du brauchst, um bei

Prüfungen gut abzuschneiden und das beträchtliche Lernpensum zu bewältigen.

Als *Lehrkraft* werden dir die fünf Schritte dabei helfen, deinen Schülern das erforderliche Wissen zu hundert Prozent effektiver zu vermitteln. Mithilfe dieser Schritte wirst du deinen Schülern auch beibringen können, wie sie richtig denken und lernen.

Als *Ausbilder* helfen dir die fünf Schritte nicht nur, das zu vermittelnde Material in begreifbare Form zu bringen, sondern auch dabei, diese Informationen auf effektive und bewährte Weise an die Lernenden weiterzugeben.

Als *Führungskraft* in einem Unternehmen werden die fünf Schritte deine Kompetenz im Wissensmanagement verbessern, deine Lesefähigkeit erhöhen, dir helfen, dich an das Gelesene zu erinnern, deine Meetings vereinfachen und deine Fähigkeiten in Bezug auf Problemlösung und Konfliktmanagement verbessern.

Im nächsten Teil erwarten dich detaillierte Informationen über den zeitlichen Ablauf der Erinnerungsbildung über dreiundsechzig Tage hinweg, einschließlich der wissenschaftlichen Grundlagen meiner Theorie.

TEIL 4

DIE WISSENSCHAFT

Kapitel 21

Was ist das Gedächtnis?

Vielleicht hast du schon einmal von der Regel gehört oder gelesen, dass Nervenzellen, die gleichzeitig aktiv sind, auch bevorzugt aufeinander reagieren. Diese Aussage bezieht sich auf die Kontaktstelle zwischen Neuronen, die als Synapse bezeichnet wird (siehe Abbildung 20.2).

Wir sollten diese Aussage jedoch nicht einfach so stehen lassen. In diesem Kapitel werde ich die Funktionsweise des Gedächtnisses im Rahmen meiner Theorie der Geodätischen Informationsverarbeitung erläutern. Ich hinterfrage und ergänze die bestehenden Vorstellungen und Theorien zur Gedächtnisbildung.

Geist in Aktion

Wir erleben ständig irgendwelche Ereignisse, den ganzen Tag lang. Wir reagieren auch den ganzen Tag über auf diese Ereignisse. Das ist unser Geist in Aktion. Diese Aktivität unseres Geistes zeigt sich auf verschiedene Weise im Gehirn: durch Quantenaktivität sowie durch elektromagnetische und elektrochemische Aktivität. Aber nicht alle diese Ereignisse oder Reaktionen bleiben in Erinnerung. Wir können eine Erfahrung machen, ohne sie tatsächlich als Langzeiterinnerung abzuspeichern. Kannst du dich zum Beispiel im Detail daran erinnern, was letzten Freitag auf dem Weg zur Arbeit geschehen ist? Oder an die Einzelheiten dessen, was dir ein Freund vor vier Wochen erzählt hat? Oder zumindest an das Gespräch, das du gestern mit einem Kollegen geführt hast?

Wir vergessen bestimmte Dinge, weil das für die Gesundheit unseres Gehirns wichtig ist. Allerdings vergessen wir Informationen auch deshalb, weil wir unser Gedächtnis nicht richtig aufgebaut haben oder weil wir Erinnerungen falsch angelegt haben, sodass wir die benötigten Informationen nicht abrufen können. Manchmal bauen wir Erinnerungen auf, an die wir uns lieber nicht erinnern würden, und das vergiftet uns. Die Gesundheit unseres Geistes und unseres Gehirns hängt von einem gesunden, starken und sich stetig entwickelnden Gedächtnis ab. Es ist Gift für das Gehirngewebe, wenn wir aufhören zu lernen; das Gehirn ist darauf ausgelegt, durch bewusstes und zielgerichtetes tiefgründiges Denken zu wachsen.

Wenn wir verstehen, wie wir denken, und unser Gedächtnis aufbauen, kann der Mythos von ADHS ausgeräumt werden; genauso müssen Demenzerkrankungen kein Teil des eigenen Lebenslaufs sein. Viele Menschen werden fehldiagnostiziert, abgestempelt und in eine Schublade gesteckt, obwohl es diese Schubladen eigentlich gar nicht gibt. Stattdessen sollte jeder die Möglichkeit haben, sein individuelles Denken zu entwickeln, um ein gutes Gedächtnis aufzubauen. Jeder kann lernen, wie man lernt.

Das Gedächtnis und seine Geschichte

Viele Jahre lang herrschte die Meinung vor, dass Erinnerungen in den synaptischen Verbindungen zwischen den Neuronen gespeichert werden. Du kannst im Zeitschriftenhandel eines dieser Wissenschaftsmagazine mit einem Gehirn auf dem Cover in die Hand nehmen und ich garantiere dir, dass dort steht, dass

Gedächtnisinhalte in dem komplizierten Netz von Gehirnverbindungen zwischen Nervenzellen gespeichert sind. Wenn dies wirklich der Fall wäre, hätten wir ein Problem. Wir wären nicht in der Lage, uns jeweils länger als vierundzwanzig oder vielleicht auch achtundvierzig Stunden an etwas zu erinnern, denn diese Art der Erinnerungsbildung ist nur von kurzer Dauer. Würdest du zu einem Arzt gehen, der vergessen hat, was er in der Zeit vor den letzten vierundzwanzig Stunden gelernt hat? Tatsächlich bestand einer meiner Aufträge in Südafrika darin, Medizinstudenten darin zu schulen, ein nützliches Langzeitgedächtnis aufzubauen. Ich sollte ihnen beibringen, wie man lernt, denn laut der Professoren, die mich für diese Schulung gebucht hatten, konnten die Medizinstudenten sich das, was sie lernten, nicht merken. Das ist definitiv keine gesunde Situation!

Abbildung 21.1: Gewebeschnitt mit Golgi-Färbung

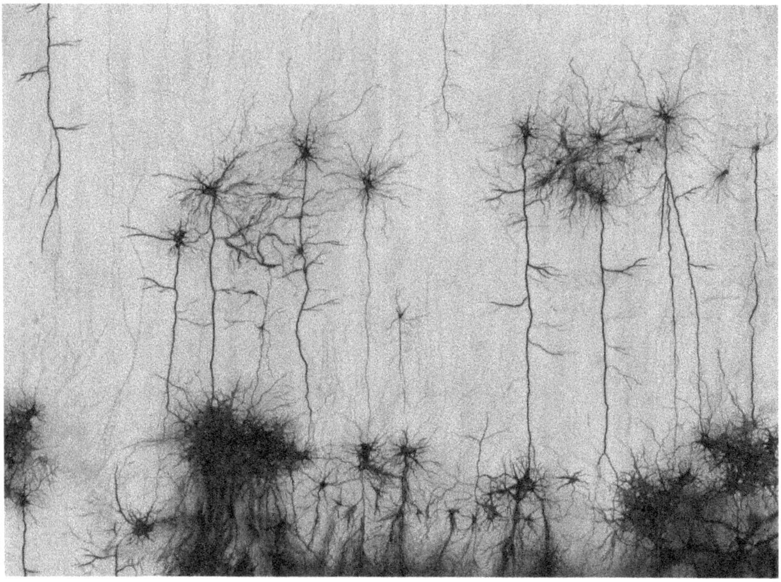

Woher kommt also diese falsche Vorstellung von der Gedächtnisbildung? Die Theorie der synaptischen Verbindungen wurde erstmals 1906 von Ramon Cajal formuliert (siehe Abbildung 21.1).[235] Im Jahr 1940 postulierte Donald Hebb, dass Nervenzellen, die gleichzeitig aktiv sind, auch bevorzugt aufeinander reagieren.[236] Diese Formulierung impliziert, dass das Gedächtnis das Ergebnis dieser verstärkten synaptischen Verbindungen ist, die entstehen, wenn Nervenzellen gemeinsam aktiviert werden. Damals ging man davon aus, dass die Aufgabe des Berechnens – also der Analyse von Informationen, um deren Gehalt zu verstehen (was als Signale im Zellkörper des Neurons geschieht) – und die des Speicherns von Informationen (was als Signale in den Dendriten geschieht) ein und dasselbe seien. Heute wissen wir, dass dies nicht der Fall ist.[237]

Tatsächlich sind synaptische Verbindungen nur kurzlebig. Sie verfügen nicht über ausreichende Speicherkapazitäten für die Fülle unserer Erinnerungen; sie können keine Langzeiterinnerungen speichern.[238] Diese synaptischen Verbindungen sind für die Speicherung von Langzeiterinnerungen zu fluide und liefern auch keine Erklärung für die immense Speicherkapazität des Gehirns.[239]

Ein produktives Gedächtnis

Wir alle wollen die Art von Gedächtnis aufbauen, die uns produktiv und effektiv sein lässt. Um dies zu erreichen, müssen wir so *denken*, dass unsere Dendriten Gedächtnisinhalte bilden, die *langfristig* zum Erfolg führen. (Dies ist keine schnelle Lösung.)

Synaptische Verbindungen sind ein bisschen wie der erste Kontakt zwischen zwei Menschen. Um aber jemanden richtig kennenzulernen, muss man mehr tun, als sich nur einmal mit ihm zu treffen; man braucht Zeit, um eine Beziehung aufzubauen. Während synaptische Verbindungen das erste Treffen darstellen, kommen beim Aufbau der Beziehung die Dendriten ins Spiel. Dendriten wachsen aus dem Zellkörper des Neurons heraus (siehe Abbildung 20.1). Die Einbeziehung der Dendriten ist, wie der Aufbau von Beziehungen, gewollt und bewusst und nimmt einen erheblichen Teil deiner Zeit in Anspruch. Die Synapsen werden in hohem Maße von der anatomisch nichtlinearen (verzweigten) Komplexität der Dendriten beeinflusst. Durch ihre zahlreichen Ionenkanäle, die im Grunde winzige Quantenpforten sind, fließen die Informationen aus deinem Verstand, die von den Ionen in Form von elektrischen Impulsen und Quantenbotschaften transportiert werden.

Es ist eigentlich ganz natürlich, die Dendriten in unser Denken einzubeziehen, denn wir denken automatisch intensiv über Dinge nach, die uns interessieren. Allerdings kann das Ganze scheitern, wenn wir von zu vielen Reizen überwältigt bzw. unorganisiert, ungeduldig, unmotiviert oder toxisch gestresst sind. Diese Dinge können zu einer missglückten Erinnerungsbildung führen, sodass Informationen vergessen oder verzerrt werden. Es versteht sich von selbst, dass sich das negativ auf dein Geschäftstreffen, deine Prüfung oder auch das Gespräch zwischen dir und deinem Ehepartner auswirken wird.

Dein Denktempo übertrifft Lichtgeschwindigkeit

Dein Denken ist phänomenal schnell – jeder Gedanke, den du denkst, wirkt sich in Echtzeit auf jede einzelne der 75 bis 100 Billionen Zellen deines Körpers aus. Die Quantenverarbeitung im Gehirn dürfte für diese Geschwindigkeit verantwortlich sein;[240] es gibt tatsächlich bestimmte Strukturen im Gehirn, die

die Quantenverarbeitung erleichtern und die erst dann korrekt aktiviert werden, wenn wir im Rahmen unseres individualspezifischen Denkens nach dem Muster der fünf Schritte denken, die wir in Teil 3 erörtert haben.

Quantum bedeutet Energie: Während du lebst, denkst und atmest, erzeugt dein Geist rund um die Uhr Quantenenergie durch dein Gehirn. Du musst lernen, wie du diese Energie so nutzen kannst, dass sie sich vorteilig, nicht nachteilig für dich auswirkt.

Jeder unserer Gedanken ist in Wahrheit ein regelrechtes Universum, wie jüngste wissenschaftliche Forschungen zeigen. Mit den Konzepten der klassischen Physik, die zur Erklärung der Spannungen und des elektromagnetischen Feuerns der Neuronen und Synapsen verwendet werden, lassen sich die Geschwindigkeit und Unendlichkeit unserer Gedanken und der Prozesse, die wir durchlaufen, während wir sie erzeugen, nicht erfassen, weil sie einfach zu langsam sind. Wir müssen daher auf die Quantenphysik zurückgreifen, um die Fragen nach dem Warum und Wie des Geistes zu stellen.[241]

Die Dendriten, die mit den Synapsen und Zellkörpern durch quantenphysikalische Prozesse zusammenarbeiten, sind offenbar so konzipiert, dass sie die Aufgabe des Denkens übernehmen. Wie bereits kurz angesprochen, weist das Verhalten der Ionen in den kleinen, spannungsabhängigen Ionenkanälen auf den Dendriten Quanteneigenschaften auf.[242] Die eigentlichen Strukturen, die den Inhalt und die damit verbundenen Emotionen unserer Gedanken speichern, funktionieren ebenfalls nach Quantenprinzipien.[243] Sie verzweigen sich und wachsen, um die Erinnerungen aufzunehmen, die durch unsere vielfältigen, kreativen Erfahrungen in jedem Moment eines jeden Tages entstehen, während wir lernen und Verbindungen zwischen Synapsen und Dendriten in unserem Gehirn aufbauen. Das ist Neuroplastizität in Aktion.

Demgegenüber scheinen die Zellkörper der Neuronen (siehe Abbildung 20.2) für die fortlaufende Erfahrung des Denkens auf informatische Art und Weise zu stehen, also für das Erfahren des Lebens in all seiner Vielfalt im *gegenwärtigen* Moment.[244]

Quanten-Regenwolken

Für einen Moment muss ich mich jedoch von Synapsen, Zellkörpern und Dendriten wegbewegen und mich auf die Wolken von Quantenaktivitäten konzentrieren, die ich bereits kurz erwähnt habe. Bei diesen Quanteneffekten handelt es sich eigentlich um Wolken von Wahrscheinlichkeiten, die alle Optionen und freien Entscheidungen unseres denkenden Geistes repräsentieren.[245] Diese Wahrscheinlichkeiten stellen keine tatsächlichen Wellen dar, sondern eher Wahrscheinlichkeitswellen (Wahlmöglichkeiten) in einem konzeptionellen Raum, der als Hilbert-Raum bekannt ist.[246] Der Hilbert-Raum ist ein mathematisches Konzept, das nach David Hilbert benannt ist, einem der einflussreichsten Mathematiker der Neuzeit.

Das Kollabieren der Welle oder Wolke bedeutet, dass das Wissen des Beobachters eine Aktualisierung erfährt, während er den Prozess des Denkens, Fühlens und Entscheidens auf individualspezifische Weise durchläuft und aus dem Spektrum der Wahrscheinlichkeiten im Hilbert-Raum seine Auswahl trifft.[247] Diese Möglichkeiten sind im Grunde alle Wahlmöglichkeiten, die dir in einer beliebigen Situation zur Verfügung stehen – wobei diese Zahl in die Millionen gehen kann! Während du analysierst, während du also denkst und fühlst, befindest du dich in *Quantensuperposition.* Auf atomarer Ebene bedeutet dies, dass sich zwei Teilchen gleichzeitig in einem Zustand von 1 und 0 befinden (was als *Qubit* bezeichnet wird) und durch Quantenverschränkung zusammengehalten werden, bevor sie als Ergebnis einer Entscheidung – *deiner* Entscheidung – entweder in 1 oder 0 kollabieren. Im Leben bedeutet dies, dass du verschiedene Sichtweisen in Betracht ziehst, während du abwägst, für welche der möglichen Optionen du dich entscheiden sollst. Solltest du für diese Prüfung lernen? Solltest du dich bei diesem Kollegen entschuldigen? Die Möglichkeiten sind schier endlos.

Das Gehirn als eine Art Quantencomputer kann in Reaktion auf den geistigen Prozess der Entscheidungsfindung verschiedene Berechnungen parallel durchführen. Einfach ausgedrückt: Wir können mehrere Perspektiven gleichzeitig im Kopf haben. Diese Geistesaktivität hat physikalische Korrelate auf mehreren Ebenen: von den Energiewellen über die atomare Ebene bis hin zu der Ebene aus Quantenwolken von Wahrscheinlichkeiten, auf der wir uns für eine Realität und gegen eine andere entscheiden. Die Macht des Geistes und des Gehirns ist atemberaubend!

Das Kurzzeitgedächtnis

Informationen (Dinge, die du liest oder mitgeteilt bekommst, arbeitsbezogene Sachverhalte, wichtige Angelegenheiten, ein Gespräch unter Freunden usw.) gelangen durch deine fünf Sinne in dein Gehirn und lösen dort elektrochemische und quantenspezifische Aktivitäten in deinen Neuronen aus. Die Zellkörper der Neuronen werden, wie bereits erwähnt, im Moment der Informationsaufnahme aktiviert. An diesem Punkt feuern die Synapsen und es bilden sich Verbindungen – und zwar eine ganze Menge! Als Ergebnis davon entsteht die Kurzzeiterinnerung.[248]

Wenn wir in das Innere der Neuronen blicken, entdecken wir ein erstaunliches Wunderland: winzige Röhren, sogenannte *Mikrotubuli*, von denen es etwa zehn Millionen pro Neuron gibt.[249] Diese Mikrotubuli bestehen aus Proteinen, *Tubuline* genannt, die wiederum aus Aminosäuren namens *Tryptophan* bestehen. Diese setzen sich auf molekularer Ebene aus sechs Kohlenstoffatomen in Form eines Rings (eines sogenannten aromatischen Rings) zusammen.[250] Puh! Bist du noch bei mir? Halte durch; wir kommen gleich zum Wesentlichen!

Die Quantenaktivität findet auf der Ebene der vibrierenden Elektronen statt, die in diesem Ring seitwärts oszillieren. Gemäß der Heisenbergschen *Unschärferelation*[251] (Heisenberg war der Begründer der Quantenphysik) haben diese vibrierenden Elektronen keine festen Positionen (was auf der Ebene des Verstandes bedeutet, dass du deine Entscheidung noch nicht getroffen hast; du analysierst noch, deine Zellen rechnen noch in Reaktion auf deinen Verstand, und deine Quantenwolken entwickeln sich noch). Die Elektronen breiten sich daher wie eine tatsächliche Welle oder Wolke von Wahrscheinlichkeiten aus (das, was du als Optionen, Möglichkeiten oder Tendenzen wahrnehmen kannst) und die aromatischen Ringe überkreuzen sich und teilen sich Elektronenwolken, indem sie in die Superposition gehen, bei der sich die Zustände 1 und 0 überlagern (das Quantenbit oder Qubit).[252] Tatsächlich ermöglichen die Quanteneigenschaften von Qubits zum einen die Überlagerung zwischen verschiedenen Zuständen, die parallel, simultan und nicht räumlich vorliegen, und zum anderen die Verschränkung mehrerer Qubits miteinander. Wenn diese in Wechselwirkung stehenden, sogenannten *topologischen Qubits* zusammenarbeiten, nennt man das *Kohärenz*.[253]

Je mehr wir in unserer spezifischen Weise denken, desto mehr Kohärenz ist vorhanden, sodass wir positive Entscheidungen treffen können, wenn wir uns in Superposition befinden. Indem wir eine Entscheidung treffen, wählen wir eine Wahrscheinlichkeit aus dem Hilbert-Raum aus, womit die Welle (oder Wolke) kollabiert.[254] Wir wandeln also eine Wahrscheinlichkeit in eine Wirklichkeit um bzw. machen sie zu einer Realität. Wir verwandeln das Nichts in ein Etwas, das uns zu dem führt, was wir sagen und tun.

Dieses Kollabieren der Wellenfunktion bzw. der Wolke wird in der Quantentheorie auch als *Dekohärenz* bezeichnet.[255] Wenn wir kontinuierlich über etwas nachdenken, beginnen wir, diese Realität durch Genexpression in unserem Gehirn aufzubauen, wodurch die Bildung von Gedächtnisinhalten in unseren Dendriten stattfinden kann – das, woran wir am häufigsten denken, wird wachsen! Kein Wunder, dass der Quantenphysiker Christopher Fuchs die Quantentheorie eine Theorie des Denkens nennt![256]

Was bedeutet dies alles nun für uns? Wir bauen kontinuierlich unser Gedächtnis auf und aktualisieren die nichtbewusste Ebene unseres Verstandes mit neuen Informationen und zunehmend mehr Wissen und Weisheit – sofern wir die richtige Entscheidung treffen. Wenn wir uns jedoch falsch entscheiden, sind die neu hinzugekommenen Gedächtnisinhalte toxisch und hirnschädigend. Wir haben die Wahl.

Der Quanten-Zeno-Effekt

Damit sich effektive und nützliche Gedächtnisinhalte bilden können, müssen wir uns dafür entscheiden, unser Denken bewusst und gezielt zu regulieren, indem wir fokussiert sind und darauf achten, was wir in unseren Kopf lassen. In der Quantenphysik bedeutet dies, dass wir den Quanten-Zeno-Effekt (QZE) aktivieren, der eine gewisse Dekohärenz-Wirkung hat. Durch ihn kollabieren (*dekohärieren*) die Wolken der Quantenaktivität als Ergebnis dessen, was wir denken, fühlen und entscheiden, und als Folge wird eine physische Erinnerung aufgebaut.[257]

Der QZE bildet ab, wie wir, wenn wir wiederholt unsere Aufmerksamkeit auf etwas richten, wodurch eine Wellenfunktion oder eine Wolke von Möglichkeiten kollabiert, Langzeitgedächtnisinhalte schaffen, die Teil unseres Glaubenssystems werden und unsere Entscheidungen in der Zukunft beeinflussen. Vereinfacht ausgedrückt ist der QZE die wiederholte *Anstrengung*, die Lernen stattfinden lässt. Das, woran wir am meisten denken, wird wachsen.

Kurzzeit- und Langzeiterinnerungen

Wie wir vorstehend gesehen haben, bilden synaptische Verbindungen, die nach der Aktivität im Zellkörper und nach dem Kollabieren der Quantenwolken entstehen, nur eine Kurzzeiterinnerung, da sie nicht dauerhaft sind. In den Dendriten wird diese Erfahrung letztendlich als Langzeiterinnerung abgespeichert, vorausgesetzt, es findet bewusstes, gezieltes Denken und eine fortlaufende Stimulation über einen Zeitraum von etwa drei Wochen statt – was auch geschieht, wenn du meinen 5-Schritte-Lernprozess *Schalte dein Gehirn an* anwendest. Eine flüchtige Erfahrung setzt die Zellkörperaktivität und die Verbindungen an der Synapse in Gang, wodurch die Kurzzeiterinnerung aufgebaut wird. Tiefgründiges, bewusstes Denken mit dem Ziel, zu verstehen und sich zu erinnern, setzt dagegen synaptische Verbindungen, Zellkörperaktivität *und* dendritische Aktivität in Gang, was zu einer nützlichen Langzeiterinnerung führt.

Ein funktionierendes Langzeitgedächtnis erfordert mehr Zeit und mehr Arbeit. Um nützliche Langzeiterinnerungen aufzubauen, ist mehr nötig als ein flüchtiges Erlebnis oder ein Fetzen Information. Wir müssen bewusst und absichtsvoll denken, um zu verstehen; nur so können wir unser Gedächtnis aufbauen und folglich lernen. Diese Art von wirksamer Gedächtnisbildung ist das Ziel meiner Arbeit und damit auch dieses Buches, und genau das ist auch der Grund für meine Aussage, dass mentale Selbstfürsorge drei Komponenten umfasst: die persönlichen Mindsets, der individualspezifische Denkmodus und Lernen.

Im Alltag, z. B. in der Schule, wenn wir dem Unterricht folgen, oder bei der Arbeit, wenn wir eine Anweisung von unserem Chef entgegennehmen, geschieht in uns Folgendes:

- Gehirnaktivität in Form von Quantenwolken
- Rechenaktivität im Zellkörper
- Die synaptische Übertragung verstärkt sich, wenn wir über Sachverhalte nachdenken, denn solches Denken bewirkt ein wiederholtes Feuern der Synapsen, also eine hochfrequente Stimulation an den Synapsen. Dies wird als Langzeitpotenzierung (LTP, englische Abk. für *long-term potentiation*) bezeichnet, die in älteren Theorien über das Gedächtnis fälschlicherweise als Bildung von Langzeitgedächtnisinhalten angesehen wurde. In Wirklichkeit handelt es sich bei diesem Feuern um Kurzzeitgedächtnisinhalte, die, wie schon erörtert, das *Potential* haben, zu Langzeiterinnerungen zu werden.
- Je tiefgründiger und bewusster wir denken, desto stärker regen wir die Dendriten zum Wachstum an, sodass sich Langzeiterinnerungen ausbilden können.

Je mehr du dich in bewusstem, selbstregulierendem Denken übst, indem du die Techniken in diesem Buch anwendest, desto stärker wird dein Gehirn darauf reagieren – du gestaltest dein Gehirn buchstäblich um, während du denkst! Die Dendriten werden tatsächlich anfangen, Beulen zu bilden, die Dornen genannt werden und ein bisschen wie die Knoten an einem Ast aussehen, wenn sich ein neuer Zweig an einem Baum bildet (siehe Abbildung 20.1).[258] Diese Beulen verändern mit der Zeit ihre Form als Reaktion auf *tägliches tiefgründiges, bewusstes* Denken.

Die Beule deutet jedoch auf eine schwache Erinnerung hin. Während sie die Form eines Lollipops annimmt, verstärkt die Erinnerung sich. Am stärksten und dauerhaftesten ist die Erinnerung, wenn diese Beule zu einem pilzförmigen Gebilde herangewachsen ist. Die Dornen auf den Dendriten zeigen das Langzeitgedächtnis an, während sich immer mehr knollenförmige Dornen in die pilzförmigen Dornen der Langzeiterinnerungen verwandeln.

Der umgekehrte Fall trifft ebenfalls zu. Die Synapsen brauchen ständige Aktivität, um ihre Stabilität aufrechtzuerhalten. Wenn man also nicht mehr so intensiv oder regelmäßig über eine Sache nachdenkt oder wenn man ganz aufhört, darüber nachzudenken, wird die damit verbundene Aktivität reduziert oder ganz eingestellt, sodass die Synapse an Energie und somit an Stabilität verliert. Infolgedessen verschwinden die Proteine um die empfindliche Synapse herum und es kommt zu einer Abnahme der dendritischen Dornen und der Dendriten selbst; die Proteine denaturieren (sterben ab) und wir vergessen die betreffende Sache oder Erfahrung. Dieser Prozess des Vergessens wird als Langzeitdepression (LTD, englische Abk. für *long-term depression*) bezeichnet.[259]

Es ist äußerst wichtig, sich zu merken, dass die Speicherung solcher Informationen in den Dendriten davon abhängt, wie *bewusst* wir über etwas nachdenken und wie viel Zeit und Mühe wir aufwenden, um über diese Sache nachzudenken. Was wir uns merken und was wir lernen, liegt in unserer Hand.

Die drei Stufen des Denkens

Denken läuft in drei Stufen ab. Damit sind wir wieder beim 5-Schritte-Lernprozess Schalte dein Gehirn an, den wir im vorigen Kapitel besprochen haben. Ich möchte in dem Zusammenhang auch noch einmal darauf hinweisen, dass sich dieses Kapitel auf diesen Prozess bezieht und auf die zugrunde liegenden wissenschaftlichen Prinzipien als Basis des gesamten Buches. Wenn du also die Techniken aus den vorangegangenen Kapiteln anwendest, tust du damit all die großartigen Dinge, die in diesem Teil beschrieben werden!

Stufe eins umfasst Gedanken, die nur flüchtig sind und sehr schnell verschwinden, innerhalb von vierundzwanzig bis achtundvierzig Stunden, wenn nicht gar früher.[260] An diesem Punkt ist kein tiefgründiges Denken involviert, und es werden keine Dendriten oder zusätzlichen Dornenfortsätze gebildet. Nur der Zellkörper, die synaptischen Verbindungen und die Quantenwolken werden aktiviert. *Stufe zwei* erfordert mehr bewusstes Denken. Wenn du jedoch nach einigen Tagen aufhörst, die Erinnerung zu nähren, wirst du das meiste davon vergessen. Dendriten und Dornen wachsen, aber da sie nicht stabilisiert und automatisiert wurden, bilden sich die meisten davon zurück und verschwinden innerhalb kurzer Zeit. Dies geschieht, wenn man die Arbeit an einer Sache für fünf bis vierzehn Tage *am Stück* unterbricht. Die *dritte Stufe* des Denkens beinhaltet eine konstante, bewusste und gezielte tägliche Beschäftigung mit der Sache für die Dauer von mindestens drei aufeinanderfolgenden Wochen. Diese Art des Denkens lässt starke Dendriten mit pilzförmigen Dornen entstehen, in denen die Langzeiterinnerung gespeichert ist. Der 5-Schritte-Lernprozess *Schalte dein Gehirn an* aktiviert alle drei Stufen effektiv.

Eine Erinnerung ist nur dann nützlich, wenn man sie automatisiert. *Automatisierung* ist die Wissenschaft der Gewohnheitsbildung. Es bedeutet einfach, dass die Erinnerung durch einen Prozess, der sich über mehr als einundzwanzig Tage erstreckt, in eine Gewohnheit umgewandelt wird.

Damit eine Erinnerung brauchbar ist, braucht sie viel Energie. Sie erhält reichlich »Energiepakete« (*Quanten*), wenn du sie dir täglich wiederholt vergegenwärtigst, und zwar durch den disziplinierten Prozess, alle fünf Schritte meines Programms zu durchlaufen. Dies führt zu den erforderlichen neurochemischen und strukturellen Veränderungen im Gehirn, die diese Erinnerung zu einem brauchbaren und nützlichen Gedanken machen. Das ist der bereits erläuterte QZE; wiederholte Anstrengung lässt Lernen stattfinden. Die bewusste tägliche Konzentration über mindestens dreiundsechzig Tage in Zyklen von einundzwanzig Tagen ermöglicht die Bildung einer Gewohnheit.[261]

Eine nützliche Erinnerung besitzt also viel Energie, was sie zu einer *verfügbaren* Erinnerung macht. Wenn eine Erinnerung zugänglich wird, beeinflusst sie die nächste Entscheidung, indem sie beispielsweise die Antwort auf eine Prüfung liefert. Wenn du deine Gedächtnisinhalte jedoch nicht automatisierst, werden sie nicht abrufbar sein und dir daher auch nicht helfen. Um Langzeiterinnerungen in Gewohnheiten umzuwandeln, musst du dich für den Weg der harten Arbeit entscheiden und Zeit investieren, nämlich dreiundsechzig Tage, um immer wieder über neue

Informationen nachzudenken. Wie man das macht, hast du in Kapitel 20 erfahren, als du dich durch den 5-Schritte-Lernprozess *Schalte dein Gehirn an* gearbeitet hast.

Leider geben die meisten Menschen innerhalb der ersten Woche des Lernens auf und ziehen die Sache nicht durch. Infolgedessen müssen sie mit dem Lernen wieder von vorne beginnen, was nicht nur mühsam und entmutigend ist, sondern auch negative Rückkopplungsschleifen erzeugt. Schnelle Lösungen und Gedächtnistricks sind Illusionen – lass dich nicht davon täuschen.

Individualspezifisches Denken regt den Gedächtnisaufbau an

Deine individualspezifische Denkweise setzt die Aktivität auf der Quantenebene und elektromagnetisch im Zellkörper des Neurons in Gang, wo die Informationen verarbeitet und übertragen werden. Dies ist dein Geist in Aktion, der sich auf die Vorgänge in deinem physischen Gehirn ursächlich auswirkt. Je tiefgründiger und bewusster du denkst, um die jeweilige Information zu verstehen, dich an sie zu erinnern und sie anzuwenden, desto intensiver wirst du die sieben Module des Denkens im Rahmen deiner Gabe durchlaufen und umso häufiger wirst du über das bloße Verarbeiten und Übertragen von Informationen und das Verbinden von Synapsen hinausgehen und aktiv die Dendriten ansprechen, wo die Informationen als Langzeiterinnerungen gespeichert werden.[262]

Das tiefgründige Denken, das durch meinen 5-Schritte-Lernprozess *Schalte dein Gehirn an* angestoßen wird, bedient sich deiner individuellen Denkweise und sorgt dafür, dass die Signale zwischen den Dendriten, Zellkörpern und Synapsen der Neuronen hochgradig synchron sind. Dies ist für einen effektiven Gedächtnisaufbau wichtig und betrifft sowohl das Erlernen neuer

Informationen als auch den Abbau toxischer Gemütszustände. Dieser Prozess ermöglicht die Entwicklung nützlicher und sinnvoller Erinnerungen, die dir in allen Bereichen deines Lebens zum Erfolg verhelfen können. Tatsächlich kannst du in Schule, Beruf und im Alltag nicht zu guten Ergebnissen kommen, wenn du dich nicht an die für die jeweilige Situation relevanten Informationen erinnern kannst oder sie gar nicht erst verstehst.

Oft gehen wir mit desynchronisierten Informationen in Situationen hinein – uns ist zwar bewusst, dass wir etwas wissen, jedoch können wir uns nicht an genügend Einzelheiten erinnern, um etwas Sinnvolles beizutragen oder im gegebenen Moment effektiv und erfolgversprechend zu agieren. Mithilfe des Gabenprofils und des 5-Schritte-Lernprozesses *Schalte dein Gehirn an* kannst du lernen, wie du deinen Verstand zu deinem Vorteil nutzen und solche Situationen vermeiden kannst.

Und was ist mit den Dendriten?

Ich habe viel über den Aufbau von Langzeiterinnerungen in den Dendriten gesprochen, aber was passiert eigentlich in den Dendriten, wenn Langzeitgedächtnisinhalte gespeichert werden? Die Dendriten nehmen nicht nur an Zahl, Stärke und Länge zu, wenn man bewusst über etwas nachdenkt, sondern haben, wie schon kurz erwähnt, auch Dornen, die ein bisschen wie die Knoten an den Ästen eines Baumes aussehen, aus denen weitere Äste wachsen. Wenn man intensiv und bewusst nachdenkt, wachsen diese Knoten und werden dichter, und die Dornen nehmen die Form von Pilzen an. Die Art und Weise, wie sich die Dichte der dendritischen Dornen verändert, hat viel mit dem Gedächtnis zu tun.

Die Veränderungen an den Dendriten *scheinen* hauptsächlich im präfrontalen Cortex und im Hippocampus aufzutreten. Mit fortschreitenden Erkenntnissen in der Wissenschaft könnte sich jedoch zeigen, dass weitere Bereiche des Gehirns betroffen sind. Nach gegenwärtigem Stand der Gedächtnisforschung wird jedoch davon ausgegangen, dass die Inhalte des Kurzzeitgedächtnisses im Allgemeinen im Hippocampus entstehen, die des Langzeitgedächtnisses in den Dendriten des Neocortex gespeichert werden und die des Wahrnehmungsgedächtnisses in der Amygdala zu verorten sind.[263]

Wie schon erörtert, ergibt sich ein Muster, bei dem die Bildung einer Erinnerung damit beginnt, dass man an etwas denkt; dies führt zu einer Quantenaktivität und einer ersten elektrischen Veränderung in den Zellkörpern und Synapsen von Zellen, die sich möglicherweise im Hippocampus befinden. Hierdurch werden eine Reihe struktureller Veränderungen eingeleitet, die zu einer Verstärkung der synaptischen Funktion und zur Langzeitpotenzierung (LTP) führen. Im Laufe der Zeit wird diese anfängliche Veränderung in weitere, dauerhaftere strukturelle Veränderungen in den Dendriten und dendritischen Dornen überführt.

Wichtig ist die Feststellung, dass der Enkodierungsprozess im Gehirn trotz jahrhundertelanger Forschung ein ziemliches Mysterium geblieben ist. Erinnerungen halten ein Leben lang, synaptische Verbindungen hingegen sind kurzlebig, was darauf hindeutet, dass das Gedächtnis auf einer tieferen Ebene gespeichert liegt. Es scheint, dass Mikrotubuli, die Hauptbestandteile des strukturellen Zytoskeletts innerhalb der Neuronen, die ich bereits angesprochen habe, diesen Mechanismus bereitstellen.[264]

Die Mikrotubuli in den Dendriten sind in Verzweigungen gegliedert und eignen sich daher ideal für die Speicherung von Erinnerungen. Mikrotubuli bestehen aus dem bereits erwähnten

Protein Tubulin, das 15 Prozent des gesamten Gehirnproteins ausmacht. Mikrotubuli regulieren Synapsen, definieren die Architektur von Neuronen und scheinen Informationen durch ihre Tubulin-Komponenten zu verarbeiten, die sich wie Mini-Quantencomputer verhalten.[265]

Schneeflocken und spazierende Nanopudel

Moment, wie bitte? Schneeflocken? Pilze? Nano-Pudel? Bitte hab etwas Geduld mit mir! Ich verstehe, dass die Beschreibung der Gedächtnisbildung kompliziert wirken kann, aber dieser Abschnitt verdeutlicht nicht zuletzt die Leistungsfähigkeit und Komplexität unseres Verstandes und unseres Gehirns. Er ist eine Erinnerung daran, wie viel Macht in unserem Denken wirklich liegt!

Während wir denken, wird durch das von unserem aktiven Geist ausgehende Signal ein Aktivitätsausbruch an der Präsynapse verursacht. Diese wiederum löst anhaltende Aktivität auf der anderen Seite der Synapse aus (siehe Abbildung 20.2). An dieser präsynaptischen Aktivierung sind Kalzium-Ionen beteiligt, die die Information in elektromagnetischer sowie in Quantenform transportieren. Stell dir das Ganze als Einkaufstasche vor, in der sich deine neugekaufte Kleidung befindet. Von dort gelangen die Informationen in die postsynaptischen Neuronen durch kleine Pforten, die *Rezeptoren* genannt werden. Dort aktivieren sie CaMKII, ein Protein das eine wichtige Rolle bei der Gedächtnisbildung spielt und wie eine Schneeflocke aussieht. Diese »Schneeflocken« werden anschließend in eine sechsbeinige Form umgewandelt, die liebevoll als »Nano-Pudel« bezeichnet wird.[266] Es ist in etwa so, als enthielte besagte Einkaufstasche ein schickes neues Outfit, und sobald du es anzögest, wärst du völlig verwandelt und bereit für die Party.

Umfangreiche Forschungsarbeiten von Sir Roger Penrose und Professor Stuart Hamerhoff haben gezeigt, dass die Nano-Pudel auf dem Tubulin landen. Jedes der Beine eines solchen Nano-Pudels (eine sogenannte *Kinasedomäne*) ist in der Lage, Informationen in Form von Energie einzulagern. Dies geschieht über *Phosphorylierung* – der Mechanismus, durch den die Aktivität von Proteinen nach ihrer Bildung verändert wird; eine Phosphatgruppe wird durch spezifische Enzyme, die *Kinasen*, an ein Protein angehängt.[267] Hierdurch wird ein Bit der synaptischen Information lange Zeit codiert und dann zieht es weiter; dies ist eine Gedächtnisspur.

Weiter haben die Untersuchungen der beiden Forscher gezeigt, dass die Nano-Pudel Informationen in das Tubulin einlagern, weil sie – gleich einem Puzzleteil – perfekt zu den räumlichen Abmessungen, der Geometrie und der elektrostatischen Bindung des Tubulins passen. Das Tubulin ist daher als das intra-neuronale Substrat für das Gedächtnis bekannt, der winzige Quantencomputer, der den tatsächlichen Ort kodiert, an dem deine Gedanken physisch gespeichert sind.[268]

Zentriolen, die aus diesen Tubulin-Mikrotubuli bestehen, sind an der Zellteilung beteiligt, die eine Art Sprache ist. In den Zentriolen wird das epigenetische Gedächtnis gespeichert; hier werden Verhaltensweisen generationenübergreifend übertragen und wirken sich darauf aus, wie wir körperlich funktionieren.[269] Dies ist ein hervorragendes Beispiel für die Geist-Körper-Verbindung.

Das Gehirn ist reichlich mit diesen Mikrotubuli und Nano-Pudeln bestückt. Diese Strukturen sind in der Lage, Informationen auf der Ebene der Membranen und Zytoskelettelemente einer Zelle zu verarbeiten. [270]

Falten und Rost

Tubuline haben eine weitere sehr interessante Eigenschaft: Sie bauen sich selbst auf und wieder ab. Sie sind entropiegetrieben, was höchst ungewöhnlich ist, denn der zweite Hauptsatz der Thermodynamik besagt, dass die Entropie mit der Zeit immer zunimmt – Rost und Falten sind gute Beispiele dafür! Tubuline widersetzen sich im Grunde diesem Gesetz, eine beachtliche Leistung, die das Wachstum von Neuronen und damit die Entwicklung von Erinnerungen ermöglicht.[271]

Tausende bis Zehntausende Tubuline sind für ein Mikrotubuli nötig, und es braucht Milliarden Tubuline, um sämtliche Mikrotubuli eines einzelnen Neurons zu bilden. Jedes der Tubuline ist von Wasser umgeben, und sie sind in geordneter Weise miteinander verbunden. Wenn sie sich sammeln, geht ihnen das Wasser großteils verloren, sodass der Nettogewinn an Unordnung größer ist als der Nettogewinn an Ordnung. Damit ist der Aufbau der Mikrotubuli unordentlicher strukturiert als die frei im Wasser schwebenden Tubuline. Dies ist ein wichtiger Aspekt, weil es Einblick in das physikalische Korrelat der Zufälligkeit gibt – in die »Zufälligkeit« des freien Willens.[272] Diese Unordnung spiegelt die unendliche und sich ständig verändernde Natur unserer Gedanken wider. Wir brauchen eine Struktur, die unsere Entscheidungen steuern kann, und Tubulin und Quantenwolken scheinen für diese Aufgabe gut geeignet.

In allen Zellen sind Mikrotubuli durchgehend vom Zentrum der Zelle nach außen verlaufend angeordnet, wie die Speichen eines Rades. Dies ist die *Struktur des Zytoskeletts*. Neuronen weisen die meisten Mikrotubuli auf, weil sie von ihrer Struktur her am kompliziertesten sind. In den Dendriten sind die Mikrotubuli jedoch kurz, unzusammenhängend und in Netzwerken mit gemischter

Polarität angeordnet, sodass sie nicht zur Stützung des Zellskeletts dienen. Vielmehr haben sie eine andere Funktion. Laut dem Anästhesisten und Bewusstseinsforscher Stuart Hameroff ist diese Struktur perfekt für die Informationsverarbeitung und die Speicherung von Erinnerungen geeignet.[273]

Hameroff ist der Ansicht, dass Tubulin uns einen Einblick in die atemberaubende Kraft des Geistes gibt! Jedes Neuron hat etwa 109 (eine Milliarde) Tubuline, die Untereinheiten des Mikrotubulus. Tubuline sind das Äquivalent eines Bits, weil sie sich sekündlich verändern; tatsächlich schalten sie etwa eine Million Mal pro Sekunde im Megahertz-Bereich um. Das bedeutet, dass *in einem einzigen Neuron* etwa 1016 Operationen pro Sekunde stattfinden.[274]

Forscher auf dem Gebiet der künstlichen Intelligenz glauben, dass künstliche Wesen ein intelligentes Bewusstsein entwickeln und die gleiche Weisheit und das gleiche Verständnis wie Menschen erlangen können, sobald die Berechnungen komplex genug werden, was aus ihrer Sicht bei einem Wert von 1016 erreicht wäre. Hameroff zufolge gehen diese Wissenschaftler jedoch von der Annahme aus, dass 1016 die Gesamtzahl der Rechenoperationen pro Sekunde für das gesamte Gehirn sei. Tatsächlich gilt dieser Wert nur für ein einziges Neuron – und es gibt etwa 100 Milliarden Neuronen im Gehirn. Multipliziert man also 1016 mit 100 Milliarden Neuronen, so beträgt die Gehirnleistung, wie Hameroff zeigt, in Wirklichkeit etwa 1027 (ca. 400 Milliarden) Operationen pro Sekunde![275]

Wie Hameroff weiter ausführt, müssen wir tiefer ins Innere der Neuronen, zu den Mikrotubuli und dem Tubulin vordringen, die wie fantastische Quantencomputer funktionieren. Diese Strukturen sind auf der Quantenebene mit dem Universum verbunden, verarbeiten Informationen und erzeugen Energie mit unfassbaren Geschwindigkeiten. Laut Penrose und Hamerhoff haben sie das

Potential, immer tiefer in die Ebenen der Raum-Zeit-Geometrie vorzudringen – eine Möglichkeit, die mit vielen Vorstellungen von menschlicher Spiritualität übereinstimmt. In unserem Geist geht viel mehr vor sich, als uns bewusst ist. Durch die Forschung in der Quantenphysik und Quantenbiologie beginnen wir, dies zu erkennen. Es sind spannende Zeiten, in denen wir leben!

Der Quantenaspekt des Geodätischen Modells

Das Gehirn reagiert auf den Geist. Die Quantentheorie ist ein Mittel, um diese Interaktion von Geist und Gehirn zu verstehen; sie bedient sich der Mathematik, um diese Beziehung zu beschreiben.[276]

In der Tat kann das menschliche Gehirn als das Substrat, durch welches der Geist arbeitet, nicht allein durch die klassische Physik erklärt werden. Je eingehender wir das menschliche Bewusstsein und die Macht der Entscheidung untersuchen und je besser wir beides verstehen, desto deutlicher zeigt sich, dass wir Menschen nicht lediglich komplizierte biologische Maschinen sind, die nach dem Prinzip von Ursache und Wirkung funktionieren. Wie der Quantenphysiker Henry Stapp fragt:

> *Wie führen die Bewegungen der winzigen planetenähnlichen Objekte der klassischen Physik zu individualistischen Gefühlen, zu Verständnis und Wissen? Die klassische Physik geht davon aus, dass diese Zusammenhänge eines Tages bekannt sein werden, aber wie können sie im Rahmen einer Theorie verstanden werden …, die das Agens der »Verbindung« eliminiert[?]*[277]

Mit der klassischen Physik lassen sich unsere einzigartigen Erfahrungen nicht beschreiben. Vielmehr operiert sie in einer vorbestimmten physischen Welt, die sich mit den Tatsachen und nicht mit den Möglichkeiten des menschlichen Geistes befasst. In der Quantenphysik können wir jedoch sehen, dass wir Spieler in einem Spiel sind; wir sind Mitschöpfer unserer sich entwickelnden physischen Realität.

Der individuelle Beobachter

Werner Heisenberg, der 1932 den Nobelpreis für die Entwicklung der Quantenphysik erhielt, schlug eine Quantenverallgemeinerung der klassischen Gesetze vor. Heisenbergs Ansatz, Zahlen durch Aktionen zu ersetzen, bezog den Einzelbeobachter als wesentlichen Faktor der Quantenmechanik ein. Die Zahl steht für »interne Eigenschaften eines physikalischen Systems«, während die Aktion, die die Zahl ersetzt, die Person darstellt, die mit ihrem freien Willen das System beobachtet oder untersucht. Aktionen, die Zahlen ersetzen, stellen den Materialismus der klassischen Physik in Frage, da der Geist (der individuelle Beobachter) das Gehirn (den physikalischen Bereich) frei verändert. Es lässt sich also sagen, dass die frei gewählten, bewussten Absichten und Wahrnehmungen des Individuums in ein physisches System (Gehirn) eingeschleust werden und es strukturell verändern. Dies wiederum führt zu Worten und Handlungen, durch welche es zu weiteren physischen Veränderungen in unserem Gehirn und damit auch in unserer Lebenswelt kommt.

Heisenberg konnte jedoch nicht erklären, wodurch Veränderungen im Gehirn verursacht werden.[278] Gesetze können nicht von selbst entstehen; sie brauchen jemanden oder etwas, das sie erzeugt. John von Neumanns Form der Quantenmechanik löste dieses Problem, indem er das Individuum und dessen Entscheidungsfreiheit einführte, womit er Heisenbergs kausale Lücke schloss.[279]

Die Geist-Gehirn-Quantentheorie wird als *von Neumanns orthodoxe Formulierung der Quantenmechanik* bezeichnet (ein sperriger Begriff, ich weiß!).[280] Sie beruht auf den Auswirkungen der als psychologisch absichtsvoll zu beschreibenden Handlungen einer Person auf physisch zu nennende Eigenschaften (d. h. das Gehirn der Person). Sie spezifiziert die kausalen Zusammenhänge zwischen dem Bereich des Geistes und dem Bereich des Gehirns, die durch die grundlegenden Gesetze der Physik geregelt werden. Mit dieser Formulierung wird der Haupteinwand gegen den kartesischen Dualismus überwunden, nämlich das fehlende Verständnis dafür, wie der Geist das Gehirn beeinflussen kann. Vor allem zeigt sie, dass das menschliche Bewusstsein keinesfalls »ein träger Zeuge des sinnlosen Tanzes der Atome« sein kann.[281] Wir haben sehr viel Kontrolle über das, was in unserem Kopf vor sich geht. Wir tanzen nicht lediglich nach der Melodie unserer Atome oder unserer DNA.

Wie wir vorstehend gesehen haben, besitzt das Gehirn eine Quantennatur, die durch quantenphysikalische Berechnungen und Quantenneurobiologie nachgewiesen wurde und die durch die klassische Physik nicht angemessen erklärt werden kann. So steuern beispielsweise ionische Prozesse in den Nerven das Gehirn, die sich auf atomarer Ebene abspielen und mit der klassischen Physik allein nicht zu erklären wären, weil sie dafür zu klein sind. Der Prozess der Exozytose beispielsweise, bei dem es um das Einschleusen von Neurotransmitter-Molekülen in die Synapsen geht, erfordert die feiner abgestimmten Erklärungen der Quantenmechanik.[282]

Die Quantentheorie verdeutlicht die zentrale Rolle des aktiv agierenden Geistes, die Tragweite der Verbindung zwischen Geist und Gehirn und die Macht unseres Intellekts, unseres Willens und unserer Emotionen, physische Veränderungen im Gehirn zu bewirken. Daher ist die Quantentheorie neben den Neurowissenschaften und der Neuropsychologie eine sehr wirkungsvolle Methode zur Erklärung von Lernen und Gedächtnis. Aus diesem Grund habe ich sie in die Entwicklung meiner Theorie, der Geodätischen Informationsverarbeitungstheorie (siehe nächstes Kapitel), einbezogen, bei der es darum geht, die Verbindung zwischen Geist und Gehirn zu erklären.

Der Philosoph und Theologe Keith Ward bezeichnet die Quantentheorie als »das genaueste Modell, das je entwickelt wurde, um auch die tiefgründigsten Dinge zu verstehen«.[283] Zwei der »tiefgründigsten Dinge«, zwei der größten Fragen, mit denen wir alle irgendwann konfrontiert sind, betreffen die Gründe für unser einzigartiges Denkvermögen als menschliche Wesen und die Frage, was unsere Aufgabe auf dieser Erde ist. Warum haben wir den Verstand, den wir haben? Die Quantenphysik gibt uns eine Möglichkeit, dieses angeborene Gefühl der Sinnhaftigkeit wissenschaftlich zu beschreiben, indem sie uns zeigt, wie mächtig unser Verstand ist. Sie liefert eine wissenschaftliche Theorie, die die Macht erklärt, die in der Fähigkeit des Einzelnen liegt, Entscheidungen zu treffen und damit das eigene Gehirn, den Körper und die Welt zu verändern. Sie unterstreicht die Bedeutung des Denkens und zeigt, dass wir alle einzigartig sind. Die Quantenphysik bestätigt damit etwas, das wir alle intuitiv spüren: Unsere bewussten Gedanken haben die Macht, unser Handeln zu beeinflussen.

Verschränkt

Die Quantenphysik hilft uns zu verstehen, inwiefern unsere Welt mit allem verschränkt und abhängig ist. Wenn ein Photon eine Milliarde Lichtjahre von hier entfernt entsteht, wirkt sich das auf dich aus, auch wenn du nicht merkst, dass es so ist. John Bell, berühmt für das Bellsche Theorem (das 1964 am CERN in Genf formuliert wurde),[284] stellte fest, dass jeder Teil mit jedem anderen Teil in unserem Universum untrennbar verbunden ist. Unabhängig davon, wie weit sie im Hinblick auf Zeit und Distanz voneinander entfernt sind, beeinflussen sich alle Teilchen, die in einer Beziehung zueinander stehen, gegenseitig; diese Beziehungen bestehen jenseits von Raum und Zeit.

Kapitel 22

Die Theorie der geodätischen Informationsverarbeitung

Du hast es bis zum letzten Kapitel geschafft; gut gemacht! In diesem Kapitel erfährst du etwas über die wissenschaftliche Forschung, die allem zugrunde liegt, was du in diesem Buch gelesen hast. Du musst es nicht lesen, um von dem Buch zu profitieren, aber ich habe mich entschlossen, diesen umfangreichen wissenschaftlichen Teil aufzunehmen, der so einfach wie möglich formuliert ist, damit du die Grundlagen meiner Prinzipien besser verstehst. Natürlich sind dies komplexe Konzepte. Dennoch sind sie sehr wichtig, um zu verstehen, worauf es bei der mentalen Selbstfürsorge ankommt und warum man über Achtsamkeit hinausgehen sollte.

Die Theorie der Geodätischen Informationsverarbeitung habe ich vor fast dreißig Jahren entwickelt und seither immer wieder aktualisiert. Die in diesem Buch vorgestellten Hilfsmittel basieren auf dieser Grundlage, ebenso alle meine Programme und Bücher. Das Gabenprofil und der 5-Schritte-Lernprozess *Schalte dein Gehirn an* wurden aus diesem Modell heraus entwickelt.

Beim Lesen dieses Abschnitts wird es hilfreich sein, auf Abbildung 22.1, das Modell meiner Theorie, immer wieder zurückzugreifen.

Abbildung 22.1:

DAS SCHEMA DER GEODÄTISCHEN INFORMATIONSVERARBEITUNG

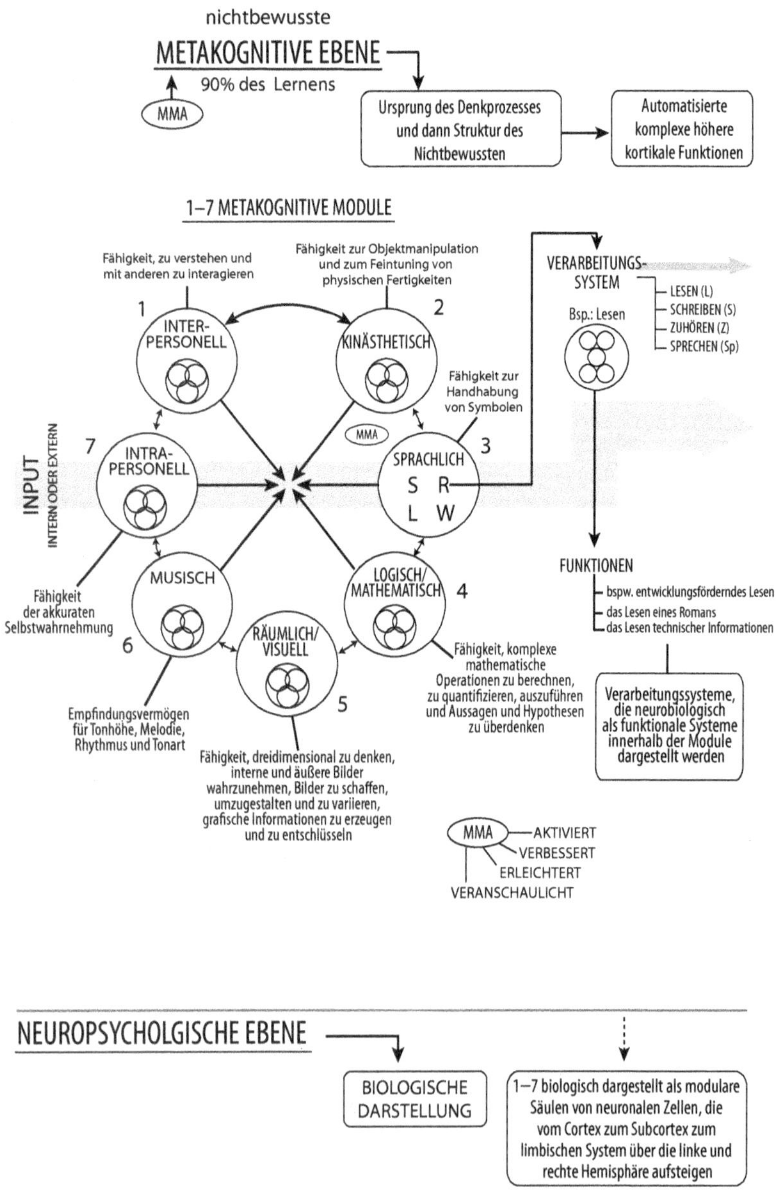

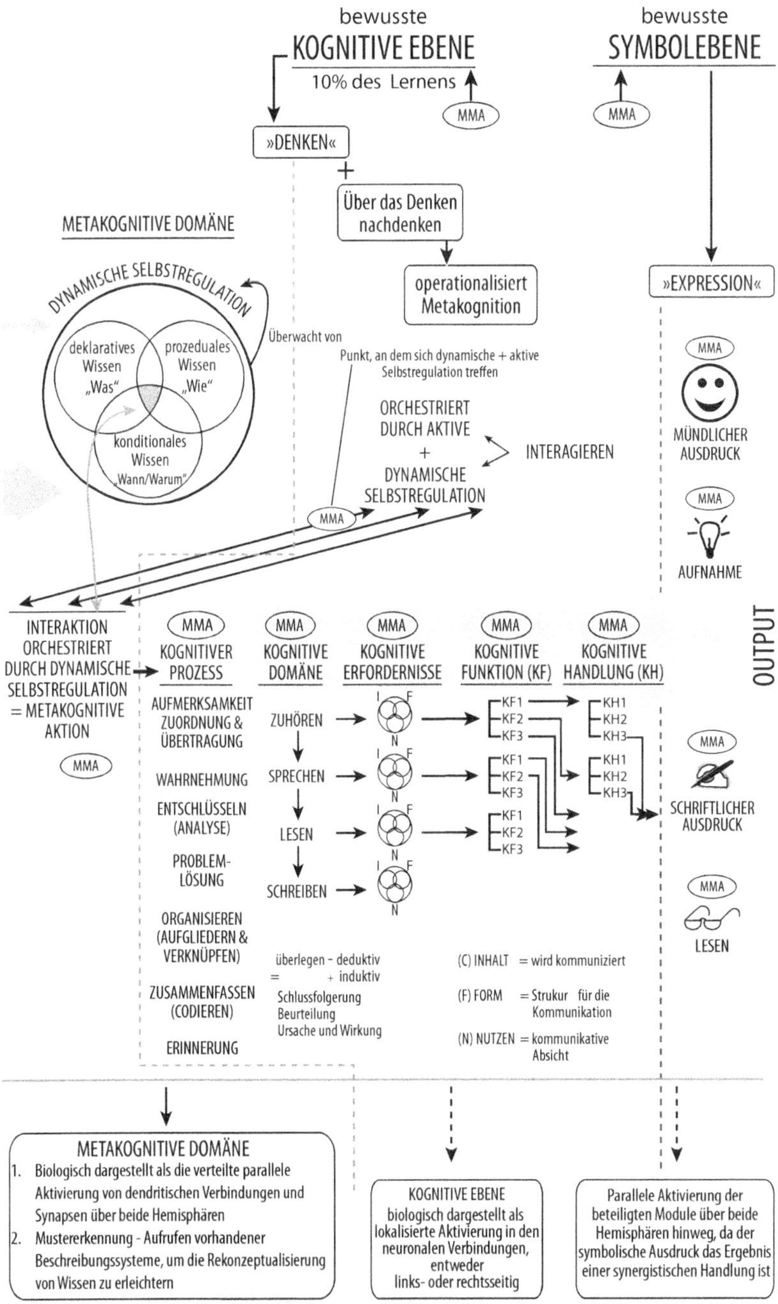
bewusste
KOGNITIVE EBENE
10% des Lernens
bewusste
SYMBOLEBENE
MMA
»DENKEN«
Über das Denken nachdenken
operationalisiert Metakognition
»EXPRESSION«
METAKOGNITIVE DOMÄNE
DYNAMISCHE SELBSTREGULATION
deklaratives Wissen „Was"
prozeduales Wissen „Wie"
konditionales Wissen „Wann/Warum"
Überwacht von
Punkt, an dem sich dynamische + aktive Selbstregulation treffen
ORCHESTRIERT DURCH AKTIVE + DYNAMISCHE SELBSTREGULATION
INTERAGIEREN
MÜNDLICHER AUSDRUCK
AUFNAHME
INTERAKTION ORCHESTRIERT DURCH DYNAMISCHE SELBSTREGULATION = METAKOGNITIVE AKTION
KOGNITIVER PROZESS
KOGNITIVE DOMÄNE
KOGNITIVE ERFORDERNISSE
KOGNITIVE FUNKTION (KF)
KOGNITIVE HANDLUNG (KH)
OUTPUT
AUFMERKSAMKEIT
ZUORDNUNG & ÜBERTRAGUNG
WAHRNEHMUNG
ENTSCHLÜSSELN (ANALYSE)
PROBLEM-LÖSUNG
ORGANISIEREN (AUFGLIEDERN & VERKNÜPFEN)
ZUSAMMENFASSEN (CODIEREN)
ERINNERUNG
ZUHÖREN
SPRECHEN
LESEN
SCHREIBEN
KF1 KF2 KF3
KH1 KH2 KH3
SCHRIFTLICHER AUSDRUCK
LESEN
überlegen = deduktiv + induktiv
Schlussfolgerung
Beurteilung
Ursache und Wirkung
(C) INHALT = wird kommuniziert
(F) FORM = Strukur für die Kommunikation
(N) NUTZEN = kommunikative Absicht
METAKOGNITIVE DOMÄNE
1. Biologisch dargestellt als die verteilte parallele Aktivierung von dendritischen Verbindungen und Synapsen über beide Hemisphären
2. Mustererkennung - Aufrufen vorhandener Beschreibungssysteme, um die Rekonzeptualisierung von Wissen zu erleichtern
KOGNITIVE EBENE biologisch dargestellt als lokalisierte Aktivierung in den neuronalen Verbindungen, entweder links- oder rechtsseitig
Parallele Aktivierung der beteiligten Module über beide Hemisphären hinweg, da der symbolische Ausdruck das Ergebnis einer synergistischen Handlung ist

Meine Theorie umfasst mehrere unterschiedliche Komponenten:

- Es gibt *sieben metakognitive Module*: Intrapersonell, Interpersonell, Linguistisch, Logisch/mathematisch, Kinästhetisch, Musisch und Visuell/räumlich.
- Jedes metakognitive Modul hat vier *Verarbeitungssysteme*: Sprechen, Lesen, Schreiben und Zuhören.
- Jedes Verarbeitungssystem wird in drei *metakognitive Domänen* unterteilt: die deklarative Domäne (das »Was« der Gedächtnisinformation), die prozedurale Domäne (das »Wie« der Gedächtnisinformation) und die konditionale Domäne (das »Wann/Warum« oder der Zweck und die emotionale Komponente der Erinnerung).
- Diese metakognitiven Domänen bilden die Struktur der *Beschreibungssysteme* (Erinnerungen). Die Gesamtheit deiner Erinnerungen ist in diesen drei Elementen untergebracht.
- Die Aktivität in diesen Komponenten wird durch die Anweisungen deines aktiven Geistes gesteuert – dein Denken, Fühlen und Entscheiden. Auf der nichtbewussten Ebene deines Verstandes, auf der etwa 90 bis 99 Prozent des Lernens stattfinden, nennt man dies *dynamische Selbstregulation*. Auf der bewussten Ebene, auf der nur etwa 1 bis 10 Prozent des Lernens stattfinden, spricht man von *aktiver Selbstregulation*.
- Als Letztes haben wir die *metakognitive Aktion*. Dieser Begriff bezeichnet das tiefgründige Denken, welches bewirkt, dass die Was-, Wie- und Wann/Warum-Elemente deines Gedächtnisses durch bewusstes, gezieltes Denken zu interagieren beginnen. Je bewusster und gezielter die aktive Selbstregulation ist, desto wahrscheinlicher ist es, dass sie mit der dynamischen Selbstregulation (der nichtbewussten Ebene) interagiert.

- Die *Erinnerungen mit der meisten Energie* – also aus Gedanken bestehende Erinnerungen, denen wiederholt intensive Aufmerksamkeit gewidmet wurde und die daher in einem zugänglichen Format eingebettet sind – werden ins Bewusstsein aufsteigen. Was auch immer ins Bewusstsein gelangt, ist also das, worüber wir die meiste Zeit nachgedacht haben.

Die sieben metakognitiven Module

Alle sieben metakognitiven Module arbeiten auf verschränkte Weise zusammen. Genauer gesagt, funktionieren diese Module bei jedem von uns auf einzigartige Weise. Die sieben metakognitiven Module der Gabenstruktur bzw. des Gabenkonzepts sind in der komplexen Quantenwelt der nichtbewussten Ebene unseres Verstandes untergebracht, die rund um die Uhr mit Geschwindigkeiten von schätzungsweise 1027 arbeitet.

Diese sieben Module sind keineswegs erschöpfend, sondern repräsentieren vielmehr nur das breite Spektrum des menschlichen Wissens und intellektuellen Potentials. Alle Menschen verfügen über das gesamte Spektrum aller sieben metakognitiven Module, jedoch in unterschiedlichem Ausmaß und in unterschiedlicher Kombination, wodurch spezifische kognitive Merkmale zutage treten – daher auch die Besonderheit deiner individuellen Denkweise, wie sie im Gabenprofil, das wir in Teil 2 untersucht haben, ermittelt wurde.

Die sieben metakognitiven Module meiner Theorie unterscheiden sich von den sieben Intelligenzen der Theorie der »multiplen Intelligenzen« von Howard Gardner.[285] Meine sieben Module umfassen alle drei Arten von Wissen innerhalb des metakognitiven

Bereichs: deklaratives, prozedurales und konditionales Wissen. Gardners Intelligenzen umfassen nur prozedurales Wissen und sind daher unvollständig im Sinne der Bandbreite des menschlichen Wissens.

Wir können die Art und Weise, wie wir denken, fühlen und entscheiden, nicht auf reduktionistische Weise betrachten. Obwohl diese Module als unabhängige Einheiten mit jeweils eigenen kognitiven Eigenschaften funktionieren, sind sie so konzipiert, dass sie bei der Verarbeitung von Informationen (Denken, Fühlen und Entscheiden) zusammenwirken. Wenn diese Module interagieren, entsteht ein Denken höherer Ordnung, denn das Nettoergebnis der Interaktion zwischen den Modulen ist eine verbesserte Qualität *innerhalb* der Module.

Wichtig ist, im Sinn zu behalten, dass die sieben metakognitiven Module in Harmonie miteinander arbeiten. Man kann eine Person nicht beobachten oder ihr zuhören und alle sieben einzeln wahrnehmen. Was man zu sehen bekommt, ist das Endprodukt des Zusammenwirkens aller sieben Module auf eine Weise, die einmalig ist und nur zu dieser Person gehört. Es ist das kollektive Ganze, das durch die Worte und Handlungen einer Person zum Ausdruck kommt und jedem von uns seine ganz eigene »Harmonie« verleiht.

Die Verarbeitungssysteme

Wie schon erwähnt, sind die metakognitiven Module in vier Verarbeitungssysteme unterteilt: Lesen, Sprechen, Hören und Schreiben. Jedes dieser Verarbeitungssysteme hat wiederum eine Funktion, z. B. das Lesen zum Verständnis von Sachverhalten, das Lesen eines Romans zum Vergnügen, das Lesen eines komplexen technischen Handbuchs, das Schreiben einer E-Mail, das

Schreiben einer Geschichte, das Halten einer Rede, das Führen eines Gesprächs mit dem besten Freund usw.

Ein Verarbeitungssystem ist das Ergebnis einer ganzen Reihe von Prozessen in einer bestimmten Anordnung. Das Verarbeitungssystem beim Lesen eines Buches beispielsweise, das zum metakognitiven Modul Linguistik gehören würde, besteht aus verschiedenen Prozessen wie dem visuellen Verfolgen von Buchstaben, der visuellen Unterscheidung von Buchstaben und dem Kombinieren dieser Buchstaben zu Sinneinheiten. Das Verarbeitungssystem des Lesens hat ebenfalls verschiedene Funktionen, wie das Lesen von Faktenwissen oder das Lesen, um zu erfahren, was mit den Figuren in einem Roman geschieht. Jeder von uns hat dabei seine eigene Interpretation und eigene Filter (seine individualspezifische Denkweise).

Ein Verarbeitungssystem stellt sich neurologisch als funktionelle Struktur dar, die aus den Wechselbeziehungen zwischen verschiedenen Teilen des Gehirns besteht. Verarbeitungssysteme werden schließlich auf der symbolischen Ebene durch kognitives Handeln ausgedrückt – durch das, was man sagt und tut (siehe Abbildung 22.1). In meinem Modell wird ein Verarbeitungssystem als Kanal betrachtet, durch den die für einen bestimmten Bereich spezifischen intellektuellen Fähigkeiten ausgedrückt werden.

Wenn du dich deiner individuellen Denkweise bedienst und den 5-Schritte-Lernprozess *Schalte dein Gehirn an* anwendest, wird das die Auswahl von Funktionen und deren Integration in die effizientesten Verarbeitungssysteme, mit dem Zweck, die kognitiven Abläufe zu operationalisieren, bis zum Höchstmaß steigern und in der Folge zu optimaler Leistung führen. Das bedeutet, dass du das in der jeweiligen Situation Beste sagen und tun wirst.

Dynamische Selbstregulation

Um beispielsweise ein Buch lesen oder eine Rede halten zu können, musst du das entsprechende Verarbeitungssystem aktivieren bzw. operationalisieren. Dies nennt man *dynamische Selbstregulation*, eine sehr mächtige treibende Kraft auf dem Level der nichtbewussten Geistesaktivität, die zudem ganz auf dein individualspezifisches Denken zugeschnitten ist.

Wie bereits erwähnt, ist die nichtbewusste Ebene deines Verstandes rund um die Uhr in Aktion, sodass die dynamische Selbstregulation ständig im Gange ist. Auf der nichtbewussten Ebene hört dein Verstand nicht auf, all deine Erinnerungen zu analysieren, aufzuräumen, zu lesen und zu integrieren, die als Reaktion auf deine im Alltagsleben gemachten Erfahrungen ständig wachsen und sich verändern.

Letztlich ist die Aktivität der nichtbewussten Ebene für die Entscheidungsfindung auf hohem Niveau verantwortlich, selbst wenn wir auf der bewussten Ebene durch andere Aufgaben abgelenkt werden. Die dynamische Selbstregulation steuert bis zu 90 Prozent des Denkens und Lernens. Sie ist dafür verantwortlich, dass Langzeiterinnerungen und Glaubenssysteme (Weltanschauungen) aktiviert und mit Energie versorgt werden, damit sie in unsere bewusste Wahrnehmung gelangen. Somit hat sie enormen Einfluss auf unser bewusstes Denken, Fühlen und Entscheiden. Die dynamische Selbstregulation hält auch Wahrnehmung und Aufmerksamkeit in den sieben metakognitiven Modulen aufrecht, während die interne Rekonstruktion (Neugestaltung, Wachstum und Veränderung) von Erinnerungen stattfindet.

Aktive Selbstregulation

Bewusstes, kognitives Denken wird als *aktive Selbstregulation* bezeichnet. Je tiefgründiger wir denken, desto intensiver interagiert die aktive Selbstregulation mit der dynamischen Selbstregulation. Aktive Selbstregulation geschieht bewusst und wird durch die Entscheidung gesteuert, einer Sache Aufmerksamkeit zu schenken. Wie effektiv sie ist, hängt davon ab, wie achtsam und bedacht du im jeweiligen Moment bist.

Es ist wichtig, nie aus den Augen zu verlieren, dass Gedanken (auch als Beschreibungssysteme oder Erinnerungen benennbar) durch gezieltes, wiederholtes und bewusstes kognitives Denken automatisiert (zu einer Gewohnheit gemacht) werden. Diese Art des Denkens muss in mindestens drei Zyklen von jeweils einundzwanzig Tagen (also dreiundsechzig Tage lang) erfolgen, damit echtes Verstehen stattfinden kann.

Die metakognitive Domäne und die Beschreibungssysteme

Jedes der sieben metakognitiven Module verwendet sein eigenes Betriebssystem, das als *metakognitive Domäne* bezeichnet wird. Diese Domänen nutzen deklarative (was), prozedurale (wie) und konditionale (wann/warum) Arten von Wissen, um mustererkennungsbasierte und merkmalspezifische Erinnerungen (deskriptive Systeme) aufzubauen. Diese Erinnerungen wachsen wiederum zu Glaubenssystemen oder Weltanschauungen heran, die sich in unseren Einstellungen widerspiegeln (erweiterte und verstärkte deskriptive Systeme).

In jedem einzelnen Moment eines jeden Tages sind wir mit unserer Umwelt verwoben. Durch Denken, Fühlen und

Entscheiden lernen wir und bauen Gedanken, die reale, physische Objekte sind, in unser Gehirn ein. Dieser ausgeklügelte und komplexe Prozess ist im Wesentlichen die Erweiterung und Verfestigung von Beschreibungssystemen durch Hinzufügen der drei Arten von Wissen (Denken, Fühlen und Entscheiden) zur metakognitiven Domäne. Dies geschieht rund um die Uhr in unserem Kopf, selbst wenn wir schlafen! Wir sind wirklich ausgesprochen geistige Wesen, selbst dann, wenn wir uns gar nicht bewusst sind, was in unserem Geist gerade abläuft.

Allerdings ist das, was auf der metakognitiven Ebene geschieht, bei jeder Person anders. Die spezielle Art und Weise, wie du Erinnerungen aufbaust und speicherst, basiert auf deinen spezifischen Wahrnehmungen und Interpretationen, die ausschließlich deine sind. Die verschiedenen Mechanismen im Nervensystem werden aktiviert, um bestimmte Verarbeitungsschritte mit den Informationen durchzuführen. Die strukturellen Veränderungen im Gehirn, zu denen es dabei kommt, unterscheiden sich von Mensch zu Mensch. Die wiederholte Nutzung dieser Verarbeitungsmechanismen, ihre Verfeinerung und ihre Interaktion führen zu Formen von Wissen, die nützlich und intelligent und nur für dich verfügbar sind. Die metakognitiven Domänen des geodätischen Modells spiegeln also den Gedanken wider, dass Menschen so beschaffen sind, dass sie für bestimmte Informationen auf ihre eigene, einzigartige Weise empfänglich sind.

Wenn du eine bestimmte Form von Information präsentiert bekommst, wird dein Geist aktiv und bedient sich deines Gehirns als Substrat für seine Tätigkeit. Deine Selbstregulation wird völlig anders sein als meine; die Person, die in ihrem üblichen Denkmodus denkt, steuert all diese Prozesse.

Bei der Theorie der Geodätischen Informationsverarbeitung wird das Gedächtnis als Teil des kognitiven Prozesses verstanden, und zwar in der Form, dass dort neue Beschreibungssysteme rekonzeptualisiert bzw. umgestaltet werden. Sobald ein neues Beschreibungssystem rekonzeptualisiert ist, wird es in den passenden metakognitiven Domänen des entsprechenden metakognitiven Moduls in Form von deklarativem, prozeduralem und konditionalem Wissen gespeichert. Die Rekonzeptualisierung von neuem Wissen wird auf der kognitiven Ebene verwirklicht und verbessert und dann auf der metakognitiven Ebene gespeichert, wo es bei der zukünftigen Rekonzeptualisierung von neuem Wissen verwendet wird.

Metakognitive Aktivität und Bereitschaftspotential

Eine achtsame, absichtsvolle und bewusste aktive Selbstregulation wird die Interaktion zwischen aktiver und dynamischer Selbstregulation anregen, was im Ergebnis zu tiefgründigem Denken führt. Dieses in der Tiefe stattfindende Denken wird als *metakognitive Aktivität* bezeichnet. Hierbei beginnen durch gewolltes Denken die Was-, Wie- und Wann/Warum-Elemente deines Gedächtnisses zu interagieren, bis sie genügend Energie erzeugt haben, um in dein Bewusstsein vorzudringen. Wenn das bewusste Denken nicht absichtlich erfolgt (d. h. mit dem Ziel, Verstehen zu entwickeln – als Folge des Zusammenwirkens von aktiver und dynamischer Selbstregulation), und auch nicht über einen Zeitraum von etwa dreiundsechzig Tagen hinweg, dann wird das, worüber du nachdenkst, nicht zu einem einflussreichen Teil der nichtbewussten Ebene deines Verstandes.[286] Dies sind die Prozesse, die du in diesem Buch zu aktivieren gelernt hast.

Bewusstes, tiefgründiges Denken formt unser Weltbild. Diese Gedanken verankern sich tief im Nichtbewussten, und auch wenn sie der bewussten Selbstbeobachtung nicht zugänglich sind, beeinflussen sie doch die kognitiven Endprodukte unseres Denkens, Fühlens und Entscheidens. Sie werden nur dann für die bewusste Selbstbeobachtung zugänglich, wenn wir tiefgründig denken und dies in unserer maßgeschneiderten Denkweise tun, die diesen Gedanken im wahrsten Sinne des Wortes die Energie gibt, ins Bewusstsein zu gelangen.

Metakognitive Aktivität besteht aus deinem tiefgründigen Denken, Fühlen und Entscheiden, das sich in den grundlegenden Elementen deiner Denkweise ausdrückt. Wenn die Erinnerung in den bewussten Teil deines Verstandes aufsteigt, wirst du dir ihrer gewahr. Du kannst dann bewusst entscheiden, ob diese Erinnerung den Verarbeitungsprozess dessen beeinflusst, worauf du dich gerade konzentrierst, oder ob sie das nicht tut. Und wenn relevante Erinnerungen von der nichtbewussten Ebene ins Bewusstsein wandern, wird deine Erfahrung durch neues Wissen, das den Erinnerungen hinzugefügt wird, erweitert und verstärkt. Je tiefgründiger wir denken, desto besser werden die Erinnerungen miteinander verknüpft, was gleichzeitig zur Rekonzeptualisierung von Wissen beiträgt. Im Grunde genommen fügen wir unseren Erinnerungen nicht nur Fakten hinzu, sondern gestalten sie mit jeder neuen Information, die wir auf unsere eigene Art wahrnehmen und verstehen, regelrecht um. Wenn eine Person nicht tiefgründig denkt, also nicht wiederholt, gezielt und bewusst nachdenkt, empfindet und ihre Wahl trifft und dabei die Verantwortung für ihr Lernen übernimmt, wird der Input nicht stark genug sein, um kognitive, emotionale und verhaltens- bzw. bildungsbezogene Veränderungen zu bewirken.

Wie im Verlauf des Buches schon mehrfach erwähnt: Wenn wir auf unsere spezifische Weise tiefgründig denken (siehe Kapitel 18 über das Gabenprofil) und den 5-Schritte-Lernprozess *Schalte dein*

Gehirn an anwenden, regen wir damit die Neuroplastizität unseres Gehirns an – mit dem Ergebnis, dass sich unser Gehirn verändert. Unser Verstand liest oder interpretiert die Aktivitäten und Muster der Neuronen und Dendriten unseres Gehirns. Die Dendriten speichern die Erinnerungen, die durch die Signale des Geistes entstehen (siehe Kapitel 20). Je mehr wir denken und metakognitive Aktivität erzeugen, desto stärker beeinflussen und verändern wir diese Konfiguration des physischen Gedächtnisses, dessen Inhalte dann bereitstehen, um zu einem späteren Zeitpunkt durch metakognitive Aktivität wieder ausgelesen (erinnert) zu werden. Dies alles setzt voraus, dass das Gehirn korrekt funktioniert.

Wissenschaftler sehen Spuren dieser nichtbewussten dynamischen Selbstregulierungsaktivität im Gehirn, die als *Bereitschaftspotential* bezeichnet wird. Bei diesem Potential handelt es sich um die Interaktion zwischen dynamischer und aktiver Selbstregulation, die durch bewusstes, tiefgründiges Denken aktiviert wird. Sobald diese Interaktion stattfindet, wird der kognitive Prozess buchstäblich in Gang gesetzt. Die Kognition wird durch die Metakognition reguliert und führt die metakognitive Aktivität des Verarbeitungssystems bis zur symbolischen Ausdrucksebene – dem, was wir sagen und tun. Indem du die Techniken in diesem Buch anwendest, aktivierst du diese Prozesse.

Die Frage nach dem Bewusstsein

Benjamin Libet, ein Pionier auf dem Gebiet des menschlichen Bewusstseins, führte eine der ersten Studien über Kognition und Metakognition durch.[287] Seine Forschungen begannen in den frühen 1980er Jahren (als ich gerade die erste Stufe meiner Graduiertenforschung auf diesem Gebiet absolvierte) und haben seitdem den Ansatz vieler Wissenschaftler in der Frage nach dem Bewusstsein geprägt. Libet schloss Menschen an eine Maschine an, die die Gehirnaktivität aufzeichnete, während sie aufgefordert wurden, nach dem Zufallsprinzip einen Knopf zu drücken. Die Versuchspersonen wurden dann gebeten, bewusst wahrzunehmen, wann sie sich entschieden, den Knopf zu drücken. Er fand heraus, dass kurz vor der bewussten Entscheidung, den Knopf zu drücken – etwa 200 Millisekunden – eine bewusste Aktivitätssteigerung im Gehirn auftrat, die er als »Bereitschaftspotential« bezeichnete. Bei etwa 350 Millisekunden zeigten die Versuchspersonen eine nichtbewusste Aktivität, bevor sie über irgendeinen Grad an bewusster Wahrnehmung berichteten. In späteren Studien wurde dieser Aufbau zehn Sekunden vor einer bewussten Entscheidung beobachtet.[288]

Einige Anhänger des Materialismus interpretierten Libets Ergebnisse in einer Weise, die die Fähigkeit zur freien Entscheidung negierte. Sie kamen zu dem Schluss, dass die Studien zeigten, dass das Gehirn Auslöser der bewussten Handlung sei, da der Aufbau des Bereitschaftspotentials vor einer bewussten Entscheidung stattfinde.[289] In der Folge nutzten sie diese Interpretation, um die Existenz des freien Willens zu leugnen. Weitere Untersuchungen zeigten jedoch, dass das Bereitschaftspotential auch dann noch vorhanden war, wenn die Versuchspersonen einen Knopf drücken mussten, sobald sie einen Würfel unter vielen anderen Formen entdeckten.[290] Die Messung der Gehirnaktivität während der Aufgabe zeigte, dass das Bereitschaftspotential schon vor dem Erscheinen des Reizes vorhanden war. Wie einer der Forscher feststellte:

> *Unsere Ergebnisse zeigen, dass die neuronale Aktivität, die vor der motorischen Reaktion auftritt, lange vor der Präsentation eines Reizes einsetzt. Zu diesem Zeitpunkt konnten die*

Teilnehmer noch nicht wissen, ob sie die linke oder die rechte Taste drücken sollten, bevor ein Stimulus erschien. Darüber hinaus unterschied sich die der Stimulation vorausgehende Aktivierung nicht signifikant für beide Reaktionsvarianten. Daher kann die beobachtete Aktivität nicht als spezifische Vorbereitung auf das Drücken einer der Tasten anstelle der anderen angesehen werden.[291]

Man kann also nicht sagen, das »Gehirn habe beschlossen«, einen Knopf zu drücken. Das Bereitschaftspotential ist vorhanden, unabhängig davon, ob ein Knopf zu drücken ist oder auch nicht oder ob ein anderer Stimulus vorhanden ist; etwas anderes ist für die spezifischen Entscheidungen verantwortlich, die wir im jeweiligen Moment treffen. Wir können nicht ein Gehirn betrachten und befinden, warum eine Person die Entscheidungen trifft, die sie trifft, denn das Gehirn mit seinen neuronalen Korrelaten sagt uns nichts über die Erfahrung und den freien Willen einer Person.

Tatsächlich leugnete Libet den freien Willen nicht.[292] Er stellte fest, dass der menschliche Geist die Möglichkeit hat, ein Veto gegen eine Handlung einzulegen, während die neuronale Aktivität weiterläuft. Er nannte dies das »bewusste Veto«, womit er das Konzept des freien Willens unterstützte. Das Gehirn kann auf Autopilot laufen und Aufgaben ausführen, doch der einzigartige und komplexe Geist oder das »Selbst« (das individuelle Denken einer Person) besitzt die Fähigkeit, einzugreifen, indem die Ausführung einer Handlung verhindert wird.

Diese Studien zeigen nicht nur, dass das Gehirn auf Autopilot läuft, sondern auch, dass der freie Wille keine bloße Illusion ist, wie uns einige bekannte Materialisten glauben machen wollen.[293] Das Gehirn scheint als physisches Substrat auf die nichtbewusste Ebene unseres Verstandes zu reagieren (oder von unserem Geist

»benutzt« zu werden), der durch dynamische Selbstregulation und den Prozess gesteuert wird, bei dem die geeigneten Beschreibungssysteme (Erinnerungen) ausgewählt werden, die ins Bewusstsein gelangen müssen. Sobald die Erinnerungen ins Bewusstsein gelangt sind und wir die Informationen durch den Filter unseres individuellen Denkmodus laufen lassen, überlegen, erspüren und entscheiden wir, ob wir einer Handlung nachkommen oder sie außer Kraft setzen. Was wir entscheiden, ist wichtig.

Was lässt Menschen auf unterschiedliche Weise denken?

Unterschiede in den einzelnen Komponenten der sieben metakognitiven Module mitsamt ihren metakognitiven Domänen und ihren Verarbeitungssystemen lassen sich als Grund benennen, weshalb sich das Denken einer Person von dem einer anderen unterscheidet. Auch die metakognitive Aktivität der dynamischen und aktiven Selbstregulation ist ausschließlich dem Individuum vorbehalten. Die Art und Weise, wie du deinen Verstand steuerst, ist unverwechselbar: Deine individuelle Denkweise spiegelt sich im Was, Wie und Wann/Warum wider und darin, wie du diese Inhalte durch dynamische und aktive Selbstregulation handhabst.

Beim Durcharbeiten des Gabenprofils hast du diese Besonderheiten deiner persönlichen Denkweise entschlüsselt. Das Endergebnis ist ein Bewusstsein für und ein achtsamer Umgang mit deiner Identität: Du hast einen besonderen Einblick in deine ganz eigene Art des Denkens erhalten, sodass du nun deine Fähigkeit zu denken, zu fühlen und zu entscheiden stärken und steigern kannst. Dies ist intelligente Achtsamkeit. Alle sieben metakognitiven Module arbeiten parallel und miteinander verschränkt zusammen, und zwar in jedem von uns auf einzigartige Weise. Wir alle haben die Fähigkeit zu denken, zu fühlen und zu entscheiden, aber unser individualspezifisches Denken ist ausschließlich uns vorbehalten und so unverwechselbar wie unsere Fingerabdrücke. Stärke, die sich aus der Summe aller Teile ergibt, das ist das fundamentale Prinzip dieses modularen Konzepts. Die Qualität der höheren kortikalen Funktionen wird durch das harmonische Zusammenspiel der sieben metakognitiven Module beeinflusst.

Wenn wir uns von unserem individualspezifischen Denkschema entfernen, nutzen wir die Module nicht richtig. Inkorrektes Denken nutzt nur einen Teil der Module, und auch diese nur partiell. Wir sollten daher sehr genau darauf achten, worauf wir uns konzentrieren: Wir könnten Dinge lernen, die negative Auswirkungen auf unsere Gesundheit haben. Mit den in diesem Buch vorgestellten Techniken gelingt es dir, dich in den Erfolgsmodus zu denken.

Das Lernen

Lernen ist die kreative Rekonzeptualisierung von Wissen. Es ist die Neugestaltung des Gedächtnisses. Es wird durch aktive und dynamische Selbstregulation gesteuert. Es zeichnet sich durch persönliches Engagement aus, ist allgegenwärtig, und muss Sinn und Zweck haben. Was wir lernen, bestimmt den Sinngehalt unseres Lebens, denn es prägt unsere Weltanschauung – oder den gedanklichen Filter, durch den wir alles sehen.

Wenn wir unser maßgeschneidertes Denkschema nutzen und den 5-Schritte-Lernprozess *Schalte dein Gehirn an* anwenden, lernen wir auf gesunde Weise und bauen gesunde

Gedächtnisinhalte auf. Neue Entwicklungen auf dem Gebiet der Experimentalphysik bestätigen die Notwendigkeit dieser Art von tiefgründigem, fokussiertem Lernen für die Gedächtnisbildung – eine Methode, die ich seit mehr als drei Jahrzehnten erfolgreich in meiner Arbeit und Forschung anwende.[294] Wenn wir uns jedoch davon entfernen und einen anderen Ansatz wählen, lernen wir auf verzerrte Weise und bauen toxische Erinnerungen auf, die das Gehirn und den Körper schädigen. Wir alle müssen uns fragen, was wir in den Gedächtnisspeichern unseres Verstandes haben wollen. Das, worauf wir uns am meisten konzentrieren, wird wachsen und unsere Sichtweise und Glaubenssysteme (oder Weltanschauungen) beeinflussen. Wie man so schön sagt: Wir werden zu dem, was wir lieben. Dies kann sowohl in eine positive als auch eine negative Erfahrung münden.

Wenn du dich innerhalb deines individualspezifischen Denkens bewegst, die richtigen Mindsets einbeziehst und den 5-Schritte-Lernprozess *Schalte dein Gehirn an* anwendest, wird das dein Denken, dein Lernen und somit auch deine Erfolgsaussichten grundlegend verändern.

Schlussbemerkung

Mindsets bergen großes Potential; die Nutzung des individualspezifischen Denkens aktiviert dieses Potential; der 5-Schritte-Prozess setzt dieses Potential in langfristige, dauerhafte Veränderungen um.

Mindsets bilden den Rahmen, sie sind zugleich aber auch die Leinwand und die Farben. Individualspezifisches Denken ist die Energie hinter dem Prozess des Malens; ein Prozess, der für jeden von uns anders aussieht. Die aufgebauten Gedächtnisinhalte sind das fertige Kunstwerk, das in unserer Galerie hängt. Und du – du bist das Genie, das ein Meisterwerk malt, das noch keiner jemals gemalt hat.

Du kannst die Ereignisse und Umstände des Lebens nicht kontrollieren. Allerdings kannst du deine Reaktionen auf die Ereignisse und Umstände des Lebens kontrollieren, und zwar durch die Entscheidungen, die du triffst, und die Gedanken, die du denkst. Wenn du die Macht deiner Mindsets und deines persönlichen Denkmodus verstehst und dir die Kraft deines Geistes zunutze machst, um gesunde Gedächtnisinhalte zu schaffen, wirst du erkennen, dass du selbst bestimmen kannst, wie du dein Leben lebst. Du kannst wählen, welches Gemälde du erschaffen willst!

Mithilfe der in diesem Buch vorgestellten Techniken wirst du wachsen und gedeihen, anstatt dich ständig nur durchs Leben zu kämpfen. Durch sie lernst du, die Kraft deiner Gedanken zu nutzen. Du wirst tiefgründig denken und wirksam lernen können. Das gibt dir die besten Voraussetzungen, um mit den Gefahren unseres digitalen Zeitalters umzugehen und ein sinnerfülltes Leben zu führen.

Du kannst beim Lernen und Denken zu Erfolg finden - egal, ob im schulischen, beruflichen oder persönlichen Bereich. Du bist kein Opfer dessen, was andere über dich sagen oder was du selbst über dich sagst. Unabhängig davon, an welchem Punkt du gerade stehst oder was dir widerfährt, kannst du die Art, wie du dein Leben lebst, selbst gestalten.

Die Entscheidung liegt bei *dir.*

Nachwort

Angesichts unseres ständig wachsenden Bewusstseins für die komplizierte Verflechtung des gesamten Makrokosmos »außerhalb« von uns und des sich ständig erweiternden Mikrokosmos »innerhalb« unserer selbst sollte diese neue Publikation von Dr. Leaf für jeden Erwachsenen zur unverzichtbaren Lese- und Lernlektüre werden. Es ist ein Aufruf, sich des katastrophalen Rückgangs wahren Lernens bewusst zu werden, der aus dem Wegbrechen echter Denkkompetenz in unserer Gesellschaft resultiert und zu einer zerstörerischen und leeren Definition des Begriffs »Erfolg« führt.

Wieder einmal betont Dr. Leaf, wie wichtig unser Denken – unsere Denkweise – für die Effizienz unseres Lernens ist. Wie sie in ihrer Einführung erklärt: »Wir sind nicht dazu geschaffen, uns alles und jedes zu merken. Wir sind dafür ausgelegt, uns das zu merken, was wir *brauchen*, um zum Ziel zu kommen. Dies erfordert eine gute Auffassungsgabe und tiefgründiges, fokussiertes Verstehen. Wir müssen lernen, *was* wir lernen sollen und *wie* wir es lernen sollen.«

Da die meisten von uns von klein auf mit Informationen bombardiert werden, erleben immer mehr Menschen ein »anhaltendes Geplapper«. Permanent nimmt es unseren Verstand, unsere Gedanken, unsere Gefühle und unser Handeln in Beschlag. Wir sind Zeugen und Betroffene eines globalen Wandels in der »Art«, wie wir denken, und die Ergebnisse sind nicht gut – ganz gleich, ob man die Daten des CDC, des NIMH, der WHO oder einer anderen Organisation analysiert, die den epidemischen Rückgang unserer allgemeinen geistigen Gesundheit genau verfolgt und eine epidemische Zunahme neurophysiologischer Störungen feststellt.

Wie gelingt es uns, dieses zermürbende, oft negative, angstgetriebene und unaufhörliche Gedankengeplapper zum Schweigen zu bringen? In *Denke, lerne, sei erfolgreich* wird uns die hoffnungsvolle Botschaft vermittelt, dass ein wissenschaftlich fundiertes, praktisch anwendbares und ergebnisorientiertes Handlungskonzept in unseren Händen liegt.

Jedes der Kapitel, die sich mit einem essentiellen Mindset befassen, ist eindeutig positiv und praxisnah gestaltet, und die zugehörigen »Aktivierungstipps« verbinden die Informationen mit ein paar einfachen Schritten zur direkten Umsetzung. Dies kann letztendlich zu echtem Erfolg führen, der durch ein verändertes Leben zum Ausdruck kommt.

Mit einem grundlegenden Verständnis von unserer eigenen individuellen Art zu denken, zu fühlen und zu entscheiden, die sich in unseren Mindsets widerspiegelt, tritt unser »maßgeschneidertes« Denken auch durch unsere individuelle Begabung auf einzigartige Weise zutage. Durch das Gabenprofil, ein unschätzbares Werkzeug zum Verständnis unserer sieben Denkmodule, erhalten wir hierüber Klarheit. So bekommen wir erfahrungsbasierte Einblicke in unsere eigenen Denkprozesse.

Schließlich (und ich finde, das ist einer der wichtigsten Bestandteile aller Bücher von Dr. Leaf) gibt es noch eine Liste mit Leseempfehlungen. Dieser letzte und oft übersehene Teil ist von immensem Wert. Er dokumentiert die wissenschaftlichen Grundlagen, die Evidenzbasis und die fundierte Weisheit von Dr. Leafs gesamter Arbeit. Nicht zuletzt dient er als umfangreiche Bibliographie und gründlicher Referenzteil.

Jedes Kapitel und jeder Abschnitt von *Denke, lerne, sei erfolgreich* wartet darauf, von denjenigen beachtet zu werden, die ein Leben anstreben, das von einem befreiten, friedvollen und gesunden Geist geprägt ist.

Robert P. Turner, MD, MSCR, QEEGD, BCN, Neurologe

Metakog-Beispiele

Hier sind einige Beispiele für Metakogs, um dir zu zeigen, wie sie aussehen können. Ich hoffe, sie regen dich dazu an, deine eigenen Metakogs zu erstellen!

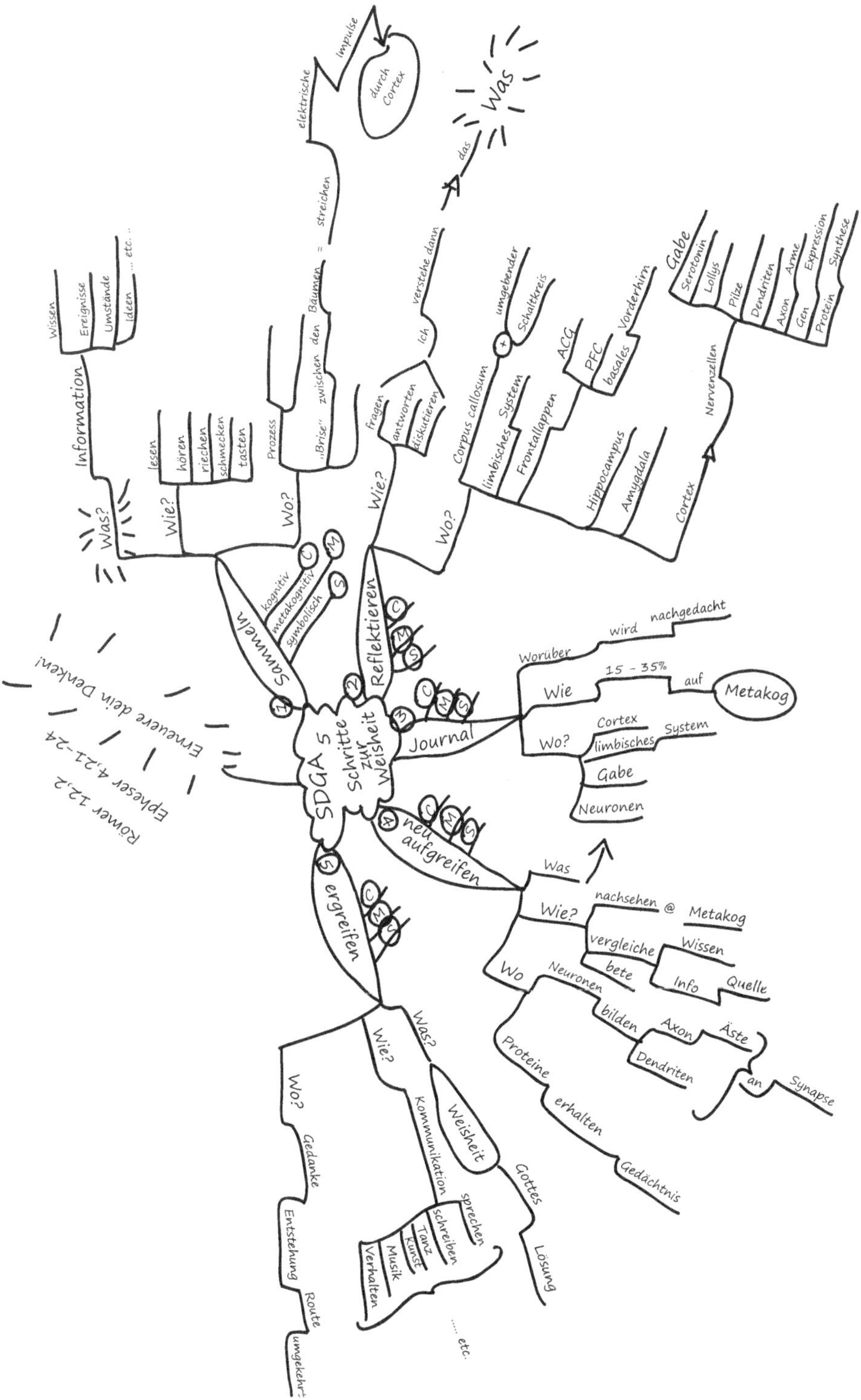
SDGA 5 Schritte zur Weisheit
Erneuere dein Denken!
Epheser 4,21-24
Römer 12,2
1 Sammeln
kognitiv
metakognitiv
symbolisch
C
M
S
Was?
Information
Wissen
Ereignisse
Umstände
Ideen
... etc. ..
Wie?
lesen
hören
riechen
schmecken
tasten
Wo?
Prozess
„Brise"
zwischen
den
Bäumen
=
streichen
elektrische
Impulse
durch Cortex
2 Reflektieren
Wie?
fragen
antworten
diskutieren
Ich
verstehe dann
das
Was
Wo?
Corpus callosum
umgebender
Schaltkreis
limbisches System
Frontallappen
ACG
PFC
basales
Vorderhirn
Hippocampus
Amygdala
Cortex
Nervenzellen
Gabe
Serotonin
Lollys
Pilze
Dendriten
Axon
Arme
Gen
Expression
Protein
Synthese
3 Journal
Worüber
wird
nachgedacht
Wie
15 - 35%
auf
Metakog
Wo?
Cortex
limbisches
System
Gabe
Neuronen
4 neu aufgreifen
Was
Wie?
nachsehen @
Metakog
vergleiche
Wissen
bete
Info
Quelle
Wo
Neuronen
bilden
Axon
Äste
Dendriten
an
Synapse
Proteine
erhalten
Gedächtnis
5 ergreifen
Was?
Weisheit
Gottes
Lösung
Wie?
Kommunikation
sprechen
schreiben
Tanz
Kunst
Musik
Verhalten
.... etc.
Wo?
Gedanke
Entstehung
Route
umgekehrt

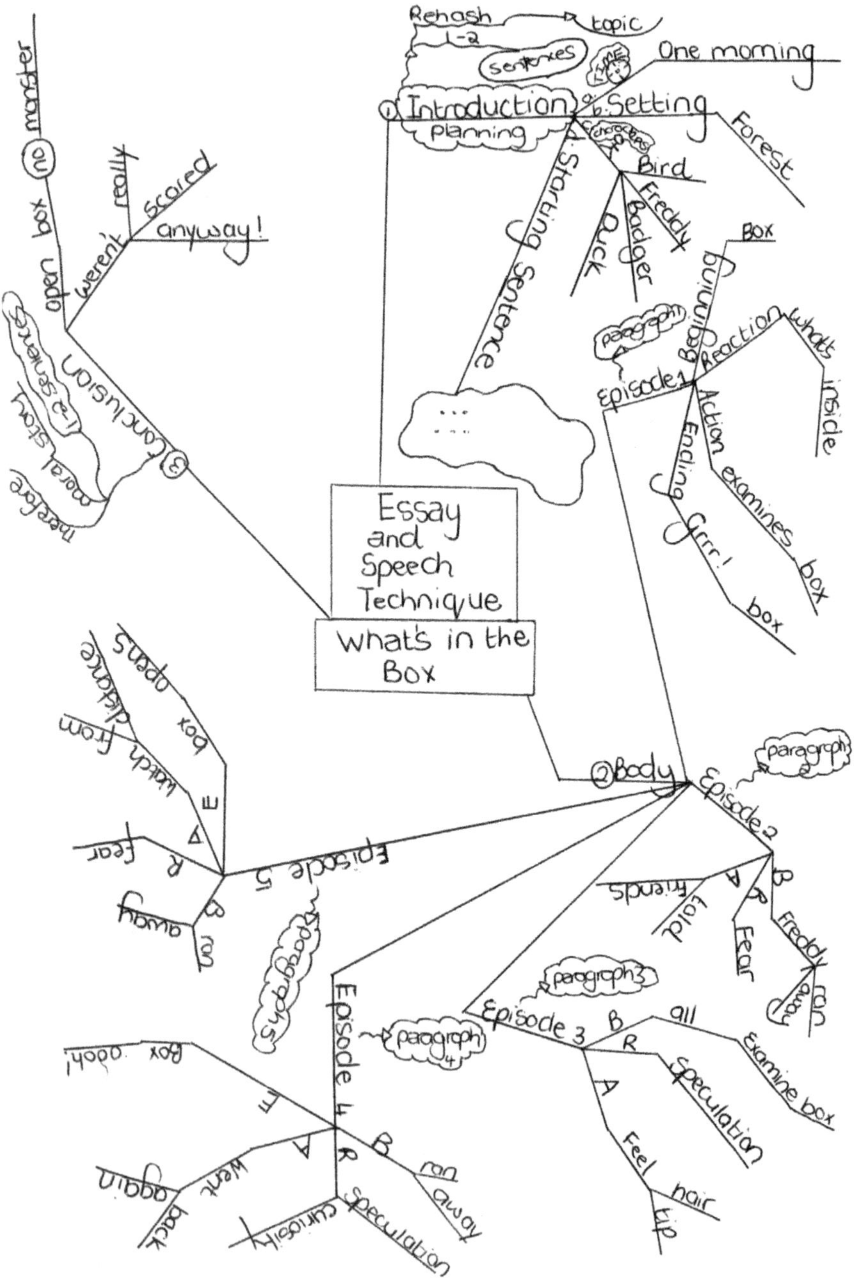
Essay and Speech Technique
What's in the Box
Introduction
planning
Rehash
1-2
sentences
topic
Setting
One morning
Forest
TIME
characters
Bird
Freddy
Badger
Duck
Starting Sentence
Body
Episode 1
paragraph
Beginning
Box
Reaction
what's inside
Action
examines
box
Ending
Grrr!
box
Episode 2
paragraph
B
Freddy
ran away
R
Fear
A
told
friends
Episode 3
paragraph3
B
all
Examine box
R
Speculation
A
Feel
hair
tip
Episode 4
paragraph 4
B
ran
away
R
Speculation
curiosity
A
went
back
again
E
Box
ooh!
Episode 5
paragraphs
B
ran
away
R
fear
A
watch from
distance
E
box
opens
Conclusion
1-2 sentences
moral
story
therefore
open box
no
monster
weren't
really
scared
anyway!

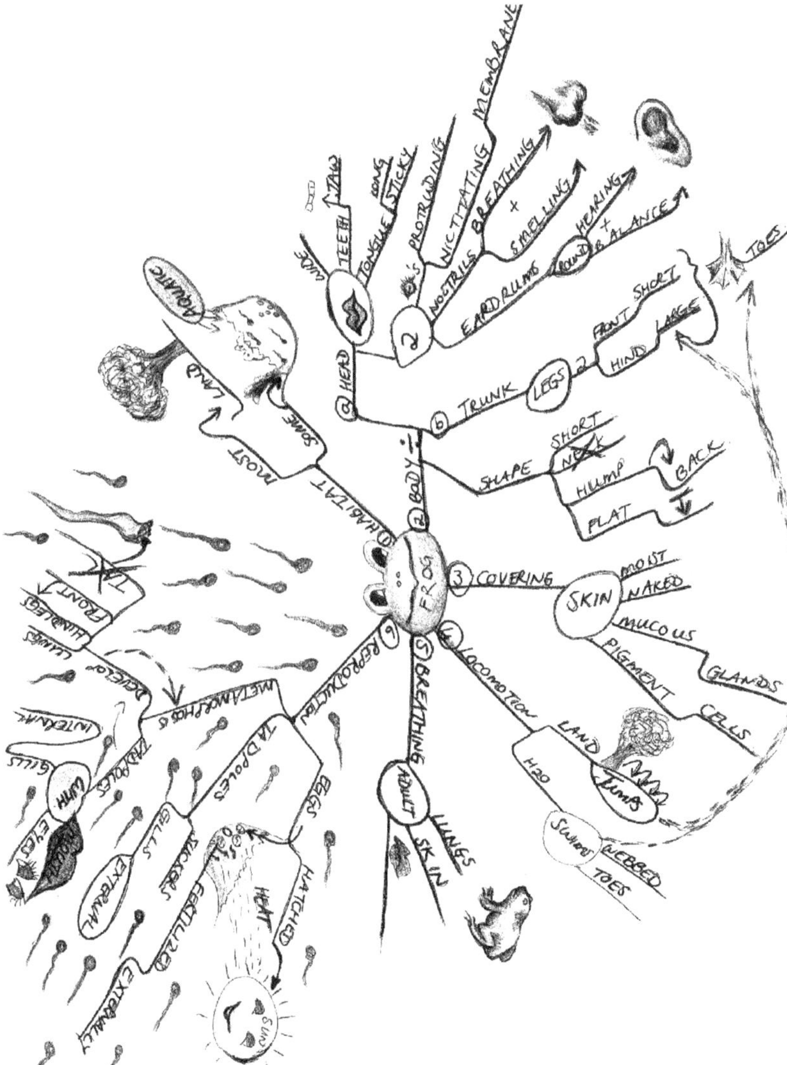
FROG
1 HABITAT
MOIST
SOME
LAND
AQUATIC
2 BODY
HEAD
TEETH
JAW
WIDE
TONGUE
LONG
STICKY
PROTRUDING
NICTITATING
MEMBRANE
NOSTRILS
BREATHING
+
SMELLING
EARDRUMS
SOUND
HEARING
+
BALANCE
TRUNK
LEGS
2
FRONT
SHORT
HIND
LARGE
TOES
SHAPE
SHORT
NECK
HUMP
BACK
FLAT
3 COVERING
SKIN
MOIST
NAKED
MUCOUS
GLANDS
PIGMENT
CELLS
4 LOCOMOTION
LAND
JUMPS
H2O
SWIMS
WEBBED
TOES
5 BREATHING
ADULT
LUNGS
SKIN
6 REPRODUCTION
EGGS
HATCHED
HEAT
SUN
FERTILIZED
EXTERNALLY
TADPOLES
GILLS
EXTERNAL
SUCKERS
METAMORPHOSIS
TADPOLES
WITH
GILLS
INTERNAL
EYES
MOUTH
DEVELOP
LUNGS
HINDLEGS
FRONT
TAIL

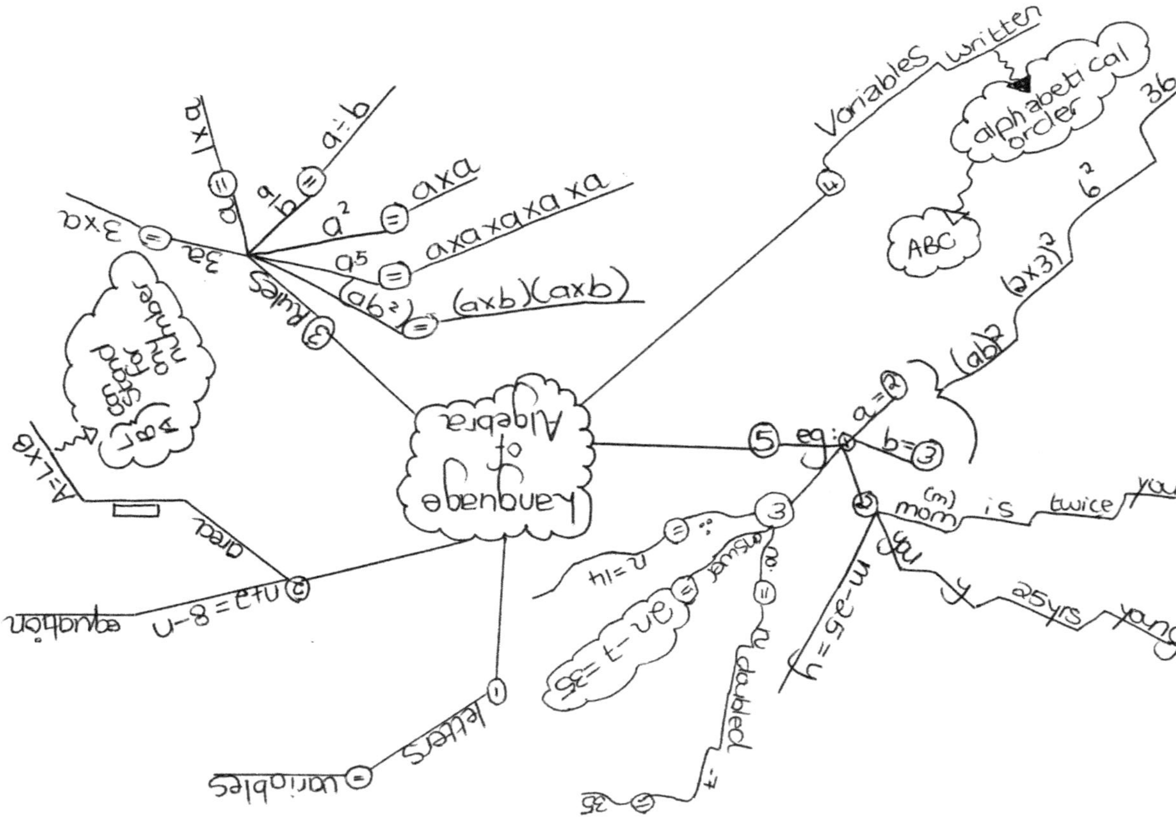

Language of Algebra
letters
variables
equation
area
A=L×B
L B A can stand for any number
Rules
3a
3×a
a
1×a
a:b
a²
a×a
a⁵
a×a×a×a×a
(ab²)
(a×b)(a×b)
Variables written
alphabetical order
ABC
eg:
a=2
b=3
(ab)²
(2×3)²
6²
36
mom (m) is twice your
n=14
answer
doubled
35
m-35=y
25yrs younger

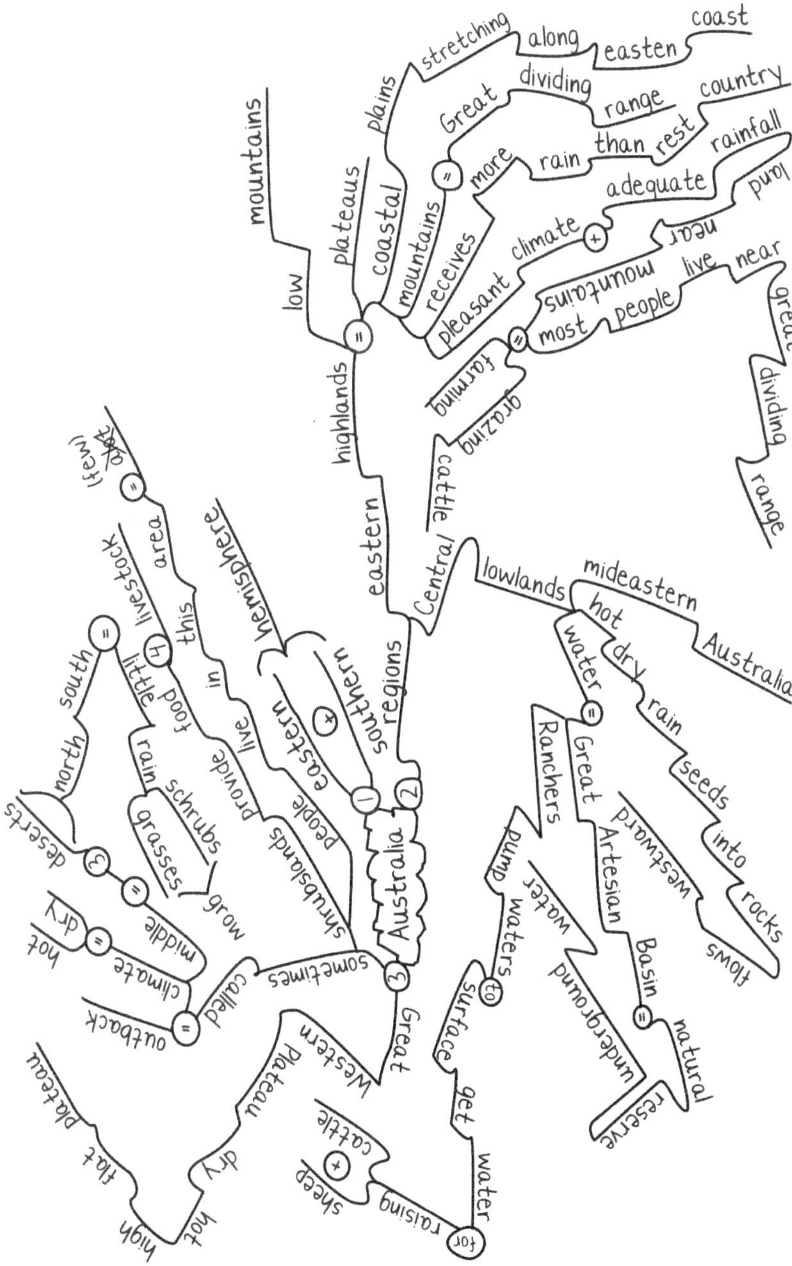

Australia
regions
eastern
highlands
low
mountains
plateaus
plains
stretching
along
easten
coast
coastal
mountains
Great
dividing
range
receives
more
rain
than
rest
country
pleasant
climate
adequate
rainfall
most
people
live
near
mountains
near
land
great
dividing
range
farming
grazing
cattle
Central
lowlands
mideastern
Australia
hot
dry
rain
seeds
into
rocks
flows
westward
water
Great
Artesian
Basin
natural
reserve
underground
water
Ranchers
pump
waters
to
surface
get
water
for
raising
sheep
cattle
southern
eastern
hemisphere
people
live
in
this
area
(few)
shrublands
provide
food
livestock
little
rain
schrubs
grasses
grow
north
south
deserts
middle
climate
hot
dry
sometimes
called
outback
Great
Western
Plateau
dry
hot
high
flat
plateau

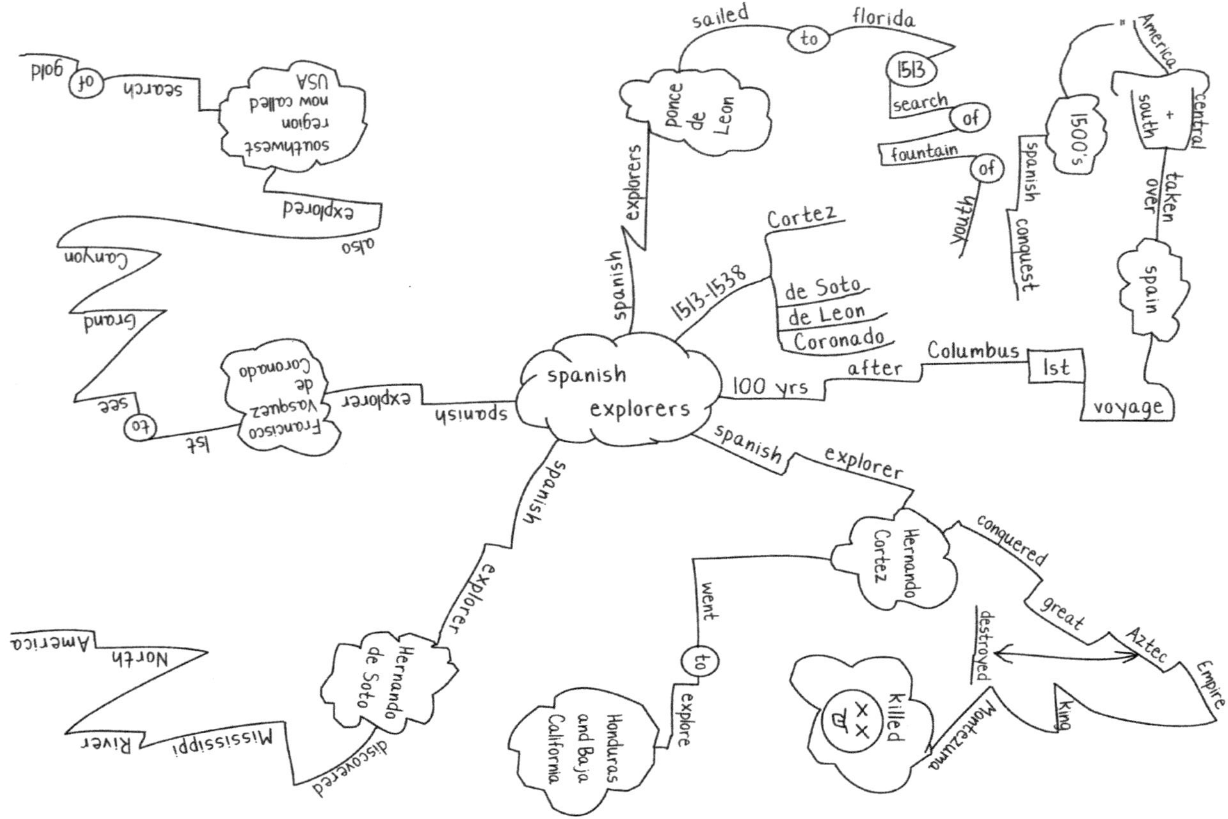

spanish explorers
spanish explorer
Hernando Cortez
conquered great Aztec Empire
Montezuma king
destroyed
killed
went to explore
Honduras and Baja California
spanish explorer
Hernando de Soto
discovered Mississippi River
North America
spanish explorer
Francisco Vasquez de Coronado
1st to see Grand Canyon
also explored
southwest region now called USA
search of gold
spanish explorers
ponce de Leon
sailed to florida
1513 search of fountain of youth
1513-1538
Cortez
de Soto
de Leon
Coronado
100 yrs after Columbus 1st voyage
spain
taken over
central + south America
1500's
spanish conquest

Anmerkungen

1. Caroline Leaf, The Perfect You: A Blueprint for Identity (Grand Rapids: Baker Books, 2017).
2. Julianne Holt-Lunstad et al., »Loneliness and Social Isolation as Risk Factors for Mortality: A Meta-Analytic Review«, Perspectives on Psychological Science 10, Nr. 2 (2015): 227–37; Stephanie Cacioppo et al., »Loneliness: Clinical Import and Interventions«, Perspectives on Psychological Science 10, Nr. 2 (2015): 238–49; Ye Luo et al., »Loneliness, Health, and Mortality in Old Age: A National Longitudinal Study«, Social Science & Medicine 74, Nr. 6 (2012): 907–14; Yang Claire Yang et al., »Social Relationships and Physiological Determinants of Longevity across the Human Life Span«, Proceedings of the National Academy of Sciences 113, Nr. 3 (2016): 578–83.
3. Philip Hickey, »ADHD: A Destructive Psychiatric Hoax«, Mad in America, 30. Oktober 2016, https://www.madinamerica.com/2016/10/adhd-destructive-psychiatric-hoax/; S. P. Hinshaw and R. M. Scheffler, The ADHD Explosion: Myths, Medication, Money, and Today's Push for Performance (New York: Oxford University Press, 2014).
4. Eric Maisel, »Future of Mental Health Interview Series: Interview with Joanna Moncrieff on the Myth of the Medical Cure«, Mad in America, 15. Februar 2016, https://www.madinamerica.com/2016/02/future-of-mental-health-interview-series-interview-with-joanna-moncrieff-on-the-myth-of-the-chemical-cure/.
5. P. Kinderman, A Prescription for Psychiatry: Why We Need a Whole New Approach to Mental Health and Wellbeing (London: Palgrave Macmillan, 2014); P. Kinderman, New Laws of Psychology: Why Nature and Nurture Alone Can't Explain Human Behaviour (London: Constable & Robinson, 2014).
6. Carl Benedikt Frey and Michael A. Osborne, »The Future of Employment: How Susceptible Are Jobs to Computerisation?« Technological Forecasting and Social Change 114 (2017): 254–80.
7. Andi Horvath, »How Does Technology Affect Our Brains?« The Age, 4. Juni 2015, http://www.theage.com.au/national/education/voice/how-does-technology-affect-our-brains-20150604-3x5uq.html; Cornell University, »Chances Are You Don't Remember What You Just Retweeted: Experiments Show ›Retweeting‹ Can Interfere with Learning and Memory, Both Online and Off«, ScienceDaily, 29. April 2016, www.sciencedaily.com/releases/2016/04/160429095028.htm; Davide Ponzi et al., »Cortisol, Salivary Alpha-amylase and Children's Perceptions of Their Social Networks«, Social Neuroscience 11, Nr. 2 (2016): 164–74; Bernard McCoy, »Digital Distractions in the Classroom: Student Classroom Use of Digital Devices for Non-Class Related Purposes«, Journal of Media Education, 15. Oktober 2013; Jeffrey H. Kuznekoff, Stevie Munz, and Scott Titsworth, »Mobile Phones in the Classroom: Examining the Effects of Texting, Twitter, and Message Content on Student Learning«, Communication Education 64, Nr. 3 (2015): 344–65; »Digital Media May Be Changing How You Think«, Dartmouth Press Releases,

8. Mai 2016, https://www.dartmouth.edu/press-releases/digital-media-change-050816.html; Daniel B. le Roux and Douglas A. Parry, »In-Lecture Media Use and Academic Performance: Does Subject Area Matter?« Computers in Human Behavior 77 (2017): 86–94; Stephen Houghton et al., »Virtually Impossible: Limiting Australian Children and Adolescents Daily Screen Based Media Use«, BMC Public Health 15, Nr. 1 (2015): 5; Andrew K. Przybylski and Netta Weinstein, »A Large-Scale Test of the Goldilocks Hypothesis: Quantifying the Relations between Digital-Screen Use and the Mental Wellbeing of Adolescents«, Psychological Science 28, Nr. 2 (2017): 204–15; Hayley Christian et al., »Nowhere to Go and Nothing to Do but Sit? Youth Screen Time and the Association with Access to Neighborhood Destinations«, Environment and Behavior 49, Nr. 1 (2017): 84–108; Kep Kee Loh and Ryota Kanai, »Higher Media Multi-tasking Activity Is Associated with Smaller Gray-matter Density in the Anterior Cingulate Cortex«, PloS One 9, Nr. 9 (2014): e106698.

8. Ebenda.
9. Tony Schwartz and Christine Porath, »Why You Hate Work«, New York Times, 30. Mai 2014, https://www.nytimes.com/2014/06/01/opinion/sunday/why-you-hate-work.html.
10. Rutger Bregman, »Poverty Isn't a Lack of Character; It's a Lack of Cash«, TED-Video, aufgezeichnet im April 2017 bei TED2017, 13:59, https://www.ted.com/talks/rutger_bregman_poverty_isn_t_a_lack_of_character_it_s_a_lack_of_cash/transcript.
11. Paul A. Howard-Jones, »Neuroscience and Education: Myths and Messages«, Nature Reviews Neuroscience 15, Nr. 12 (2014): 817–24; Daniel T. Willingham, Elizabeth M. Hughes, and David G. Dobolyi, »The Scientific Status of Learning Styles Theories«, Teaching of Psychology 42, Nr. 3 (2015): 266–71; Sanne Dekker et al., »Neuromyths in Education: Prevalence and Predictors of Misconceptions Among Teachers«, Frontiers in Psychology 3 (2012); Philip M. Newton, »The Learning Styles Myth Is Thriving in Higher Education«, Frontiers in Psychology 6 (2015); John Geake, »Neuromythologies in Education«, Educational Research 50, Nr. 2 (2008): 123–33; Universiteit Leiden, »A Philosophical Mythbuster«, ScienceDaily, Zugriff am 18. November 2017, www.sciencedaily.com/releases/2017/08/170831093239.htm; Patricia Wolfe, »Brain-Compatible Learning: Fad or Foundation? Neuroscience Points to Better Strategies for Educators, but Sorting Out Claims on Brain-Based Programs Is Essential«, School Administrator 63, Nr. 11 (2006): 10–16; Christian Jarrett, Great Myths of the Brain (Hoboken, NJ: Wiley, 2014); Anthony M. Grant, »Coaching the Brain: Neuro-Science or Neuro-Nonsense«, The Coaching Psychologist 11, Nr. 1 (2015): 31; Sebastiano Massaro, »Neurofeedback in the Workplace: From Neurorehabilitation Hope to Neuroleadership Hype?« International Journal of Rehabilitation Research 38, Nr. 3 (2015): 276–78; Lisa Carey, »Neuromyths and the Classroom«, Linking Research to Classrooms, 18. August 2015, https://www.kennedykrieger.org/professional-training/training-disciplines/special-education-fellowship/linking-research-classrooms-blog/neuromyths-classroom.
12. Kelly Macdonald et al., »Dispelling the Myth: Training in Education or Neuroscience Decreases but Does Not Eliminate Beliefs in Neuromyths«, Frontiers in Psychology 8 (2017): 1314.
13. Ebenda.
14. Xaq Pitkow and Dora E. Angelaki, »Inference in the Brain: Statistics Flowing in Redundant Population Codes«, Neuron 94, Nr. 5 (2017): 943–53; Rice University, »Simple

Tasks Don't Test Brain's True Complexity«, ScienceDaily, www.sciencedaily.com/releases/2017/06/170608133355.htm.

15. Macdonald et al., »Dispelling the Myth«.
16. Caroline Leaf, »The Mind Mapping Approach: A Model and Framework for Geodesic Learning«, unveröffentlichte Doktorarbeit, University of Pretoria, South Africa, 1997.
17. Tyler L. Harrison et al., »Working Memory Training May Increase Working Memory Capacity but Not Fluid Intelligence«, Psychological Science 24, Nr. 12 (2013): 2409–19; Thomas S. Redick et al., »No Evidence of Intelligence Improvement After Working Memory Training: A Randomized, Placebo-Controlled Study«, Journal of Experimental Psychology: General 142, Nr. 2 (2013): 359; Weng-Tink Chooi and Lee A. Thompson, »Working Memory Training Does Not Improve Intelligence in Healthy Young Adults«, Intelligence 40, Nr. 6 (2012): 531–42.
18. Daniel J. Simons et al., »Do ›Brain-Training‹ Programs Work?« Psychological Science in the Public Interest 17, Nr. 3 (2016): 103–86; Dustin J. Souders et al., »Evidence for Narrow Transfer after Short-Term Cognitive Training in Older Adults«, Frontiers in Aging Neuroscience 9 (2017); Sheida Rabipour et al., »What Do People Expect of Cognitive Enhancement?« Journal of Cognitive Enhancement (2017): 1–8; Pauline L. Baniqued et al., »Working Memory, Reasoning, and Task Switching Training: Transfer Effects, Limitations, and Great Expectations?« PloS One 10, Nr. 11 (2015): e0142169; Cyrus K. Foroughi et al., »Placebo Effects in Cognitive Training«, Proceedings of the National Academy of Sciences 113, Nr. 27 (2016): 7470–74; Monica Melby-Lervåg and Charles Hulme, »Is Working Memory Training Effective? A Meta-Analytic Review«, Developmental Psychology 49, Nr. 2 (2013): 270; D. M. Curlik and T. J. Shors, »Training Your Brain: Do Mental and Physical (MAP) Training Enhance Cognition through the Process of Neurogenesis in the Hippocampus?« Neuropharmacology 64 (2013): 506–14.
19. Curlik and Shors, »Training Your Brain«.
20. Monica Melby-Lervåg, Thomas S. Redick, and Charles Hulme, »Working Memory Training Does Not Improve Performance on Measures of Intelligence or Other Measures of ›Far Transfer‹ Evidence from a Meta-Analytic Review«, Perspectives on Psychological Science 11, Nr. 4 (2016): 512–34.; Simons et al., »Do ›Brain-Training‹ Programs Work?«; Matthias Schwaighofer, Frank Fischer, and Markus Bühner, »Does Working Memory Training Transfer? A Meta-Analysis including Training Conditions as Moderators«, Educational Psychologist 50, Nr. 2 (2015): 138–66.
21. Ebenda.
22. Leaf, »The Mind Mapping Approach«.
23. Caroline Leaf, »Mind Mapping: A Therapeutic Technique for Closed Head Injury«, Masterarbeit, University of Pretoria, South Africa, 1990; Caroline Leaf, »An Altered Perception of Learning: Geodesic Learning: Part 2«, Therapy Africa 2, Nr. 1 (Januar/Februar 1998): 4; C. M. Leaf, »An Altered Perception of Learning: Geodesic Learning«, Therapy Africa 1 (Oktober 1997): 7; Leaf, The Perfect You; Caroline Leaf, »Teaching Children to Make the Most of Their Minds: Mind Mapping«, Journal for Technical and Vocational Education in South Africa 121 (1990): 11–13; Caroline Leaf, Switch On Your Brain: Understand Your Unique Intelligence Profile and Maximize Your Potential (Cape Town, South Africa: Tafelberg, 2005).
24. Ulrich W. Weger and Stephen Loughnan, »Mobilizing Unused Resources: Using the Placebo Concept to Enhance Cognitive Performance«, The Quarterly Journal of

Experimental Psychology 66, Nr. 1 (2013): 23–28; B. Lipton, The Biology of Belief: Unleashing the Power of Consciousness, Matter and Miracles (Santa Cruz, CA: Mountain of Love Productions, 2008); Fabrizio Benedetti, »Placebo Effects: From the Neurobiological Paradigm to Translational Implications«, Neuron 84, Nr. 3 (2014): 623–37; Michael B. Steinborn, Robert Langner, and Lynn Huestegge, »Mobilizing Cognition for Speeded Action: Try-Harder Instructions Promote Motivated Readiness in the Constant-Foreperiod Paradigm«, Psychological Research 81, Nr. 6 (2017): 1135–51; Sophie Parker et al., »A Sham Drug Improves a Demanding Prospective Memory Task«, Memory 19, Nr. 6 (2011): 606–12; Danielle Adams, »Exploring the Attentional Processes of Expert Performers and the Impact of Priming on Motor Skill Execution«, Doktorarbeit, Brunel University School of Sport and Education, 2010; Ulrich W. Weger and Stephen Loughnan, »Using Participant Choice to Enhance Memory Performance«, Applied Cognitive Psychology 29, Nr. 3 (2015): 345–49; Ellen J. Langer, Counter Clockwise: Mindful Health and the Power of Possibility (New York: Ballantine, 2009).

25. Ebenda.
26. Lynne McTaggart, The Intention Experiment: Using Your Thoughts to Change Your Life and the World (New York: Atria, 2008), Kindle loc. 160–61.
27. McTaggart, Intention Experiment; William W. Monafo and Michael A. West, »Current Treatment Recommendations for Topical Burn Therapy«, Drugs 40, Nr. 3 (1990): 364–73; Alia J. Crum and Ellen J. Langer, »Mind-Set Matters: Exercise and the Placebo Effect«, Psychological Science 18, Nr. 2 (2007): 165–71; Shawn Achor, The Happiness Advantage: The Seven Principles of Positive Psychology That Fuel Success and Performance at Work (New York: Random House, 2011); Alia J. Crum, Peter Salovey, and Shawn Achor, »Rethinking Stress: the Role of Mindsets in Determining the Stress Response«, Journal of Personality and Social Psychology 104, Nr. 4 (2013): 716; Alia J. Crum et al., »Mind over Milkshakes: Mindsets, Not Just Nutrients, Determine Ghrelin Response«, Health Psychology 30, Nr. 4 (2011): 424; Justin M. Berg, Jane E. Dutton, and Amy Wrzesniewski, »Job Crafting and Meaningful Work«, Purpose and Meaning in the Workplace (2013): 81–104; Alison Wood Brooks, »Get Excited: Reappraising Pre-Performance Anxiety as Excitement«, Journal of Experimental Psychology: General 143, Nr. 3 (2014): 1144; Andrew R. Todd et al., »Anxious and Egocentric: How Specific Emotions Influence Perspective Taking«, Journal of Experimental Psychology: General 144, Nr. 2 (2015): 374; Jiyoung Park, Özlem Ayduk, and Ethan Kross, »Stepping Back to Move Forward: Expressive Writing Promotes Self-Distancing«, Emotion 16, Nr. 3 (2016): 349; Miranda L. Beltzer et al., »Rethinking Butterflies: The Affective, Physiological, and Performance Effects of Reappraising Arousal During Social Evaluation«, Emotion 14, Nr. 4 (2014): 761; Jeremy P. Jamieson, Wendy Berry Mendes, and Matthew K. Nock, »Improving Acute Stress Responses: The Power of Reappraisal«, Current Directions in Psychological Science 22, Nr. 1 (2013): 51–56; Jeremy P. Jamieson et al., »Turning the Knots in Your Stomach into Bows: Reappraising Arousal Improves Performance on the GRE«, Journal of Experimental Social Psychology 46, Nr. 1 (2010): 208–12.
28. Fabrizio Benedetti et al., »When Words Are Painful: Unraveling the Mechanisms of the Nocebo Effect«, Neuroscience 147, Nr. 2 (2007): 260–71; Fabrizio Benedetti et al., »The Biochemical and Neuroendocrine Bases of the Hyperalgesic Nocebo Effect«, Journal of Neuroscience 26, Nr. 46 (2006): 12014–22; Luana Colloca, Monica Sigaudo, and Fabrizio Benedetti, »The Role of Learning in Nocebo and Placebo Effects«, Pain 136, Nr. 1 (2008):

211–18; L. Horsfall, »The Nocebo Effect«, SAAD digest 32 (2016): 55–57; Jian Kong et al., »A Functional Magnetic Resonance Imaging Study on the Neural Mechanisms of Hyperalgesic Nocebo Effect«, Journal of Neuroscience 28, Nr. 49 (2008): 13354–62.

29. Fabrizio Benedetti, Elisa Carlino, and Antonella Pollo, »How Placebos Change the Patient's Brain«, Neuropsychopharmacology 36, Nr. 1 (2011): 339–54; Helen E. Fisher et al., »Reward, Addiction, and Emotion Regulation Systems Associated with Rejection in Love«, Journal of Neurophysiology 104, Nr. 1 (2010): 51–60; Xiaomeng Xu et al., »Reward and Motivation Systems: A Brain Mapping Study of Early-Stage Intense Romantic Love in Chinese Participants«, Human Brain Mapping 32, Nr. 2 (2011): 249–57; Bianca P. Acevedo et al., »Neural Correlates of Long-Term Intense Romantic Love«, Social Cognitive and Affective Neuroscience 7, Nr. 2 (2012): 145–59.

30. Benedetti, Carlino, and Pollo, »How Placebos Change the Patient's Brain«; McTaggart, Intention Experiment; William W. Monafo and Michael A. West, »Current Treatment Recommendations for Topical Burn Therapy«, Drugs 40, Nr. 3 (1990): 364–73; Crum and Langer, »Mind-Set Matters«, Achor, Happiness Advantage; Crum, Salovey, and Achor, »Rethinking Stress«; Crum et al., »Mind over Milkshakes«; Berg, Dutton, and Wrzesniewski, »Job Crafting and Meaningful Work«; Brooks, »Get Excited«; Todd et al., »Anxious and Egocentric«; Park, Ayduk, and Kross, »Stepping Back to Move Forward«; Beltzer et al., »Rethinking Butterflies«.

31. Jamieson, Mendes, and Nock, »Improving Acute Stress Responses«.

32. H. P. Stapp, »Quantum Interactive-Dualism: An Alternative to Materialism«, Journal of Religion and Science 3 (2006), doi:10.1111/j.1467-9744.2005.00762.x, http://www-atlas.lbl.gov/~stapp/QID.pdf.

33. Mona Dekoven Fishbane, »Wired to Connect: Neuroscience, Relationships, and Therapy«, Family Process 46, Nr. 3 (2007): 395–412; Stan Tatkin, Wired for Love: How Understanding Your Partner's Brain and Attachment Style Can Help You Defuse Conflict and Build a Secure Relationship (Oakland, CA: New Harbinger, 2012); Mona DeKoven Fishbane, Loving with the Brain in Mind: Neurobiology and Couple Therapy(New York: Norton, 2013); Tali Sharot et al., »Neural Mechanisms Mediating Optimism Bias«, Nature 450, Nr. 7166 (2007): 102–5; Tali Sharot, »The Optimism Bias«, Current Biology 21, Nr. 23 (2011): R941–45; Iain Chalmers and Robert Matthews, »What Are the Implications of Optimism Bias in Clinical Research?« The Lancet 367, Nr. 9509 (2006): 449–50; Tali Sharot, The Optimism Bias: A Tour of the Irrationally Positive Brain (New York: Vintage, 2011); Neil D. Weinstein, »Unrealistic Optimism about Future Life Events«, Journal of Personality and Social Psychology 39, Nr. 5 (1980): 806; B. H. Lipton, »Insight into Cellular Consciousness«, Bridges 12, Nr. 1 (2012): 5; B. H. Lipton, The Biology of Belief: Unleashing the Power of Consciousness (Santa Rosa, CA: Mountain of Love/Elite Books, 2005); Leaf, Schalte dein Gehirn an; Caroline Leaf, »21-Day Brain Detox«, www.21daybraindetox.com; Leaf, The Perfect You; E. B. Raposa, H. B. Laws, and E. B. Ansell, »Prosocial Behavior Mitigates the Negative Effects of Stress in Everyday Life«, Clinical Psychological Science (2015), doi:10.1177/2167702615611073; Dawson Church, The Genie in Your Genes: Epigenetic Medicine and the New Science of Intention (Santa Rosa, CA: Energy Psychology Press, 2009); Stanton Peele and Archie Brodsky, Love and Addiction (New York: Taplinger, 1975); Stanton Peele, »The 7 Hardest Addictions to Quit—Love is the Worst«, Psychology Today, 15. Dezember 2008, https://www.psychologytoday.com/blog/addiction-in-society/200812/the-7-hardest-addictions-quit-love-is-the-worst;

Tatkin, Wired for Love; E. R. Kandel, In Search of Memory: The Emergence of a New Science of Mind (New York: Norton, 2008).

34. Alex Paul, Zayna Chaker, and Fiona Doetsch, »Hypothalamic Regulation of Regionally Distinct Adult Neural Stem Cells and Neurogenesis«, Science (2017): eaal3839; Julia P. Andreotti et al., »Hypothalamic Neurons Take Center Stage in the Neural Stem Cell Niche«, Cell Stem Cell 21, Nr. 3 (2017): 293–94; T. J. Shors et al., »Use It or Lose It: How Neurogenesis Keeps the Brain Fit for Learning«, Behavioural Brain Research 227, Nr. 2 (2012): 450–58; Daniel M. Curlik and Tracey J. Shors, »Learning Increases the Survival of Newborn Neurons Provided That Learning Is Difficult to Achieve and Successful«, Journal of Cognitive Neuroscience 23, Nr. 9 (2011): 2159–70; Megan L. Anderson et al., »Associative Learning Increases Adult Neurogenesis During a Critical Period«, European Journal of Neuroscience 33, Nr. 1 (2011): 175–81; Gina DiFeo and Tracey J. Shors, »Mental and Physical Skill Training Increases Neurogenesis via Cell Survival in the Adolescent Hippocampus«, Brain Research 1654 (2017): 95–101; Michael A. Bonaguidi et al., »In Vivo Clonal Analysis Reveals Self-Renewing and Multipotent Adult Neural Stem Cell Characteristics«, Cell 145, Nr. 7 (2011): 1142–55.
35. Shors et al., »Use It or Lose It«.
36. Alex Paul, Chaker, and Doetsch, »Hypothalamic Regulation«.
37. Fuzheng Guo et al., »Pyramidal Neurons Are Generated from Oligodendroglial Progenitor Cells in Adult Piriform Cortex«, Journal of Neuroscience 30, Nr. 36 (2010): 12036–49; Azad Bonni et al., »Regulation of Gliogenesis in the Central Nervous System by the JAK-STAT Signaling Pathway«, Science 278, Nr. 5337 (1997): 477–83; Shama Bansod, Ryoichiro Kageyama, and Toshiyuki Ohtsuka, »Hes5 Regulates the Transition Timing of Neurogenesis and Gliogenesis in Mammalian Neocortical Development«, Development 144, Nr. 17 (2017): 3156–67; Sarah Jäkel and Leda Dimou, »Glial Cells and Their Function in the Adult Brain: A Journey through the History of Their Ablation«, Frontiers in Cellular Neuroscience 11 (2017).
38. Dan G. Blazer and Lyla M. Hernandez, eds., Genes, Behavior, and the Social Environment: Moving Beyond the Nature/Nurture Debate (Washington, DC: National Academies Press, 2006); David C. Witherington and Robert Lickliter, »Transcending the Nature-Nurture Debate through Epigenetics: Are We There Yet?« Human Development 60, Nr. 2–3 (2017): 65–68; Katherine Weatherford Darling et al., »Enacting the Molecular Imperative: How Gene-Environment Interaction Research Links Bodies and Environments in the Post-Genomic Age«, Social Science & Medicine 155 (2016): 51–60; Bruce H. Lipton, The Biology of Belief (New York: Hay House, 2008) Kindle loc. 115ff.; Dawson Church, The Genie in Your Genes: Epigenetic Medicine and the New Biology of Intention (Santa Rosa, CA: Energy Psychology Press, 2009); Antonei B. Csoka and Moshe Szyf, »Epigenetic Side-Effects of Common Pharmaceuticals: A Potential New Field in Medicine and Pharmacology«, Medical Hypotheses 73, Nr. 5 (2009): 770–80; Maurizio Meloni and Giuseppe Testa, »Scrutinizing the Epigenetics Revolution«, BioSocieties 9, Nr. 4 (2014): 431–56; Cosmas D. Arnold et al., »Genome-Wide Quantitative Enhancer Activity Maps Identified by STARR=Seq«, Science 339, Nr. 6123 (1. März 2013): 1074–77; L. I. Patrushev and T. F. Kovalenko, »Functions of Noncoding Sequences in Mammalian Genomes«, Biochemistry (Mosc.) 79, Nr. 13 (Dezember 2014): 1442–69; Manolis Kellis et al., »Defining Functional DNA Elements in the Human Genome«, Proc Natl Acad Sci USA 111, Nr. 17 (29. April 2014): 6131–38; Perla Kaliman et al., »Rapid Changes in Histone

Deacetylases and Inflammatory Gene Expression in Expert Meditators«, Psychoneuroendocrinology 40 (Februar 2014): 96–107; Robin Holliday, »Epigenetics: A Historical Overview«, Epigenetics 1, Nr. 2 (2006): 76–80; Adrian Bird, »Perceptions of Epigenetics«, Nature 447, Nr. 7143 (2007): 396398; J. J. Day and J. D. Sweatt, »Epigenetic Mechanisms in Cognition«, Neuron 70, Nr. 5 (2011): 813–29 ; Trygve Tollefsbol, ed., Handbook of Epigenetics: The New Molecular and Medical Genetics (New York: Elsevier/Academic Press, 2011); Bob Weinhold, »Epigenetics: The Science of Change«, Environmental Health Perspectives 114, Nr. 3 (2006): A160; John Cairns, Julie Overbaugh, and Stephan Miller, »The Origin of Mutants«, Nature 335 (1988): 142–45; H. F. Nijhout, »Metaphors and the Role of Genes in Development«, Bioessays 12, Nr. 9 (1990): 441–46; Leaf, The Perfect You, Kindle loc. 3296–305.

39. Ebenda.
40. Ebenda.
41. Ebenda.
42. Deirdre A. Robertson and Rose Anne Kenny, »Negative Perceptions of Aging Modify the Association between Frailty and Cognitive Function in Older Adults«, Personality and Individual Differences 100 (2016): 120–25; Susanne Wurm et al., »How Do Views on Aging Affect Health Outcomes in Adulthood and Late Life? Explanations for an Established Connection«, Developmental Review (2017).
43. Patrick L. Hill, Grant W. Edmonds, and Sarah E. Hampson, »A Purposeful Lifestyle Is a Healthful Lifestyle: Linking Sense of Purpose to Self-Rated Health through Multiple Health Behaviors«, Journal of Health Psychology (2017): 1–9.
44. Caroline Leaf, Think and Eat Yourself Smart (Grand Rapids: Baker Books, 2016).
45. Nicolas Cherbuin et al., »Validated Alzheimer's Disease Risk Index (ANU-ADRI) Is Associated with Smaller Volumes in the Default Mode Network in the Early 60s«, Brain Imaging and Behavior (2017): 1–10.
46. Suzanne C. Segerstrom, »Optimism and Immunity: Do Positive Thoughts Always Lead to Positive Effects?« Brain, Behavior, and Immunity 19, Nr. 3 (2005): 195–200; Fishbane, »Wired to Connect«; Tatkin, Wired for Love; Fishbane, Loving with the Brain in Mind; Sharot, The Optimism Bias.
47. Ebenda.
48. Leaf, Schalte dein Gehirn an.
49. Leaf, Schalte dein Gehirn an; Leaf, The Perfect You; Leaf, Think and Eat Yourself Smart; Segerstrom, »Optimism and Immunity«; Diana Gruia and Andreea Munteanu, »Optimism in Daily Life«, Communicating Across Cultures: 49; Suzanne C. Segerstrom, Iana Boggero, and Daniel R. Evans, »Pause and Plan«, Handbook of Self-Regulation: Research, Theory, and Applications (2017): 131; Anne Böckler, Anita Tusche, and Tania Singer, »The Structure of Human Prosociality: Differentiating Altruistically Motivated, Norm Motivated, Strategically Motivated, and Self-Reported Prosocial Behavior«, Social Psychological and Personality Science 7, Nr. 6 (2016): 530–41; Anita Tusche et al., »Decoding the Charitable Brain: Empathy, Perspective Taking, and Attention Shifts Differentially Predict Altruistic Giving«, Journal of Neuroscience 36, Nr. 17 (2016): 4719–32; Indrajeet Patil et al., »Neuroanatomical Basis of Concern-Based Altruism in Virtual Environment«, Neuropsychologia (2017); Jacek Debiec and Andreas Olsson, »Social Fear Learning: From Animal Models to Human Function«, Trends in Cognitive Sciences

(2017); Siobhan S. Pattwell and Kevin G. Bath, »Emotional Learning, Stress, and Development: An Ever-Changing Landscape Shaped by Early-Life Experience«, Neurobiology of Learning and Memory (2017); Andreas Olsson and Elizabeth A. Phelps, »Social Learning of Fear«, Nature Neuroscience 10, Nr. 9 (2007): 1095–102.

50. Ebenda.

51. C. M. Leaf, I. C. Uys, and B. Louw, »An Alternative Non-Traditional Approach to Learning: The Metacognitive-Mapping Approach«, The South African Journal of Communication Disorders 45 (1998): 87–102; C. M. Leaf, I. C. Uys, and B. Louw, »The Development of a Model for Geodesic Learning: The Geodesic Information Processing Model«, The South African Journal of Communication Disorders 44 (1997): 53–70; C. M. Leaf, I. C. Uys, and B. Louw, »The Mind Mapping Approach (MMA): A Culture and Language-Free Technique«, The South African Journal of Communication Disorders 40 (1992): 35–43; Leaf, »The Mind Mapping Approach«, unveröffentlichte Doktorarbeit; C. M. Leaf, I. C. Uys, and B. Louw, »Mind Mapping as a Therapeutic Intervention Technique«, unveröffentliches Seminarhandbuch, 1985; C. M. Leaf, I. C. Uys, and B. Louw, »Mind Mapping as a Therapeutic Technique«, Communiphon 296 (1989): 11–15.

52. American Psychological Association, »Stress in America: Coping with Change«, Stress in America™ Survey (2017).

53. Timothy D. Wilson et al., »Which Would You Prefer—Do Nothing or Receive Electric Shocks!« Science 345, Nr. 6192 (2014): 75–77; Timothy D. Wilson et al., »Just Think: The Challenges of the Disengaged Mind«, Science 345, Nr. 6192 (2014): 75–77; Martin Pielot et al., »When Attention Is Not Scarce—Detecting Boredom from Mobile Phone Usage«, Proceedings of the 2015 ACM International Joint Conference on Pervasive and Ubiquitous Computing, 825–36; Paul Seli et al., »Mind-Wandering with and without Intention«, Trends in Cognitive Sciences 20, Nr. 8 (2016): 605–17; Russell B. Clayton, Glenn Leshner, and Anthony Almond, »The Extended iSelf: The Impact of iPhone Separation on Cognition, Emotion, and Physiology«, Journal of Computer-Mediated Communication 20, Nr. 2 (2015): 119–35.

54. David Z. Morris, »Less Work, Less Sex, Less Happiness: We're Losing Generation Z to the Smartphone«, Fortune, 7. August 2017, http://amp.timeinc.net/fortune/2017/08/06/generation-z-smartphone-depression/?source=dam; Jean M. Twenge, Generation Me—Revised and Updated: Why Today's Young Americans Are More Confident, Assertive, Entitled—and More Miserable Than Ever Before (New York: Atria, 2014); Jean M. Twenge et al., »Increases in Depressive Symptoms, Suicide-Related Outcomes, and Suicide Rates among US Adolescents after 2010 and Links to Increased New Media Screen Time«, Clinical Psychological Science 6, Nr. 1 (2017): 3–17; Jean M. Twenge, Zlatan Krizan, and Garrett Hisler, »Decreases in Self-Reported Sleep Duration among US Adolescents 2009–2015 and Links to New Media Screen Time«, Sleep Medicine 39 (September 2017); Pooja S. Tandon et al., »Home Environment Relationships with Children's Physical Activity, Sedentary Time, and Screen Time by Socioeconomic Status«, International Journal of Behavioral Nutrition and Physical Activity 9, Nr. 1 (2012): 88; Gary Small and Gigi Vorgan, iBrain: Surviving the Technological Alteration of the Modern Mind (New York: HarperCollins, 2009); Ofir Turel and Hamed Qahri-Saremi, »Problematic Use of Social Networking Sites: Antecedents and Consequence from a Dual-System Theory Perspective«, Journal of Management Information Systems 33, Nr. 4 (2016): 1087–116; Qinghua He et al., »Excess Social Media Use in Normal Populations Is Associated with

Amygdala-Striatal but Not with Prefrontal Morphology«, Psychiatry Research: Neuroimaging 269 (2017): 31–35; Ofir Turel et al., »Social Networking Sites Use and the Morphology of a Social-Semantic Brain Network«, Social Neuroscience (2017): 1–9; Qinghua He, Ofir Turel, and Antoine Bechara, »Brain Anatomy Alterations Associated with Social Networking Site (SNS) Addiction«, Scientific Reports 7 (2017): 45064.

55. Twenge, Generation Me; Twenge et al., »Increases in Depressive Symptoms«; Twenge, Krizan, and Hisler, »Decreases in Self-Reported Sleep Duration«.
56. David Blackwell et al., »Extraversion, Neuroticism, Attachment Style and Fear of Missing Out as Predictors of Social Media Use and Addiction«, Personality and Individual Differences 116 (2017): 69–72; Héctor Fuster, Andrés Chamarro, and Ursula Oberst, »Fear of Missing Out, Online Social Networking and Mobile Phone Addiction: A Latent Profile Approach«, Journal of Adolescence 55 (2017); Elisa Wegmann et al., »Online-Specific Fear of Missing Out and Internet-Use Expectancies Contribute to Symptoms of Internet-Communication Disorder«, Addictive Behaviors Reports 5 (2017): 33–42; Bobby Swar and Tahir Hameed, »Fear of Missing Out, Social Media Engagement, Smartphone Addiction and Distraction: Moderating Role of Self-Help Mobile Apps-Based Interventions in the Youth«, HEALTHINF (2017): 139–46.
57. Christine A. Godwin et al., »Functional Connectivity within and between Intrinsic Brain Networks Correlates with Trait Mind Wandering«, Neuropsychologia 103 (2017): 140–53.
58. Ebenda.
59. Kalina Christoff et al., »Mind-Wandering as Spontaneous Thought: a Dynamic Framework«, Nature Reviews Neuroscience 17, Nr. 11 (2016): 718–31.
60. Ebenda.
61. Leaf, Schalte dein Gehirn an; J. Paul Hamilton et al., »Default Mode and Task Positive Network Activity in Major Depressive Disorder: Implications for Adaptive and Maladaptive Rumination«, Biological Psychiatry 70, Nr. 4 (2011): 327–33; Xueling Zhu et al., »Evidence of a Dissociation Pattern in Resting-State Default Mode Network Connectivity in First-Episode, Treatment-Naive Major Depression Patients«, Biological Psychiatry 71, Nr. 7 (2012): 611; Christoff et al., »Mind-Wandering as Spontaneous Thought«; Roger E. Beaty et al., »Brain Networks of the Imaginative Mind: Dynamic Functional Connectivity of Default and Cognitive Control Networks Relates to Openness to Experience«, Human Brain Mapping 39, Nr. 2 (2018): 811–21; Matthew L. Dixon et al., »Interactions between the Default Network and Dorsal Attention Network Vary across Default Subsystems, Time, and Cognitive States«, Neuroimage 147 (2017): 632–49.
62. Ebenda.
63. Ebenda.
64. Ebenda.
65. Cherbuin et al., »Validated Alzheimer's Disease Risk Index«.
66. Leaf, The Perfect You; Sterling C. Johnson et al., »Neural Correlates of Self-Reflection«, Brain 125, Nr. 8 (2002): 1808–14; Jack Mezirow, »How Critical Reflection Triggers Transformative Learning«, Fostering Critical Reflection in Adulthood 1 (1990): 20.
67. Carey K. Morewedge, Colleen Giblin, and Michael I. Norton, »The (Perceived) Meaning of Spontaneous Thoughts«, Journal of Experimental Psychology: General 143, Nr. 4 (August 2014): 1742–54.

68. Leaf, The Perfect You.
69. Richard Moulding et al., »They Scare Because We Care: The Relationship between Obsessive Intrusive Thoughts and Appraisals and Control Strategies across 15 Cities«, Journal of Obsessive-Compulsive and Related Disorders 3, Nr. 3 (März 2014): 280–91.
70. Ebenda.
71. Robert Berezin, »Psychiatric Diagnosis Is a Fraud: The Destructive and Damaging Fiction of Biological Diseases«, Mad in America, 5. April 2016, https://www.madinamerica.com/2016/04/psychiatric-diagnosis-is-a-fraud-the-destructive-and-damaging-fiction-of-biological-diseases/.
72. William H. Davies, »Leisure Poem«, The Collected Poems of William H. Davies (New York: A. A. Knopf, 1927), 18. Eigene Übersetzung.
73. »Is Cell Phone Radiation Safe?« ProCon.org, https://cellphones.procon.org; »How Much Time Do People Spend on Their Mobile Phones in 2017?« Hacker-Noon, https://hackernoon.com/how-much-time-do-people-spend-on-their-mobile-phones-in-2017-e5f90a0b10a6; Stephanie Fanelli and Brian Wansink, »Surfing the Web While Fishing for Food: A Pilot Study Examining Cell Phone Use During Mealtime«, The FASEB Journal 31, Nr. 1, supplement (2017), http://www.fasebj.org/doi/abs/10.1096/fasebj.31.1_supplement.957.35.
74. John Sarno, The Divided Mind: The Epidemic of Mindbody Disorders (New York: Harper, 2006): 115.
75. Leaf, Schalte dein Gehirn an; Leaf, Think and Eat Yourself Smart; Leaf, »21-Day Brain Detox«.
76. Ebenda.
77. Ebenda.
78. Ebenda.
79. Leaf, Uys, and Louw, »An Alternative Non-Traditional Approach to Learning«; Leaf, Uys, and Louw, »The Development of a Model for Geodesic Learning«; Leaf, Uys, and Louw, »The Mind Mapping Approach (MMA)«; Leaf, Uys, and Louw, »Mind Mapping as a Therapeutic Intervention Technique«; Leaf, Uys, and Louw, »Mind Mapping as a Therapeutic Technique«; Leaf, Uys, and Louw, »Mind Mapping: A Therapeutic Technique for Closed Head Injury«; Leaf, Uys, and Louw, »The Move from Institution Based Rehabilitation (IBR) to Community Based Rehabilitation«, Therapy Africa 1 (August 1997): 4.
80. Jason S. Moser et al., »Third-Person Self-Talk Facilitates Emotion Regulation without Engaging Cognitive Control: Converging Evidence from ERP and fMRI«, Scientific Reports 7, Nr. 1 (2017): 4519.
81. Sonia J. Lupien et al., »Effects of Stress throughout the Lifespan on the Brain, Behaviour and Cognition«, Nature Reviews Neuroscience 10, Nr. 6 (2009): 434–45.
82. Marian Cleeves Diamond, Enriching Heredity: The Impact of the Environment on the Anatomy of the Brain (New York: Free Press, 1988); David A. Sousa, How the Brain Learns (Newbury Park, CA: Corwin Press, 2016); Roberto Colom et al., »Brain Structural Changes following Adaptive Cognitive Training Assessed by Tensor-Based Morphometry (TBM)«, Neuropsychologia 91 (2016): 77–85; Kirk I. Erickson, »Evidence for Structural Plasticity in Humans: Comment on Thomas and Baker (2012)«, NeuroImage 73 (2013): 237–38; S. Katherine Nelson-Coffey et al., »Kindness in the Blood: A Randomized Controlled Trial of the Gene Regulatory Impact of Prosocial Behavior«,

Psychoneuroendocrinology 81 (2017): 8–13; Kathi Norman, »Forgiveness: How it Manifests in Our Health, Well-being, and Longevity«, Master of Applied Positive Psychology (MAPP) Capstone Projects 122, University of Pennsylvania (August 2017); http://repository.upenn.edu/mapp_capstone/122; Xueyi Shen et al., »Subcortical Volume and White Matter Integrity Abnormalities in Major Depressive Disorder: Findings from UK Biobank Imaging Data«, bioRxiv (2017): 070912; Richard Restak, The New Brain: How the Modern Age Is Rewiring Your Mind (New York: Rodale, 2004); Daniel Goleman and Richard J. Davidson, Altered Traits: Science Reveals How Meditation Changes Your Mind, Brain, and Body (New York: Penguin, 2017); Conrad Wiegand, Andreas Savelsbergh, and Peter Heusser, »MicroRNAs in Psychological Stress Reactions and Their Use as Stress-Associated Biomarkers, Especially in Human Saliva«, Biomedicine Hub 2, Nr. 3 (2017): 4; Miriam A. Schiele and Katharina Domschke, »Epigenetics at the Crossroads between Genes, Environment and Resilience in Anxiety Disorders«, Genes, Brain and Behavior (September 2017).

83. John De Mado, »The Cognitive Benefits of Bilingualism/Biliteracy«, JDMLS, Zugriff am 24. Januar 2018, http://www.demado-seminars.com/archive/the_cognitive_benefits_of_bilingualism_biliteracy.htm; Diamond, Enriching Heredity; Graham W. Knott et al., »Formation of Dendritic Spines with GABAergic Synapses Induced by Whisker Stimulation in Adult Mice«, Neuron 34, Nr. 2 (2002): 265–73; Maya Frankfurt and Victoria Luine, »The Evolving Role of Dendritic Spines and Memory: Interaction(s) with Estradiol«, Hormones and Behavior 74 (2015): 28–36; Maria-Angeles Arevalo et al., »Signaling Mechanisms Mediating the Regulation of Synaptic Plasticity and Memory by Estradiol«, Hormones and Behavior 74 (2015): 19–27; Carl Fulwiler et al., »Mindfulness-Based Interventions for Weight Loss and CVD Risk Management«, Current Cardiovascular Risk Reports 9, Nr. 10 (2015): 46; David Muehsam et al., »The Embodied Mind: a Review on Functional Genomic and Neurological Correlates of Mind-Body Therapies«, Neuroscience & Biobehavioral Reviews 73 (2017): 165–81.
84. Leaf, »The Mind Mapping Approach«.
85. Leaf, »The Mind Mapping Approach«; Leaf, »The Development of a Model for Geodesic Learning«.
86. Ludwig H. Heydenreich, »Leonardo da Vinci, Architect of Francis I«, The Burlington Magazine 94, Nr. 595 (1952): 277–85.
87. Leaf, Schalte dein Gehirn an; Leaf, Think and Eat Yourself Smart; Leaf, The Perfect You; Muehsam et al., »The Embodied Mind«.
88. Diane Arathuzik, »Effects of Cognitive-Behavioral Strategies on Pain in Cancer Patients«, Cancer Nursing 17, Nr. 3 (1994): 207–14; Robyn Lewis Brown, Mairead Eastin Moloney, and Gabriele Ciciurkaite, »People with Physical Disabilities, Work, and Well-being: The Importance of Autonomous and Creative Work«, Factors in Studying Employment for Persons with Disability: How the Picture Can Change (Bingley, UK: Emerald Publishing Limited, 2017), 205–24; Joseph A. Schenk, »The Mobius Strip of Total Health: Manipulation of Thinking Prior to Exercise Activity«, university honors program thesis, Georgia Southern University (2017); Tracey Anderson Askew, »The Power of Words!« Australian Midwifery News 17, Nr. 2 (2017): 26; Seth Peterson, »The Power of Words: James 3:1–12«, graduate oral presentation, Liberty University, 13. April 2017, http://digitalcommons.liberty.edu/cgi/viewcontent.cgi?article=1097&context=research_symp; Matthew Lieberman et al., »Putting Feelings Into Words«, Psychological

Science 18, Nr. 5 (Mai 2007): 421–28; Stuart Wolpert, »Putting Feelings Into Words Produces Therapeutic Effects in the Brain; UCLA Neuroimaging Study Supports Ancient Buddhist Teachings«, UCLA Newsroom (21. Juni 2007).

89. Lieberman et al., »Putting Feelings into Words«; Eric B. Loucks et al., »Positive Associations of Dispositional Mindfulness with Cardiovascular Health: The New England Family Study«, International Journal of Behavioral Medicine 22, Nr. 4 (2015): 540–50; Muehsam et al., »The Embodied Mind«.

90. Muehsam et al., »The Embodied Mind«; Lieberman et al., »Putting Feelings Into Words«; Candace B. Pert, Molecules of Emotion: Why You Feel the Way You Feel (New York: Simon and Schuster, 1997); Margaret Wheatley, Leadership and the New Science: Discovering Order in a Chaotic World (San Francisco: Berrett-Koehler, 2006); Edmund T. Rolls, »On the Brain and Emotion«, Behavioral and Brain Sciences 23, Nr. 2 (2000): 219–28.

91. Lisa Feldman Barrett, »You Aren't at the Mercy of Your Emotions—Your Brain Creates Them«, TED-Vortrag, aufgenommen im Dezember 2017 bei TED@IBM, 18:29, https://www.ted.com/talks/lisa_feldman_barrett_you_aren_t_at_the_mercy_of_your_emotions_your_brain_creates_them.

92. Caroline Leaf, Wer hat mein Gehirn ausgeschaltet: Toxische Gedanken und Emotionen überwinden (Nashville: Thomas Nelson, 2009); Luiz Pessoa, »A Network Model of the Emotional Brain«, Trends in Cognitive Sciences 21, Nr. 5 (Mai 2017): 357–71; Sophia Suk Mun Law, »Colour My Growth: A Study of Art as a Language for Victims of Family Violence«, Hong Kong Association of Art Therapists Newsletter 25 (Februar 2017), http://commons.ln.edu.hk/sw_master/5277/; Heather Bacon, »Book Review: Jonathan Willows, Moving on after Childhood Sexual Abuse, Understanding the Effects and Preparing for Therapy«, Clinical Child Psychology and Psychiatry 15, Nr. 1 (2010): 141–42.

93. Saima Noreen, Raynette N. Bierman, and Malcolm D. MacLeod, »Forgiving You Is Hard, but Forgetting Seems Easy: Can Forgiveness Facilitate Forgetting?« Psychological Science 25, Nr. 7 (2014): 1295–302.

94. Nathaniel G. Wade et al., »Efficacy of Psychotherapeutic Interventions to Promote Forgiveness: A Meta-Analysis«, Forgiveness Therapy (2014): 154; Don E. Davis et al., »Research on Religion/Spirituality and Forgiveness: A Meta-Analytic Review«, Psychology of Religion and Spirituality 5, Nr. 4 (2013): 233; Robert D. Enright, The Forgiving Life: A Pathway to Overcoming Resentment and Creating a Legacy of Love (York, PA: Maple-Vail Books, 2012); Brandon J. Griffin et al., »Self-Directed Intervention to Promote Self-Forgiveness«, Handbook of the Psychology of Self-Forgiveness (Berlin: Springer, 2017), 207–18.

95. Indrajeet Patil et al., »Neuroanatomical Correlates of Forgiving Unintentional Harms«, Scientific Reports 7 (2017); Noreen, Bierman, and MacLeod, »Forgiving You Is Hard«; Stephanie Lichtenfeld et al., »Forgive and Forget: Differences between Decisional and Emotional Forgiveness«, PloS One 10, Nr. 5 (2015): e0125561; Whitney K. Jeter and Laura A. Brannon, »Increasing Awareness of Potentially Helpful Motivations and Techniques for Forgiveness«, Counseling and Values 60, Nr. 2 (2015): 186–200; C. Fred Alford, »Forgiveness and Transitional Experience«, D. W. Winnicott and Political Theory (New York: Palgrave Macmillan, 2017), 185–201.

96. Mayo Clinic, »Learning to Forgive May Improve Well-Being«, ScienceDaily, 4. Januar 2008, https://www.sciencedaily.com/releases/2008/01/080104122807.htm.

97. Ebenda.

98. Greater Good Science Center at UC Berkeley, »Emiliana R. Simon-Thomas: Profile«, Greater Good Magazine, Zugriff am 24. Januar 2018, https://greatergood.berkeley.edu/profile/emiliana_simon_thomas; Dacher Keltner, Born to Be Good: The Science of a Meaningful Life (New York: WW Norton, 2009).
99. Kent C. Berridge, »›Liking‹ and ›Wanting‹ Food Rewards: Brain Substrates and Roles in Eating Disorders«, Physiology & Behavior 97, Nr. 5 (2009): 537–50; W. Bradford Littlejohn, »Addicted to Novelty: The Vice of Curiosity in a Digital Age«, Journal of the Society of Christian Ethics 37, Nr. 1 (2017): 179–96; Daniel Pedro Cardinali, »Fourth Level: The Limbic System«, Autonomic Nervous System (Berlin: Springer, 2018), 245–85.
100. Achor, Happiness Advantage.
101. Sonja Lyubomirsky, Laura King, and Ed Diener, »The Benefits of Frequent Positive Affect: Does Happiness Lead to Success?« PubMed (2005): 803, doi: 10.1037/0033-2909.131.6.803.
102. Achor, Happiness Advantage; Crum, Salovey, and Achor, »Rethinking Stress«; John B. Izzo, The Five Thieves of Happiness (Oakland, CA: Berrett-Koehler, 2017); L. Parker Schiffer and Tomi-Ann Roberts, »The Paradox of Happiness: Why Are We Not Doing What We Know Makes Us Happy?« The Journal of Positive Psychology (Januar 2017): 1–8.
103. Ebenda.
104. Ebenda.
105. Ellen Beth Levitt, »University of Maryland School of Medicine Study Shows Laughter Helps Blood Vessels Function Better«, University of Maryland Medical Center,9. März 2009 [zitiert 25. Oktober 2011]; Julia Wilkins and Amy Janel Eisenbraun, »Humor Theories and the Physiological Benefits of Laughter«, Holistic Nursing Practice 23, Nr. 6 (2009): 349–54; Sala Horowitz, »Effect of Positive Emotions on Health: Hope and Humor«, Alternative and Complimentary Therapies 15, Nr. 4 (2009): 196–202; Norman Cousins, »Anatomy of an Illness (as Perceived by the Patient)«, Nutrition Today 12, Nr. 3 (1977): 22–28; Norman Cousins, »Therapeutic Value of Laughter«, Integrative Psychiatry (1985); Norman Cousins, »Proving the Power of Laughter«, Psychology Today 23, Nr. 10 (1989): 22–25; Brandon M. Savage et al., »Humor, Laughter, Learning, and Health! A Brief Review«, Advances in Physiology Education 41, Nr. 3 (2017): 341–47; Allen B. Weisse, »Humor in Medicine: Can Laughter Help in Healing?« Proceedings (Baylor University Medical Center) 30, Nr. 3 (2017): 378; Mohamed H. Noureldein and Assaad A. Eid, »Homeostatic Effect of Laughter on Diabetic Cardiovascular Complications: The Myth Turned to Fact«, Diabetes Research and Clinical Practice 135 (Januar 2018): 111–19; Elisabeth Ritter, »Laughing to Heal and Renew: Implementation of Humor in Dance/Movement Therapy«, graduate thesis, Sarah Lawrence College (Mai 2017); Frank Rodden, »The Neurology and Psychiatry of Humor, Smiling and Laughter: A Tribute to Paul McGhee, Part I, Introduction and Clinical Studies«, Humor (Januar 2017); Lee S. Berk et al., »Neuroendocrine and Stress Hormone Changes During Mirthful Laughter«, The American Journal of the Medical Sciences 298, Nr. 6 (1989): 390–96.
106. Ebenda.
107. Ebenda.
108. Ebenda.
109. Robert R. Provine, »Laughter as an Approach to Vocal Evolution: The Bipedal Theory«, Psychonomic Bulletin & Review 24, Nr. 1 (2017): 238–44.

110. Ruby T. Nadler, Rahel Rabi, and John Paul Minda, »Better Mood and Better Performance: Learning Rule-Described Categories Is Enhanced by Positive Mood«, Psychological Science 21, Nr. 12 (2010): 1770–76.
111. Jamil P. Bhanji and Mauricio R. Delgado, »Perceived Control Influences Neural Responses to Setbacks and Promotes Persistence«, Neuron 83, Nr. 6 (2014): 1369–75; Lauren A. Leotti, Catherine Cho, and Mauricio R. Delgado, »The Neural Basis Underlying the Experience of Control in the Human Brain«, The Sense of Agency, hg. von Patrick Haggard and Baruch Eitam (Oxford Scholarship Online, 2015): 145.
112. Phillippa Lally et al., »How Are Habits Formed: Modelling Habit Formation in the Real World«, European Journal of Social Psychology 40, Nr. 6 (2010): 998–1009; Phillippa Lally and Benjamin Gardner, »Promoting Habit Formation«, Health Psychology Review 7, supplement 1 (2013): S137–58; Sheina Orbell and Bas Verplanken, »The Automatic Component of Habit in Health Behavior: Habit as Cue-Contingent Automaticity«, Health Psychology 29, Nr. 4 (2010): 374; Phillippa Lally, Jane Wardle, and Benjamin Gardner, »Experiences of Habit Formation: A Qualitative Study«, Psychology, Health & Medicine 16, Nr. 4 (2011): 484–89.
113. Neil Garrett and Tali Sharot, »Optimistic Update Bias Holds Firm: Three Tests of Robustness Following Shah et al.«, Consciousness and Cognition 50 (2017): 12–22; Sharot et al., »Neural Mechanisms Mediating Optimism Bias«; Sharot, »The Optimism Bias«; Sharot, The Optimism Bias; Tali Sharot et al., »How Dopamine Enhances an Optimism Bias in Humans«, Current Biology 22, Nr. 16 (2012): 1477–81.
114. Rutgers School of Arts and Sciences, The Edisonian 9 (Fall 2012), http://edison.rutgers.edu/newsletter9.html.
115. Achor, Happiness Advantage.
116. Prathik Kini et al., »The Effects of Gratitude Expression on Neural Activity«, NeuroImage 128 (2016): 1–10, https://www.ncbi.nlm.nih.gov/pubmed/26746580; Sunghyon Kyeong et al., »Effects of Gratitude Meditation on Neural Network Functional Connectivity and Brain-Heart Coupling«, Scientific Reports 7, Nr. 1 (2017): 5058.
117. Kini et al., »Effects of Gratitude Expression«.
118. Kini et al., »Effects of Gratitude Expression«; Robert A. Emmons, Thanks! How the New Science of Gratitude Can Make You Happier (New York: Houghton Mifflin Harcourt, 2007); Philip C. Watkins, Dean L. Grimm, and Russell Kolts, »Counting Your Blessings: Positive Memories among Grateful Persons«, Current Psychology 23, Nr. 1 (2004): 52–67; Sonja Lyubomirsky, The How of Happiness: A Scientific Approach to Getting the Life You Want (New York: Penguin, 2008); Anna Alkozei, Ryan Smith, and William D. S. Killgore, »Gratitude and Subjective Wellbeing: A Proposal of Two Causal Frameworks«, Journal of Happiness Studies (2017): 1–24; Alex M. Wood et al., »The Role of Gratitude in the Development of Social Support, Stress, and Depression: Two Longitudinal Studies«, Journal of Research in Personality 42, Nr. 4 (2008): 854–71; Stephen M. Yoshimura and Kassandra Berzins, »Grateful Experiences and Expressions: The Role of Gratitude Expressions in the Link between Gratitude Experiences and Well-Being«, Review of Communication 17, Nr. 2 (2017): 106–18.
119. Alexis Madrigal, »Scanning Dead Salmon in FMRI Machine Highlights Risk of Red Herrings«, Wired, 19. September 2009, https://www.wired.com/2009/09/fmrisalmon; Brian Resnick, »There's a Lot of Junk FMRI Research Out There: Here's What

Top Neuroscientists Want You to Know«, Vox, 9. September 2016, http://www.vox.com/2016/9/8/1289784?fmri-studies-explained.

120. Robert A. Emmons and Michael E. McCullough, eds., The Psychology of Gratitude (London: Oxford University Press, 2004), 232.

121. Toshimasa Sone et al., »Sense of Life Worth Living (Ikigai) and Mortality in Japan: Ohsaki Study«, Psychosomatic Medicine 70, Nr. 6 (2008): 709–15.

122. Willie Nelson and Turk Pipkin, The Tao of Willie: A Guide to the Happiness in Your Heart (New York: Gotham, 2007), xii.

123. oger Walsh, »Lifestyle and Mental Health«, American Psychologist 66, Nr. 7 (2011): 579; Bruce E. Wampold and Zac E. Imel, The Great Psychotherapy Debate: The Evidence for What Makes Psychotherapy Work (London: Routledge, 2015); Roger Walsh, »Integral Service, Part 2: Integral Discipline, Karma Yoga, and Sacred Service«, Journal of Integral Theory and Practice 9, Nr. 1 (2014): 132; Kellsey D. Calhoon, »Getting Off the Couch: Psychotherapists Who Have Incorporated Therapeutic Lifestyle Changes into Their Practice«, graduate thesis, University of Alberta (2014); Glenn Hutchinson, »Mental Health 101: How To Improve Your Mental Health Without Going to Therapy«, Glenn Hutchinson, Ph.D., Zugriff am 25. Januar 2018, http://glennhutchinson.net/How-To-Improve-Your-Mental-Health.html; Amrita Yadava, Deepti Hooda, and NovRattan Sharma, »Maintaining and Improving Health through Lifestyle Choices«, Biopsychosocial Issues in Positive Health, hg. von Amrita Yadava, Deepti Hooda, and NovRattan Sharma (New Delhi, India: Global Vision, 2012).

124. D. B. López Lluch and L. Noguera Artiaga, »The Sense of Touch«, Sensory and Aroma Marketing (Wageningen, Netherlands: Wageningen Academic Publishers, 2017), 472–88; Jenn Gonya et al., »Investigating Skin-to-Skin Care Patterns with Extremely Preterm Infants in the NICU and Their Effect on Early Cognitive and Communication Performance: A Retrospective Cohort Study«, BMJ open 7, Nr. 3 (2017): e012985; Dorothy Vittner et al., »Increase in Oxytocin from Skin-to-Skin Contact Enhances Development of Parent-Infant Relationship«, Biological Research for Nursing 20, Nr. 1 (Oktober 2017): 54–62; Alessandro Sale, »A Systematic Look at Environmental Modulation and Its Impact in Brain Development«, Trends in Neurosciences 41, Nr. 1 (Januar 2018): 4–17; Anne C. Rovers et al., »Effectiveness of Skin-to-Skin Contact versus Care-as-Usual in Mothers and Their Full-Term Infants: Study Protocol for a Parallel-Group Randomized Controlled Trial«, BMC Pediatrics 17, Nr. 1 (2017): 154; Joan L. Luby et al., »Association between Early Life Adversity and Risk for Poor Emotional and Physical Health in Adolescence: A Putative Mechanistic Neurodevelopmental Pathway«, JAMA Pediatrics 171, Nr. 12 (2017): 1168–75.

125. Zenobia Morrill, »Loneliness as Lethal: Researchers Name Social Isolation a ›Public Health Threat‹«, Mad in America, 1. September 2017, https://www.madinamerica.com/2017/09/loneliness-lethal-researchers-name-social-isolation-public-health-threat/; Holt-Lunstad et al., »Loneliness and Social Isolation as Risk Factors for Mortality«; Stephanie Cacioppo et al., »Loneliness: Clinical Import and Interventions«, Perspectives on Psychological Science 10, Nr. 2 (2015): 238–49; Riitta Hari et al., »Centrality of Social Interaction in Human Brain Function«, Neuron 88, Nr. 1 (2015): 181–93; Nicole K. Valtorta et al., »Loneliness and Social Isolation as Risk Factors for Coronary Heart Disease and Stroke: Systematic Review and Meta-Analysis of Longitudinal Observational Studies«, Heart 102, Nr. 13 (2016): 1009–16.

126. Holt-Lunstad et al., »Loneliness and Social Isolation as Risk Factors for Mortality«; Sebastian Mann, »Loneliness ›Kills More People than Obesity‹«, Evening Standard, 7. August 2017, https://www.standard.co.uk/news/health/loneliness-kills-more-people-than-obesity-a3605786.html.
127. Ebenda.
128. Ebenda.
129. American Psychological Association, »How Do Close Relationships Lead to Longer Life?« ScienceDaily, 7. September 2017, www.sciencedaily.com/releases/2017/09/170907093638.htm.
130. As quoted in Hooseo B. Park, The Eight Answers for Happiness (Bloomington, IN: Xlibris, 2014), 105.
131. Holt-Lunstad et al., »Loneliness and Social Isolation as Risk Factors for Mortality«.
132. Ebenda.
133. Um mehr darüber zu erfahren, besuche www.wholemindproject.com.
134. Dixon Chibanda et al., »Effect of a Primary Care–Based Psychological Intervention on Symptoms of Common Mental Disorders in Zimbabwe: A Randomized Clinical Trial«, JAMA 316, Nr. 24 (2016): 2618–26.
135. Holt-Lunstad et al., »Loneliness and Social Isolation as Risk Factors for Mortality«.
136. rooke C. Feeney et al., »Predicting the Pursuit and Support of Challenging Life Opportunities«, Personality and Social Psychology Bulletin 43, Nr. 8 (August 2017): 1171–87.
137. Frank J. Infurna and Suniya S. Luthar, »Resilience to Major Life Stressors Is Not as Common as Thought«, Perspectives on Psychological Science 11, Nr. 2 (2016): 175–94; Suzanne Degges-White and Christine Borzumato-Gainey, Friends Forever: How Girls and Women Forge Lasting Relationships (London: Rowman & Littlefield, 2011); Suzanne Degges-White, Sisters and Brothers for Life: Making Sense of Sibling Relationships in Adulthood (London: Rowman & Littlefield, 2017); Christine Borzumato-Gainey, Suzanne Degges-White, and Carrie V. Smith, »Romantic Relationships: From Wrestling to Romance«, Counseling Boys and Young Men, hg. von Suzanne Degges-White and Bonnie Colon (Berlin: Springer, 2012), 135.
138. Holt-Lunstad et al., »Loneliness and Social Isolation as Risk Factors for Mortality«.
139. M. J. Poulin et al., »Giving to Others and the Association between Stress and Mortality«, Am J Public Health 103, Nr. 9 (September 2013): 1649–55; E. B. Raposa, H. B. Laws, and E. B. Ansell, »Prosocial Behavior Mitigates the Negative Effects of Stress in Everyday Life«, Clinical Psychological Science 4, Nr. 4 (2016): 691–98.
140. Shawn Achor, »Positive Intelligence«, Harvard Business Review 90, Nr. 1 (2012): 100–102; Achor, Happiness Advantage.
141. Ebenda.
142. Jamieson, Mendes, and Nock, »Improving Acute Stress Responses«; Crum, Salovey, and Achor, »Rethinking Stress«; Anne Casper, Sabine Sonnentag, and Stephanie Tremmel, »Mindset Matters: the Role of Employees' Stress Mindset for Day-Specific Reactions to Workload Anticipation«, European Journal of Work and Organizational Psychology 26, Nr. 6 (2017): 1–13; M. J. Poulin et al., »Giving to Others and the Association between Stress and Mortality«; E. B. Raposa, H. B. Laws, and E. B. Ansell, »Prosocial Behavior Mitigates the Negative Effects of Stress in Everyday Life«; Jeremy P. Jamieson et al., »Capitalizing on Appraisal Processes to Improve Affective Responses to Social Stress«, Emotion Review

(2017), doi:1754073917693085; Beltzer et al., »Rethinking Butterflies«; Marcie A. LePine et al., »Turning Their Pain to Gain: Charismatic Leader Influence on Follower Stress Appraisal and Job Performance«, Academy of Management Journal 59, Nr. 3 (2016): 1036–59; Angela L. Duckworth, Tamar Szabó Gendler, and James J. Gross, »Self-Control in School-Age Children«, Educational Psychologist 49, Nr. 3 (2014): 199–217; Jamieson et al., »Turning the Knots in Your Stomach into Bows«; Nancy L. Sin et al., »Linking Daily Stress Processes and Laboratory-Based Heart Rate Variability in a National Sample of Midlife and Older Adults«, Psychosomatic Medicine 78, Nr. 5 (2016): 573–82.

143. Ebenda.

144. Ebenda.

145. Ebenda.

146. Ebenda.

147. Crum, Salovey, and Achor, »Rethinking Stress«.

148. Crum and Langer, »Mind-Set Matters«.

149. Ebenda.

150. Jon D. Levine, Newton C. Gordon, and Howard L. Fields, »The Mechanism of Placebo Analgesia«, The Lancet 312, Nr. 8091 (1978): 654–57.

151. Martina Amanzio and Fabrizio Benedetti, »Neuropharmacological Dissection of Placebo Analgesia: Expectation-Activated Opioid Systems versus Conditioning-Activated Specific Subsystems«, Journal of Neuroscience 19, Nr. 1 (1999): 484–94.

152. Jo Marchant, »Placebos: Honest Fakery«, Nature 535, Nr. 7611 (2016): S14–15, http://www.nature.com/nature/journal/v535/n7611_supp/full/535S14a.html#ref3.

153. Marchant, »Placebos«; Tor D. Wager and Lauren Y. Atlas, »The Neuroscience of Placebo Effects: Connecting Context, Learning and Health«, Nature Reviews Neuroscience 16, Nr. 7 (2015): 403–18; Fadel Zeidan et al., »Mindfulness Meditation-Based Pain Relief Employs Different Neural Mechanisms than Placebo and Sham Mindfulness Meditation-Induced Analgesia«, Journal of Neuroscience 35, Nr. 46 (2015): 15307–25; Cláudia Carvalho et al., »Open-Label Placebo Treatment in Chronic Low Back Pain: A Randomized Controlled Trial«, Pain 157, Nr. 12 (2016): 2766; Damien G. Finniss et al., »Biological, Clinical, and Ethical Advances of Placebo Effects«, The Lancet 375, Nr. 9715 (2010): 686–95.

154. Ebenda.

155. Finniss et al., »Biological, Clinical, and Ethical Advances of Placebo Effects«.

156. Herbert Spiegel, »Nocebo: the Power of Suggestibility«, Preventive Medicine 26, Nr. 5 (1997): 616–21; Guy H. Montgomery and Irving Kirsch, »Classical Conditioning and the Placebo Effect«, Pain 72, Nr. 1 (1997): 107–13; Steve Stewart-Williams and John Podd, »The Placebo Effect: Dissolving the Expectancy versus Conditioning Debate«, Psychological Bulletin 130, Nr. 2 (2004): 324.

157. Fabrizio Benedetti, Elisa Carlino, and Antonella Pollo, »How Placebos Change the Patient's Brain«, Neuropsychopharmacology 36, Nr. 1 (2011): 339–54.

158. Fabrizio Benedetti et al., »When Words Are Painful: Unraveling the Mechanisms of the Nocebo Effect«, Neuroscience 147, Nr. 2 (2007): 260–71.

159. Benedetti, Carlino, and Pollo, »How Placebos Change the Patient's Brain«.

160. Roland Bénabou and Jean Tirole, »Willpower and Personal Rules«, Journal of Political Economy 112, Nr. 4 (2004): 848–86; Vaughan Michell and Jasmine Tehrani, »Clinical Pathways and the Human Factor: Approaches to Control and Reduction of Human

Error Risk«, Impact of Medical Errors and Malpractice on Health Economics, Quality, and Patient Safety, hg. von Marina Riga (Hershey, PA: Medical Information Science Reference, 2017); Martin G. Kocher et al., »Strong, Bold, and Kind: Self-Control and Cooperation in Social Dilemmas«, Experimental Economics 20, Nr. 1 (2017): 44–69; Carol Dweck, Mindset: Changing the Way You Think to Fulfill Your Potential (London: Hachette UK, 2017); Urshila Sriram et al., »Support and Sabotage: A Qualitative Study of Social Influences on Health Behaviors among Rural Adults«, The Journal of Rural Health 34, Nr. 1 (2018): 88–97.

161. Ebenda.

162. Peter J. Rogers, »A Healthy Body, a Healthy Mind: Long-Term Impact of Diet on Mood and Cognitive Function«, Proceedings of the Nutrition Society 60, Nr. 1 (2001): 135–43; Lawrence Friedman, »How the Mind-Gut Connection Affects Your Health: The ›Second Brain‹ in Your Stomach Can Cause or Relieve Illness and Stress. Here's How It Works«, Next Avenue, 19. Juni 2013, http:// www.nextavenue.org/how-mind-gut-connection-affects-your-health/; Ruth Anne Luna and Jane A. Foster, »Gut Brain Axis: Diet Microbiota Interactions and Implications for Modulation of Anxiety and Depression«, Current Opinion in Biotechnology 32 (April 2015): 35–41; Philip C. Keightley, Natasha A. Koloski, and Nicholas J. Talley, »Pathways in Gut-Brain Communication: Evidence for Distinct Gut-to-Brain and Brain-to-Gut Syndromes«, Australian and New Zealand Journal of Psychiatry 49, Nr. 3 (2015): 207–14; Leaf, Think and Eat Yourself Smart.

163. Dan Buettner, The Blue Zones: 9 Lessons for Living Longer from the People Who've Lived the Longest (Des Moines, IA: National Geographic Books, 2012).

164. Christina M. Puchalski, »The Role of Spirituality in Health Care«, Proceedings (Baylor University Medical Center) 14, Nr. 4 (2001): 352; Gowri Anandarajah and Ellen Hight, »Spirituality and Medical Practice«, American Family Physician 63, Nr. 1 (2001): 81–88; Rush University Medical Center, »Belief in a Caring God Improves Response to Medical Treatment for Depression, Study Finds«, ScienceDaily, 24. Februar 2010, www.sciencedaily.com/releases/2010/02/100223132021.htm; David H. Rosmarin et al., »A Test of Faith in God and Treatment: The Relationship of Belief in God to Psychiatric Treatment Outcomes«, Journal of Affective Disorders 146, Nr. 3 (2013): 441–46; Bruno Paz Mosqueiro, Neusa Sica da Rocha, and Marcelo Pio de Almeida Fleck, »Intrinsic Religiosity, Resilience, Quality of Life, and Suicide Risk in Depressed Inpatients«, Journal of Affective Disorders 179 (2015): 128–33; Anne-Marie Snider and Samara McPhedran, »Religiosity, Spirituality, Mental Health, and Mental Health Treatment Outcomes in Australia: A Systematic Literature Review«, Mental Health, Religion & Culture 17, Nr. 6 (2014): 568–81; Freda van der Walt and Jeremias J. de Klerk, »Measuring Spirituality in South Africa: Validation of Instruments Developed in the USA«, International Review of Psychiatry 26, Nr. 3 (2014): 368–78; Loren L. Toussaint, Justin C. Marschall, and David R. Williams, »Prospective Associations between Religiousness/Spirituality and Depression and Mediating Effects of Forgiveness in a Nationally Representative Sample of United States Adults«, Depression Research and Treatment 2012 (2012).

165. Ebenda.

166. Alister E. McGrath, Surprised by Meaning: Science, Faith, and How We Make Sense of Things (Louisville: Westminster John Knox, 2011); Alister E. McGrath, Science & Religion: A New Introduction (West Sussex, UK: Wiley-Blackwell, 2010); Alister E. McGrath, Why God Won't Go Away: Is the New Atheism Running on Empty? (Nashville: Thomas

Nelson, 2010); J. C. Polkinghorne, Science and Religion in Quest of Truth (New Haven, CT: Yale University Press, 2011); J. C. Polkinghorne, Belief in God in an Age of Science (New Haven, CT: Yale University Press, 1998); J. C. Polkinghorne, One World: The Interaction of Science and Theology (Philadelphia: Templeton Foundation Press, 2007); J. C. Polkinghorne and Nicholas Beale, Questions of Truth: Fifty-One Responses to Questions about God, Science, and Belief (Louisville: Westminster John Knox, 2009); John C. Lennox, Seven Days That Divide the World: The Beginning According to Genesis and Science (Grand Rapids: Zondervan, 2011); Amir D. Aczel, Why Science Does Not Disprove God (New York: William Morrow, 2014); Andrew B. Newberg, Eugene G. D'Aquili, and Vince Rause, Why God Won't Go Away: Brain Science and the Biology of Belief (New York: Ballantine, 2001); Alister E. McGrath, Darwinism and the Divine: Evolutionary Thought and Natural Theology (Oxford, UK: Wiley-Blackwell, 2011).

167. Hill, Edmonds, and Hampson, »A Purposeful Lifestyle Is a Healthful Lifestyle«.

168. Patrick L. Hill and Nicholas A. Turiano, »Purpose in Life as a Predictor of Mortality across Adulthood«, Psychological Science 25, Nr. 7 (2014): 1482–86.

169. Viktor Emil Frankl, Man's Search for Meaning: An Introduction to Logotherapy from Death-Camp to Existentialism (New York: Simon & Schuster, 1962).

170. Binghamton University, »Researchers Can Identify You by Your Brain Waves with 100 Percent Accuracy«, ScienceDaily, 18. April 2016, https://www.sciencedaily.com/releases/2016/04/160418120608.htm; Maria V. Ruiz-Blondet et al., »A Novel Method for Very High Accuracy Event-Related Potential Biometric Identification«, CEREBRE: IEEE Transactions on Information Forensics and Security 11, Nr. 7 (2016): 1618; Weizmann Institute of Science, »Smell Fingerprints? Each Person May Have a Unique Sense of Smell«, ScienceDaily, 30. Juni 2015, www.sciencedaily.com/releases/2015/06/150630100509.htm; Eric A. Franzosa et al., »Identifying Personal Microbiomes Using Metagenomic Codes«, Proceedings of the National Academy of Sciences 112, Nr. 22 (2015): E2930–38; Glendon J. Parker et al., »Demonstration of Protein-Based Human Identification Using the Hair Shaft Proteome«, PloS One 11, Nr. 9 (2016): e0160653.

171. Tim Spector, »Identically Different: Tim Spector at TEDxKingsCollegeLondon«, YouTube-Video, 18:15, hochgeladen von TEDx Talks, 23. Mai 2013, https://youtu.be/1W5SeBYERNI; Jordana T. Bell and Tim D. Spector, »A Twin Approach to Unraveling Epigenetics«, Trends in Genetics 27, Nr. 3 (2011): 116–25; Jordana T. Bell and Richard Saffery, »The Value of Twins in Epigenetic Epidemiology«, International Journal of Epidemiology 41, Nr. 1 (2012): 140–50; Tim Spector, Identically Different: Why We Can Change Our Genes (New York: Overlook Press, 2014).

172. Athanasia D. Panopoulos et al., »Aberrant DNA Methylation in Human iPSCs Associates with MYC-Binding Motifs in a Clone-Specific Manner Independent of Genetics«, Cell Stem Cell 20, Nr. 4 (2017): 505–17; Cosmas D. Arnold et al., »Genome-Wide Quantitative Enhancer Activity Maps Identified by STARR=Seq«, Science 339, Nr. 6123 (1. März 2013): 1074–77; L. I. Patrushev and T. F. Kovalenko, »Functions of Noncoding Sequences in Mammalian Genomes«, Biochemistry (Mosc.) 79, Nr. 13 (Dezember 2014): 1442–69; Manolis Kellis et al., »Defining Functional DNA Elements in the Human Genome«, Proc Natl Acad Sci USA 111, Nr. 17 (April 29, 2014): 6131–38; Perla Kaliman et al., »Rapid Changes in Histone Deacetylases and Inflammatory Gene Expression in Expert Meditators«, Psychoneuroendocrinology 40 (Februar 2014): 96–107.

173. Ebenda.

174. Zsofia Nemoda and Moshe Szyf, »Epigenetic Alterations and Prenatal Maternal Depression«, Birth Defects Research 109, Nr. 12 (2017): 888–97; Trygve Tollefsbol, ed., Handbook of Epigenetics: The New Molecular and Medical Genetics (New York: Elsevier/Academic Press, 2011); Bruce H. Lipton, The Biology of Belief: Unleashing the Power of Consciousness, Matter, and Miracles (Carlsbad, CA: Hay House, 2008); R. Restak, Mysteries of the Mind (Washington, DC: National Geographic, 2000); Moshe Szyf, »Epigenetics, DNA Methylation, and Chromatin Modifying Drugs«, Annual Review of Pharmacology and Toxicology 49 (2009): 243–63.

175. B. H. Lipton, »Insight into Cellular Consciousness«; Marc Folcher et al., »Mind-Controlled Transgene Expression by a Wireless-Powered Optogenetic Designer Cell Implant«, Nature Communications 5 (2014), doi:10.1038/ncomms6392; Shawn Wu, Lin Jiang, and J. Wang, »From Relaxation Response, Building Power for Health to an Advanced Self-Cultivation Practice: Genuine Well-Being«, Well-Being and Quality of Life—Medical Perspective, hg. von Mukadder Mollaoglu (London: InTech, 2017); Massachusetts General Hospital, »Relaxation Response Can Influence Expression Of Stress-Related Genes«, ScienceDaily, 3. Juli 2008, www.sciencedaily.com/releases/2008/07/080701221501.htm; Bruce D. Perry, »Childhood Experience and the Expression of Genetic Potential: What Childhood Neglect Tells Us about Nature and Nurture«, Brain and Mind 3, Nr. 1 (2002): 79–100; Susan C. South, Nayla R. Hamdi, and Robert F. Krueger, »Biometric Modeling of Gene-Environment Interplay: The Intersection of Theory and Method and Applications for Social Inequality«, Journal of Personality 85, Nr. 1 (2017): 22–37; Gene E. Robinson, Russell D. Fernald, and David F. Clayton, »Genes and Social Behavior«, Science 322, Nr. 5903 (2008): 896–900; Ivana Buric et al., »What Is the Molecular Signature of Mind–Body Interventions? A Systematic Review of Gene Expression Changes Induced by Meditation and Related Practices«, Frontiers in Immunology 8 (2017): 670; Yi Seok Chang et al., »Stress-Inducible Gene Atf3 in the Noncancer Host Cells Contributes to Chemotherapy-Exacerbated Breast Cancer Metastasis«, Proceedings of the National Academy of Sciences 114, Nr. 34 (2017): E7159–68; Nicole D. Powell et al., »Social Stress Up-Regulates Inflammatory Gene Expression in the Leukocyte Transcriptome via β-Adrenergic Induction of Myelopoiesis«, Proceedings of the National Academy of Sciences 110, Nr. 41 (2013): 16574–79; Ohio State University, »Effects of Chronic Stress Can Be Traced to Your Genes«, ScienceDaily, 5. November 2013, www.sciencedaily.com/releases/2013/11/131105171338.htm; Steven W. Cole et al., »Transcript Origin Analysis Identifies Antigen-Presenting Cells as Primary Targets of Socially Regulated Gene Expression in Leukocytes«, Proceedings of the National Academy of Sciences 108, Nr. 7 (2011): 3080–85; Daniel B. McKim et al., »Neuroinflammatory Dynamics Underlie Memory Impairments after Repeated Social Defeat«, Journal of Neuroscience 36, Nr. 9 (2016): 2590–604; Dweck, Mindset: Changing the Way You Think to Fulfill Your Potential; Carol S. Dweck, Mindset: The New Psychology of Success (New York: Random House, 2006).

176. Ebenda.

177. Leaf, Schalte dein Gehirn an; Leaf, Think and Eat Yourself Smart; Leaf, The Perfect You.

178. Ebenda.

179. Ebenda.

180. Leaf, The Perfect You.

181. Ebenda.

182. Joanna Moncrieff, »Philosophy Part 3: Knowledge of Mental States and Behaviour—Insights from Heidegger and Others«, Joannamoncrieff.com, Oktober 9, 2017, https://joannamoncrieff.com/2017/10/09/philosophy-part-3-knowledge-of-mental-states-and-behaviour-insights-from-heidegger-and-others/.
183. Michael Pollan, The Omnivore's Dilemma: A Natural History of Four Meals (New York: Penguin, 2006).
184. David J. Chalmers, The Conscious Mind: In Search of a Fundamental Theory (London: Oxford University Press, 1996).
185. Sally Satel and Scott O. Lilienfeld, Brainwashed: The Seductive Appeal of Mindless Neuroscience (New York: Basic Books, 2015); J. Kulnych, »Psychiatric Neuroimaging Evidence: A High-Tech Crystal Ball?« Stanford Law Review 49 (1997): 1249–70; E. Monterosso et al., »Explaining away Responsibility: Effects of Scientific Explanations on Perceived Culpability«, Ethics and Behavior 15, Nr. 2 (2005): 139–53.
186. Brian Resnick, »There's a Lot of Junk FMRI Research out There«; A. Eklund et al., »Cluster Failure: Why FMRI Inferences for Spatial Extent Have Inflated False-Positive Rates«, Proceedings of the National Academy of Sciences 113, Nr. 28 (2016): 7900–05.
187. Ebenda.
188. Madrigal, »Scanning Dead Salmon«.
189. Ebenda.
190. Robert M. G. Reinhart, »Disruption and Rescue of Interareal Theta Phase Coupling and Adaptive Behavior«, Proceedings of the National Academy of Sciences (2017): 11542–47; Boston University, »›Turbo Charge‹ for Your Brain? Sychronizing Specific Brain Occilations Enhances Executive Function«, ScienceDaily, 9. Oktober 2017, https://www.sciencedaily.com/releases/2017/10/171009154941.htm.
191. Stapp, »Quantum Interactive-Dualism«.
192. Henry P. Stapp, Mind, Matter and Quantum Mechanics (Berlin: Springer, 2009), Kindle ed.
193. Leaf, »The Mind Mapping Approach: A Model and Framework for Geodesic Learning«.
194. Henry Stapp, »Minds and Values in the Quantum Universe«, Information and the Nature of Reality from Physics to Metaphysics, ed. P. C. W. Davies and Niels Henrik Gregersen (Cambridge, UK: Cambridge University Press, 2014), 157.
195. Roger Penrose, Fashion, Faith, and Fantasy in the New Physics of the Universe (Princeton, NJ: Princeton University Press, 2016).
196. Roger Penrose, The Emperor's New Mind: Concerning Computers, Minds, and the Laws of Physics (London: Oxford Paperbacks, 1999).
197. Ebenda, 423.
198. Ebenda.
199. Dr. Seuss, Happy Birthday to You (New York: Random House, 1959).
200. Leaf, »The Mind Mapping Approach: A Model and Framework for Geodesic Learning«.
201. Stephen J. DeArmond, Madeline M. Fusco, and Maynard M. Dewey, Structure of the Human Brain: A Photographic Atlas (New York: Oxford University Press, 1989).
202. J. Fodor, The Modularity of Mind (Cambridge, MA: MIT/Bradford, 1989); Henry Markram, »The Blue Brain Project«, Nature Reviews Neuroscience 7, Nr. 2 (2006): 153–60; Henry Markram, »The Human Brain Project«, Scientific American 306, Nr. 6 (2012): 50–55; Jeffrey M. Schwartz, Henry P. Stapp, and Mario Beauregard, »Quantum Physics in Neuroscience and Psychology: A Neurophysical Model of Mind-Brain Interaction«,

Philosophical Transactions of the Royal Society of London, Series B, Biological Sciences 360, Nr. 1458 (2005): 1309–27; Jeffrey M. Schwartz and Sharon Begley, The Mind and the Brain: Neuroplasticity and the Power of Mental Force (New York: Harper, 2003), 27; William R. Uttal, »The Two Faces of MRI«, Cerebrum, 1. Juli 2002, http://www.dana.org/Cerebrum/Default.aspx?id=39300; Wellcome Trust, »Brain's Architecture Makes Our View of the World Unique«, ScienceDaily, 6. Dezember 2010, www.sciencedaily.com/releases/2010/12/101205202512.htm; J. Richard Middleton, The Liberating Image: The Imago Dei in Genesis 1 (Grand Rapids: Brazos, 2005); A. G. Christy et al., »Straying from the Righteous Path and from Ourselves: The Interplay between Perceptions of Morality and Self-Knowledge«, Personality and Social Psychology Bulletin 1, Nr. 42 (2016): 1538–50; F. Gino et al., »The Moral Virtue of Authenticity«, Psychological Science 26, Nr. 7 (2015): 983–86; Peter Kinderman, The New Laws of Psychology: Why Nature and Nurture Alone Can't Explain Human Behavior (London: Robinson, 2014).

203. Ebenda.

204. Ebenda.

205. Leaf, »The Mind Mapping Approach: A Model and Framework for Geodesic Learning«.

206. Stuart Hameroff and Roger Penrose, »Consciousness in the Universe: A Review of the ›Orch OR‹ Theory«, Physics of Life Reviews 11, Nr. 1 (2014): 39–78; Stuart Hameroff et al., »Conduction Pathways in Microtubules, Biological Quantum Computation, and Consciousness«, Biosystems 64, Nr. 1 (2002): 149–68; Stuart Hameroff, »Consciousness, Microtubules, and ›Orch OR‹: A ›Space-Time Odyssey‹, « Journal of Consciousness Studies 21, Nrn. 3–4 (2014): 126–53; Stuart Hameroff, »How Quantum Brain Biology Can Rescue Conscious Free Will«, Frontiers in Integrative Neuroscience 6 (2012); Stuart R. Hameroff, Alfred W. Kaszniak, and Alwyn Scott, eds. Toward a Science of Consciousness II: The Second Tucson Discussions and Debates, vol. 2 (Cambridge, MA: MIT Press, 1998); Stuart R. Hameroff and Roger Penrose, »Conscious Events as Orchestrated Space-Time Selections«, Journal of Consciousness Studies 3, Nr. 1 (1996): 36–53; Roger Penrose, Shadows of the Mind, vol. 4 (Oxford: Oxford University Press, 1994); Scott Hagan, Stuart R. Hameroff, and Jack A. Tuszyński, »Quantum Computation in Brain Microtubules: Decoherence and Biological Feasibility«, Physical Review E 65, Nr. 6 (2002), doi:10.1103/PhysRevE.65.061901; Stuart Hameroff and Roger Penrose, »Consciousness in the Universe: An Updated Review of the ›Orch OR‹ Theory«, Biophysics of Consciousness: A Foundational Approach, hg. von R. R. Poznanski, J. A. Tuszynski, and T. E. Feinberg (Singapore: World Scientific, 2016); Satyajit Sahu et al., »Computational Myths and Mysteries That Have Grown around Microtubule in the Last Half a Century and Their Possible Verification«, Journal of Computational and Theoretical Nanoscience 8, Nr. 3 (2011): 509–15.

207. Ebenda.

208. Hameroff and Penrose, »Consciousness in the Universe: An Updated Review of the ›Orch OR‹ Theory«; Satyajit Sahu et al., »Computational Myths and Mysteries«.

209. Die Schätzungen über die Anzahl der Gedanken, die wir an einem Tag denken, gehen weit auseinander. Charlie Greer schreibt zum Beispiel: »Vor einigen Jahren hat die National Science Foundation einige sehr interessante Statistiken veröffentlicht. Wir denken eintausend Gedanken pro Stunde. Wenn wir schreiben, denken wir zweitausendfünfhundert Gedanken in eineinhalb Stunden. Der durchschnittliche Mensch denkt etwa zwölftausend Gedanken pro Tag. Ein tiefgründiger Denker bringt laut diesem

Bericht täglich fünfzigtausend Gedanken hervor.« Siehe Charlie Greer, »What Are You Thinking, Part Deux«, Charlie Greer's HVAC Profit Boosters, Inc., Zugriff am 25. Januar 2018, http://www.hvacprofitboosters.com/Tips/Tip_Archive/tip_archive7.html.

210. Leaf, »The Mind Mapping Approach: A Model and Framework for Geodesic Learning«; Leaf, »The Development of a Model for Geodesic Learning: The Geodesic Information Processing Model«; C. M. Leaf, I. C. Uys, and B. Louw, »An Alternative Non-Traditional Approach to Learning: The Metacognitive-Mapping Approach«; Asael Y. Sklar et al., »Reading and Doing Arithmetic Nonconsciously«, Proceedings of the National Academy of Sciences 109, Nr. 48 (2012): 19614–19.
211. Ebenda.
212. Harold Pashler et al., »Learning Styles: Concepts and Evidence«, Psychological Science in the Public Interest 9, Nr. 3 (2008): 105–19.; Lynn Curry, »A Critique of the Research on Learning Styles«, Educational Leadership 48, Nr. 2 (1990): 50–56; Frank Coffield et al., Learning Styles and Pedagogy in Post-16 Learning: A Systematic and Critical Review, (London: Learning Skills and Research Centre, 2004), http://www.leerbeleving.nl/wp-content/uploads/2011/09/learning-styles.pdf; Paul A. Kirschner, »Stop Propagating the Learning Styles Myth«, Computers & Education 106 (2017): 166–71.
213. Ebenda.
214. Pashler et al., »Learning Styles: Concepts and Evidence«; Leaf, »The Development of a Model for Geodesic Learning: The Geodesic Information Processing Model«; Leaf, »An Altered Perception of Learning: Geodesic Learning: Part 2«, Therapy Africa 2, Nr. 1 (Januar/Februar 1998): 4; Curry, »A Critique of the Research on Learning Styles«; Doug Rohrer and Harold Pashler, »Learning Styles: Where's the Evidence?« Online Submission 46, Nr. 7 (2012): 634–35; Kirschner, »Stop Propagating the Learning Styles Myth«.
215. Philip M. Newton, »The Learning Styles Myth Is Thriving in Higher Education«, Frontiers in Psychology 6 (2015): 1908; Philip M. Newton and Mahallad Miah, »Evidence-Based Higher Education: Is the Learning Styles ›Myth‹ Important?« Frontiers in Psychology 8 (2017): 444.
216. Ron Finley, »A Guerilla Gardener in South Central LA«, YouTube-Video, hochgeladen von TED am 6. März 2013, https://www.youtube.com/watch?v=EzZzZ_qpZ4w.
217. Binghamton University, »Researchers Can Identify You by Your Brain Waves with 100 Percent Accuracy«; Maria V. Ruiz-Blondet et al., »A Novel Method for Very High Accuracy Event-Related Potential Biometric Identification«.
218. Weizmann Institute of Science, »Smell Fingerprints?«
219. D. Samuel Schwarzkopf, Chen Song, and Geraint Rees, »The Surface Area of Human V1 Predicts the Subjective Experience of Object Size«, Nature Neuroscience 14, Nr. 1 (2011): 28–30; Wellcome Trust, »Brain's Architecture Makes Our View of the World Unique«, ScienceDaily, Dec. 6, 2010, www.sciencedaily.com/releases/2010/12/101205202512.htm.; Ryota Kanai and Geraint Rees, »The Structural Basis of Inter-Individual Differences in Human Behaviour and Cognition«, Nature Reviews Neuroscience 12, Nr. 4 (2011): 231–42; Aaron Alexander-Bloch, Jay N. Giedd, and Ed Bullmore, »Imaging Structural Co-variance between Human Brain Regions«, Nature Reviews Neuroscience 14, Nr. 5 (2013): 322–36; Mariko Osaka et al., »The Neural Basis of Individual Differences in Working Memory Capacity: An fMRI Study«, NeuroImage 18, Nr. 3 (2003): 789–97; Edward K. Vogel and Edward Awh, »How to Exploit Diversity for Scientific Gain: Using Individual

Differences to Constrain Cognitive Theory«, Current Directions in Psychological Science 17, Nr. 2 (2008): 171–76.

220. Moran Gershoni and Shmuel Pietrokovski, »The Landscape of Sex-Differential Transcriptome and Its Consequent Selection in Human Adults«, BMC Biology 15, Nr. 1 (2017): 7; J. Cairns et al., »The Origin of Mutants«, Nature 35 (1988): 142–45.

221. Willoughby B. Britton et al., »Dismantling Mindfulness-Based Cognitive Therapy: Creation and Validation of 8-Week Focused Attention and Open Monitoring Interventions within a 3-Armed Randomized Controlled Trial«, Behaviour Research and Therapy (2017), doi:10.1016/j.brat.2017.09.010; Georgetown University Medical Center, »Mindfulness Meditation Training Lowers Biomarkers of Stress Response in Anxiety Disorder: Hormonal, Inflammatory Reactions to Stress Were Reduced after Meditation Training, in Rigorous NIH-Sponsored Trial«, Pressemitteilung, 24. Januar 2017, https://gumc.georgetown.edu/news/mindfulness-meditation-training-lowers-biomarkers-of-stress-response-in-anxiety-disorder; Yi-Yuan Tang, Britta K. Hölzel, and Michael I. Posner, »The Neuroscience of Mindfulness Meditation«, Nature Reviews Neuroscience 16, Nr. 4 (2015): 213–25.

222. Benjamin C. Storm, Sean M. Stone, and Aaron S. Benjamin, »Using the Internet to Access Information Inflates Future Use of the Internet to Access Other Information«, Memory 25, Nr. 6 (2017): 717–23; Amanda M. Ferguson, David McLean, and Evan F. Risko, »Answers at Your Fingertips: Access to the Internet Influences Willingness to Answer Questions«, Consciousness and Cognition 37 (2015): 91–102; James W. Antony et al., »Retrieval as a Fast Route to Memory Consolidation«, Trends in Cognitive Sciences 21, Nr. 8 (2017): 573–76; Ekaterina Haskins, »Between Archive and Participation: Public Memory in a Digital Age«, Rhetoric Society Quarterly 37, Nr. 4 (2007): 401–22; Maria Wimber et al., »Prefrontal Dopamine and the Dynamic Control of Human Long-Term Memory«, Translational Psychiatry 1, Nr. 7 (2011): e15; Kaspersky Lab, »The Rise and Impact of Digital Amnesia: Why We Need to Protect What We No Longer Remember«, Zugriff am 25. Januar 2018, https://d1srlirzdlmpew.cloudfront.net/wp-content/uploads/sites/92/2017/06/06024645/005-Kaspersky-Digital-Amnesia-19.6.15.pdf.

223. Evan F. Risko and Sam J. Gilbert, »Cognitive Offloading«, Trends in Cognitive Sciences 20, Nr. 9 (2016): 676–88; Storm, Stone, and Benjamin, »Using the Internet to Access Information«; Ferguson, McLean, and Risko, »Answers at Your Fingertips«.

224. Stuart Wolpert, »Is Technology Producing a Decline in Critical Thinking and Analysis?« UCLA Newsroom, 27. Januar 2009, http://newsroom.ucla.edu/releases/is-technology-producing-a-decline-79127; Steven Gerardi, »Use of Computers/Apps and the Negative Effects on Children's Intellectual Outcomes«, Sociology 7 (2017): 128–32; Zhanna Bagdasarov, Yupeng Luo, and Wei Wu, »The Influence of Tablet-Based Technology on the Development of Communication and Critical Thinking Skills: An Interdisciplinary Study«, Journal of Research on Technology in Education 49, Nr. 1–2 (2017): 55–72.

225. James Schroeder, »More Bad News about Smartphones: When Will We Heed the Warnings?« Mad in America, 12. November 2017, https://www.madinamerica.com/2017/11/bad-news-about-smartphones/.

226. Ebenda.

227. Rob Price, »Billionaire Ex-Facebook President Sean Parker Unloads on Mark Zuckerberg and Admits He Helped Build a Monster«,

Business Insider, 9. November 2017, http://www.businessinsider.com/ex-facebook-president-sean-parker-social-network-human-vulnerability-2017-11.

228. Travis J. A. Craddock, Jack A. Tuszynski, and Stuart Hameroff, »Cytoskeletal Signaling: Is Memory Encoded in Microtubule Lattices by CaMKII Phosphorylation?« PLoS Computational Biology 8, Nr. 3 (2012): e1002421; Hameroff and Penrose, »Consciousness in the Universe: A Review of the ›Orch OR‹ Theory«; Emmanuel M. Pothos and Jerome R. Busemeyer, »Can Quantum Probability Provide a New Direction for Cognitive Modeling?« Behavioral and Brain Sciences 36, Nr. 3 (2013): 255–74; Hameroff, »How Quantum Brain Biology Can Rescue Conscious Free Will«; Diederik Aerts et al., »Quantum Structure and Human Thought«, Behavioral and Brain Sciences 36, Nr. 3 (2013): 274–76; Gary L. Brase and James Shanteau, »The Unbearable Lightness of ›Thinking‹: Moving beyond Simple Concepts of Thinking, Rationality, and Hypothesis Testing«, Behavioral and Brain Sciences 34, Nr. 5 (2011): 250–51.
229. George Kastellakis et al., »Synaptic Clustering within Dendrites: An Emerging Theory of Memory Formation«, Progress in Neurobiology 126 (2015): 19–35.
230. Leaf, »Mind Mapping«.
231. Leaf, »The Mind Mapping Approach«.
232. Carol Dweck, »Implicit Theories of Intelligence Predict Achievement across Adolescent Transition: A Longitudinal Study and an Intervention«, Child Development 78 (2007): 246–63.
233. Alvaro Pascual-Leone et al., »Modulation of Muscle Responses Evoked by Transcranial Magnetic Stimulation during the Acquisition of New Fine Motor Skills«, Journal of Neurophysiology 74, Nr. 3 (1995): 1037–45; Sharon Begley, »The Brain: How the Brain Rewires Itself«, Time, 19. Januar 2007, http://content.time.com/time/magazine/article/0,9171,1580438,00.html.
234. Mégane Missaire et al., »Long-Term Effects of Interference on Short-Term Memory Performance in the Rat«, PloS one 12, Nr. 3 (2017): e0173834; Jan Kamiński, Aneta Brzezicka, and Andrzej Wróbel, »Short-Term Memory Capacity (7±2) Predicted by Theta to Gamma Cycle Length Ratio«, Neurobiology of Learning and Memory 95, Nr. 1 (2011): 19–23; John E. Lisman and Ole Jensen, »The Theta-Gamma Neural Code«, Neuron 77, Nr. 6 (2013): 1002–16; James Clear, »How Long Does It Actually Take to Form a New Habit? (Backed by Science)«, James Clear, Zugriff am 25. Januar 2018, https://jamesclear.com/new-habit.
235. »The Nobel Prize in Physiology or Medicine 1906«, Nobelprize.org, Zugriff am 25. Januar 2018, https://www.nobelprize.org/nobel_prizes/medicine/laureates/1906/.
236. Raymond M. Klein, »The Hebb Legacy«, Canadian Journal of Experimental Psychology/Revue canadienne de psychologie expérimentale 53, Nr. 1 (1999): 1; Bonnie Strickland, ed., »Hebb, Donald O. (1904–1985)«, Gale Encyclopedia of Psychology, second ed. (Farmington Hills, MI: Gale Group, 2001).
237. Mark E. J. Sheffield and Daniel A. Dombeck, »Calcium Transient Prevalence across the Dendritic Arbour Predicts Place Field Properties«, Nature 517, Nr. 7533 (2015): 200–204; Trygve Solstad, Edvard I. Moser, and Gaute T. Einevoll, »From Grid Cells to Place Cells: A Mathematical Model«, Hippocampus 16, Nr. 12 (2006): 1026–31.
238. Craddock, Tuszynski, and Hameroff, »Cytoskeletal Signaling«; John Lisman, »The CaM Kinase II Hypothesis for the Storage of Synaptic Memory«, Trends in Neurosciences

17, Nr. 10 (1994): 406–12; Hameroff et al., »Conduction Pathways in Microtubules«; Leif Dehmelt and Shelley Halpain, »The MAP2/Tau Family of Microtubule-Associated Proteins«, Genome Biology 6, Nr. 1 (2004): 204; Akihiro Harada et al., »MAP2 Is Required for Dendrite Elongation, PKA Anchoring in Dendrites, and Proper PKA Signal Transduction«, J Cell Biol 158, Nr. 3 (2002): 541–49; Jacek Jaworski et al., »Dynamic Microtubules Regulate Dendritic Spine Morphology and Synaptic Plasticity«, Neuron 61, Nr. 1 (2009): 85–100; Nicolas Toni et al., »LTP Promotes Formation of Multiple Spine Synapses between a Single Axon Terminal and a Dendrite«, Nature 402, Nr. 6760 (1999): 421–25; Stuart R. Hameroff and Richard C. Watt, »Information Processing in Microtubules«, Journal of Theoretical Biology 98, Nr. 4 (1982): 549–61; N. J. Woolf, A. Priel, and J. A. Tuszynski, Nanoneuroscience (Berlin: Springer, 2010); N. J. Woolf, »Microtubules in the Cerebral Cortex: Role in Memory and Consciousness«, J. A. Tuszynski, ed., The Emerging Physics of Consciousness (Berlin: Springer, 2006), 49–94; C. Sanchez, J. Dıaz-Nido, and J. Avila, »Phosphorylation of Microtubule-Associated Protein 2 (MAP2) and Its Relevance for the Regulation of the Neuronal Cytoskeleton Function«, Progress in Neurobiology 61, Nr. 2 (2000): 133–68; John Cronly-Dillon, David Carden, and Carole Berks, »The Possible Involvement of Brain Microtubules in Memory Fixation«, Journal of Experimental Biology 61, Nr. 2 (1974): 443–54; Nancy J. Woolf, Marcus D. Zinnerman, and Gail V. W. Johnson, »Hippocampal Microtubule-Associated Protein-2 Alterations with Contextual Memory«, Brain Research 821, Nr. 1 (1999): 241–49; Stuart Hameroff, »The ›Conscious Pilot‹—Dendritic Synchrony Moves through the Brain to Mediate Consciousness«, Journal of Biological Physics 36, Nr. 1 (2010): 71–93.

239. Panayiota Poirazi and Bartlett W. Mel, »Impact of Active Dendrites and Structural Plasticity on the Memory Capacity of Neural Tissue«, Neuron 29, Nr. 3 (2001): 779–96; Attila Losonczy, Judit K. Makara, and Jeffrey C. Magee, »Compartmentalized Dendritic Plasticity and Input Feature Storage in Neurons«, Nature 452, Nr. 7186 (2008): 436–41; Matthew E. Larkum and Thomas Nevian, »Synaptic Clustering by Dendritic Signalling Mechanisms«, Current Opinion in Neurobiology 18, Nr. 3 (2008): 321–31; Kevin A. Archie and Bartlett W. Mel, »A Model for Intradendritic Computation of Binocular Disparity«, Nature Neuroscience 3, Nr. 1 (2000): 54–63; Dmitri B. Chklovskii, B. W. Mel, and K. Svoboda, »Cortical Rewiring and Information Storage«, Nature 431, Nr. 7010 (2004): 782–88; P. Jesper Sjöström et al., »Dendritic Excitability and Synaptic Plasticity«, Physiological Reviews 88, Nr. 2 (2008): 769–840; Bartlett W. Mel, Jackie Schiller, and Panayiota Poirazi, »Synaptic Plasticity in Dendrites: Complications and Coping Strategies«, Current Opinion in Neurobiology 43 (2017): 177–86; Ju Lu and Yi Zuo, »Clustered Structural and Functional Plasticity of Dendritic Spines«, Brain Research Bulletin 129 (2017): 18–22; Jacopo Bono and Claudia Clopath, »Modeling Somatic and Dendritic Spike Mediated Plasticity at the Single Neuron and Network Level«, Nature Communications 8, Nr. 1 (2017): 706; Tobias Bonhoeffer and Pico Caroni, »Structural Plasticity in Dendrites and Spines«, Dendrites, hg. von Greg Stuart, Nelson Spruston, and Michael Häusser (Oxford: Oxford University Press, 2016), 557–79.

240. Craddock, Tuszynski, and Hameroff, »Cytoskeletal Signaling«; Stuart Hameroff, »How Quantum Brain Biology Can Rescue Conscious Free Will«; Jerome R. Busemeyer, J. Wang, and Richard M. Shiffrin, »Bayesian Model Comparison of Quantum Versus Traditional Models of Decision Making for Explaining Violations of the Dynamic Consistency Principle«, paper presented at Foundations and Applications of Utility, Risk

and Decision Theory Conference, Juni 2012, Atlanta, Georgia; Brase and Shanteau, »The Unbearable Lightness of ›Thinking‹«; Hameroff and Penrose, »Consciousness in the Universe: A Review of the ›Orch OR‹ Theory«; Emmanuel M. Pothos and Jerome R. Busemeyer, »Can Quantum Probability Provide a New Direction for Cognitive Modeling?« Behavioral and Brain Sciences 36, Nr. 3 (2013): 255–74; Diederik Aerts et al., »Quantum Structure and Human Thought«, Behavioral and Brain Sciences 36, Nr. 3 (2013): 274–76; Bridget N. Queenan et al., »On the Research of Time Past: The Hunt for the Substrate of Memory«, Annals of the New York Academy of Sciences 1396, Nr. 1 (2017): 108–25.

241. Ebenda.

242. Henry P. Stapp, Mindful Universe: Quantum Mechanics and the Participating Observer (Berlin: Springer, 2011), Kindle loc. 316; Stapp, Mind, Matter and Quantum Mechanics, Kindle loc. 687, 694, 1783–84.

243. Poirazi and Mel, »Impact of Active Dendrites and Structural Plasticity«; Losonczy, Makara, and Magee, »Compartmentalized Dendritic Plasticity and Input Feature Storage in Neurons«; Jackie Schiller et al., »NMDA Spikes in Basal Dendrites of Cortical Pyramidal Neurons«, Nature 404, Nr. 6775 (2000): 285–89; Jacopo Bono, Katharina A. Wilmes, and Claudia Clopath, »Modelling Plasticity in Dendrites: From Single Cells to Networks«, Current Opinion in Neurobiology 46 (2017): 136–41; Mel, Schiller, and Poirazi, »Synaptic Plasticity in Dendrites.«

244. Michael Häusser, »Storing Memories in Dendritic Channels«, Nature Neuroscience 7, Nr. 2 (2004): 98–100; Andreas Frick and Daniel Johnston, »Plasticity of Dendritic Excitability«, Developmental Neurobiology 64, Nr. 1 (2005): 100–115; Bono, Wilmes, and Clopath, »Modelling Plasticity in Dendrites.«

245. Stapp, Mind, Matter and Quantum Mechanics, Kindle loc. 2958, 2972–76.

246. P. C. W. Davies and Neils Hendrik Gregersen, Information and the Nature of Reality: From Physics to Metaphysics (Cambridge, UK: Cambridge University Press, 2010), 85.

247. Stapp, Mind, Matter and Quantum Mechanics, Kindle loc. 1729.

248. Häusser, »Storing Memories in Dendritic Channels«; Frick and Johnston, »Plasticity of Dendritic Excitability«; Bono, Wilmes, and Clopath, »Modelling Plasticity in Dendrites«.

249. Travis J. A. Craddock, Stuart R. Hameroff, and Jack A. Tuszynski, »The Quantum Underground: Where Life and Consciousness Originate«, Biophysics of Consciousness: A Foundational Approach, hg. von Roman R. Poznanski, Jack Tusnynski, and Todd E. Feinberg (Singapore: World Scientific, 2016), 459–515.

250. Craddock, Tuszynski, and Hameroff, »Cytoskeletal Signaling«.

251. Stapp, Mind, Matter and Quantum Mechanics, Kindle loc. 64, 75–77; Harald Atmanspacher, »Quantum Approaches to Brain and Mind«, The Blackwell Companion to Consciousness, hg. von Max Velmans and Susan Schneider (Hoboken, NJ: Blackwell Publishing, 2017), 298; Henry P. Stapp, »Mind, Matter, and Quantum Mechanics«, Foundations of Physics 12, Nr. 4 (1982): 363–99; Stuart Hameroff, »Consciousness, Neurobiology and Quantum Mechanics: The Case for a Connection«, The Emerging Physics of Consciousness, hg. von Jack A. Tuszynski (Berlin: Springer, 2006), 193–253; Penrose, The Emperor's New Mind; Amit Goswami, »Consciousness in Quantum Physics and the Mind-Body Problem«, The Journal of Mind and Behavior (1990): 75–96; Stapp, »A Quantum Theory of Consciousness«, Mind, Matter and Quantum Mechanics, 39–47;

Stuart Hameroff and Roger Penrose, »Orchestrated Reduction of Quantum Coherence in Brain Microtubules: A Model for Consciousness«, Mathematics and Computers in Simulation 40, Nr. 3–4 (1996): 453–80.

252. Stapp, Mind, Matter and Quantum Mechanics, Kindle loc. 2976, 2980.

253. Hameroff, »Consciousness, Neurobiology and Quantum Mechanics«.

254. Stapp, Mind, Matter and Quantum Mechanics, Kindle loc. 2193, 2200.

255. Erich Joos et al., Decoherence and the Appearance of a Classical World in Quantum Theory (Berlin: Springer, 2013); Stapp, Mind, Matter and Quantum Mechanics, Kindle loc. 3092, 3297.

256. Christopher A. Fuchs, »Distinguishability and Accessible Information in Quantum Theory«, Cornell University Library, 23. Januar 1996, https://arxiv.org/abs/quant-ph/9601020.

257. Stapp, Mind, Matter and Quantum Mechanics, Kindle loc. 40, 1729, 3014; Henry Stapp, »Quantum Interactive Dualism: An Alternative to Materialism«, Journal of Consciousness Studies 12, Nr. 11 (2005): 43–58; Lucio Tonello and Massimo Cocchi, »The Cell Membrane: Is It a Bridge from Psychiatry to Quantum Consciousness?« NeuroQuantology 8, Nr. 1 (2010) 54–60.

258. Mark R. Rosenzweig, Edward L. Bennett, and Marian Cleeves Diamond, »Brain Changes in Response to Experience«, Scientific American 226, Nr. 2 (1972): 22–29; A. M. Clare Kelly and Hugh Garavan, »Human Functional Neuroimaging of Brain Changes Associated with Practice«, Cerebral Cortex 15, Nr. 8 (2004): 1089–102; David Krech, Mark R. Rosenzweig, and Edward L. Bennett, »Relations between Brain Chemistry and Problem-Solving among Rats Raised in Enriched and Impoverished Environments«, Journal of Comparative and Physiological Psychology 55, Nr. 5 (1962): 801; M. C. Diamond, »The Significance of Enrichment«, Enriching Heredity (New York: Free Press, 1988); Marian Cleeves Diamond, »What Are the Determinants of Children's Academic Successes and Difficulties?« New Horizons for Learning, Zugriff am 25. Januar 2018, http://archive.education.jhu.edu/PD/newhorizons/Neurosciences/articles/Determinants%20of%20Academic%20Success%20and%20Difficulties/index.html; M. C. Diamond, »The Brain . . . Use It or Lose It«, Mindshift Connection 1, Nr. 1 (1996): 1; Marian Diamond and Janet Hopson, Magic Trees of the Mind: How to Nurture your Child's Intelligence, Creativity, and Healthy Emotions from Birth Through Adolescence (New York: Penguin, 1999).

259. Qiang Zhou, Koichi J. Homma, and Mu-ming Poo, »Shrinkage of Dendritic Spines Associated with Long-Term Depression of Hippocampal Synapses«, Neuron 44, Nr. 5 (2004): 749–57; Masao Ito, »Long-Term Depression«, Annual Review of Neuroscience 12, Nr. 1 (1989): 85–102.

260. Mégane Missaire et al., »Long-Term Effects of Interference on Short-Term Memory Performance in the Rat«; Kamiński, Brzezicka, and Wróbel, »Short-Term Memory Capacity (7±2) Predicted by Theta to Gamma Cycle Length Ratio«; John E. Lisman and Ole Jensen, »The Theta-Gamma Neural Code«, Neuron 77, Nr. 6 (2013): 1002–16; Clear, »How Long Does It Actually Take to Form a New Habit?«

261. Lally et al., »How Are Habits Formed«; Sheina Orbell and Bas Verplanken, »The Automatic Component of Habit in Health Behavior: Habit as Cue-Contingent Automaticity«, Health Psychology 29, Nr. 4 (2010): 374; Phillippa Lally and Benjamin Gardner, »Promoting Habit Formation«, Health Psychology Review 7, Nr. sup1 (2013): S137–S158; Lally,

Wardle, and Gardner, »Experiences of Habit Formation«; Wendy Wood and David T. Neal, »A New Look at Habits and the Habit-Goal Interface«, Psychological Review 114, Nr. 4 (2007): 843; Wendy Wood, Leona Tam, and Melissa Guerrero Witt, »Changing Circumstances, Disrupting Habits«, Journal of Personality and Social Psychology 88, Nr. 6 (2005): 918; David T. Neal et al., »The Pull of the Past: When Do Habits Persist despite Conflict with Motives?« Personality and Social Psychology Bulletin 37, Nr. 11 (2011): 1428–37; Benjamin Gardner, »A Review and Analysis of the Use of ›Habit‹ in Understanding, Predicting and Influencing Health-Related Behaviour«, Health Psychology Review 9, Nr. 3 (2015): 277–95; Marion Fournier et al., »Effects of Circadian Cortisol on the Development of a Health Habit«, Health Psychology 36, Nr. 11 (2017): 1059; Justin O'Hare, Nicole Calakos, and Henry H. Yin, »Recent Insights into Corticostriatal Circuit Mechanisms Underlying Habits«, Current Opinion in Behavioral Sciences 20 (2018): 40–46; Sheffield and Dombeck, »Calcium Transient Prevalence across the Dendritic Arbour.«

262. Weitere Informationen zu diesem Prozess findest du in meinen anderen Büchern und Programmen, z. B. in »Schalte dein Gehirn an«, »Think and Eat Yourself Smart« und »The Perfect You«.

263. Maya Frankfurt and Victoria Luine, »The Evolving Role of Dendritic Spines and Memory: Interaction(s) with Estradiol«, Hormones and Behavior 74 (2015): 28–36; Diamond, »The Significance of Enrichment«; Diamond, »The Brain . . . Use It or Lose It«; Diamond and Hopson, Magic Trees of the Mind; Karyn M. Frick et al., »Sex Steroid Hormones Matter for Learning and Memory: Estrogenic Regulation of Hippocampal Function in Male and Female Rodents«, Learning & Memory 22, Nr. 9 (2015): 472–93; C. D. Gipson and M. F. Olive, »Structural and Functional Plasticity of Dendritic Spines—Root or Result of Behavior?« Genes, Brain and Behavior 16, Nr. 1 (2017): 101–17; Maria-Angeles Arevalo et al., »Signaling Mechanisms Mediating the Regulation of Synaptic Plasticity and Memory by Estradiol«, Hormones and Behavior 74 (2015): 19–27.

264. Craddock, Tuszynski, and Hameroff, »Cytoskeletal Signaling«; Hameroff and Penrose, »Consciousness in the Universe: A Review of the ›Orch OR‹ Theory«; Emmanuel M. Pothos and Jerome R. Busemeyer, »Can Quantum Probability Provide a New Direction for Cognitive Modeling?« Behavioral and Brain Sciences 36, Nr. 3 (2013): 255–74; Hameroff, »How Quantum Brain Biology Can Rescue Conscious Free Will«; Diederik Aerts et al., »Quantum Structure and Human Thought«, Behavioral and Brain Sciences 36, Nr. 3 (2013): 274–76; Brase and Shanteau, »The Unbearable Lightness of ›Thinking‹«.

265. Ebenda.

266. Ebenda.

267. Ebenda.

268. Ebenda.

269. Ebenda.

270. Ebenda.

271. Ebenda.

272. Ebenda.

273. Ebenda.

274. Ebenda.

275. Jeffrey Mishlove, »Consciousness and the Brain, Part Four: The Orchestra of the Brain, with Stuart Hameroff«, YouTube-Video, hochgeladen von New Thinking Allowed,

18. August 2015, https://m.youtube.com/watch?v=hHDfGAnDedw; Jeffrey Mishlove, »Consciousness and the Brain, Part Five: Consciousness in the Universe, with Stuart Hameroff«, New Thinking Allowed, YouTube-Video, 19. August 2015, https://m.youtube.com/watch?v=W9V3Ht1jnCU; Jeffrey Mishlove, »Consciousness and the Brain, Part Six: Spiritual Implications, with Stuart Hameroff«, YouTube-Video, hochgeladen von New Thinking Allowed, 20. August 2015, https://m.youtube.com/watch?v=jPlBGdZLwTE.

276. Henry Stapp, »Minds and Values in the Quantum Universe«, Information and the Nature of Reality from Physics to Metaphysics, hg. von P. C. W. Davies and Niels Henrik Gregersen (Cambridge, UK: Cambridge University Press, 2014): 157.

277. Stapp, »Quantum Interactive-Dualism«.

278. Werner Heisenberg, Physics and Philosophy: The Revolution in Modern Science (New York: Harper and Row, 1958); David C. Cassidy, Werner Heisenberg: A Bibliography of His Writings, second ed. (New York: Whittier, 2001).

279. John von Neumann, Mathematical Foundations of Quantum Mechanics, trans. Robert T. Beyer (Princeton: Princeton University Press, 1955).

280. Ebenda.

281. Stapp, »Quantum Interactive-Dualism«.

282. Schwartz, Stapp, and Beauregard, »Quantum Physics in Neuroscience and Psychology«.

283. Keith Ward, »Keith Ward—The New Atheists, Part 1«, YouTube-Video, hochgeladen von ObjectiveBob, 29. August 2012, https://www.youtube.com/watch?v=fkJshx-7l5w.

284. J. S. Bell, Speakable and Unspeakable in Quantum Mechanics: Collected Papers on Quantum Philosophy (Cambridge, UK: Cambridge University Press, 2004).

285. H. Gardner, Frames of Mind (New York: Basic Books, 2011); J. M. Shine et al., »The Dynamics of Functional Brain Networks: Integrated Network States during Cognitive Task Performance«, Neuron 92, Nr. 2 (Oktober 19, 2016): 544–54.

286. Leaf, Schalte dein Gehirn an; Lally et al., »How Are Habits Formed«; Clear, »How Long Does It Actually Take to Form a New Habit?«

287. B. Libet, »Do We Have Free Will?« Journal of Consciousness Studies, 6, Nrn. 8–9 (1999): 47–57.

288. C. S. Soon, »Unconscious Determinants of Free Decisions in the Human Brain«, Nature Neuroscience 11, Nr. 5 (13. April 2008): 543–45.

289. »Libet Experiments«, The Information Philosopher, Zugriff am 18. Januar 2018, http://www.informationphilosopher.com/freedom/libet_experiments.html.

290. C. S. Herrmann et al., »Analysis of a Choice-Reaction Task Yields a New Interpretation of Libet's Experiments«, International Journal of Psychophysiology 67 (2008): 156, http://www.fflch.usp.br/df/opessoa/Hermann%20-%20New%20interpretation%20-%20%202008.pdf.

291. Ebenda.

292. Benjamin Libet, Mind Time: The Temporal Factor in Consciousness (Cambridge, MA: Harvard University Press, 2004).

293. D. Denett et al., Neuroscience and Philosophy: Brain, Mind, and Language (New York: Columbia University Press, 2007).

294. Shira Sardi et al., »Adaptive Nodes Enrich Nonlinear Cooperative Learning beyond Traditional Adaptation by Links«, Scientific Reports 8 (2018): 1–10.

Leseempfehlungen

Die Konzepte, die ich in diesem Buch lehre, decken ein breites Spektrum ab und beruhen auf jahrelanger Lektüre, Forschung und Arbeit mit Klienten in meiner privaten Praxis, in Schulen, Kirchen und Unternehmen. Wenn ich alle Zitate angeben müsste, die ich in den letzten dreißig Jahren verwendet habe, gäbe es fast so viele Zitate wie Wörter! Da dieses Buch für ein breites Publikum bestimmt ist, habe ich die wichtigsten Quellen, die mein Denken geprägt haben, angegeben, um meine Botschaft so effektiv wie möglich zu vermitteln.

Die folgende Bücherliste ist weniger eine Bibliographie (die auch zu lang wäre) als vielmehr eine Liste mit Leseempfehlungen einiger meiner Lieblingsbücher, wissenschaftlicher Artikel und anderer Quellen, die ich im Laufe der Jahre genutzt habe und immer noch nutze. Ich hoffe, sie gefallen dir genauso gut wie mir!

Adams, H. B., and B. Wallace. »A Model for Curriculum Development: TASC.« Gifted Education International 7 (1991): 194–213.

Alavi, A., and L. J. Hirsch. »Studies of Central Nervous System Disorders with Single Photon Emission Computed Tomography and Positron Emission Tomography: Evolution Over the Past 2 Decades.« Seminars in Nuclear Medicine 21, Nr. 1 (Januar 1991): 51–58.

Alesandrini, K. L. »Imagery: Eliciting Strategies and Meaningful Learning.« Journal of Educational Psychology 62 (1982): 526–30.

Allport, D. A. »Patterns and Actions: Cognitive Mechanisms and Content Specific.« In Cognitive Psychology: New Directions, hg. von G. L. Claxton. London: Routledge & Kegan Paul, 1980.

Amen, D. G. Change Your Brain, Change Your Life. New York: Three Rivers Press, 1998.

———. Magnificent Mind at Any Age. New York: Harmony Books, 2008.

Amend, A. E. »Defining and Demystifying Baroque, Classic and Romantic Music.« Journal of the Society for Accelerative Learning and Teaching 14, Nr. 2 (1989): 91–112.

Amua-Quarshie, P. »Basalo-Cortical Interactions: The Role of the Basal Forebrain in Attention and Alzheimer's Disease.« Unpublished Master's thesis. Newark: Rutgers University, 2009.

Anastasi, M. W., and A. B. Newberg. »A Preliminary Study of the Acute Effects of Religious Ritual on Anxiety.« The Journal of Alternative and Complementary Medicine 14, Nr. 2 (März 2008): 163–65. doi:10.1089/acm.2007.0675.

Anderson, J. R. Cognitive Psychology and Its Complications. 2nd ed. New York: W. H. Freeman, 1985.

Arnheim, R. »Visual Thinking in Education.« In The Potential of Fantasy and Imagination, hg. von A. Sheikll and J. Shaffer, 215–25. New York: Brandon House, 1979.

Atkins, R. C. Dr. Atkins Health Revolution. Boston: Houghton Mifflin Company, 1990.

———. Dr. Atkins New Diet Revolution. London: Ebury Press, 2003.

———. New Diet Cook Book. London: Ebury Press, 2003.

Bach-y-Rita, P., et al. »Vision Substitution by Tactile Image Projection.« Nature 221, Nr. 5184 (1969): 963–64.

Bancroft, W. J. »Accelerated Learning Techniques for the Foreign Language Classroom.« Per Linguam 1, Nr. 2 (1985): 20–24.

Barker, J. A. Discovering the Future: The Business of Paradigms. Minneapolis: ILI Press, 1986.

Bartlett, F. C. Remembering: A Study in Experimental and Social Psychology. Cambridge, UK: Cambridge, 1932.

Baxter, R., S. B. Cohen, and M. Ylvisaker. »Comprehensive Cognitive Assessment.« In Head Injury Rehabilitation: Children and Adolescents, hg. von M. Ylvisaker, 247–75. San Diego: College-Hill Press, 1985.

Beauregard, M., and D. O'Leary. The Spiritual Brain. New York: Harper Collins, 2007.

Bereiter, L. »Toward a Solution of the Learning Paradox.« Review of Educational Research 55 (1985): 201–25.

Berninger, V., A. Chen, and R. Abbot. »A Test of the Multiple Connections Model of Reading Acquisition.« International Journal of Neuroscience 42 (1988): 283–95.

Bishop, J. H. »Why the Apathy in American High Schools?« Educational Researcher 18, Nr. 1 (1989): 6–10.

Block, N., and G. Dworkin. The I.Q. Controversy. New York: Pantheon, 1976.

Bloom, B. S. »The Z Sigma Problem: The Search for Methods of Group Instruction as Effective as One-to-One Tutoring.« Educational Researcher 13, Nr. 6 (1984): 4–16.

Bloom, F. E., ed. The Best of the Brain from Scientific American: Mind, Matter and Tomorrow's Brain. New York: Dana Press, 2007.

Bloom, F. E., et al., eds. The Dana Guide to Brain Health. New York: Dana Press, 2003.

Bloom, L., and M. Lahey. Language Development and Language Disorders. Mississauga, ON, Canada: Wiley & Sons, 1978.

Boller, K., and C. Rovee-Collier. »Contextual Coding and Recording of Infants' Memories.« Journal of Experimental Child Psychology 53, Nr. 1 (1992): 1–23.

Borkowski, J. G., W. Schneider, and M. Pressley. »The Challenges of Teaching Good Information Processing to the Learning Disabled Student.« International Journal of Disability, Development and Education 3, Nr. 3 (1989): 169–85.

Botha, L. »SALT in Practice: A Report on Progress.« Journal of the Society for Accelerative Learning and Teaching 10, Nr. 3 (1985): 197–99.

Botkin, J. W., M. Elmandjra, and M. Malitza. No Limits to Learning: Bridging the Human Gap; A Report to the Club of Rome. New York: Pergamon Press, 1979.

Boyle, P. »Having a Higher Purpose in Life Reduces Risk of Death Among Older Adults.« (e) Science News (15. Juni 2009). http://esciencenews.com/articles/2009/06/15/having.a.higher.purpose.life.reduces.risk.death.among.older.adults.

»Brain and Mind Symposium.« Columbia University (2004). http://c250.columbia.edu/c250_events/symposia/brain_mind/brain_mind_vid_archive.html.

Bransford, J. D. Human Cognition. Belmont, CA: Wadsworth, 1979.

Braten, I. »Vygotsky as Precursor to Metacognitive Theory, II: Vygotsky as Metacognitivist.« Scandinavian Journal of Educational Research 35, Nr. 4 (1991): 305–20.

Braun, A. »The New Neuropsychology of Sleep Commentary.« Neuro-Psychoanalysis 1 (1999): 196–201.

Briggs, M. H. »Team Talk: Communication Skills for Early Intervention Teams.« Journal of Childhood Communication Disorders 15, Nr. 1 (1993): 33–40.

Broadbent, D. E. Perception and Communication. London: Pergamon Press, 1958.

Brown, A. L. »Knowing When, Where and How to Remember: A Problem of Meta-Cognition.« In Advances in Instructional Psychology, hg. von R. Glaser. Hillsdale, NJ: Lawrence/Erlbaum, 1978.

Bunker, V. J., W. M. McBurnett, and D. L. Fenimore. »Integrating Language Intervention throughout the School Community.« Journal of Childhood Communication Disorders 11, Nr. 1 (1987): 185–92.

Buzan, T. Head First. London: Thorsons, 2000.

———. Use Both Sides of Your Brain. New York: Plume, 1991.

Buzan, T., and T. Dixon. The Evolving Brain. Exeter, UK: Wheaten & Co., 1976.

Buzan, T., and R. Keene. The Age Heresy. London: Ebury Press, 1996.

Bynum, J. Matters of the Heart. Lake Mary, FL: Charisma House, 2002.

Byron, R. Behavior in Organizations: Understanding and Managing the Human Side of Work. 2nd ed. Boston: Allyn & Bacon, 1986.

Byron, R., and D. Byrne. Social Psychology: Understanding Human Interaction. 4th ed. Boston: Allyn & Bacon, 1984.

Calvin, W., and G. Ojemann. Conversations with Neil's Brain. Reading, MA: Addison-Wesley, 1994.

Campbell, B., L. Campbell, and D. Dickinson. »Teaching and Learning through Multiple Intelligences.« Seattle: New Horizons for Learning, 1992.

Campione, J. C., A. L. Brown, and N. R. Bryant. »Individual Differences in Learning and Memory.« In Human Abilities: An Information Processing Approach, hg. von R. J. Sternberg, 103–26. New York: West Freeman, 1985.

Capra, F. »The Turning Point: A New Vision of Reality.« The Futurist 16, Nr. 6 (1982): 19–24.

Caskey, O. »Accelerating Concept Formation.« Journal of the Society for Accelerative Learning and Teaching 11, Nr. 3 (1986): 137–45.

Chi, M. »Interactive Roles of Knowledge and Strategies in the Development of Organized Sorting and Recall.« In Thinking and Learning Skills 2. Hg. von S. F. Chipman, J. W. Segal, and R. Glaser. Hillsdale, NJ: Lawrence Erlbaum, 1985.

Childre, D., and H. Martin. The Heartmath Solution. San Francisco: HarperCollins, 1999.

Clancey, W. »Why Today's Computers Don't Learn the Way People Do.« Paper presented at the Annual Meeting of the American Educational Research Association. Boston, MA, 1990.
Clark, A. J. »Forgiveness: A Neurological Model.« Medical Hypotheses 65 (2005): 649–54.
Colbert, D. The Bible Cure for Memory Loss. Lake Mary, FL: Siloam Press, 2001.
———. Deadly Emotions: Understand the Mind-Body-Spirit Connection that Can Heal or Destroy You. Nashville: Thomas Nelson, 2003.
Concise Oxford Dictionary. 9th ed. Oxford: Oxford University Press, 1995.
Cook, N. D. »Colossal Inhibition: The Key to the Brain Code.« Behavioral Science 29 (1984): 98–110.
Costa, A. L. »Mediating the Metacognitive.« Educational Leadership 42, Nr. 3 (1984): 57–62.
Cousins, N. »Anatomy of an Illness as Perceived by the Patient.« New England Journal of Medicine 295 (1976): 1458–63.
———. Anatomy of an Illness as Perceived by the Patient. New York: Bantam, 1981.
Crick, F. The Astonishing Hypothesis: The Scientific Search for the Soul. New York: Charles Scribner & Sons, 1979.
Crick, F. H. C. »Thinking about the Brain.« Scientific American 241, Nr. 3 (1981): 228–49.
Cromie, William J. »Aging Brains Lose Less Than Thought.« Harvard University Gazette (3. Oktober 1996). https://news.harvard.edu/gazette/1996/10.03/AgingBrainsLose.html.
Damasio, A. R. The Feeling of What Happens: Body and Motion in the Making of Consciousness. New York: Harcourt Brace, 1999.
Damico, J. S. »Addressing Language Concerns in the Schools: The SLP as Consultant.« Journal of Childhood Communication Disorders 11, Nr. 1 (1987): 17–40.
Dartigues, J. F. »Use It or Lose It.« Omni (Februar 1994): 34.
De Andrade, L. M. »Intelligence's Secret: The Limbic System and How to Mobilize It Through Suggestopedy.« Journal of the Society for Accelerative Learning and Teaching 11, Nr. 2 (1986): 103–13.
De Capdevielle, B. »An Overview of Project Intelligence.« Per Linguam 2, Nr. 2 (1986): 31–38.
Decety, J., and J. Grezes. »The Power of Simulation: Imagining One's Own and Others' Behavior.« Brain Research 1079 (2006): 4–14.
Decety, J., and P. L. Jackson. »A Social Neuroscience Perspective of Empathy.« Current Directions in Psychological Science 15 (2006): 54–58.
Derry, S. J. »Remediating Academic Difficulties through Strategy Training: The Acquisition of Useful Knowledge.« Remedial and Special Education 11, Nr. 6 (1990): 19–31.
Dhority, L. The ACT Approach: The Artful Use of Suggestion for Integrative Learning. Bremen, West Germany: PLS Verlag GmbH, AnderWeide, 1991.
Diamond, M. Enriching Heredity: The Impact of the Environment on the Brain. New York: Free Press, 1988.
Diamond, M., and J. Hopson. »How to Nurture Your Child's Intelligence, Creativity and Healthy Emotions from Birth through Adolescence.« In Magic Trees of the Mind: How to Nurture Your Child's Intelligence, Creativity and Healthy Emotions from Birth through Adolescence. New York: Penguin, 1999.
Diamond, M., A. Scheibel, G. Murphy, Jr., and T. Harvey. »On the Brain of a Scientist: Albert Einstein.« Experimental Neurology 88, Nr. 1 (1985): 198–204.
Diamond, S., and J. Beaumont, eds. Hemisphere Function in the Human Brain. New York: Halstead, 1977, 264–78.

Dienstbier, R. »Periodic Adrenaline Arousal Boosts Health Coping.« Brain-Mind Bulletin 14, Nr. 9a (1989).
Dispenza, J. Evolve Your Brain: The Science of Changing Your Brain. Deerfield Beach, FL: Health Communications, 2007.
Dobson, J. How to Build Confidence in Your Child. London: Hodder & Stoughton, 1997.
Doidge, N. The Brain That Changes Itself: Stories of Personal Triumph from the Frontiers of Brain Science. New York: Penguin, 2007.
Duncan, J., et al. »A Neural Basis for General Intelligence.« Science 289 (2000): 457–60.
Edelman, G. M., and V. B. Mountcastle, eds. The Mindful Brain. Cambridge, MA: MIT Press, 1978.
Edelman, G. M., and G. Tononi. A Universe of Consciousness: How Matter Becomes Imagination. New York: Basic Books, 2000.
Edmonds, M. »How Albert Einstein's Brain Worked.« HowStuffWorks (Zugriff am 15. Dezember 2016). http://health.howstuffworks.com/einsteins-brain1.htm.
Edwards, B. Drawing on the Right Side of the Brain. Los Angeles: J. P. Torcher, 1979.
Einstein, A. Albert Einstein, the Human Side: New Glimpses from His Archives. Hg. von Helen Dukas and Banesh Hoffmann. Princeton, NJ: Princeton University Press, 1979.
Eisenburger, N. »Understanding the Moderators of Physical and Emotional Pain: A Neural Systems-Based Approach.« Psychological Inquiry 19 (2008): 189–95.
Entwistle, N. »Motivational Factors in Students' Approaches in Learning.« In Learning Strategies and Learning Styles, hg. von R. R. Schmeck, 21–51. New York: Plenum, 1988.
Entwistle, N. J., and P. Ramsdon. Understanding Student Learning. London: Croom Helm, 1983.
Eriksen, C. W., and J. Botella. »Filtering Versus Parallel Processing in RSVP Tasks.« Perception and Psychophysics 51, Nr. 4 (1992): 334–43.
Erskine, R. »A Suggestopedic Math Project Using Non Learning Disabled Students.« Journal of the Society for Accelerative Learning and Teaching 11, Nr. 4 (1986): 225–47.
Farah, M. J., et al. »Brain Activity Underlying Visual Imagery: Event Related Potentials during Mental Image Generation.« Journal of Cognitive Neuroscience 1 (1990): 302–16.
Faure, C. Learning to Be: The World of Education Today and Tomorrow. Paris: UNESCO, 1972.
Feldman, D. Beyond Universals in Cognitive Development. Norwood, NJ: Ablex Publishers, 1980.
Feuerstein, R. Instrumental Enrichment: An Intervention Program for Cognitive Modifiability. Baltimore: University Park Press, 1980.
Feuerstein, R., M. Jensen, S. Roniel, and N. Shachor. »Learning Potential Assessment.« Assessment of Exceptional Children. Philadelphia: Haworth Press, 1986.
Flavell, J. H. »Metacognitive Development.« In Structural/Process Theories of Complete Human Behaviour, hg. von J. M. Scandura and C. J. Brainerd. Amsterdam: Sijthoff & Noordoff, 1978.
Flavell, P. The Developmental Psychology of Jean Piaget. New York: Basic Books, 1963.
Fodor, J. The Modularity of Mind. Cambridge, MA: MIT/Bradford, 1983.
Fountain, D. God, Medicine, and Miracles: The Spiritual Factors in Healing. New York: Random House, 2000.
Frassinelli, L., K. Superior, and J. Meyers. »A Consultation Model for Speech and Language Intervention.« American Speech-Language-Hearing Association 25, Nr. 4 (1983): 25–30.
Freeman, W. J. Societies of Brains: A Study in the Neuroscience of Love and Hate. Hillsdale, NJ: Lawrence Erlbaum, 1995.

Fuster, J. M. The Prefrontal Cortex. 4th ed. London: Academic Press, 2008.

Galaburda, A. »Albert Einstein's Brain.« Lancet 354 (1999): 182.

Galton, F. Inquiries into Human Faculty and Its Development. London: L. M. Dent, 1907.

Gardner, H. Frames of Mind. New York: Basic Books, 1985.

———. The Quest for Mind: Piaget, Levi-Strauss, and the Structuralist Movement. Chicago: University of Chicago Press, 1981.

Gardner, H., and D. P. Wolfe. »Waves and Streams of Symbolization.« In The Acquisition of Symbolic Skills, hg. von D. Rogers and J. A. Slabada. London: Plenum Press, 1983.

Gazzaniga, M. S. Handbook of Neuropsychology. New York: Plenum, 1977.

———, ed. The New Cognitive Neurosciences. Cambridge, MA: MIT/Bradford, 2004.

Gelb, M. Present Yourself. Los Angeles: Jalmar Press, 1988.

Gerber, A. »Collaboration Between SLP's and Educators: A Continuity Education Process.« Journal of Childhood Communication Disorders 11, Nr. 1–2 (1987): 107–25.

»Ghost in Your Genes.« Nova. Produced and directed by Sarah Holt and Nigel Paterson. BBC, 2006. http://www.pbs.org/wgbh/nova/genes/.

Glaser, R. Adaptive Education: Individual Diversity and Learning. New York: Holt, Rinehart and Winston, 1977.

Glasser, M. D. Control Theory in the Classroom. New York: Harper & Row, 1986.

Goldberg, E., and L. D. Costa. »Hemisphere Differences in the Acquisition and Use of Descriptive Systems.« Brain and Language 14 (1981): 144–73.

Golden, F. »Albert Einstein: Person of the Century.« Time (31. Dezember 1999). http://content.time.com/time/magazine/article/0,9171,993017,00.html.

Gould, S. The Mismeasure of Man. New York: W. W. Norton, 1981.

Griffiths, D. E. »Behavioural Science and Educational Administration.« 63rd Yearbook of the National Society for the Study of Education. Chicago: National Society for the Study of Education, 1964.

Gungor, E. There Is More to the Secret. Nashville: Thomas Nelson, 2007.

Guyton, A. C., and J. E. Halle. Textbook of Medical Physiology. 9th ed. Philadelphia: W. D. Saunders, 2006.

Haber, R. N. »The Power of Visual Perceiving.« Journal of Mental Imagery 5 (1981): 1–40.

Halpern, S., and L. Savary. Sound Health: The Music and Sounds That Make Us Whole. San Francisco: Harper & Row, 1985.

Hand, J. D. »The Brain and Accelerative Learning.« Per Linguam 2, Nr. 2 (1986): 2–14.

Hand, J. D., and B. L. Stein. »The Brain and Accelerative Learning, Part II: The Brain and Its Functions.« Journal of the Society for Accelerative Learning and Teaching 11, Nr. 3 (1986): 149–63.

Harrell, K. D. Attitude Is Everything: A Tune-up to Enhance Your Life. Dubuque, IA: Kendall/Hunt Publishing, 1995.

Harrison, C. J. »Metacognition and Motivation.« Reading Improvement 28, Nr. 1 (1993): 35–39.

Hart, L. Human Brain and Human Learning. New York: Longman, 1983.

Hatton, G. I. »Function-Related Plasticity in the Hypothalamus.« Annual Review of Neuroscience 20 (1997): 375–97.

Hawkins, D. B. When Life Makes You Nervous: New and Effective Treatments for Anxiety. Colorado Springs: Cook Communications, 2001.

Healy, J. »Why Kids Can't Think.« Bottom Line Personal 13, Nr. 8 (1992): 1–3.

Hinton, G. E., and J. A. Anderson. Parallel Models of Associate Memory. Hillsdale, NJ: Erlbaum, 1981.

Hobson, J. A. Dreaming: An Introduction to the Science of Sleep. New York: Oxford University Press, 2002.

Hochberg, L. R., et al. »Neuronal Ensemble Control of Prosthetic Devices by a Human with Tetraplegia.« Nature 442, Nr. 7099 (2006): 164–71.

Holden, C. »Child Development: Small Refugees Suffer the Effects of Early Neglect.« Science 305 (1996): 1076–77.

Holford, P. The 30-Day Fat Burner Diet. London: Piatkus, 1999.

———. The Optimum Nutrition Bible. London: Piatkus, 1997.

———. Optimum Nutrition for the Mind. London: Piatkus, 2003.

Holt, J. How Children Fail. New York: Pitman, 1964.

Horstman, J. The Scientific American Day in the Life of Your Brain. San Francisco: Jossey-Bass, 2009.

Hubel, D. H. »The Brain.« Scientific American 24, Nr. 13 (1979): 45–53.

Hunter, C., and F. Hunter. Laugh Yourself Healthy. Lake Mary, FL: Christian Life, 2008.

Hyden, H. »The Differentiation of Brain Cell Protein, Learning and Memory.« Biosystems 8, Nr. 4 (1977): 22–30.

Hyman, S. E. »Addiction: A Disease of Learning and Memory.« American Journal of Psychiatry 162 (2005): 1414–22.

Iaccino, J. Left Brain–Right Brain Differences: Inquiries, Evidence and New Approaches. Hillsdale, NJ: Lawrence Erlbaum, 1993.

Iran-Nejad, A. »Active and Dynamic Self-Regulation of Learning Processes.« Review of Educational Research 60, Nr. 4 (1990): 573–602.

———. »Associative & Nonassociative Schema Theories of Learning.« Bulletin of the Psychonomic Society 27 (1989): 1–4.

———. »The Schema: A Long-Term Memory Structure of a Transient Functional Pattern.« In Understanding Reader Is Understanding, hg. von R. J. Teireny, P. Anders, and J. N. Mitchell, 109–28. Hillsdale, NJ: Lawrence Erlbaum, 1987.

Iran-Nejad, A., and B. Chissom. »Active and Dynamic Sources of Self-Regulation.« Paper presented at the Annual Meeting of the American Psychological Association. Atlanta, GA, 1988.

Iran-Nejad, A., and A. Ortony. »A Biofunctional Model of Distributed Mental Content, Mental Structures, Awareness and Attention.« The Journal of Mind and Behaviour 5 (1984): 171–210.

Iran-Nejad, A., A. Ortony, and R. K. Rittenhouse. »The Comprehension of Metaphonical Uses of English by Deaf Children.« American Speech-Language Association 24 (1989): 551–56.

Jacobs, B., M. Schall, and A. B. Scheibel. »A Quantitative Dendritic Analysis of Wernickes Area in Humans: Gender, Hemispheric and Environmental Factors.« Journal of Comparative Neurology 327, Nr. 1 (1993): 97–111.

Jacobs, B. L., et al. »Depression and the Birth and Death of Brain Cells.« American Scientist 88, Nr. 4 (2000): 340–46.

Jensen, A. Bias in Mental Testing. New York: Free Press, 1980.

Jensen, E. Brain-Based Learning and Teaching. South Africa: Process Graphix, 1995.

Johnson, D. W., R. T. Johnson, and E. Holubec. Circles of Learning: Cooperation in the Classroom. Edina, MN: Interaction Book Company, 1986.

Johnson, J. M. »A Case History of Professional Evolution from SLP to Communication Instructor.« Journal of Childhood Communication Disorders 11, Nr. 4 (1987): 225–34.

Jorgensen, C. C., and W. Kintsch. »The Role of Imagery in the Evaluation of Sentences.« Cognitive Psychology 4 (1973): 110–16.

Jouvet, M. »Working on a Dream.« Nature Neuroscience 12 (2009): 811.

Kagan, A., and M. Saling. An Introduction to Luria's Aphasiology Theory and Application. Johannesburg, South Africa: Witwatersrand University Press, 1988.

Kalivas, P. W., and N. D. Volkow. »The Neural Basis of Addiction: A Pathology of Motivation and Choice.« American Journal of Psychiatry 162 (2005): 1403–13.

Kandel, E. R. In Search of Memory: The Emergence of a New Science of Mind. New York: W. W. Norton, 2006.

———. »The Molecular Biology of Memory Storage: A Dialog Between Genes and Synapses.« Nobel Lecture, 8. Dezember 2000. http://nobelprize.org/nobel_prizes/medicine/laureates/2000/kandel-lecture.pdf.

———. »A New Intellectual Framework for Psychiatry.« American Journal of Psychiatry 155, Nr. 4 (1998): 457–69.

Kandel, E. R., J. H. Schwartz, and T. M. Jessell, eds. Principles of Neural Science. 4th ed. New York: McGraw-Hill, 2000.

Kane, D. »How Your Brain Handles Love and Pain.« NBCNews.com, 19. Februar 2004. http://www.msnbc.msn.com/id/4313263.

Kaniels, S., and R. Feuerstein. »Special Needs of Children with Learning Difficulties.« Oxford Review of Education 15, Nr. 2 (1989): 165–79.

Kaplan-Solms, K., and M. Solms. Clinical Studies in Neuro-Psychoanalysis. New York: Karnac, 2002.

Kazdin, A. E. »Covert Modelling, Imagery Assessment and Assertive Behaviour.« Journal of Consulting and Clinical Psychology 43 (1975): 716–24.

Kimura, D. »The Asymmetry of the Human Brain.« Scientific American 228, Nr. 3 (1973): 70–80.

———. »Sex Differences in the Brain.« Scientific American 267, Nr. 3 (September 1992): 119–25.

King, D. F., and K. S. Goodman. »Whole Language Learning, Cherishing Learners and Their Language.« Language, Speech and Hearing Sciences in Schools 21 (1990): 221–29.

Kintsch, W. »Learning from Text, Levels of Comprehension, or Why Anyone Would Read a Story Anyway?« Poetics 9 (1980): 87–98.

Kline, P. Everyday Genius. Arlington, VA: Great Ocean Publishers, 1990.

Kluger, J. »The Biology of Belief«, Time, 12. Februar 2009. http://content.time.com/time/magazine/article/0,9171,1879179,00.html.

Knowles, M. The Adult Learner: A Neglected Species. Houston: Gulf Publishing Company, 1990.

Kopp, M. S., and J. Rethelyi. »Where Psychology Meets Physiology: Chronic Stress and Premature Mortality—The Central-Eastern European Health Paradox.« Brain Research Bulletin 62 (2004): 351–67.

Kosslyn, S. M., and O. Koenig. Wet Mind: The New Cognitive Neuroscience. New York: Free Press, 1995.

Kruszelnicki, Karl S. »Einstein Failed School.« ABC Science (23. Juni 2004). http://www.abc.net.au/science/articles/2004/06/23/1115185.htm.

Kubzansky, L. D., et al. »Is Worrying Bad for Your Heart? A Prospective Study of Worry and Coronary Heart Disease in the Normative Aging Study.« Circulation 94 (1997): 818–24.

LaHaye, T., and D. Noebel. Mind Siege: The Battle for Truth in the New Millennium. Nashville: Word Publishing, 2000.

Larsson, G., and B. Starrin. »Effect of Relaxation Training on Verbal Ability, Sequential Thinking, and Spatial Ability.« Journal of the Society of Accelerative Learning and Teaching 13, Nr. 2 (1988): 147–59.

Lazar, C. »A Review and Appraisal of Current Information on Speech/Language Alternative Service Delivery Models in Schools.« Communiphon 308 (1994): 8–11.

Lazar, S. W., and C. E. Kerr. »Meditation Experience Is Associated with Increased Cortical Thickness.« NeuroReport 16, Nr. 17 (2005): 189–97.

Lea, L. Wisdom: Don't Live Life without It. Guilford, Surrey, UK: Highland Books, 1980.

Leaf, C. M. »An Altered Perception of Learning: Geodesic Learning.« Therapy Africa 1 (Oktober 1997): 7.

———. »An Altered Perception of Learning: Geodesic Learning: Part 2.« Therapy Africa 2, Nr. 1 (Januar/Februar 1998): 4.

———. »The Development of a Model for Geodesic Learning: The Geodesic Information Processing Model.« The South African Journal of Communication Disorders 44 (1997): 53–70.

———. »Evaluation and Remediation of High School Children's Problems Using the Mind Mapping Therapeutic Approach.« Remedial Teaching 7/8 (September 1992).

———. »The Mind Mapping Approach (MMA): Open the Door to Your Brain Power: Learn How to Learn.« Transvaal Association of Educators Journal (TAT), 1993.

———. »The Mind Mapping Approach: A Model and Framework for Geodesic Learning.« Unveröffentlichte Dr.-phil.-Dissertation, University of Pretoria, South Africa, 1997.

———. »Mind Mapping as a Therapeutic Intervention Technique.« Unpublished workshop manual, 1985.

———. »Mind Mapping as a Therapeutic Technique.« Communiphon 296 (1989): 11–15. South African Speech-Language-Hearing Association.

———. »Mind Mapping: A Therapeutic Technique for Closed Head Injury.« Masterarbeit, University of Pretoria, South Africa, 1990.

———. »The Move from Institution Based Rehabilitation (IBR) to Community Based Rehabilitation (CBR): A Paradigm Shift.« Therapy Africa 1 (August 1997): 4.

———. Schalte dein Gehirn an: Der Schlüssel zu maximaler Zufriedenheit, Denkfähigkeit und Gesundheit. Schotten: Grace today Verlag, 2021.

———. »Teaching Children to Make the Most of Their Minds: Mind Mapping.« Journal for Technical and Vocational Education in South Africa 121 (1990): 11–13.

———. Who Switched Off My Brain? Controlling Toxic Thoughts and Emotions. Revised edition. Dallas: Inprov, 2009.

———. Who Switched Off My Brain? Controlling Toxic Thoughts and Emotions. DVD series. Johannesburg, South Africa: Switch on Your Brain, 2007.

Leaf, C. M., M. Copeland, and J. Maccaro. Your Body His Temple: God's 233 Plan for Achieving Emotional Wholeness. DVD series. Dallas: Life Outreach International, 2007.

Leaf, C. M., I. C. Uys, and B. Louw. »An Alternative Non-Traditional Approach to Learning: The Metacognitive-Mapping Approach.« The South African Journal of Communication Disorders 45 (1998): 87–102.

———. »The Development of a Model for Geodesic Learning: The Geodesic Information Processing Model.« The South African Journal of Communication Disorders 44 (1997): 53–70.

———. »The Mind Mapping Approach (MMA): A Culture and Language-Free Technique.« The South African Journal of Communication Disorders 40 (1992): 35–43.

LeDoux, J. Synaptic Self: How Our Brains Become Who We Are. New York: Viking, 2002.

Leedy, P. D. Practical Research: Planning and Design. New York: Macmillan, 1989.

Lehmann, E. L. Non-Parametric: Statistical Methods Based on Ranks. Oxford: Holden-Day, 1975.

Lepore, F. E. »Dissecting Genius: Einstein's Brain and the Search for the Neural Basis of Intellect.« Cerebrum. Januar 2001. http://www.dana.org/news/cerebrum/detail.aspx?id=3032.

Leuchter, A. F., et al. »Changes in Brain Function of Depressed Subject during Treatment with Placebo.« American Journal of Psychiatry 159, Nr. 1 (2002): 122–29.

Levy, J. »Research Synthesis on Right and Left Hemispheres: We Think with Both Sides of the Brain.« Educational Leadership 40, Nr. 4 (1983): 66–71.

Lewis, R. »Report Back on the Workshop: Speech/Language/Hearing Therapy in Transition.« Communiphon 308 (1994): 6–7.

Liebertz, C. »Want Clear Thinking? Relax.« Scientific American, Oktober 2005. http://www.scientificamerican.com/article.cfm?id=want-clear-thinking-relax&page=2.

Lipton, B. The Biology of Belief: Unleashing the Power of Consciousness, Matter and Miracles. Santa Cruz, CA: Mountain of Love Productions, 2008.

Lipton, B. H., et al. »Microvessel Endothelial Cell Transdifferentiation: Phenotypic Characterization.« Differentiation 46 (1991): 117–33.

Lozanov, G. Suggestology and Outlines of Suggestopedy. New York: Gordon and Breach Science Publishers, 1978.

Lozanov, G., and G. Gateva. The Foreign Language Educator's Suggestopaedic Manual. New York: Gordon and Breach Science Publishers, 1989.

L. T. F. A. »Brain-Based Learning.« Unpublished lecture series. South Africa: Lead the Field Africa, 1995.

Luria, A. R. Higher Cortical Functions in Man. 2nd ed. New York: Basic Books, 1980.

Lutz, K. A., and J. W. Rigney. The Memory Book. New York: Skin and Day, 1977.

MacLean, P. »A Mind of Three Minds: Educating the Triune Brain.« In 77th Yearbook of the National Society for the Study of Education, 308–42. Chicago: University of Chicago Press, 1978.

Marvin, C. A. »Consultation Services: Changing Roles for the SLPs.« Journal of Childhood Communication Disorders 11, Nr. 1 (1987): 1–15.

Maslow, A. H. Motivation and Personality. New York: Harper & Row, 1970.

Mastropieri, M. A., and J. P. Bakken. »Applications of Metacognition.« Remedial and Special Education 11, Nr. 6 (1990): 32–35.

Matheny, K. B., and J. McCarthy. Prescription for Stress. Oakland, CA: New Harbinger Publications, 2000.

McEwan, B. S. »Stress and Hippocampal Plasticity.« Annual Review of Neuroscience 22 (1999): 105–22.

McEwan, B. S., and E. N. Lasley. The End of Stress as We Know It. Washington, DC: National Academies Press, 2002.

McEwan, B. S., and T. Seeman. »Protective and Damaging Effects of Mediators of Stress: Elaborating and Testing the Concepts of Allostasis and Allostatic Load.« Annals of the New York Academy of Sciences 896 (1999): 30–47.

McGaugh, J. L., and I. B. Intrioni-Collision. »Involvement of the Amygdaloidal Complex in Neuromodulatory Influences on Memory Storage.« Neuroscience and Behavioral Reviews 14, Nr. 4 (1990): 425–31.

Merzenich, M. M. »Cortical Plasticity Contributing to Childhood Development.« In Mechanisms of Cognitive Development: Behavioral and Neural Perspectives, hg. von J. L. McClelland and R. S. Siegler. Mahwah, NJ: Lawrence Erlbaum, 2001.

Meyer, J. The Battlefield of the Mind. Nashville: Faith Words, 1995.

———. Life without Strife: How God Can Heal and Restore Troubled Relationships. Lake Mary, FL: Charisma House, 2000.

Miller, G. A. »The Magical Number Seven, Plus or Minus Two: Some Limits on Our Capacity for Processing Information.« Psychological Review 63 (1956): 81–97.

»Mind/Body Connection: How Emotions Affect Your Health.« FamilyDoctor.org (Mai 2016). http://familydoctor.org/online/famdocen/home/healthy/mental/782.html.

Mogilner, A., et al. »Somatosensory Cortical Plasticity in Adult Humans Revealed by Magneto Encephalography.« Proceedings of the National Academy of Sciences 90, Nr. 8 (1993): 3593–97.

Montessori, M. The Absorbent Mind. Amsterdam: Clio Press, 1989.

Moscowitz, Clara. »Scientists Get First Image of Memory Being Made.« Fox News (29. Juni 2009). http://www.foxnews.com/story/0,2933,529187,00.html.

Nader, K., et al. »Fear Memories Require Protein Synthesis in the Amygdala for Reconsolidation after Retrieval.« Nature 406, Nr. 6797 (2000): 722–26.

Nelson, A. »Imagery's Physiological Base: The Limbic System. A Review Paper.« Journal of the Society for Accelerative Learning and Teaching 13, Nr. 4 (1988): 363–71.

Nelson, R., ed. Metacognition Core Readings. Needham Heights, MA: Allyn & Bacon, 1992.

Newberg, A., et al. Why God Won't Go Away: Brain Science and the Biology of Belief. New York: Ballantine, 2001.

Novak, J. D., and B. Gowin. Learning How to Learn. Cambridge, UK: Cambridge University Press, 1984.

Nummela, R. M., and T. M. Rosengren. »Orchestration of Internal Processing.« Journal for the Society of Accelerated Learning and Teaching 10, Nr. 2 (1985): 89–97.

Odendaal, M. S. »Needs Analysis of Higher Primary Educators in KwaZulu.« Per Linguam special issue, Nr. 1 (1985): 5–99.

Okebukola, P. A. »Attitudes of Educators Towards Concept Mapping and Vee-Diagramming as Metalearning Tools in Science and Mathematics.« Educational Research 34, Nr. 3 (1992): 201–12.

O'Keefe, J., and L. Nadel. The Hippocampus as a Cognitive Map. New York: Oxford University Press, 1978.

Olivier, C. Let's Educate, Train and Learn Outcomes-Based. Pretoria, South Africa: Benedic, 1999.

Ornstein, R. The Right Mind. Orlando: Harcourt, Brace, 1997.

Ornstein, R. E. The Psychology of Consciousness. New York: Penguin, 1975.

Palincsar, A. S., and A. L. Brown. »Reciprocal Teaching of Comprehension Fostering and Monitoring Activities.« Cognition and Instruction 1 (1984): 117–75.

Palmer, L. L., M. Alexander, and N. Ellis. »Elementary School Achievement Results Following In-Service Training of an Entire School Staff in Accelerative Learning and Teaching: An Interim Report.« Journal of the Society for Accelerative Learning and Teaching 14, Nr. 1 (1989): 55–79.

Paris, S. G., and P. Winograd. »Promoting Metacognition and Motivation of Exceptional Children.« Remedial and Special Education 11, Nr. 6 (1990): 7–15.

Pascuale-Leone, A., and R. Hamilton. »The Metamodal Organization of the Brain.« In Progress in Brain Research 134, hg. von C. Casanova and P. Tito, 427–45. San Diego: Elsevier Science, 2001.

Paterniti, M. Driving Mr. Albert: A Trip across America with Einstein's Brain. New York: The Dial Press, 2000.

Perlemutter, D., and C. Coleman. The Better Brain Book. New York: Penguin, 2004.

Pert, C. B. Molecules of Emotion: Why You Feel the Way You Feel. London: Simon and Schuster, 1997.

Pert, C., et al. »Opiate Agonists and Antagonists Discriminated by Receptor Binding in the Brain.« Science 182 (1973): 1359–61.

Peters, T. Playing God? Genetic Determinism and Human Freedom. 2nd ed. New York: Routledge, 2003.

»The Pleasure Centres Affected by Drugs.« The Brain from Top to Bottom (Zugriff am 15. Dezember 2016). http://thebrain.mcgill.ca/flash/i/i_03/i_03_cr/i_03_cr_par/i_03_cr_par.html.

Plotsky, P. M., and M. J. Meaney. »Early Postnatal Experience Alters Hypothalamic Corticotrophin-Releasing Factor (CRF) mRNA, Median Eminence CRF Content and Stress-Induced Release in Adult Rats.« Molecular Brain Research 18 (1993): 195–200.

»Power of Forgiveness—Forgive Others.« Harvard Health Publications. Boston: Harvard Medical School, 2004, https://www.health.harvard.edu/press_releases/power_of_forgiveness.

Praag, A. F., et al. »Functional Neurogenesis in the Adult Hippocampus.« Nature 415, Nr. 6875 (2002): 1030–34.

Pribram, K. H. Languages of the Brain. Monterey, CA: Brooks/Cole, 1971.

Pulvermuller, F. The Neuroscience of Language. Cambridge, UK: Cambridge University Press, 2002.

Rajechi, D. W. Attitudes: Themes and Advances. Sunderland, MA: Sinauer Associates, 1982.

Ramachandran, V. S., and S. Blakeslee. Phantoms in the Brain. New York: William Morrow, 1998.

Redding, R. E. »Metacognitive Instruction: Trainers Teaching Thinking Skills.« Performance Improvement Quarterly 3, Nr. 1 (1990): 27–41.

Restak, K. The Brain: The Last Frontier. New York: Doubleday, 1979.

Restak, R. »Hemisphere Disconnection and Unity in Conscious Awareness.« American Psychologist 23 (1988): 723–33.

———. Think Smart: A Neuroscientist's Prescription for Improving Your Brain Performance. New York: Riverhead, 2009.

»Revised National Curriculum Statement Grades R-9.« Policy document. Pretoria, South Africa: Department of Education, 2002.

Rizzolotti, G., and M. F. Destro. »Mirror Neurons.« Scholarpedia 3, Nr. 1 (2008): 2055. http://www.scholarpedia.org/article/Mirror_neurons.

Rogers, C. R. Freedom to Learn. Columbus: Merrill, 1969.

Roizen, M. F., and C. O. Mehmet. You: The Owner's Manual. New York: HarperCollins, 2008.

Rosenfield, I. The Invention of Memory. New York: Basic Books, 1988.

Rosenzweig, E. S., C. A. Barnes, and B. L. McNaughton. »Making Room for New Memories.« Nature Neuroscience 5, Nr. 1 (2002): 6–8.

Rosenzweig, M. R., and E. L. Bennet. Neuronal Mechanisms of Learning and Memory. Cambridge, MA: MIT Press, 1976.

Rozin, P. »The Evolution of Intelligence and Access to the Cognitive Unconscious.« Progress in Psychobiology and Physiological Psychology 6 (1975): 245–80.

Russell, P. The Brain Book. London: Routledge and Kegan Paul, 1986.

Rutherford, R., and K. Neethling. Am I Clever or Am I Stupid? Vanderbijlpark, South Africa: Carpe Diem Books, 2001.

Sagan, C. The Dragons of Eden. New York: Random House, 1977.

Saloman, G. Interaction of Media, Cognition and Learning. San Francisco: Jossey-Bass, 1979.

Samples, R. E. »Learning with the Whole Brain.« Human Behavior 4 (1975): 16–23.

Sapolsky, R. M. »Why Stress Is Bad for Your Brain.« Science 273, Nr. 5276 (1996): 749–50.

Sarno, J. The Mind-Body Prescription. New York: Werner Books, 1999.

Sarter, M., M. E. Hasselmo, J. P. Bruno, and B. Givens. »Unraveling the Attentional Functions of Cortical Cholinergic Inputs: Interactions Between Signal-Driven and Cognitive Modulation of Signal Detection.« Brain Research Reviews 48, Nr. 1 (2005): 98–111.

Schallert, D. L. »The Significance of Knowledge: A Synthesis of Research Related to Schema Theory.« In Reading Expository Material, hg. von W. Otto and S. White, 13–48. New York: Academic, 1982.

Schneider, W., and R. M. Shiffrin. »Controlled and Automatic Information Processing: I: Detection, Search and Attention.« Psychological Review 88 (1977): 1–66.

Schon, D. A. Beyond the Stable State. San Francisco: Jossey-Bass, 1971.

Schory, M. E. »Whole Language and the Speech Language Pathologists.« Language, Speech and Hearing Services in Schools 21 (1990): 206–11.

Schuster, D. H. »A Critical Review of American Foreign Language Studies Using Suggestopaedia.« Paper delivered at the Aimav Linguistic Conference, University of Nijmegen, Netherlands, 1985.

Schwartz, J. M., and S. Begley. The Mind and the Brain: Neuroplasticity and the Power of Mental Force. New York: Regan Books/HarperCollins, 2002.

Scruggs, E., and J. Brigham. »The Challenges of Metacognitive Instruction.« RASE 11, Nr. 6 (1987): 16–18.

Seaward, B. L. Health and Wellness Journal Workbook. Sudbury, MA: Jones and Bartlett, 1996.

Segerstrom, S. C., and G. E. Miller. »Psychological Stress and the Human Immune System: A Meta-Analytic Study of 30 Years of Inquiry.« Psychological Bulletin 130, Nr. 4 (2004): 601–30.

Shapiro, R. B., V. G. Champagne, and D. De Costa. »The Speech-Language Pathologist: Consultant to the Classroom Educator.« Reading Improvement 25, Nr. 1 (1988): 2–9.

Sheth, B. R. »Practice Makes Imperfect: Restorative Effects of Sleep on Motor Learning.« Society for Neuroscience. Program 14-14 (2006).

Simon, C. S. »Out of the Broom Closet and into the Classroom: The Emerging SLP.« Journal of Childhood Communication Disorders 11 Nrn. 1–2 (1987): 81–90.

Sizer, T. R. Horacel's Compromise: The Dilemma of the American High School. Boston: Houghton Mifflin, 1984.

Slabbert, J. »Metalearning as the Most Essential Aim in Education for All.« Paper presented to faculty of education. University of Pretoria, South Africa, 1989.

Slife, B. D., J. Weiss, and T. Bell. »Separability of Metacognition and Cognition: Problem Solving in Learning Disabled and Regular Students.« Journal of Educational Psychology 77, Nr. 4 (1985): 437–45.

Smith, A. Accelerated Learning in Practice. Stafford, UK: Network Educational Press, 1999.

Solms, M. »Forebrain Mechanisms of Dreaming Are Activated from a Variety of Sources.« Behavioral and Brain Sciences 23, Nr. 6 (2000): 1035–40, 1083–121.

Springer, S. P., and G. Deutsch. Left Brain, Right Brain. New York: W. H. Freeman & Company, 1998.

Stengel, R., ed. TIME Your Brain: A User's Guide. Des Moines, IA: TIME Books, 2009.

Stephan, K. M., et al. »Functional Anatomy of Mental Representation of Upper Extremity Movements in Healthy Subjects.« Journal of Neurophysiology 73, Nr. 1 (1995): 373–86.

Sternberg, R. »The Nature of Mental Abilities.« American Psychologist 34 (1979): 214–30.

Stickgold, R., et al. »Sleep, Learning, and Dreams: Offline Memory Reprocessing.« Science 294, Nr. 554 (2001): 1052–57.

Stickgold, R., and P. Wehrwein. »Health for Life: The Link between Sleep and Memory.« Newsweek, April 17, 2009. http:/www.newsweek.com/id/194650.

»Stress«, Harvard Health Publications (Zugriff am 15. Dezember 2016). https://www.health.harvard.edu/topic/stress.

Sylwester, R. »Research on Memory: Major Discoveries, Major Educational Challenges.« Educational Leadership 42, Nr. 7 (1985): 69–75.

Tattershall, S. »Mission Impossible: Learning How a Classroom Works Before It's Too Late!« Journal of Childhood Communication Disorders 11, Nr. 1 (1987): 181–84.

Taub, E., et al. »Use of CI Therapy for Plegic Hands after Chronic Stroke.« Presentation at the Society for Neuroscience. Washington, DC, 2005.

Taubes, G. Good Calories, Bad Calories: Fats, Carbs and the Controversial Science of Diet and Health. New York: Anchor Books, 2008.

Thembela, A. »Education for Blacks in South Africa: Issues, Problems and Perspectives.« Journal of the Society for Accelerative Learning and Teaching 15, Nr. 12 (1990): 45–57.

Thurman, S. K., and A. H. Widerstrom. Infants and Young Children with Special Needs: A Developmental and Ecological Approach. 2nd ed. Baltimore: Paul H. Brookes, 1990.

Uys, I. C. »Single Case Experimental Designs: An Essential Service in Communicatively Disabled Care.« The South African Journal of Communication Disorders 36 (1989): 53–59.

Van derVyver, D. W. »SALT in South Africa: Needs and Parameters.« Journal of the Society for Accelerative Learning and Teaching 10, Nr. 3 (1985): 187–200.

Van derVyver, D. W., and B. de Capdeville. »Towards the Mountain: Characteristics and Implications of the South African UPPTRAIL Pilot Project.« Journal of the Society for Accelerative Learning and Teaching 15, Nrn. 1–2 (1990): 59–74.

Vaughan, S. C. The Talking Cure: The Science behind Psychotherapy. New York: Grosset/Putnam, 1997.

Von Bertalanaffy, L. General Systems Theory. New York: Braziller, 1968.

Vythilingam, M., and C. Heim. »Childhood Trauma Associated with Smaller Hippocampal Volume in Women with Major Depression.« American Journal of Psychiatry 159, Nr. 12 (1968): 2072–80.

Walker, M. P., and R. Stickgold. »Sleep, Memory and Plasticity.« Annual Review of Psychology 57 (2006): 139–66.

Wark, D. M. »Using Imagery to Teach Study Skills.« Journal of the Society for Accelerative Learning and Teaching 11, Nr. 3 (1986): 203–20.

Waterland, R. A., and R. L. Jirtle. »Transposable Elements: Targets for Early Nutritional Effects on Epigenetic Gene Regulation.« Molecular and Cellular Biology 23, Nr. 15 (2003): 5293–300.

Watters, E. »DNA Is Not Destiny: The New Science of Epigenetics.« Discover, November, 2006. http://discovermagazine.com/2006/nov/cover.

Wenger, W. »An Example of Limbic Learning.« Journal of the Society for Accelerative Learning and Teaching 10, Nr. 1 (1985): 51–68.

Wertsch, J. V. Culture, Communication and Cognitions: Vygotskian Perspectives. Cambridge, UK: Cambridge University Press, 1985.

Wilson, R. S., et al. »Participation in Cognitively Stimulating Activities and Risk of Incident in Alzheimer's Disease.« Journal of the American Medical Association 287, Nr. 6 (2002): 742–48.

Witelson, S. »The Brain Connection: The Corpus Callosum Is Larger in Left-Handers.« Science 229 (1985): 665–68.

Witelson, S. F., D. L. Kigar, and T. Harvey. »The Exceptional Brain of Albert Einstein.« Lancet 353 (1999): 2149–53.

Wright, N. H. Finding Freedom from Your Fears. Grand Rapids: Revell, 2005.

Wurtman, J. Managing Your Mind-Mood through Food. New York: HarperCollins, 1986.

Young, Larry J. »Being Human: Love: Neuroscience Tells All.« Nature 457 (Januar 2009). http://www.nature.com/nature/journal/v457/n7226/full/457148a.html.

Zaborszky, L. »The Modular Organization of Brain Systems: Basal Forebrain, the Last Frontier, Changing Views of Cajal's Neuron.« Progressing Brain Research 136 (2002): 359–72.

Zaidel, E. »Roger Sperry: An Appreciation.« The Dual Brain. Hg. von D. F. Benson and E. Zaidel. New York: The Guilford Press, 1985.

Zakaluk, B. L., and M. Klassen. »Case Study: Enhancing the Performance of a High School Student Labelled Learning Disabled.« Journal of Reading 36, Nr. 1 (1992): 4–9.

Zdenek, M. The Right Brain Experience. New York: McGraw-Hill, 1983.

Zimmerman, B. J., and D. H. Schunk. Self-Regulated Learning and Academic Achievement: Theory, Research and Practice. New York: Springer-Verlag, 1989.

Über die Autorin

Dr. Caroline Leaf ist Kommunikationspathologin und Neurowissenschaftlerin und hat es sich zur Aufgabe gemacht, Menschen zu vermitteln, wie sie mit der Macht des Geistes ihr Gehirn verändern können, um chaotisches Denken in den Griff zu bekommen und zu geistigem Frieden zu finden. Sie ist die Autorin von »Schalte dein Gehirn an«, »Beseitige dein mentales Chaos« und vielen anderen Büchern sowie Verfasserin zahlreicher Zeitschriftenartikel. Mit ihren Videos, ihrem hochgelobten Podcast »Cleaning Up the Mental Mess« und ihren Fernsehsendungen erreicht sie weltweit Millionen von Menschen. Derzeit betreibt sie umfangreiche Forschungen und lehrt auf verschiedenen akademischen, medizinischen, unternehmerischen und neurowissenschaftlichen Konferenzen sowie in religiösen Einrichtungen auf der ganzen Welt. Dr. Leaf und ihr Mann Mac haben vier Kinder und leben in Dallas.

Denke, lerne, sei erfolgreich - Arbeitsbuch

Eine kompetenzstärkende, nicht begrenzende Denkweise macht uns zufriedener, emotional stabiler und gesünder. In diesem Arbeitsbuch stellt Dr. Leaf Fragen dazu, wie drei wirkungsvolle Werkzeuge das Gedächtnis verbessern, uns leistungsfähiger machen und zu einem erfüllteren Leben führen.

112 Seiten, Paperback, ISBN 978-3-95933-187-6.
Auch als E-Book erhältlich.

Beseitige dein mentales Chaos

Toxische Gedanken, Depressionen, Ängste ergeben ein mentales Durcheinander. Mit dem Neurozyklus bietet Dr. Caroline Leaf einen wissenschaftlich erprobten Fünf-Schritte-Plan. Beseitige dein mentales Chaos innerhalb von nur 63 Tagen und finde innere Ruhe und Zufriedenheit.

384 Seiten, Paperback, ISBN 978-3-95933-212-5.
Auch als E-Book erhältlich.

www.gracetoday.de/leaf

Schalte dein Gehirn an

Toxisches Denken kann krank machen. Dr. Leaf zeigt den »Schalter« an unserem Gehirn, der unser Gedankenleben unter Kontrolle bringt. Als Folge können wir gesünder, zufriedener und sogar intelligenter werden. Ihr 21-tägiger Gehirn-Detox-Plan führt schrittweise durch diesen Prozess.

272 Seiten, Paperback, ISBN 978-3-95933-152-4.
Auch als E-Book und Hörbuch erhältlich.

Schalte dein Gehirn an - Arbeitsbuch

Jeder will glücklicher und gesünder sein. Aber was bringt echte Veränderung? Schalte dein Gehirn an: *Das Arbeitsbuch* verknüpft Wissenschaft mit der Bibel und hilft durch persönliche Fragen, die Auswirkungen des eigenen Denkens auf Gehirn, Körper und Lebensführung zu verstehen.

112 Seiten, Paperback, ISBN 978-3-95933-162-3.
Auch als E-Book erhältlich.

www.gracetoday.de/leaf

Schalte dein Gehirn an jeden Tag

Forscher sind der Ansicht, dass Krankheiten heutzutage überwiegend das Ergebnis eines toxischen Gedankenlebens sind. Dr. Leaf zeigt, wie man durch korrekte Denkmuster zu besserer Gesundheit gelangt und mithilfe der richtigen Strategien die Vorteile eines entgifteten Gedankenlebens nutzt.

379 Seiten, gebunden, ISBN 978-3-95933-164-7.
Auch als E-Book erhältlich.

101 Wege zu weniger Stress

Arbeit, Familie, persönliche Verpflichtungen – unser Leben ist vollgestopft mit Dingen, die unsere psychische Gesundheit strapazieren. Durch mentale Selbstfürsorge entwickeln wir geistige Widerstandskraft, die uns das Leben gut meistern lässt.

144 Seiten, Taschenbuch, ISBN 978-3-95933-189-0.
Auch als E-Book erhältlich.

www.gracetoday.de/leaf